话说
中国

群 英 荟 萃

公元220年至公元316年的中国故事

顾承甫　刘精诚　著

上 海 文 化 出 版 社
上海故事会文化传媒有限公司

下

《三国志·蜀书·黄权传》

黄权　善良

人物　关键词　故事来源

〇七二

儒将黄权

有远见，有气度，处事稳重得体。

三国纷争，人才辈出。掌权的人施展雄略，问鼎天下；想有作为的人，叱咤风云，归附不一。虽说是良禽择木，良才择主，却也难免有人会朝秦暮楚，出尔反尔，有人则改换门庭，仍不失儒雅。黄权就属于后一种人。

曾经劝谏刘璋，拒纳刘备入蜀

黄权，字公衡，巴西郡阆中（今属四川）人。他年轻时做过郡吏，益州牧刘璋召他为主簿。当时，张松建议刘璋迎刘备入蜀以伐张鲁，黄权就劝谏刘璋说："若请刘备来，以部属相待，他会不满意；以宾客礼遇，则一国不容二君。如果客有泰山之安，那么主就会有累卵之危。因此，勿请刘备为好。"可刘璋不听黄权的话，派人迎请刘备，反把黄权调出为广汉县令。

刘备袭取益州时，许多郡县都望风归附，黄权在广汉却闭城坚守。等到刘璋称服后，黄权才归降刘备。

一代儒将赢得各方称誉

在曹操破张鲁后，黄权曾经用股与臂的关系比喻汉中的重要性，帮刘备确定东进汉中的战略决策。于是，刘备就以黄权为护军，破杜濩、朴胡，杀夏侯渊，从而占据汉中，这一系列战役都和黄权谋略有关。

建安二十四年(219)，刘备为汉中王，仍领益州牧，黄权任治中从事。两年后，刘备称帝，举兵伐吴，黄权进谏道："吴军悍战，我水军顺流而下，进时容易退时难，怕有危险，我愿为先锋以作试探，陛下留后为宜。"可是，刘备不听，仍以黄权为镇北将军，让他去江北督军以防魏。到后来刘备失败，黄权因道路隔绝，无法回蜀，只得率部投降魏文帝曹丕。蜀国司法官向刘备提出要问罪黄权的家属，刘备开脱说："是

我有负于黄权，黄权并没有负我。"因此还是跟原先那样地对待黄权的家属。

曹丕厚待黄权，任为镇南将军，还封他为育阳侯，加侍中，让他在自己左右当随从。降魏的蜀人中有传言黄权家属被杀，黄权则坚信那是讹传。他对曹丕说："微臣与刘备、诸葛亮称得上推诚相见，他们应当明白微臣的本意。"后来，当刘备逝世的消息传到魏国时，群臣庆贺，唯独黄权并不如此表现。他稳重老练，举止自若。曹丕见了，觉得黄权这种儒雅的气质与度量十分难得。

后来，黄权在魏国担任益州刺史，又调到河南任职。大将军司马懿很器重黄权，有一次问他："蜀国像你这样的人才有几位？"黄权笑了笑答道："想不到明公你对我如此看重！"司马懿甚至在给诸葛亮的书信中提到黄权："黄公衡为人真是豪爽，他每次说起足下您，总是那样的敬叹不已啊！"

魏文帝曹丕死后，曹叡继位为明帝。有一次，魏明帝问黄权："天下鼎立，依你看，应当以何地为正呢？"黄权从容地回答，魏国文帝驾崩，吴、蜀双方的吴主与蜀主平安无恙，通过这个例子，说明应当以天文为正，要遵循天意行事。这样的答复，当时人认为是很有道理的。明帝景初三年，即蜀延熙二年(239)，黄权因为胸有远见、处事稳重有气度，升迁为车骑将军、仪同三司。第二年黄权逝世，谥为景侯。

黄权有个儿子黄崇留在蜀国，后来担任蜀国的尚书郎。蜀景耀末(263)，黄崇随诸葛瞻领兵抗拒魏将邓艾统领的大军，兵败，退到绵竹时，在战场上英勇献身。这是黄权逝世后二十多年的事。虽然因为当时特定条件，父子异地，各为其主，但黄崇智勇双全，为国捐躯，实在不愧是一代儒将黄权的名门之后。

〇七三

崇尚清俭的高士

富具才智的名士刘巴

蜀汉刘备称帝时，朝中的文人高士不少，其中，制诰文策命乃至告于天地的昭告文书的作者，就是素享盛名的刘巴。连诸葛亮也曾称赞刘巴在运筹帷幄方面有很高超的才干。

刘巴，字子初，零陵烝阳（今湖南邵东东南）人。出身官宦人家。祖父刘曜是苍梧太守，父亲刘祥是江夏太守、荡寇将军。

金牛道上的剪溪桥

金牛道又称为剑阁道或蜀栈，是古人入蜀的主要通道，它从汉中向西，经古战场葭萌关，上牛头山，过剑门关，全程共约600余公里。其地势险拔蜿蜒，正如李白诗中所感叹的"蜀道之难，难于上青天"。

刘巴不愿与张飞对话，却不失其独有的风范。

荆州牧刘表和刘巴之父刘祥之间积有宿怨，有一次，刘表将十多岁的刘巴拘为人质，要想加害于他。其间，曾经有刘祥熟悉的亲信一而再再而三地劝说刘巴："刘牧（指刘表）欲杀你，你还是跟我们逃跑吧！"可是刘巴自有主张，并不愿偷偷跑掉。刘表知道后，反倒不杀刘巴了。刘巴年纪轻的时候就已经出名。

刘表有几次征辟刘巴为官，还举他为茂才，他都不接受。刘表死后，曹操征荆州。十八岁的刘巴开始在郡中做一名户曹史主记主簿。曹操在赤壁之战后，大军败而北还，原想派遣桓阶去南面的长沙、零陵、桂阳三郡招纳人员，桓阶推辞说自己不如刘巴合适，于是这次出使的任务落到了刘巴的头上。对此，刘巴早有估计，就对曹操说："刘

三国西晋

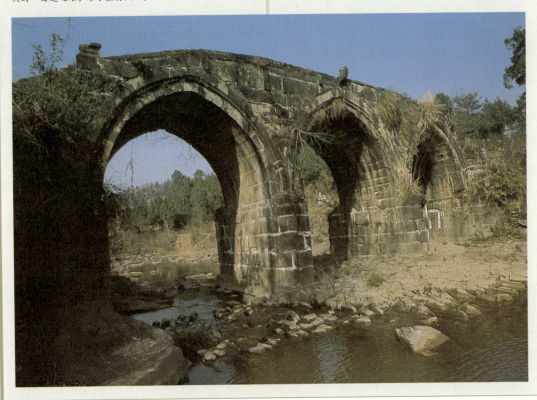

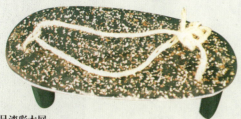

东吴漆彩木屐

屐板前后均为圆头，中间略宽，似椭圆形，屐板厚0.9厘米，长20.7厘米，前端有一系孔，后端有两个系孔，系襻穿在三个系孔上，屐板前后有两个齿，屐板面洒满白色、淡绿色、赭色，从形制和出土位置应为朱然妻妾所穿，六朝时期，流行穿木屐，尤其是妇女，更流行以五彩漆绘木屐作为嫁妆。

备占据着荆州，南下三郡的事我恐怕做不成。"曹操仍坚持派刘巴南下。刘巴果然受阻于刘备势力，无法再返回曹营。

刘巴打算远道去交州，然后再绕回许都。当时，诸葛亮正好在刘巴的老家临烝（今湖南衡阳）。刘巴给诸葛亮去信说："时世艰难，民众的选择，承天之心，顺物之性，并非我一人谋划所能劝动的。"他还表示自己将托命于沧海，不再回荆州了。诸葛亮回信劝刘巴，说道："刘公（备）雄才盖世，据有荆土，荆、楚群士从之如云，天人去就，已可知矣。"但刘巴仍未表示愿从刘备，刘备对他很不满。

崇尚清俭的名士风范

刘巴在交州改姓为张，由于和当地太守士燮意见不合，刘巴从牂牁去益州，被拘捕。益州太守要杀他，主簿说："此非常人，不可杀也。"主簿亲自陪送刘巴去见益州牧刘璋。后来，刘备定益州，已经对刘巴有重新认识，并在攻打成都时特地下令军中："谁杀害刘巴的话，诛及三族。"

建安十九年（214）刘璋降刘备。当初攻成都时，刘备曾对部下说："只要攻克此城，府库百物宝藏可任意取走。"以此鼓舞士气。攻下成都，士兵纷纷丢下武器，奔赴府库竞取宝物。当时军用不足，刘备甚为担忧。刘巴建议铸用大面值的货币，设立官市，控制物价，刘备采纳后，只几个月，府库又复充实。

诸葛亮好几次在刘备面前称赞刘巴，说道："运筹策于帷幄之中，吾不如子初（刘巴）远矣！"刘备认识到刘巴的"才智绝人"，任用为左将军西曹掾。建安二十四年（219）刘备为汉中王，刘巴为尚书，后来代法正为尚书令。

刘巴崇尚清俭，不治产业，自以为归附刘备为时并不久，怕被猜嫌，所以为人处事谨慎，官场中只谈公事，不搞私交。刘备称帝，昭告于皇天上帝后土神祇，凡各种文诰策命，都由刘巴所作。

章武二年（222），刘巴去世。魏尚书仆射陈群在给诸葛亮的信中问及刘巴时，很敬重地称他为"刘君子初"。刘巴崇尚清俭，确是当时有名的高士。还有个故事说，张飞曾有一次就宿于刘巴处，刘巴连一句话都不跟张飞交谈，使得张飞恼怒不已。诸葛亮为此对刘巴劝导，可刘巴说道："大丈夫处世，当交四海英雄，如何与兵子共语？"他把张飞视作一介武夫。辅吴将军张昭曾经对孙权论及刘巴的偏狭，不应当拒张飞太甚，孙权却不同意，说道："若令子初（刘巴）随世沉浮，表面取悦于刘备，随便交结别人的话，哪里还称得上是一位高士呢？"

> 历史文化百科 <

〔宗族制度〕

魏晋南北朝时期的宗族组织是整个中国历史上最强盛的，从结构上看，分为皇室宗族、士族宗族、寒门宗族三种类型。皇室宗族拥有最大的政治经济特权，但是由于皇权的更替不断使他们的影响受到限制。寒门宗族由于缺乏政治权势，影响较小。而士族宗族拥有强盛的政治、经济、军事实力，处于社会的支配地位。在宗族制度的影响下，社会上呈现重门第轻才德、重宗族轻个人、重孝悌尚复仇的观念。

话说中国

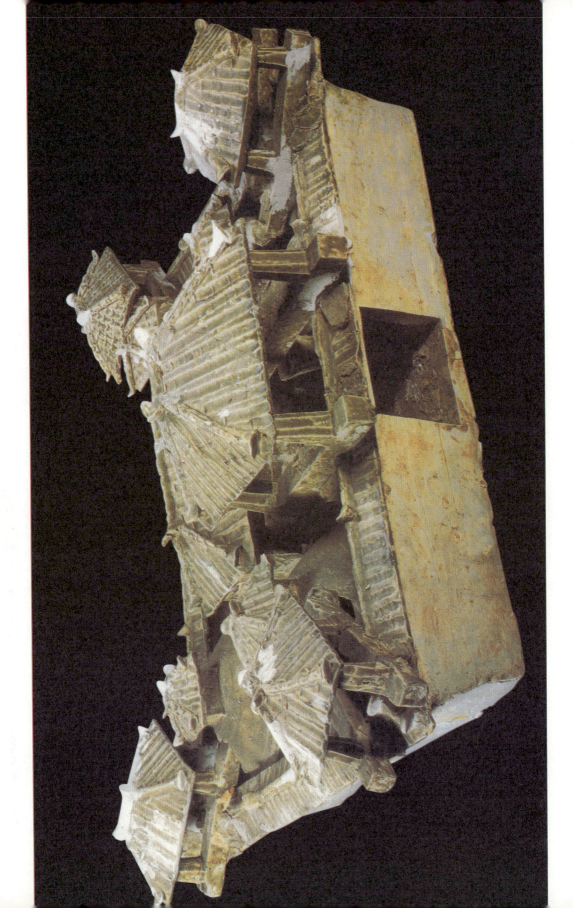

《三国志·蜀书·王平传》

王平　善行

人物　关键词　故事来源

○七四

稳重内向的王平

识字极少，却很有悟性，真不愧为蜀中名将。

个性内向，处事稳重

街亭失守，责在马谡。当时提出正确主张的王平，后来成了蜀汉名将。王平稳重内向，是很有个性的人物。

王平，字子均，巴西宕渠（今四川渠县东北）人。原先他在曹操麾下，魏军征汉中时，他归降刘备，担任牙门将、裨将军。

建兴六年（228），诸葛亮首次北伐，王平在马谡部任先锋，由于马谡措置失当，王平劝谏不成，兵败街亭，当时只有王平部众千人，鸣鼓自持，魏将张郃疑有伏兵，不敢进逼。王平这才得以率本部兵马退回，沿途还收纳了不少溃散的蜀兵。于是，诸葛亮痛斩马谡，并处置张休、李盛等将领，解除黄袭等将领的兵权，唯独对王平特加褒奖，加拜参军，晋升讨寇将军，封为亭侯。过了三年，蜀、魏双方又战于祁山。魏军主帅司马懿攻诸葛亮，名将张郃攻王平。由于王平带兵作战及布营设防都很有一套，所以张郃竟毫无战绩可言。又过了三年，诸葛亮逝世，蜀军自武功（今陕西扶风东南）退兵，王平挫败魏延叛军，因功而升迁为后典军、安汉将军，领汉中太守。再三年后，王平进封安汉侯，代车骑将军吴壹督理汉中。

言不戏谑，办事练达

延熙元年（238），蜀国大将军蒋琬去赴沔阳，就由王平升迁为前护军，负责主持蒋琬府事。五年后，

青瓷院落模型（左页图）

三国器物，湖北鄂州出土。四面围绕围墙，墙头有双坡檐顶，大门上有一门楼，四角有角楼，正中有房舍，四角设圆形仓座，对研究当时的民居建筑很有参考价值。鄂州市博物馆藏。

王平官拜前监军、镇北大将军。汉中军事由王平统管。延熙七年（244）春，魏大将军曹爽带领步骑十余万直逼汉川，前锋部队已到达骆谷。这时候，汉中的蜀国守兵却总共不满三万人，因此蜀将大多惊慌，王平却稳重练达，冷静思考对策，并与东边的邓芝、南边的马忠诸路兵马联合，费祎大将军则带兵从成都赶来助战，魏军虽多，却是无功而退。

跟王平同时在蜀国立功的，还有王平的一位同乡名叫句扶的人。此人忠勇宽厚，屡立战功，官做到左将军，还封为宕渠侯。王平、句扶都是蜀后主时代的名将，在他们之后，并称大将军的有张翼和廖化。所以，当时有流行的口头禅说："前有王、句，后有张、廖。"后来，王平死于延熙十一年（248）。他的墓地在今四川南充县永安乡临江村。原墓高大，现仅存长4.7米，宽3米，残高7.4米的封土和清光绪年间所立的墓碑。

王平性格内向，遵守法度，言不戏谑。他有较高的悟性，虽在兵戎中度过一生，读书写字是他的弱项，识字不超过十个，但是，经他口授，由人笔录的文章，都显得有条有理。他请人给他读《史记》《汉书》中的传记作品，听了之后，就能领会，谈起体会来，往往得其要旨。看来，王平的这种性格、悟性以及他的能耐，对于造就他耿直稳重的一生，似也不无关系。

> **〉历史文化百科**

〔**王平墓**〕

现今在四川南充市永安乡临江村，有王平墓。原墓高大，现仅存长4.7米，宽3米，残高7.4米的封土和清光绪年间所立墓碑。

话说中国

〇七五

失街亭

自以为是，死抱住教条，到头来就会自食苦果。

先锋马谡缺乏实战经验

失街亭，空城计，诸葛亮挥泪斩马谡，是三国时代著名故事，后世戏文有不少精彩表现。

脱开演义小说和戏文之类，历史上的失街亭究竟是怎么回事呢？

蜀建兴六年(228)诸葛亮第一次出兵祁山。他计划从街亭一带进兵，拿下关中，作为根据地，再挺进中原。作为第一次北伐，诸葛亮的战略意图是：以赵云、邓芝率偏军出箕谷，用佯攻来引诱曹军主力，自己率主攻部队，以马谡为先锋，与张郃对垒，进取祁山。

这次北伐开始时，南安、天水、安定三郡叛魏归蜀，形势利于蜀军。魏国"朝野恐惊，关中响震"。

魏明帝得知蜀军北伐消息，就部署兵马。派大将军曹真督领关中各军，驻扎在斜谷北口的郿县一带，又抽调精锐步骑五万，

失街亭

蜀国街亭为汉中咽喉要地，诸葛亮派将驻守。马谡请令，诸葛亮再三叮嘱须靠山近水扎营，并令王平辅之。马谡刚愎自用，违令，又不听王平谏言，竟在山顶扎营，因而被魏将张郃所败，街亭失守。马谡不遵诸葛亮将令，失守街亭，与王平回营请罪。诸葛亮虽惜其才，但以军法无私，挥泪斩之；并因己用人失当，上表自贬。左图出于清末石印本《三国演义》插图，右图出于《三国演义版刻图录》。

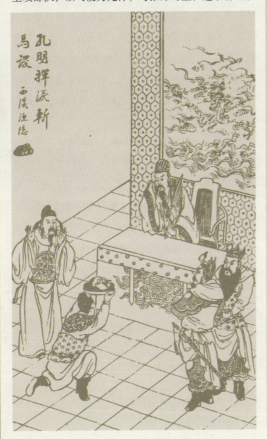

失街亭　斩马谡

马谡　王平

骄傲

《三国志·蜀书·王平传》
《三国志·蜀书·马谡传》
《三国志·蜀书·诸葛亮传》

人物　典故　关键词　故事来源

剑门古蜀道

四川自古即以"蜀道难"著称。翠云廊是从剑阁城到剑门关一段古蜀道的美称，古柏夹道，蔚然如云，故而得名。剑门关则位于剑阁城东的大剑山口，两山对峙如门，有"剑门天下险"之说。

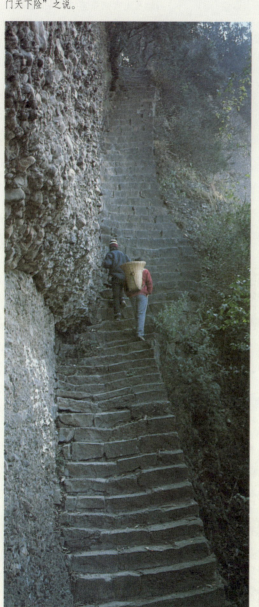

由张郃带领赶往西线，驻扎在陇右一线。主帅是曹真，曹真派张郃出兵迎击蜀军。

诸葛亮力排众议，起用马谡为先锋。马谡其实只知道兵法教条，而没有实战经验，在行事过程中，他既不服从诸葛亮的指挥节度，又不听取副将王平的正确劝言，他自以为是，在街亭不据城而守，不顾水道，只是依阻南山，安排严重失策。结果被张郃断其水道，遭到大败。街亭失守后，蜀军危困，马谡却又只顾自己逃避，还是王平负责收拾各营残军，率将士而还。

诸葛亮斩马谡

街亭战败，后来诸葛亮总结说："马谡违背我的节度，举动失宜。他临事而惧，致使发生街亭违命之缺，箕谷不戒之失。"因此，斩马谡是罪在应得。临刑前，蒋琬以天下未定不杀智谋之臣为由，请求刀下留人，可诸葛亮还是说："不斩马谡，无以正军法。"

失街亭之后的空城计，是小说戏剧性虚构，实际根本没那回事。曹军主帅不是司马懿，而是曹真。这也是历史书上明明白白写着的。

值得一提收拾残部的蜀将王平。王平字子均，巴西宕渠即今四川渠县人，街亭之战时担任副将，曾劝谏马谡，后拜为参军，晋级为讨寇将军，封爵亭侯。蜀建兴九年至十二年（231—234），王平随诸葛亮转战祁山，屡立战功。诸葛亮逝世后，王平领汉中太守。后进一步封爵安汉侯。王平死于蜀延熙十一年（248），人称蜀汉名将。

> 历史文化百科 ◁

〔街亭在哪里？〕

街亭在今甘肃秦安县城东北45公里的陇城镇与张家川回族自治县城西北30公里的龙山镇之间。这里地近六盘山，向东不远就是陕西的关中地区。

话说中国

○七六

白眉马良

荆州重镇，有个蜀汉的重臣。

马谡的哥哥马良

三国蜀汉名将马良比他的弟弟马谡死得早，马谡死于街亭战役，享年三十九岁，马良死于早先的夷陵之战，享年仅三十六岁。对蜀汉而言，特别是在刘备看来，马良的地位和作用，比马谡要重要得多。刘备认为马谡"言过其实，不可大用"，而对马良则是信赖和倚重的。

马良，字季常，襄阳宜城（今湖北宜城市南）人。兄弟五人，都以具有才学而出名。五兄弟里面，记载有具体名字的还有马谡字幼常。五人字均有"常"字，从"季常"可知马良排行老三，古人一般都以伯、仲、

清末年画《新绘三国志后本五虎大将进西川》

这幅大型年画描绘了《三国演义》中献西川张松卖主、战巴州义释严颜、落凤坡庞统中箭、金雁桥计捉张仕、成都府刘璋出降、葭萌关挑灯大战等情节。

季顺序排列长幼。马良才学是五兄弟中最可称赞的，他长相特别，眉毛中有白毛，所以人称"白眉"，当地乡里大家都说："马氏五常，白眉最良。"这句话成为当时流行的谚语。

马良生于东汉灵帝中平四年(187)，从他们兄弟五人自幼受良好教育的情况来看，家庭是有一定地位的。后来裴松之为《三国志》马良传作注解时，发现马良曾经在信中称诸葛亮为"尊兄"，他就认为马良与诸葛亮或者是结为兄弟，或者是相互有亲戚关系的。

留驻荆州，表现出色

正因为马良在襄阳地区，特别在家乡宜城一带很出名，加上他和诸葛亮可能关系很好，所以，刘备领荆州牧的时候，马良被征辟为从事。考虑到马良熟悉

三国西晋

荆州情况，刘备在入蜀时没有带他离开荆州。诸葛亮后来随从入蜀，马良还是留在荆州。

建安十八年(213)，刘备在和刘璋关系破裂后，领军进据涪城，决定夺取成都。可是，就在进攻雒城(今四川广汉北)时，碰到了障碍。刘备身边重要谋士庞统在围雒的战斗中阵亡了。雒城久围不下，时间花了将近一年，于是，刘备召来原先留驻荆州的诸葛亮入蜀助攻。马良仍和关羽一起留在荆州，当他听说雒城已经攻克的消息时，心情激动地给诸葛亮写信说道："闻雒城已拔，这是天命的显示。尊兄应运赞世，为国出力，充满着成功的希望。"他还将诸葛亮的雅量和见识比作为伯牙、师旷的音乐天才一般，令人击节赞叹不已。

刘备入蜀成功，马良留守荆州，被任为左将军掾。马良留守重镇，替刘备出谋划策，很得刘备的重用。刘备派遣马良出使东吴，马良原拟请诸葛亮致信孙权推介自己，诸葛亮要马良自己起草信稿，结果因措词得体而得到了孙权的敬重与礼遇。

刘备称帝时，马良为侍中，成了刘备身边的重要臣僚。章武元年(221)，刘备征伐东吴，马良受命到武陵招纳五溪少数民族人士，当地的首领都接受蜀汉的印号，此行取得了满意的结果。

白马关残破的石坊
白马关是古代重要的入蜀关口，仅此一条，地理位置相当重要，此条古蜀道自秦代以来就存在了，三国时代更是名噪一时，刘备入蜀，诸葛亮北伐，魏国灭蜀，均是通过此关进出，庞统战死落凤坡更使此地名声大振。

正当中年的马良步入成功的宦途时，发生了蜀吴之间的关键战役夷陵之战。刘备亲率大军沿江直下，连营七百里，结果在陆逊抗击下遭失败。马良在夷陵之役中遇害。在他死后，刘备任命其子马秉为骑都尉。

蒋琬 诸葛亮 刘禅　忠信 坚毅

《三国志·蜀书·蒋琬传》《三国志·蜀书·后主传》

人物　关键词　故事来源

公元244年　公元 2 4 4 年

中国大事记　吴以陆逊为丞相。

〇七七

社稷之才蒋琬

诸葛亮被人比作"卧龙"，而蒋琬则被比作"伏虎"，可见他的才干和地位不同寻常。

诸葛亮慧眼识英才，当他屡次北伐时，总是安排蒋琬坐镇后方。诸葛亮对后主刘禅说："为臣我效命在外，如有不测，宜以后事托付蒋琬。"特地推荐蒋琬作自己的接班人，可见诸葛亮对他的深度信任。

荆襄名士之风

蒋琬，字公琰，零陵湘乡（今属湖南）人。早在十多岁时，他就和表弟刘敏一起成为荆襄一带的名士。后以荆州书佐幕僚身份，随刘备入蜀。开始时，蒋琬担任广都（今四川双流）县令。

有一次，刘备巡游，顺路突然经过广都，只见蒋琬喝酒喝得醉醺醺的不管事，刘备当即盛怒，说是要将蒋琬处死。诸葛亮赶紧劝谏："蒋琬是社稷之才，并非百里之才。他治理政事以安民为本，讲的是务实，不追求虚饰。主公您正巧碰上他喝醉，并不说明他不善管理，还请息怒，再加考察。"刘备这才放过蒋琬。

建安二十四年(219)刘备为汉中王，蒋琬这时已颇有业绩，因此担任了尚书郎的职务。刘备死后，刘禅继为后主，建兴元年(223)诸葛亮丞相开府，特地让蒋琬做东曹掾文书幕僚。数年间，蒋琬因办事公道，

三国吴黑釉楼阁佛像陶魂瓶（局部）

凝重大度，升为参军。在诸葛亮用兵汉中期间，蒋琬和丞相府长史张裔合作统管府事。建兴八年(230)蒋琬担任长史，加抚军将军职位。

耿忠凝重，出类拔萃

诸葛亮屡次北伐，蒋琬既能镇守后方，又能很好地完成兵员与粮饷的支前供应。诸葛亮常说："蒋公琰忠心耿耿，是辅佐王业的够格的人选。"他还密表告诉刘禅，托以后事，说是宜由蒋琬当丞相的接班人。

建兴十二年(234)诸葛亮逝世，刘禅依从丞相遗愿，任用蒋琬为尚书令，很快又加了行都护的头衔，领益州刺史，升迁为大将军，封爵为安阳亭侯。蜀国失去丞相，难免有些紧张惶悚，而蒋琬却仍很从容自如，对自己升迁为群臣之首也不露喜色。蒋琬的神态举止一如往常，表现了出类拔萃的沉着与坚毅。他的声望逐渐增大。

蒋琬治理政事井然有序，与费祎等人一起报效蜀国，没有辜负诸葛亮的重托和后主的期望。延熙二年(239)，蒋琬统帅各路军马屯驻汉中，开设幕府，加为大司马，算是最高军阶。七年后，蒋琬因病逝世。谥恭侯。蜀中人把蒋琬同诸葛亮相提并论，诸葛亮比作卧龙，蒋琬被比作伏虎。

> 历史文化百科

〔蒋琬的墓地和故居〕

蒋琬的墓地在今四川绵阳市郊西山。现墓为清道光二十九年(1849)重建。八角形的封冢，高3米，周长25米，成覆钵状。墓碑文字是：汉大司马蒋恭侯墓。

蒋琬故居在今湖南湘乡市，旧称将公岭。元代塑蒋琬像人祠，明清时均经修葺。祠内有对联："蜀中曾继卧龙相，江上今传伏虎名"。现仅存祠前的伏虎古井，传为蒋琬所凿。

三国西晋

《三国志·蜀书·费祎传》

扶南王范旃遣苏物出使天竺（今印度），受茂论王接待。罗马皇帝戈尔狄安三世被禁卫军长官"阿拉伯人"菲利普所杀。菲利普自立为帝（244—249），旋与波斯国王沙普尔一世缔和。

费祎　谦虚　人物

关键词

故事来源

〇七八

治国良才

继诸葛亮、蒋琬之后，费祎掌管蜀政。

继诸葛亮之后，蜀国名臣有蒋琬、费祎。蒋琬表现出严整威重，费祎则以富有悟性而著称。

恃重自悟的名士

费祎，字文伟，江夏郡鄳县（今河南信阳市东北）人。他自幼失去父母，依靠族父费伯仁扶养长大。费伯仁和益州牧刘璋是表兄弟，早先时，刘璋派人迎伯仁到益州，费祎就随从入蜀游学。刘备建立蜀汉，费祎就在刘备那里做了一名谏事官。

这时候，费祎和汝南的许叔龙、南郡的董允一起，都称得上是名士了。董允的父亲董和在刘备麾下，担任掌军中郎将。有一次正巧遇上蜀汉太傅许靖丧子，董允和费祎都要去参加葬礼。董允向父亲董和商量借车，却只弄到一辆旧车。那车坐两个人的话，前面的人就会觉得不舒服。这时董允有些犹豫，费祎却先从前面登上车。到了举行葬礼处，只见许多高官的车饰鲜亮，董允从旧车上下来，神色难堪，费祎则泰然自若。赶车人回去后，董和闻知这些情形，就对儿子董允说："你比费祎优劣如何，原先我总不能确定，现在我已经明白了。"

风雪剑门关

剑门关在四川广元。此处山脉东西横亘百余公里，山壁断处两山相峙形状如门，巍峨险峻，"剑门"二字由此而来。三国时，蜀将姜维据守此关，魏军被阻挡在剑门关外，十万之师一筹莫展。关口岩壁间至今仍可以找到"第一关"、"天下雄关"的碑铭。

公元244年 | 公元244年

中国大事记

魏曹爽攻蜀汉中，败绩。

富具风度的治国良才

刘备立刘禅为太子，费祎为太子舍人，后迁为庶子，都是刘禅的侍从官。刘禅即位，费祎当了上了黄门侍郎。

诸葛亮领兵南征时，在外听说费祎办事头头是道，所以大军南征班师回朝时，蜀中群僚前往成都郊外迎接，许多高官年龄或地位超过费祎，诸葛亮却特意让费祎坐到他同一辆车上。这样，费祎在大家心目中就显得很不寻常。

后来，诸葛亮派费祎出使东吴，身份是昭信校尉，使命是执行联吴政策。在双方和谈时，孙权不时表现出嘲弄与戏谑，东吴名士诸葛恪、羊衜等人则是唇枪舌剑，咄咄逼人。费祎面对周围的非难，不但沉着应答，胸有成竹，而且词达义贮，思路清晰。这样，他既保全了蜀汉的体面，也展露了自己的风度与才华。

诸葛亮带兵北伐，驻军汉中，费祎就在成都担任参军，负责保持朝廷和丞相之间的联络工作，从而有效地调节刘禅和诸葛亮的关系。

建兴八年(230)费祎升为中护军，后升为司马。军师魏延和长史杨仪这两人是结怨的对头，有时彼此恶言相骂，甚至剑拔弩张，各不相让，费祎经常从中调解劝和，分别谏喻，使得这两名文武官员各司其职，各尽其才。

诸葛亮死后，费祎担任后军师，升迁为大将军，录尚书事。封爵为成

历史文化百科

〔费祎墓〕

费祎的墓地在今四川广元市昭化古城西门外，历代屡有增建。明代已规模宏伟，有围墙、牌坊、碑亭、费公祠、草堂等。现仅存高约三米的封土，另有清光绪时立的墓碑，写着"蜀汉大将军录尚书事成乡侯费祎之墓"。

乡侯，领益州刺史。这期间，费祎曾代替蒋琬做过尚书令。费祎具有谦虚的雅性，生活俭朴。他的儿子费承、费恭在家庭的严格教育下，布衣素食，出入不乘车骑，克勤克俭，跟普通百姓没什么两样。

延熙十六年(253)正月，朝中举行岁首大会时，费祎因欢饮沉醉，不幸遭到魏降人郭循的杀害。他死后被谥敬侯。

在诸葛亮之后，费祎和蒋琬、董允齐名。当时蜀汉人称诸葛亮、蒋琬、费祎、董允为"四相"，也称为"四英"。费祎善于处理军国大事，面对烦琐公务，他很有办法，往往看过一眼就对公文书写的内容能抓到要旨，速度既快，又不忘记。他识悟过人，确实是不可多得的治国良才。

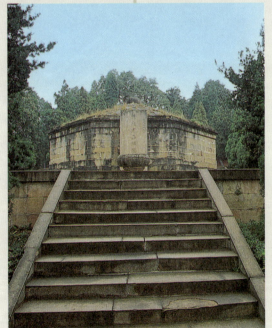

绵阳蒋琬墓

蒋琬(？—246)，字公琰，三国零陵湘乡(今属湖南)人，蜀汉名臣。汉末随刘备入蜀，为诸葛亮所器重。诸葛亮死后，蒋琬任尚书令、大司马、执掌朝政，延熙九年(246)病逝。蒋琬墓位于四川绵阳西山之巅。今之墓为清代重修而建。墓侧重建"蒋恭侯祠"，祠下塑蒋琬立姿铜像。祠门有联："小心自可襄诸葛，大度尤能恕二杨"，以盛赞蒋琬帮助诸葛亮扶助汉室的功业和其高尚的道德情操。

三国西晋

世界大事记

高句丽扰新罗北境。范蔓之子范长杀扶南王范旃，旃部将范寻旋又杀长，自立为王，约3世纪中期在位（一说240登位）。亦说在位期间曾接待吴使朱应、康泰。

〇七九

邓芝出使吴国

孙权对诸葛亮说，蜀、吴二国和好，没有邓芝就不行。

有见识，有才干

蜀汉和东吴原先的联盟，因为孙权派遣大将吕蒙袭取荆州并杀害了关羽，从而遭到破裂。孙权早先一度曾向曹操称臣，吴蜀的夷陵大战之后，魏主曹丕甚至要孙权将儿子送到洛阳去当人质，被孙权断然拒绝。黄武元年(222)孙权正式建立吴国。第二年四月，刘备去世，辅佐后主刘禅的诸葛亮担心东吴外交会有变化，将对蜀国不利。这时候，蜀国尚书邓芝也在想着同样的问题。两人经过一番探讨与决策，共同对恢复蜀吴联盟发挥了关键性的作用。

邓芝，字伯苗，义阳郡新野（今属河南）人，是东汉名臣司徒邓禹的后代。他在东汉末年入蜀，先在巴西太守庞羲手下做事。刘备取得益州时，邓芝在郫县只是一名管转运的小吏。有一次，刘备见到邓芝并作了交谈，对他的口才和见识大为称奇。于是，提升邓芝为郫县令，后又升为广汉太守。邓芝勤政廉政，成绩颇为显著，后来被调到成都，在朝中担任尚书。

就在刘备去世的这年(223)八月，邓芝对诸葛亮说："现今主上幼弱，嗣位不久，应当派遣大使去吴国，重申结盟之好。"诸葛亮一听，立即答道："我对这事也已考虑很久了，只是没有合适的人前去吴国，不过眼下总算找到了。"诸葛亮说的合适人选，指的就是邓芝。

有辩才，善外交

十月，邓芝作为蜀国中郎将出使到吴国，并送去马二百匹，蜀锦一千匹以及土特产。开始时候，孙权对于蜀方的诚意有所怀疑，后来听邓芝说："这次出使并非只为蜀国，也为了吴国。"才同意接见。

会见时，孙权对邓芝说："我是有诚意愿同蜀国和亲的，却恐怕蜀主幼弱，魏国一旦施加压力，进攻蜀国，蜀国就难以自保。"邓芝听了，随即应答道：

邓芝赴吴

邓芝，字伯苗，义阳新野人。汉司徒邓禹之后裔。领兖州刺史，阳武亭侯，大将军。刘备过世之后，吴蜀关系日益紧张，而北方魏国的国势如日中天。形势对蜀国相当不利，邓芝临危受命，出使吴国，希望恢复联盟，共同抗曹。孙权设座陈戈，杀气腾腾接见邓芝，邓芝从容不迫，含笑而入，见孙权长揖而拜，侃侃而谈，终于消除了对抗的因素，顺利地说服了孙权，完成了诸葛亮交给他的使命。邓芝不仅在"东联孙吴北拒曹魏"战略上立下功劳，而且终身不置私产，临死的家无余财，可算是清正廉洁。此图出于清末石印本《三国演义》插图。

三国西晋

"吴、蜀二国有四州之地，吴主名重于世，诸葛亮也乃当今英杰，加上蜀国有重险之固，吴国有大江之阻，两国间互相以长处配合，唇齿相依，结成同盟，进可以兼并天下，退可以保持鼎足之势，这是理所当然的选择。"

接着，邓芝又从吴国本身的利害关系着眼，对孙权分析形势大局，说道："吴王如果附从魏国，魏国必定要吴王前去入朝，又要送太子去洛阳为人质，若不从命，魏国就有理由讨伐吴国。这时，如果蜀国再沿江顺流而下攻吴，那么恐怕江南地方不再会是吴王所有了。"孙权边听边想，沉默很久，最后说道："你分析得对。"

吴黄武三年(224)四月，孙权和魏国断交，同蜀联合，派遣使者张温回报于蜀国。同年，蜀又第二次派邓芝出使吴国，再申诚意。孙权见了邓芝说："如天下太平，吴、蜀分治也很快乐。"邓芝却说："古人说天无二日，地无二王，若是兼并了魏国，吴、蜀君主各施恩德，大臣各尽其忠，两国间不可避免会爆

锥刻戗金黑漆盖盒
魏晋时期的漆器相对于汉代来说已经呈衰落趋势，但是仍在相当普遍地使用着。这是三国吴时的一件漆器，刻有花纹和人物形象，金丝非常细致，体现了极高的工艺水准。

孙权与刘备两家联姻时所建的昭关石塔
在江苏镇江西云台山北麓，有一石塔，因上面刻有"昭关"二字，故名昭关石塔。此塔相传为三国时孙权与刘备两家联姻时所建，目的是祈愿双方有始有终，相互平安。其实谁都知道，那是一场"美人计"，双方可以说谁也没有诚意。结果，还是刘备方占了便宜，使得民间有"周郎妙计安天下，赔了夫人又折兵"之说。后来，经考证此塔建于元末明初，不过上述说法也是有根据的，因为那时正是《三国演义》成书之时。

发战争。"孙权听后大笑道："你说的是实话。"孙权对邓芝的见识与口才评价很高，他在给诸葛亮的信中赞扬说："和合三国，唯有邓芝。"

邓芝出使成功，使诸葛亮能顺利地执行"南抚夷越，外结好孙权，内修政理"的战略，对蜀国集中精力平定南中的大局极为有利。

《三国志·蜀书·董和传》
《三国志·蜀书·董允传》

董允 刘禅 正直

人物 关键词 故事来源

蜀汉人称诸葛亮、蒋琬、费祎、董允四人为"四相"，也叫作"四英"。其中，董允以治国清正著称。

清正的董允

他和诸葛亮、蒋琬、费祎并称蜀国"四相"。

家风清谨，为人秉正

董允，字休昭，祖先是巴郡江州，即今重庆市人，父亲董和居于南郡枝江（今属湖北）。东汉末年，董和率宗族西迁，在益州牧刘璋属下当成都令，后升迁为益州太守。

刘备定蜀时，董和担任掌军中郎将，与军师将军诸葛亮一起负责左将军大司马府的管理。董和忠于职守，办事勤恳，集思广益，对诸葛亮很有帮助。董和廉明清正，二十多年任职，居于高位，到他死时，家无担石之财。诸葛亮后来担任丞相时，就教导部属要以董和为表率。董允承其家风，为人秉正。刘备立刘禅为太子时，董允被选为太子舍人。

进谏尽职，不负厚望

后来，刘禅即位，董允就被升迁为黄门侍郎。诸葛丞相北伐，驻军在汉中，他考虑到后主刘禅年轻，就将宫中大事交给费祎、董允等负责。诸葛丞相上疏说："他们是先帝亲自选拔辅佐陛下的人，他们的责任是进言尽忠，斟酌规益。愚以为宫中之事，事无大小，悉以咨之，必能裨补阙漏，有所广益。如果没有兴德之言，那就应该治董允等人死罪。"从这番话中，不难看出诸葛亮对于董允的信赖与期望。不久，董允

升迁为侍中，领虎贲中郎将，统管宿卫亲兵。

董允为人清正，忠于职守，他对于后主刘禅多有劝谏匡正。后主想要扩充后宫，董允就说："古代天子后妃不过十二名，现已有后妃不少，不宜再增加。"董允还礼贤下士，有一次他刚和费祎、胡济等约好一起去游宴活动，车马都已经办妥只待出发了，突然来了个年轻的下官，要谈事情，见他们刚要出发，就欲言而止，改变主意，想要离去，董允却不许他离去，说原来准备游宴无非是同好之间的游谈，现在你特意赶来，应该先同你谈事情，游宴就不去了。

延熙六年(243)后主加封董允为辅国将军，第二年董允以侍中守尚书令，成为大将军费祎的副职。延熙九年(246)董允逝世。

董允活着的时候，对蜀汉后主刘禅总是尽忠进言，有时甚至板着脸加以好心劝谏，年轻的后主简直有点怕这位老臣。后主宠爱的宦官黄皓总会出些坏主意，因此常受到董允的责备。董允在世，黄皓官位不过是个黄门丞。董允死后，黄皓升为中常侍、奉车都尉，操弄权柄，终于使蜀国覆灭。为此，当时蜀国人更是无不追思治国匡正的董允，怀念他的业绩。

细致的神人神兽镜（上图）
虽然在汉代的鼎盛期过后铜镜一度出现了衰落，但是产生于吴地的铜镜依旧是三国手工业的代表之一。主要产品是神兽纹镜和画纹带镜，纹饰繁缛，刻画细致。这面铜镜体现了三国时的一般特点，纹理细密繁复，具有很强的装饰风格。

话说中国

○八一

法正献策

法正跟刘备的关系同郭嘉与曹操的关系差不多。

显要的智谋之才

曹操在赤壁之战失败后，曾经感叹身边的高参人物郭嘉的英年早逝，说是如果郭嘉尚在的话，辅佐筹划，就不致遭到惨败。同样很相似的情况在蜀国也有。夷陵之战，刘备惨败于东吴陆逊，诸葛亮就曾经感叹道："法孝直若还活着的话，就能够及时制止主上的东征。即使出兵东征的话，如有法孝直辅佐献策，也势必不致如此倾危。"可见，法正在蜀国的地位与作用，类似于曹魏方面的郭嘉。

法正，字孝直，右扶风郿县即今陕西眉县人。东汉献帝建安初年，天下饥荒，法正和同郡人孟达一起到蜀地投靠刘璋。过了很久，刘璋让法正做了新都县令，后来召还署军议校尉。法正胸有大志，但刘璋不善任用，于是，法正就在好朋友益州别驾张松的帮助下，先是暗地为刘备献策，要刘备乘刘牧懦弱，以张松为内应，掌握益州，以殷富之地、天府之险形成大业。接着，法正进一步献计，劝刘备对蜀郡太守许靖改变态度，待为上宾，就像战国时代燕王厚待郭隗一样，敬重许靖以表示礼贤下士。法正对刘备先后献策，深得刘备的好感。

急公好义而受到器重

在建安十九年(214)，法正因刘备重用而任蜀郡太守、扬武将军，外统京都，内为重要谋士，地位非同寻常。但他气量小，得志以后报复和他结仇的人，这是他的缺点。

建安二十四年(219)刘备领兵自阳平南渡沔水，进到定军山作营，听了法正的献计，命黄忠占据有利地形，大破夏侯渊。曹操闻知后说道："我早知道刘备不会有如此智术，必有别人所教。"此人就是法正。在这年，刘备为汉中王，法正任尚书令、护军将军。

第二年(220)，法正逝世，享年四十五岁。刘备为失去法正这位智谋之士而伤心地痛哭了好几天。法正被谥为翼侯，法正的儿子法邈受赐爵关内侯。后来，法邈官至奉车都尉、汉阳太守。

诸葛亮对于法正的智术也很重视，常为之称赞不已。当别人告诉诸葛亮说，法正胸襟狭窄，报仇心切，诸葛亮就曾经为之辩解，并且强调法正对刘备当年摆脱困境有帮助，立过大功，不要计较他自行其意。诸葛亮和法正，两人的性格与处世方式虽然不同，但都急公好义，所以关系很好。后来，刘备不听群臣的劝谏，一意孤行，为替关羽报仇而东征孙权，结果遭到惨败。这时，不在成都的诸葛亮只好感叹，蜀国由于法正死去，刘备身边缺少强有力的劝谏而回天乏术了。

三国时期的陪葬用品青瓷囷

1996 年在安徽省马鞍山市雨山区朱然家族墓出土，高 18.4 厘米，底径 15.4 厘米，是东吴时期陪葬用的明器。攒尖顶，腹有一门，门两侧及下部各有一外框，左右两框上各戳两孔，平底略凹，灰白胎，盖上部饰一道凹弦纹，腹部上下各饰两道凹弦纹，门置弦纹中间，豆青色釉，釉不及底，此器反映东吴时期人们事死如生的思想。

公元246年 公元246年
世界大事记 日本遣使百济。百济侵魏乐浪，旋归所掠。

〇八二

《三国志》
《三国志·蜀书·刘封传》
《三国志·蜀书·费诗传》

孟达 刘封 诸葛亮

逆境

人物 关键词 故事来源

东汉灵帝时，官为凉州刺史的孟达，在三国风云际会的多变年代，一生曲折，十足地具有时代的特点。

一生曲折的孟达

经历曲折多变的时代风云，
感悟曲折多变的人生体验。

文武兼备，却处境困难

孟达，字子敬，后因归附刘备，避先主叔父刘敬的名讳，改字子度。右扶风即今陕西关中地区人。他原是灵帝时的凉州刺史，到献帝时已归附益州牧刘璋。建安十六年（211）冬，刘璋派遣孟达作为法正的副手，率领二千兵马协同法正迎接刘备。刘备平蜀后，以孟达为宜都郡（今湖北枝城市）太守。

建安二十四年（219）刘备命孟达领兵从秭归向北攻打房陵即今湖北房县，接着，作为刘备养子刘封的副手，孟达协同刘封夺取上庸即今湖北竹山县。刘封年纪尚轻，二十出头，有武艺，气力过人。上庸战役后，刘封由副军中郎将升迁为副军将军。而孟达算是老资格，文武兼备，处事有方，为着镇守蜀汉前哨战略要地上庸，他是出了力的。

同年八月，汉中王刘备遣关羽攻打樊城、襄阳，后因孙权用计，曹操增援，关羽渐渐失去军事优势。关羽一再派人请刘封、孟达从上庸出援兵相助，刘封、孟达却并不派援兵救助，理由是上庸刚降附不久，未可动摇。关羽兵败身死，孟达感到压力很大，加上刘封仗势欺压他，他就留了一封信给刘备，说明自己处境的极度困难，不得已绝交而改投曹魏。

一生曲折，境遇不佳

延康元年（220），孟达拿上庸作为献礼，归附曹丕。曹丕对他很重视，封为散骑常侍、建武将军、平阳亭侯。并以房陵、上庸、西城之地合为新城郡，由孟达领新城太守。

其实，孟达背蜀而向魏，是有自己打算的。在给刘封的劝降信中，孟达曾说自从刘备立阿斗为太子，有识之士就觉得寒心，还说刘封与刘备是挂名亲戚，并非骨肉至亲，到头来就跟陌路人差不多。从中可见孟达的心计，说到底，他是对刘备不满。

后来，刘封回蜀都，刘备责怪他不救关羽。诸葛亮考虑到刘封性格刚猛，怕刘禅今后难以制服他，就劝刘备杀刘封。刘封死前叹道："恨不听孟子度（孟达）之言！"

再说孟达，曹丕对待他并不薄，但曹丕死后，曹叡继位，孟达境遇又碰到难处，遭人攻讦。这时，诸葛亮兵出祁山，北伐曹魏，孟达秘密传信给诸葛亮，表示要将功折罪，配合蜀兵攻打洛阳。诸葛亮想诱使孟达作为攻魏的援军，也就给孟达写了回信。双方曾经多次联络，后来由于事情泄漏，司马懿就在魏太和元年（227）抢先下手，攻破上庸，擒住孟达，将他处斩，并且传首京师洛阳。诸葛亮方面，因为还是对孟达有怀疑，所以当时没有出兵去相救。就这样，在变化曲折的年代，孟达走完了他曲折变化的一生。

在今陕西旬阳县城东王家山，有墓丘高居汉江北岸，两面环水，呈圆锥形，高约3米，周长15米，相传这就是孟达的墓地。

> **历史文化百科**

〔旅行时的住宿〕

魏晋南北朝时，如果人们要旅行，那么解决住宿问题一般有三条途径：一是政府开办的传舍驿亭，这种驿亭主要供官员出行以及官府文书传递人员使用；二是私人开设的客舍，这是民间投宿的主要去处；三是各地的僧寺，也是人们经常选择的休憩场所。

〇八三

三国西晋

姜维伐魏

文武双全，不甘寂寞，
蜀汉后期的显要人物。

文武双全，为诸葛亮所器重

诸葛亮去世前，对姜维始终颇为欣赏。他去世后，蜀汉辅政主要人物有蒋琬、费祎和姜维。姜维文武双全，继承蜀相遗志，九伐魏国。

姜维，字伯约，天水冀县（今甘肃甘谷东）人。父亲姜冏是郡中功曹，在保卫郡府的战斗中去世。姜维长

清末年画《天水关》

诸葛亮受刘备托孤重任，决心出兵伐魏，先攻取了安定、安南两城，擒住魏国驸马夏侯楙，又假冒其名向天水求救，另外又命赵云乘虚攻取天水。守将马遵信以为真，部下姜维却识破此计，反而打败了赵云。诸葛亮爱姜维之才，探知姜事母甚孝，故意先攻姜母所居之冀城，以骗姜维往救，并暗遣魏延假扮姜维攻打天水。马遵中计，果然疑心姜维，姜维回兵，马遵闭门不纳。姜维进退无路，只得归降了诸葛亮。

大后，被赐官中郎，参本郡军事。他原系羌人，受过严格教育，成为文武全才。他为人不甘于寂寞，喜好功名。

蜀建兴六年（228），诸葛亮首次率军出祁山。姜维在雍州刺史郭淮所属的天水太守马遵的部下任职，因上司不听他的建议，在冀县官吏与老家乡亲的支持下，姜维率众降蜀。诸葛亮既欣赏姜维本人的才干，又由于原系羌人对"西和诸戎"的政策有利，所以很器重他。这时二十七岁的姜维担任仓曹掾，加奉义将军，封爵当阳亭侯。

归蜀后，姜维一直在诸葛亮身边，思虑精密，做事忠勤。诸葛亮见他既有胆识，又深解兵意，是军事方面的将才，并称赞他是"凉州上士"。不久，姜维升为中监军征西将军。诸葛亮死后，姜维为右监军辅汉将军，统领诸军。

姜维　诸葛亮　钟会

胸怀

《三国志·蜀书·姜维传》《资治通鉴·魏邵陵厉公正始九年》

人物　关键词　故事来源

汶川姜维城

姜维（202—264），字伯约，三国时蜀汉后期主将，天水郡冀县（今甘肃甘谷县东）人。推崇郑玄经学，文武全才。初仕魏，任天水参军。蜀汉建兴六年（228），诸葛亮第一次北伐时归蜀，深受诸葛亮器重。延熙十九年（256），进位大将军，独力支撑岌岌可危的蜀国。为实现诸葛亮兴复汉室的愿望，统军而后，九次北伐，七出陇右，连年转战于陇蜀之间，显示了高超的军事才能。

继承孔明遗志，九度伐魏

　　延熙十年（247）姜维升卫将军，与大将军费祎共录尚书事。从这年起直到蜀汉灭亡，姜维前后率大军九次征伐魏国。由于内部整体力量的缺乏，准备不足，加上刘禅身边有黄皓等人的掣肘，使得姜维的征伐战事往往以失败告终。以蜀国弱势去跟魏国强势比拼，结果虽难改变，但姜维也算是主观上尽了最大努力。费祎死后，姜维担任大将军。在当时他的突出表现，除妻子外不再娶妾，生活俭朴，以配给的衣服饮食为满足，资财无余，

宅舍简单。他生活上清素节约，事业上乐学不倦。他的好学与俭朴，被当时舆论评为"一时仪表"。

　　炎兴元年（263）八月，魏军邓艾、钟会兵分两路大举攻蜀。邓艾在凉州牵制姜维，钟会攻占汉中，并进而攻向蜀郡。姜维听说汉中已失手，就设法绕开邓艾，经桥关、阴平与前来增援的廖化、张翼联合，坚守剑阁，阻挡钟会大军。不料邓艾取道阴平直攻蜀国腹地，兵临成都，刘禅投降，并派人通知姜维等部就地降魏。姜维只得听从安排，但他知道钟会和邓艾有矛盾，就利用矛盾，鼓动钟会举事叛魏。

　　钟会原已感到魏大将军司马昭对他并不放心，所以在受姜维降后，对姜维颇有好感，两人出则同车，入则同坐。钟会以故太后遗诏名义，反对司马昭，策动所部魏军叛变，但因布置不周密，手下有将领出卖钟会，使得兵变未成，钟会、姜维都被魏军的乱兵所杀害。

〇八四

扶不起的阿斗

十七岁的刘禅当蜀主，后来降魏，竟会说出"乐不思蜀"的话来。

刘阿斗当上蜀主

阿斗是刘备之子刘禅的小名，也是民间流传的称呼。刘禅，字公嗣，据推算知道，他生于建安十二年（207）。赤壁之战时，他只有一岁多些。当年，刘备兵败当阳长坂坡时，赵云单骑突围，救出襁褓中的刘阿斗，因功升为牙门将军。到了建安二十四年（219），刘备为汉中王，立刘禅为王太子。刘备称帝，册立为皇太子。

章武三年（222）四月，刘备在白帝城永乐宫托孤，将刘禅托给诸葛亮、李严等辅政为君。五月，刘禅继位于成都。时年十七岁。他以诸葛亮为丞相，总理诸事。他对诸葛亮说道："政由葛氏，祭则寡人。"此后十余年间，诸葛亮北伐南征，取得可观成绩，刘禅在成都安然为帝。

诸葛亮病死五丈原，蜀国上下震惊。朝中以丞相留府长史蒋琬为尚书令，统揽国事。后来，蒋琬进位为大将军，大司马。蒋琬卒后，又以费祎为大将军。这时候，刘禅开始自摄国事。可是，他听信小人，宦官黄皓形成专政。

魏军钟会、邓艾大兵压境，邓艾自阴平偷袭，突至成都。蜀汉朝廷一片混乱。光禄大夫谯周劝说刘禅

扶不起的阿斗

刘禅是刘备的长子，字公嗣，小名阿斗。刘禅即位后在执政时期统而不治，昏庸无度致使蜀国灭亡，在亡国之后非但不痛心更是"乐不思蜀"，"扶不起的阿斗"的谚语由此在民间流传开来。此二图出于清末石印本《三国演义》插图。

三国西晋

《三国志·蜀书·后主传》

乐不思蜀
刘禅　　昏庸

人物　典故　关键词　故事来源

投降魏国，刘禅之子北地王刘谌知道要投降，大怒道："父子君臣当背城一战，与国共存亡，以见先帝，为何投降！"刘谌去昭烈庙哭祭刘备，然后杀死妻子和儿子后自杀了。

清末年画《斩魏延》

诸葛亮临终前，预料魏延必反，特授计于大将马岱和长史杨仪，要他们在魏延反时，依计除掉魏延。亮死后，按其遗令，缓缓退兵，由杨仪领兵扶柩先行，姜维断后。杨仪为试探魏延之心，派费祎去魏延营中，令魏延断后。魏延不服，为了对付杨仪、姜维等人，要马岱相助，岱假意应允。后杨仪、姜维等扶柩到达南郑城，魏延和马岱引兵直取南郑。杨仪轻骑而出，立马阵前，手指魏延笑道："丞相在日，知你久后必反，教我提备，今果应其言。你敢在马上连叫三声'谁敢杀我'，便是真大丈夫，我就献汉中城池与你。"魏延大笑道："别说连叫三声，便叫三万声亦有何难？"于是在马上大叫："谁敢杀我！"一声未毕，身后的马岱出其不意地厉声喝道："我敢杀你！"手起刀落，斩魏延于马下。

广元明月峡栈道

明月峡古栈道位于四川广元朝天明月峡谷。三国时期，诸葛亮为了战争的需要，开剑门阁道，修整明月峡栈道，才有了六出祁山，北伐中原的故事。

降魏国，乐不思蜀

炎兴元年（263）十一月，后主刘禅向魏国投降。同时，派太仆蒋显宣敕命姜维降魏。又遣尚书郎李虎送士民簿给邓艾，领户二十八万，人口九十四万，带甲将士十万二千人，官吏四万人。另外，米四十余万斛，金银各二千斤，锦绮彩绢各二十万匹。至此，蜀汉灭亡。自刘备建蜀汉，到刘禅降魏，历时四十三年。

第二年三月，刘禅举家东迁魏都洛阳。魏封刘禅为安乐县公。这下子，刘禅倒真是名副其实地享受起安乐来了。有一天，司马昭宴请刘禅。席间，当乐伎奏起蜀地的音乐，跳起蜀地的舞蹈时，旁人都不免为之感到怆楚，但刘禅嬉笑自若。宴会后，司马昭对贾充说："人之无情竟会到如此地步！此人即使诸葛亮再世也不能辅佐他达到久全其位，更何况姜维？"贾充回答道："要不是这样，殿下何以吞并掉他。"过了几天，司马昭问刘禅："想不想蜀地？"刘禅答道："此间乐，不思蜀。"这就是后来所谓乐不思蜀的由来。刘禅死于晋泰始七年（271），终年六十五岁。

> ：比喻乐而忘本或乐而忘返。　**181**

谯周 笃学

人物 关键词 故事来源

〇八五

笃学好古的谯周

不修边幅，颇具见识。蜀中有位著名学者。

专诚好学，而不修边幅

三国时期蜀汉的著名学者谯周曾经以他的学问与见识，对后主刘禅在最后政治归属的选择方面，起过十分关键的提示作用。作为一名学者和文化人，谯周还留给后世以不少成果。

谯周，字允南，巴西西充（今四川阆中西南）人。他学有家底，父亲谯岍研究《尚书》，兼通诸经以及图纬。谯周小时候丧父，与母亲、哥哥一起生活，家虽贫困而不顾，仍专心致志诵读典籍，会心有悟时，欣然独自发笑。精研六经，废寝忘食。颇知天文，还擅长于文书信札。

建兴年间，谯周二十岁左右。有一次，代理刘备负责益州牧府事务的诸葛亮召见谯周。此前只闻其名，而未识其人。见面时，谯周体貌朴素，态度诚恳，身高有八尺，却不修边幅，加上不善于辩论答问，当时他的打扮和语言特征使在场的不少人忍不住发笑。但是，他考虑问题有深度，见识敏锐。诸葛亮就起用他为益州牧府的劝学从事，成为主管教育与文化事务的官员之一。这次面试结束时，有关官员认为在场随便发笑的那些人表现不好，应加以追究过错。诸葛亮以为不必如此，他说道："当时见了谯周的模样，连我自己都忍不住差点发笑，何况左右别人呢！"这也可映示出谯周专诚好学而不修边幅的性格特征。

诸葛亮在建兴十二年（234）八月病死五丈原。前线这不幸消息传到成都时，谯周在家中猛然得知，立即起程赶到州牧府第，随即后主刘禅有诏书禁止通行，全城戒严，所以只有谯周一人提前赶到办理应急事务。

几天后，大将军蒋琬兼任益州刺史，就提拔谯周为主管全州（实际相当蜀汉全国）学业的典学从事。

劝谏讽喻，有独立思考

延熙元年（238）刘禅立儿子刘璇为太子，任命谯周为太子仆，接着转而命为太子家令。几年后，因为谯周对刘禅喜好游玩与声乐的行为上疏劝谏，刘禅不满意，就免去其太子家令职务，调任中散大夫，仍服侍太子。谯周并不气馁，见蜀汉军旅频出，劳民伤财，他就和尚书令陈祗一起议论批评此事，并写了一篇《仇国论》加以讽喻。

后来，谯周升迁为光禄大夫。他六十四岁那年，魏将邓艾率大军自阴平入蜀逼近成都，兵临城下，刘禅急忙召集御前会议商量对策。有人劝言东投吴国，有人提议南撤巴郡或南中，谯周出于独立思考，力排众议，并引经据典，义理充分地强调应当以降魏作为切合时宜的选择。刘禅起初犹豫不决，曾一度考虑往南撤离，但最后听取了谯周的建议，决定降魏。

谯周一生做学问，享年七十一岁。他的学生很多，《三国志》作者陈寿即其中之一。谯周的学术成果有《后汉记》《古史考》《蜀本纪》《异物志》《益州志》《法训》《五经论》等一百多种。

生活用品：漆盘（上图）
这是三国吴时的漆盘。内底凸出的一圈是用来固定盘底的。内壁涂有黑漆，口沿和近底处各饰有一道白色弦纹，内底还饰有漩涡状花纹，外壁涂以黑漆。

三国西晋

〇八六

好学的向朗

为人甘贫乐道，处世以和为贵。

蜀汉有一位长寿的学者，早年经历以胜任吏职而见称，后来成为受人敬重的一代学人。《三国志》作者陈寿评价他，用了四个字："好学不倦。"此人就是向朗。

甘贫乐道，品行慎独

向朗，字巨达，襄阳宜城（今湖北宜城南）人。自幼丧父，由两位哥哥将他扶养长大。他年轻时，拜当时著名的经世派学者司马徽为师，熟悉典籍，涉猎文学，讨论时事，并且同徐庶、庞统等人都有深交，彼此亲善。他性行慎独，不为时俗利禄所动，甘贫乐道。从他的师友关系以及为人处世特征看来，他和诸葛亮、马谡有很多相似点。所以，他后来成了蜀汉的能吏。

最初，向朗在荆州牧刘表的属下，当临沮（今湖北远安西北）长。刘表去世，向朗归到刘备属下。刘备在赤壁战后向荆州南部扩张势力，武陵、长沙、桂阳、零陵等郡太守投降刘备。刘备以诸葛亮为军师中郎将，督护诸郡，调运赋税以充军需。这时，向朗受命督秭归、夷道、巫山、夷陵四县的军民事务。刘备入蜀后，以向朗为巴西太守，很快又转任牂牁太守，后又改徙房陵太守。不断改换任处，新得之郡需要能干的官吏去担纲，向朗历来以能吏见称。

刘备去世，后主刘禅嗣位，向朗这时在成都任职，为步兵校尉，又代王连领丞相长史，负责主管诸葛亮丞相府的日常事务。

诸葛亮亲率大军攻打南中时，向朗受命留在成都负责后方事宜。向朗和马谡一直是好朋友。马谡曾建议诸葛亮征南中要攻心为上，以安抚为主。诸葛亮平定南中后，经过两年准备，于建兴五年（227）开始

北伐曹魏。三月，蜀军北上，进驻汉中。向朗随丞相前往。次年，出兵祁山，前锋马谡在街亭被魏军击败。马谡逃亡，向朗因为知情不举报，诸葛亮将马谡斩杀，把向朗免官处罚回成都。

勤奋好学，孜孜不倦

数年之后，向朗任为光禄勋。诸葛亮去世后，向朗徙左将军，朝廷追论其以前的功绩，封爵为显明亭侯，官位特进。

向朗始终好学，自从被免去长史之后，优游近二十年，更是潜心钻研典籍，孜孜不倦。他死于延熙十年（247），享年八十余岁。即使在晚年，他犹勤奋读书，校定书中谬误，积聚成果在当时最为显著。

向朗后期以学者见称。他广泛接待宾客，劝诱后进，讲论古代学问，研讨义理，但不涉及时政。也正因如此，上自朝廷，下至童冠少年，都对向朗很敬重。

向朗在离别人世前，有遗言训诫儿子说："天地和则万物生，君臣和则国家平，九族和则动得所求，静得所安。"他强调指出："贫非人患，唯和为贵。"这体现了他的根本思想和人生总结。

> 历史文化百科

〔玻璃器皿的传入〕

魏晋南北朝时期玻璃器皿传入了中国。1983年北周李贤墓出土了一只玻璃碗。碗呈淡黄色，周围饰有突出的圆圈，玻璃内含有很小的气泡，分布均匀，透明度较好，说明具有较高的工艺水平。1965年、1978年北京和鄂城晋墓中也出土了类似的玻璃碗。专家认为这类玻璃碗可能是中亚地区的产品，沿丝绸之路传入我国。

话说中国

〇八七

破虏将军

孙权的父亲孙坚，是吴国的奠基人物。

孙坚为何称"孙破虏"？

东吴孙权的父亲孙坚，字文台，吴郡富春（今浙江富阳）人。要追溯起族谱渊源来，孙坚还算是春秋时候军事家孙武的后代。

孙坚年轻时做过县吏，有些胆识。有一次，孙坚同父亲一起坐船到钱唐（今浙江杭州），正巧遇见海贼在抢劫商人的财物，别人怕得躲在一旁，不敢动弹，

开创江东基业的孙坚

孙坚在《三国演义》中出场早，退场也早，但他是江东基业建立者，功不可没。他曾私藏了汉王朝的传国玉玺，他的儿子孙策就是凭此物借得兵马，打出了天下，并得到"小霸王"的称号。据有人考证，当年在虎牢关他曾大战吕布，为"三英"之一，但后人在写小说时，把他搁在了一边，那也只怪他来去匆匆，不能与后边的情节呼应。

孙坚却独自凛然上前，跟海贼斗智斗勇，最后战胜海贼，解脱厄难。那时孙坚才十七岁。

后来，孙坚做过盐渎、盱眙、下邳县丞，历任三个县的佐僚，都能做出成绩。孙坚经常和乡里一批年轻朋友互相来往，关系密切，他们的人数有好几百人。

中平元年（184）黄巾起义爆发，东汉朝廷派遣车骑将军皇甫嵩、中郎将朱儁统领军队去镇压。朱儁推荐孙坚为佐军司马，一起前往。原先在下邳县跟从孙坚的那些乡里年轻人也都愿意随从。此外，孙坚还募集商人及淮、泗一带精兵，合起来共有千余人，跟随朱儁。孙坚带领自己的队伍镇压汝州、颍州一带的黄巾军，在攻打宛城时，孙坚率先登城，部下随即紧

紧跟上杀敌，获得大胜。于是，朱儁向朝廷上表拜孙坚为别部司马。

再说董卓掌握朝政，关东各州郡纷纷起兵，讨伐董卓，孙坚也举兵而起。孙坚到达南阳时，他的部众已有数万人。他和袁术合兵驻屯在鲁阳（今河南鲁山），袁术上表推荐他为破虏将军，领豫州刺史，因此，孙坚别号"孙破虏"。

对东吴的奠基之功

孙坚曾经在梁县的阳人城大败董卓军队，斩杀其部下都督华雄。董卓对手下的长史刘艾说过："关东联军被我打败过几回，别人都怕我，只有孙坚这小子，颇能用人，还真有点厉害，应当告诉各部将领，对孙坚要多加提防。"孙坚在讨伐董卓的联盟中，起着非同一般的作用。

袁术与袁绍之间有着矛盾，袁绍跟荆州牧刘表相互通好，因此，袁术就

构思巧妙的瓷灯（右图及上图）
三国时吴地生产的瓷器精良，此灯造型生动，以抱头幼熊头顶灯盏的形态，模拟儿童式的憨态，十分可爱。灯底刻有"甘露元年五月造"。

对刘表怀有敌意。东汉初平二年（191），袁术派遣孙坚进攻刘表，刘表命大将黄祖领兵迎战。两军在樊城（今湖北襄樊市）、邓县（今襄樊北）之间遭遇，孙坚披挂上阵，身先士卒，带领部下奋力攻杀，终于击破黄祖的阵地，直追过汉水，进围襄阳。

孙坚打仗勇猛，敢杀敢拼，但有时他难免急躁骄傲，疏于防范。就在兵围襄阳攻打黄祖守军时，孙坚竟然单骑匹马前往襄阳城外的岘山视察战地，不料在那里被埋伏着的黄祖手下军士用暗箭射中而死。关于孙坚之死，另有一说是刘表部将吕介的袭击，吕介命令部下士兵在山上朝孙坚扔掷石块，密集地往下打去，有石块正巧击中了孙坚的头部，顿时脑浆迸裂。

按照《英雄记》这部书上所写的，孙坚死在初平四年（193）正月七日。孙坚死后，他的部下就由大儿子孙策统领。他一共有五个儿子：孙策、孙权、孙翊、孙匡是吴夫人所生，另有小儿子孙朗，一名孙仁，乃是庶出的。后来，孙权称尊号，自己当了吴大帝，于是就追谥父亲孙坚为武烈皇帝。孙坚去世时年三十七岁。他为后来孙权建立吴国作了奠基性的努力。

> 历史文化百科 <

〔穹窿顶墓〕
这是始于三国东吴时期的一种墓室结构，分为两种：一种是墓室顶部由四角向上砌券的"四隅券进式"，另一种是由墓室四壁向上砌券的"四边券进式"。从建筑原理看，这类墓室可将墓顶上的封土重量均匀地传给四壁，有效地提高了抗压能力。

〇八八

传国玉玺

"受命于天"的象征，道不尽的扑朔迷离。

玉玺故事扑朔迷离

说起三国时候那个传国玉玺的故事，确实有些扑朔迷离、节外生枝的场面。

东汉初平元年（190）正月，关东许多州郡牧守纷纷起兵，推袁绍为盟主，组成联盟讨伐董卓。孙坚作为其中一路兵马，曾经和董卓的军队多次交锋，并取得胜利。第二年（191）二月，董卓派遣部将李傕前去游说孙坚，想要同孙坚和亲，许愿可以让孙坚的子弟担任刺史、太守等职。这事遭到了孙坚的拒绝。紧接着，孙坚进军到大谷，逼近洛阳，董卓亲自率军抵御，因为打不过孙坚，退军至渑池（今河南渑池西）。

孙坚进抵洛阳，清扫宗庙。这时汉献帝早在一年前已迁到长安，孙坚就修葺历朝皇帝、皇后在洛阳的陵墓。有一天，孙坚的部下在城南的甄官井打水时，竟在白天看到有奇异的五色云气自井口冉冉升起，大家睁大了眼睛，惊叹称奇，不敢再从井中打水。孙坚得知这事，叫人下井去探视究竟，果然发现异物，那是四寸见方的一枚汉代传国玉玺，印纽上面镂刻有交错盘起的五条龙，玉玺缺了一个角，玺面上刻的印文是"受命于天，既寿永昌"八字。原来，在大将军何进杀蹇硕，张让杀何进，然后挟持灵

帝出逃时，洛阳遭变，宫中混乱，可能是掌玺的人在慌乱中将传国玉玺投入了井中。

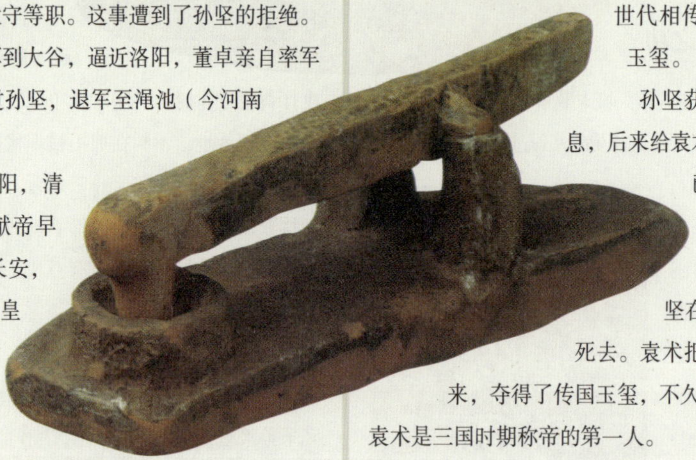

传国玉玺，"受命于天"

这枚传国玉玺不比寻常，它和天子用玺有所不同。天子用玺有：皇帝之玺、皇帝行玺、皇帝信玺、天子之玺、天子行玺、天子信玺，史称"六玺"。六玺印文因玺封的用途不一而有差异。而传国玉玺则是汉高祖刘邦所佩用过的秦朝帝玺，整个汉朝，世代相传，所以叫做传国玉玺。

孙坚获得传国玉玺的消息，后来给袁术知道了。袁术早已有称帝的野心，企图劫夺玉玺。

公元192年，孙坚在与黄祖的交战中死去。袁术把孙坚妻子拘禁起来，夺得了传国玉玺，不久，就在寿春称帝。袁术是三国时期称帝的第一人。

不久，袁术在军阀混战中死去。他的部下有个叫徐璆的人，乘乱夺走了传国玉玺。徐璆带着玉玺去许县，投奔曹操。曹操挟持汉献帝在许都，传国玉玺于是回到献帝手中。

公元220年，曹丕逼迫献帝禅让后即帝位，史称魏文帝。传国玉玺归魏国皇帝所有。到公元265年，司马炎取代曹魏，传国玉玺就归晋了。

三国吴陶碓（上图）
碓是我国古代的一种舂米器具，一般是用柱子架起一根木杠，杠的一端装一块圆形的石头，正对着石臼。舂米时用脚连续踩踏另一端，石头连续起落，就能舂去石臼中糙米的皮。图为1958年出土于江苏南京市的三国时期吴国的陶碓。

三国吴永安五年神兽纹铜镜（右页图）
三国时期吴国的会稽郡是当时铜镜的制造中心，此面神兽纹铜镜便是当地的产物。镜上刻着"永安五年"的字样，永安是吴景帝孙休的年号，永安五年为公元262年。

三国西晋

公元249年

公 元 2 4 9 年

世界大事记 日本遣兵袭新罗，降卓淳等七国。年初，赵夫人率交趾、九真土著民举事，吴交州刺史陆胤镇平之。

《三国志·吴书·吴主传》

拓展 掠夺

孙坚 袁术

人物　关键词　故事来源

话说中国

：比喻无多大意味而又不忍舍弃的东西。 187

孙策割据江东

威震东南，与天下争锋抗衡。

威震江东的讨逆将军

孙策是孙坚的大儿子，字伯符，人长得风流倜傥，性格豁达豪爽，还喜欢说笑话。孙坚在起兵时，将家属留在寿春（今安徽寿县）。孙策自幼在家中习武，十多岁时就因为善于交结朋友而出名。周瑜了解孙策的为人，彼此契合，两人同年龄结为知交。周瑜劝孙策移居到舒（今安徽舒城），孙策同意了。孙坚去世后，孙策就负责率领孙坚旧部千余人。由于没有得到袁术的重用，到了兴平二年（195），孙策听从了朱治的建议，前往江南一带发展势力。

当时，扬州刺史刘繇把治所设在曲阿（今江苏丹阳），驻军在横江、当利（均今安徽和县境内，长江渡口）。孙策渡江攻打刘繇的牛渚营，掠得邸阁的所有粮谷和战具。当时周边地区，彭城相薛礼，下邳相笮融推举刘繇为盟主，薛礼占据秣陵城（今江苏江宁南秣陵关），笮融屯兵县南。孙策先攻笮融，斩首五百余人，笮融关闭城门不敢再战。再攻薛礼，占领秣陵、湖孰（今江苏南京湖熟镇）、江乘（今江苏句容北，长江渡口），又在曲阿战败刘繇，刘繇弃军而逃。

三国吴青瓷狮形水注

此件三国时期吴国的青瓷狮形水注于1958年出土。狮子呈蹲状，但不失威猛，釉色为灰绿，器型线条流畅，是当时青瓷中的精品。

孙策进入曲阿城，赏赐将士，并派遣部将陈宝去寿春迎来母亲吴夫人和弟弟孙权等，还将告示发布到附近各县："凡是刘繇、笮融等故乡部曲来投降的，一律不加问罪；乐意跟从军队的，就免除全家的赋税，不乐意从军的也不强求。"这样，仅十天左右工夫，四乡云集，就已经有了兵力二万余人，马千余匹。从此，孙策威震江东，形势大为好转。

当时，除了刘繇，江南还有会稽太守王朗的势力。孙策在第二年即建安元年（196）八月，引兵渡浙江（钱塘江）进攻王朗。王朗战败后，从海上逃到东冶（今福建福州）。孙策追至东冶，迫使王朗投降。于是，丹阳、吴、会稽三郡之地就归孙策所有。这时候，曹操为了牵制袁术，就故意拉拢孙策，还向朝廷上表推荐孙策为讨逆将军，封为吴侯。因此，孙策别名又叫"孙讨逆"。

公元250年 公元 250 年

世界大事记

吴于此时（245—250）数度遣使往访扶南。

《三国志·吴书·孙策传》
《资治通鉴·汉献帝初平四年》

孙策
周瑜　坚强

人物　关键词　故事来源

小霸王孙策

孙策（175—200），是一个富有传奇色彩的英雄。兴平二年（195），年仅21岁的他摆脱袁术的羁绊，独自率兵渡江南下，短短三四年间就夺得丹阳、会稽、吴郡、豫章、庐陵等郡，占据江东大片地盘，为孙吴立国奠定了基础。这位青年将军，以令人惊异的速度崛起，为孙氏政权奠定了基础。他武艺高强，胆略过人，大战太史慈，喝死樊能，飞剑刺死严舆，显示出罕见的神威，不愧为威震江东的"小霸王"。可惜天年不永，遭意外袭击，竟因伤重而死，年仅26岁。此图出于清末石印本《三国演义》插图。

争锋抗衡，英才早逝

建安四年（199），孙策率军溯江西上，行至石城（今安徽贵池县境），闻知庐江郡（治皖城，今安徽潜山）太守刘勋已领兵去海昏（今江西永修西北），就派遣堂兄孙贲、孙辅率领八千人到彭泽阻击刘勋，孙策自己同周瑜趁皖城空虚之际，率二万人攻袭皖城，俘得袁术、

始于三国的凭几

凭几是三国的一种新器型，这件是吴国的器物，并且在出土的凭几中这是唯一一件木制品。通身施以黑漆，几面圆弧形，三足为蹄形。

刘勋的妻儿，还有袁术部众三万余人。接着，再进军至豫章郡，太守华歆投降。孙策分豫章郡南部另立庐陵郡（治所在石阳，今江西吉水东北）。这样，孙策已占有会稽、吴、丹阳、庐江、豫章、庐陵六郡之地，范围相当于今江苏、安徽二省南部和浙江、福建、江西三省全部。这就为孙权后来建立东吴政权奠定了基础。

建安五年（200）曹操和袁绍在官渡对峙时，孙策曾密谋乘机偷袭许都以迎汉献帝。正在部署兵力，尚未出发之际，一天，孙策离开驻地丹徒（今江苏镇江），单骑外出打猎，不料被暗地埋伏，伺机报杀主之仇的原吴郡太守许贡的部下，用暗箭射中脸部，受了重伤。

孙策自知性命难保，就叫来弟弟孙权以及谋士张昭等人，交待后事。他对部下说："如今中国正在混乱之际，以吴越之众，三江之固，可以占据一方而观其成败。你们好好辅佐吾弟孙权。"同时，他还将讨逆将军印绶交给孙权，嘱咐道："说起带领江东军队和敌人决战于两阵之间，与天下争锋抗衡，这方面你不如我；至于举贤任能，各尽其责，以保江东，这我就不如你了。"这番话也就成了孙策的遗嘱。当夜，孙策去世，时年二十六岁。后来，孙权称尊号，就追谥孙策为长沙桓王。

话说中国

〇九〇

壮士太史慈

义胆壮举，名闻江东

忠诚信义有胆识，堪称江东一杰。

曾经和孙策比武斗勇不相上下的太史慈，确实堪称为江东的一位壮士。太史慈，字子义，东莱黄县（今山东龙口市）

三国西晋

人。年轻时好学，做过郡奏曹史。在他二十一岁时，因为该州长官与郡本地长官之间有矛盾，太史慈恐怕受牵连，就避开远走辽东。他身长七尺七寸（汉制），美须髯，手臂很长，像猿一样，还善于射技，弹不虚发。当年，黄巾军头目管亥领兵围攻北海相孔融时，因为孔融曾经优待过太史慈的老母亲，所以，太史慈为了报答恩遇，施展了他的高超射技，奋不顾身，替孔融搬请刘备军队作救兵，前去解围。太史慈的义胆壮举，从那时起就很出名。

当时的扬州刺史刘繇与太史慈是同郡的老乡，太史慈从辽东回家，到了曲阿（今江苏丹阳），会见刘繇。正在此时，孙策至境，太史慈受命侦察孙策兵力。遇见孙策时，太史慈只带了一名骑兵，孙策的从骑有韩当、宋谦、黄盖等十三人。虽然双方人手相差悬殊，太史慈却毫无畏惧。就在神亭

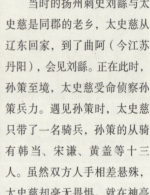

四大名楼之一的黄鹤楼

名列我国四大名楼之一的黄鹤楼原址在湖北武昌蛇山黄鹤矶头，楼因山而得名。相传始建于三国吴黄武二年（223），后因唐代诗人崔颢的《黄鹤楼》诗而闻名天下。该楼 1700 多年来屡建屡毁，样式也各朝各样，最后一次毁于清光绪十年（1884）大火。如今的黄鹤楼因 1957 年建长江大桥武昌引桥时，占用了其旧址，而重建于距旧址约一公里左右的蛇山峰岭上。图为宋代的黄鹤楼样式。

太史慈

孙策　壮志

《三国志·吴书·太史慈传》

人物　关键词　故事来源

（今江苏金坛县境西北）太史慈与孙策展开近身搏斗，两人从马上打到马下，再从步战变成厮打，斗得不亦乐乎。最后，孙策拔掉了太史慈身后的手戟，太史慈夺下了孙策头上的护胄。这两人真是不打不相识，经过这场激斗，彼此反倒产生好感。

曹操为啥给他"当归"？

不久之后，太史慈归降孙策，孙策拜他为折冲中郎将。后来，当刘繇在豫章去世，其部众有万余人不知所措时，孙策就派了太史慈前往安抚招纳。有感于孙策的信任放手，太史慈此行任务完成得很出色。

再说荆州牧刘表有个侄子刘磐，骁勇善战，曾屡次侵扰江东。孙策任用太史慈为建昌都尉，督领

兵将抵御刘磐，终于结束了这方面的军事侵扰。后来，太史慈跟随孙策征战，屡建功勋。曹操听说太史慈大名，曾经派人送去一封信，太史慈打开信封一看，里头什么都没有写，只放着中药当归。这意思就是要太史慈改换门庭，投归曹操麾下，但曹操此举并没有成功，从中可见太史慈的忠信诚义。

孙策死后，孙权当事。孙权知道太史慈对付刘磐很有办法，屡见成效，就委任他负责南方军事。建安十一年（206）太史慈逝世，享年四十一岁。在临死时，他曾叹息说："大丈夫活着一世，应佩带七尺剑，荣登朝廷之阶。现今我志愿未遂，怎么就死去了！"旁边的人听了都很受感动。孙权对他的去世，深表悼惜。他的儿子太史享，官至越骑校尉。

〉历史文化百科〈

〔太史慈墓〕

今在江苏镇江市东北滨江的北固山中峰西南隅，有太史慈墓地。墓丘直径约3米，高约1米。墓前原有碑，题为"孝子建昌都尉太史慈墓"，后来改题为"汉吴将军义太史公之墓"。1967年墓遭破坏，今残存有封土堆、墓门石、台阶石等。

清末年画《甘露寺》、《东吴招亲》（上图）

三国时，孙权因刘备占据荆州屡讨不还，于是与周瑜设美人计，假称以妹孙尚香嫁刘备，准备骗刘备过江做人质来换取荆州。诸葛亮将计就计，让刘备借周瑜的岳父乔玄说服孙母吴国太在甘露寺相亲。果然，国太相中刘备，招赞为婿，此事弄假成真。图为清末年画《甘露寺》和《东吴招亲》。

话说中国

○九一

生子当如孙仲谋

坐断江东战未休，孙权赢得曹操的赞叹。

又能干又有气度的江东当家人

江东割据的基业虽由孙坚、孙策父子的创立而得到确认，但主要由于孙权的继承，才正式形成三国鼎立的政治局面。孙坚、孙策去世时年岁都不大，孙权比哥哥孙策小八岁，但他寿数大，活到七十一岁。长寿为孙权的政治生涯提供了精力与保障。

孙权，字仲谋，吴郡富春（今浙江富阳）人。孙坚在做下邳县丞时，生下孙权。孙权生得方脸阔口，

清末年画《回荆州》

刘备在东吴招亲后，安于声色，不思回转荆州。赵云依诸葛亮计，向刘备诈称曹操袭取荆州。刘备大急，求孙尚香同回荆州。孙乃辞母与刘潜逃。周瑜闻讯，派遣徐盛、丁奉二将追截，但都被孙夫人斥退。等周瑜率兵赶到，刘备夫妻已被诸葛亮接回荆州。

眼光有神，自幼受到母亲的严格教育，聪明机敏，系统地学过《诗》《书》《礼记》《左传》《国语》《史记》《汉书》及诸家兵法等。母亲吴夫人是一位具有智谋权略的聪明人。孙策有一次要处死一名意见相左的魏功曹，别人劝谏都不听，孙策回家后只见母亲动情地说："你刚取得江南不久，事业尚未成功，理应礼贤敬士，舍过录功。魏功曹也算是为东吴尽力的，你杀了他，别人会叛你而去。"她边说边走近一口大井，表示不忍看到众叛亲离的祸事发生，还是自己先投井吧。孙策这才开释了魏功曹。

孙策脱离袁术时，孙权随兄转战，参与平定江东。十五岁时，孙权做了阳羡（今江苏宜兴南）长，独当一面。不久，郡察孝廉，州举茂才，孙权当上了行奉义校尉。建安五年（200）孙策猝亡，孙权接班，

《三国志·吴书·吴主传》

《资治通鉴·汉献帝建安十三年》

孙权　尊严

人物　关键词　故事来源

吴主孙权

话说中国

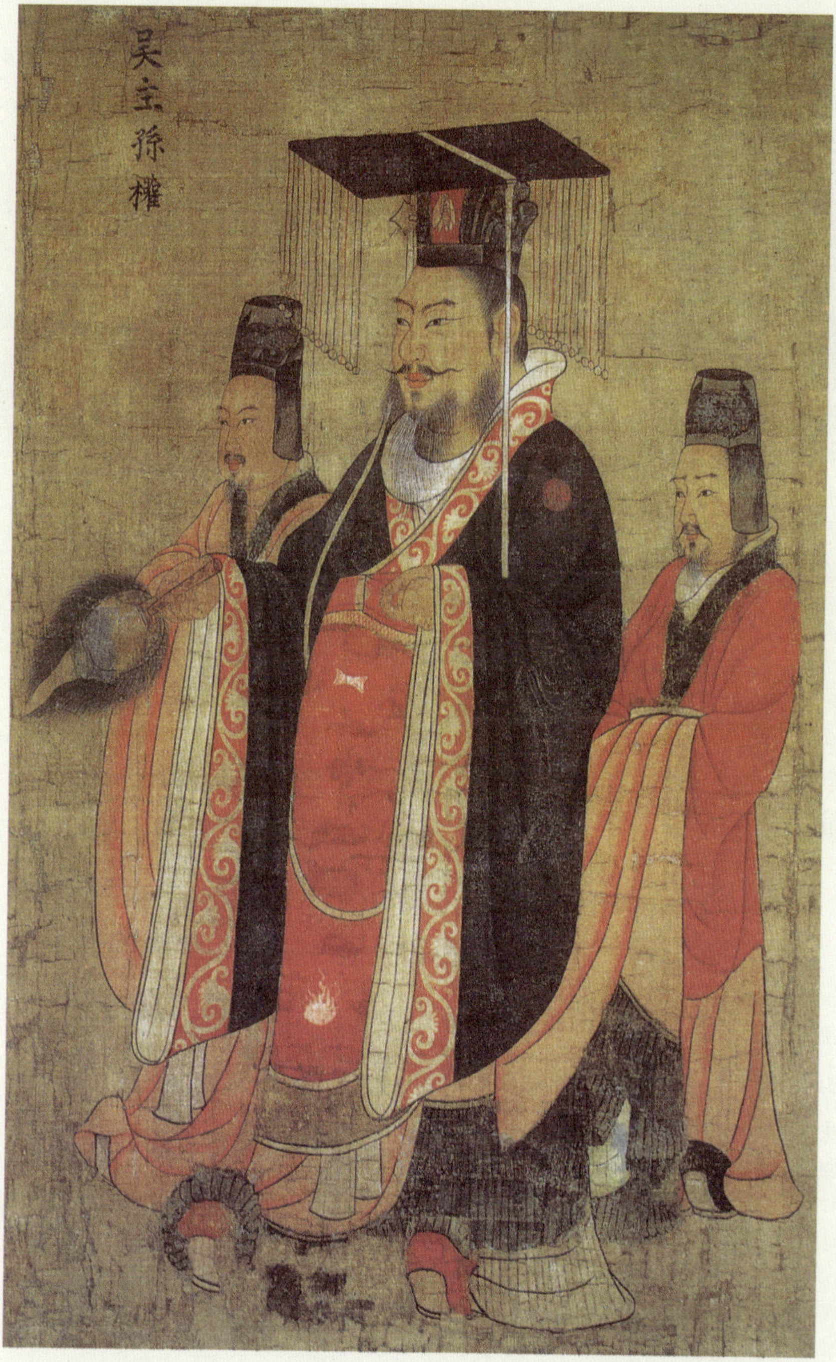

年仅十八岁。张昭、周瑜等人同心协力共襄大业。曹操上表朝廷，推荐孙权为讨虏将军，领会稽太守。

孙权性格开朗，气度宽弘，仁而多断，好侠养士。在孙策生前，孙权参与决断计谋时就表现出富具才干。孙权接班后，对待老臣张昭敬如师傅，并委任周瑜、程普、吕范等将领统率军队。此外，他还广泛招聘名士俊才，鲁肃、诸葛瑾等人成了他的宾客幕僚。

曹操为啥要说"生子当如孙仲谋"？

孙权掌权后不久，庐江太守李术不

一代明主孙权

孙权（185-252），字仲谋，吴郡富春（今浙江富阳）人。孙坚次子。十四岁便随兄长孙策转战南北，参与平定江东。孙策去世后，孙权接掌江东。在周瑜的辅佐下于赤壁大战中大败曹操，使天下成三国鼎立之势；并建立吴国，北拒曹操，西抗刘备，为一代明主。

南京石头城遗址

南京石头城遗址位于今南京城西，面积19公顷。公元前333年，楚威王置金陵邑于此，筑城石头山。东汉建安十七年(212)孙权改秣陵为建业，在金陵邑故址石头山上修筑石头城，因江为池，与曹操、刘备形成三足鼎立之势。

服从孙权，在皖城（今安徽潜山）叛变。孙权闻知，当即起兵攻打皖城。城中粮尽，孙权破城后斩杀李术，收服其部曲三万余人。

建安八年（203），孙权挥师西进，讨伐老对头黄祖，破其水军。十三年（208）再次征讨黄祖，都尉吕蒙破其前锋，凌统、董袭等率敢死队攻克夏口（今湖北武汉）。吴军骑士冯则追杀黄祖，孙权终于报了杀父之仇。同时虏获有数万人口。紧接着，孙权派遣贺齐攻讨黟、歙地区，将歙地分为始新、新定、犁阳、休阳等县，建置新都郡。

建安十三年（208）赤壁大战，东吴在孙权正确决策下，联合蜀军大破曹军，江东势力得到巩固。

> **历史文化百科**

〔"抓周"的产生〕

抓周是婴儿满岁的周年之礼，源于魏晋南北朝时期，当时称为"试儿"。新生儿满周岁时，给婴儿沐浴干净，在他面前摆上珍宝、衣服、玩具、食品等，若是男孩再摆上弓矢、纸笔，若是女孩则摆上女红用具，任婴儿抓取。婴儿抓到什么就预示着他将在这方面有所成就。

孙权生平简历

孙权字仲谋，孙坚次子。孙策之弟。	
公元182年	出生。自幼受母亲严格教育，学习《诗》《书》《礼记》《左传》《国语》《史记》《汉书》《东观汉记》等书及诸家兵法。
公元195年	十四岁起，随兄孙策转战，平定江东。
公元196年	十五岁，在阳羡（今江苏宜兴南）任当地行政长官。
公元197年	十六岁，守宣城。
公元199年	十八岁，随兄攻打庐江刘勋、荆州黄祖。
公元200年	十九岁，孙策死后受理吴郡、会稽、丹阳、庐江、豫章、庐陵六郡。
公元203—208年	攻杀黄祖
公元208年	联合刘备在赤壁大胜曹军。
公元210年	任命步骘为交州刺史，扩展岭南。
公元211年	以秣陵（今南京）为治所。
公元212年	作石头城，改秣陵为建业。
公元219年	派吕蒙、陆逊袭荆州，杀关羽。
公元221年	受封为吴王。
公元222年	派陆逊在夷陵大胜蜀军。
公元227年	派周鲂大胜曹休，斩杀、俘虏数万兵马。
公元229年	在武昌即皇帝位，史称吴大帝。
公元230年	派卫温、诸葛直率领万余名兵士组成船队去探求夷洲（今台湾）。
公元250年	六十九岁，废太子孙和，另立八岁的小儿子孙亮为太子。
公元252年	七十一岁，病死。

十五年（210）孙权任命步骘为交州刺史，开始向岭南发展。不久，岭南的士燮表示归顺东吴，孙权的势力范围大为扩展。

建安十六年（211），孙权徙治所于秣陵。次年，建石头城，改秣陵为建业（今南京）。在魏、蜀皆已称帝二世的情况下，孙权于黄龙元年（229）四月，在武昌南郊即皇帝位，史称吴大帝。还追谥父孙坚为武烈皇帝，兄孙策为长沙桓王。孙权不仅确保了父兄的奋斗成果，还大力推进三国鼎立的事业，其成就超过父兄。所以，曹操当年不由得赞叹："生子当如孙仲谋。"

三国西晋

《三国志·吴书·张昭传》

张昭　正直

人物　关键词　故事来源

〇九二

张昭辅吴

东吴元老级的人物，晚年却在赋闲。

老资格的江东军师

孙策临死时，曾对张昭说："吾弟孙权年轻，拜托你辅佐他。如他不能胜任，你可取代他。"这同后来刘备托孤时对诸葛亮说的遗嘱，辅佐刘阿斗，不行则取代，两者颇相像。当然，孙权不同于刘禅，张昭也难比诸葛亮，最后结果就大相径庭。刘禅扶不起，诸葛亮鞠躬尽瘁，以死而后已告终；孙权了不起，张昭想要尽责，却连丞相职位也沾不上边，终老闾巷颐养天年。

张昭，字子布，彭城（今江苏徐州市）人。他早年就好学，博览群书，写得一手隶书好字。东汉末年，避乱扬州，适逢孙策创业，被委任为长史、抚军中郎将。孙策还请他登堂入室，拜见吴夫人，对他视作知交，文武诸事皆委由他负责。张昭名义上是校尉，实际和孙策是亦师亦友，关系甚密。

孙策二十六岁去世，孙权仅十八岁，张昭受命辅吴。他上表汉室，下移属城，江东州郡各令奉职。他劝孙权节哀，早日视事。不久，孙权为车骑将军，张昭为军师。每逢孙权领兵出征，张昭就留守后方，负责幕府事宜。

黄初二年（221），曹丕封孙权为吴王时，魏使者邢贞傲慢无礼，张昭据理抗锋，坚决维护东吴威严。孙权拜张昭为绥远将军，封爵为由拳侯。张昭还负责与孙绍、滕胤、郑礼等人一起研究与采纳周代汉代礼节，筹划并制定吴王的朝仪。

性情刚烈的东吴元老

张昭容貌矜严，有威风，别说下面官员怕他，连孙权也常说："和张公说话，我不可随意瞎讲。"朝见时，张昭对孙权总是进直言，辞气严厉，义形于色。

有一次，孙权在武昌行宫举行宴会，群臣都饮酒大醉。张昭独自退出，孙权发觉后，将张昭叫还，张昭就以商纣王饮酒误国的事规劝孙权。后来，在是否派遣使者去辽东拜公孙渊为燕王的事情上，张昭和孙权产生严重分歧。两人反复争论，局面越来越僵。张昭执意不让，孙权大为光火，甚至手握佩刀，怒气冲冲说："你位极人臣，吴国官员入宫拜我，出宫拜你，我对你敬重至极，你却几番当众作梗，这样恐怕对你不利。"张昭却依然不让步，坦然地说："我虽知说了没用，还要竭尽愚忠，这是讨虏将军（孙策）的嘱托，也因为是吴太后临终时将我叫到床前遗诏顾命的缘故。"由于激动，话未说完，张昭已是老泪纵横。孙权受其感动，掷刀于地，和张昭对面而泣。

黄龙元年（229）四月，孙权始为吴大帝，张昭年老有病，辞去原先官职，改为辅吴将军，列班位次比三司低，封爵为娄侯。孙权的丞相，先是由孙邵，后由顾雍担任。张昭在朝中虽是元老，却未当过丞相，这是为什么？依孙权的话来解释，就是张昭"性刚"，如果不采纳他的意见，容易产生怨艾，对事情不利。

在生命晚年，张昭闲居家中，专心写作，著有《春秋左传解》《论语注》。他死于嘉禾五年（236），享年八十一岁，算是高寿。孙权亲临吊唁，谥为文侯。

> ### 历史文化百科

〔魏晋时最常见的军服〕

魏晋南北朝时期由于战争频繁，军服备受重视。"袴褶"和"裲裆"是最常见的军服。"袴褶"原是北方少数民族的服饰，便于骑射。"裲裆"犹如今天的背心，前后两块相拼套在衣服外。此外，还有铠甲与战袍。铠甲为了便于行动制成鱼鳞式，或用铁、皮合制。

话说中国

公元251年

〇九三

江东周郎

周瑜雄姿英发，风流倜傥

苏东坡说周瑜雄姿英发，"谈笑间，樯橹灰飞烟灭"。

提到东吴的周瑜，大名鼎鼎。他文武双全，既是统领将士的大帅，又是风流倜傥的名士与才子。此外，他还精通音律。当时人说："曲有误，周郎顾。"这话就是赞扬他有音乐天才的。

周瑜，字公瑾，庐江郡舒县（今安徽舒城）人。年轻时，他体格壮实，相貌堂堂。孙坚在讨伐董卓时，举家迁到舒，孙策和周瑜相同年纪，两人很快结为好友。

清代杨柳青年画《油江口》

这幅年画画的是诸葛亮一气周瑜的故事。赤壁大战后，诸葛亮移兵于油江口，拟乘机夺取南郡。周瑜闻知大惊，忙与鲁肃于油江口找刘备，并与其约定，若周瑜取南郡不得，则任刘备去取。不料周瑜攻南郡屡攻不下，损失许多兵马，自己也中毒箭受伤，好不容易才将曹仁、曹洪打败。正待要率兵进入南郡，不料诸葛亮已先派赵云夺取了南郡，气得周瑜大叫一声，箭疮迸裂，昏倒于地，半晌方醒。

周瑜有家底，门第可观。叔祖父周景、叔父周忠都在东汉时做过太尉，父亲周异做过洛阳令。周瑜秉承家风，年轻英俊，富有才气。叔父周尚原先是袁术手下的丹阳太守，袁术曾经有意招周瑜为将，但周瑜看出袁术最后是不会有什么成就的，他决定同孙策合作。孙策和周瑜彼此投机，周瑜把家中一处大宅院让给孙策全家居住。

建安三年（198），孙策闻知周瑜来到，就亲自迎接，两人这年都是二十四岁。孙策授周瑜为建威中郎将，当即给予士兵二千名和马骑五十匹，还特地为他安排好住宿的馆舍和仪仗鼓吹，赠赐丰厚。

年轻能干，肩负重任

后来，孙策以周瑜为中护军，领江夏太守，两人一起攻打皖城（今安徽潜山），克敌取胜。那时候，还得

公元251年

《三国志·吴书·周瑜传》

曲有误 周瑜顾 敏捷

周瑜　周郎顾　敏捷

人物　典故　关键词　故事来源

了桥公的两位女儿，大的叫大桥，小的叫小桥，桥也作乔，大乔嫁给孙策，小乔嫁给周瑜，二女都容貌姣美，有"国色"之称。孙策曾经同周瑜开玩笑说："桥公二女虽然流离颠沛，有我们二人作夫婿，也足够满意了。"

孙策的母亲吴老太很喜欢周瑜。孙策去世后，孙权掌兵，商议军国大事，尊重周瑜的意见，这和吴老夫人也有关系。孙权母亲常对孙权说："公瑾（周瑜字）与伯符（孙策字）同年，小一个月，我把他看作自己的儿子一样，你应当像对待兄长一样尊重他。"孙权为将军时，拜周瑜偏将军，领南郡太守，寄以重任。

老将程普原先自以为是个长者，曾经好几次对周瑜很不尊重，可是周瑜严于律己，一直没有跟他计较。后来，程普深表敬服，常对人说："与周公瑾相处，就像饮醇醪美酒，在不知不觉中自己就醉了。"

曹操早先听说周瑜年轻能干，曾密遣九江的蒋干去游说周瑜，周瑜当然不为所动。其中有

东吴大都督周瑜操练水军的烟水亭

烟水亭位于九江市城南甘棠湖中，面积约1400平方米，像个小岛，相传三国时东吴大都督周瑜曾在此操练水军。后说白居易曾常来此处盘桓，"手把杨枝临水坐，闲思往事似前身"，为纪念这位才华横溢的诗人，后人在此建亭，取他的《琵琶行》"别时茫茫江浸月"之句，取名浸月亭。到了北宋的熙宁年间，周敦颐来游，见亭毁，意恢复，其子周寿代建，以"山头水色薄笼烟"的诗情，取名烟水亭，再次遭毁。现在建筑为晚清时遗迹。

一段对话涉及音律。周瑜迎接蒋干，说他是曹操的说客，蒋干说并非说客，而是故友叙阔别之情。

周瑜就说："吾虽不及夔、旷，闻弦赏音，足知雅曲也。"夔、师旷都是古代著名音乐家。周瑜从小就对音乐喜爱，后来精于音律，尽管边饮酒边赏乐，酒过三巡之后，他听音乐仍很细致，曲调出现阙漏或错误的地方，他都能确切地知道，知道后必能及时加以补正。所以，当时人口头流行语说是："曲有误，周郎顾。"

话说中国

《三国志·吴书·周瑜传》

蒋干 辩才 周瑜 练达

人物 关键词 故事来源

公元252年 公元252年

○九四

中国大事记 吴大帝孙权卒（182—252）。太子亮即位（252—258）。魏3路攻吴。诸葛恪败魏军。

三国西晋

蒋干不丑

《群英会》戏中的穿线人物，真是逞能玩花样的小丑吗？

仪表堂堂的才辩之士

戏剧舞台上的蒋干形象，十足是一个小丑，鼻子上搽了白粉，京剧中称之为"方巾丑"。照《三国演义》里的安排，蒋干是曹操帐下的一名幕宾，赤壁之战前曾经两次去江东游说周瑜并打听虚实，结果是弄巧成拙，中了周瑜之计。蒋干盗书，将伪造蔡瑁、张允私通东吴的假信偷去报告曹操，使曹操误杀水军都督，丧失了水战的重要指挥，还中计将庞统带回曹营，让曹操接受庞统提出的致命的连环计。赤壁大战，蒋干成了关键的穿线人物，这也是小说与戏剧的移花接木。当然，蒋干的小丑形象及其言行刻画，从外表到内心，都是非常成功的。艺术创造魅力无比。

其实，历史上真正的蒋干并不丑，说仪表有仪表，说口才有口才，是江淮一带无人可比的高士。蒋干，字子翼，九江人，据《三国志·吴书·周瑜传》注引《江表传》中唯一关于蒋干的记载，他是一个"有仪容，以才辩见称"，能说会道的人。

蒋干见周瑜的真实场景

蒋干见周瑜，实际上只有一次，时间不在赤壁战前，而是在战后的第二年。赤壁战败，曹操十分佩服周瑜，认为周瑜了得，败在他手下不觉得耻辱。后来，周瑜又战败曹仁，夺取江陵，曹操更是对周瑜器重不已，忌惮有加。在这种情况下，曹派人密下扬州，请出蒋干利用熟识关系去说动周瑜归降。

蒋干受命后，脱去官服，换了行头，布衣葛巾，并以私人名义去看望周瑜。周瑜闻知，主动出迎。见面，周瑜立即就说："子翼兄你真辛苦，远涉江湖来此，想必是替曹操做说客吧。"周瑜不愧是爽快人，开门见山，一语道破，但是，蒋干练达得很，当然

肯承认自己是说客，话讲得周密，滴水不漏，他说："我与足下有州里之谊，既然是老同乡，大家长大后又阔别多年，遥闻将军你业绩显著，所以，特来拜访，叙阔话旧，顺便瞻览一番贵营军容，岂谈什么说客不说客呢。"

周瑜听了蒋干这番话，仍不放心，说道："我虽然及不上古时候著名音乐家师旷那样的聪明，但多少也明白闻弦赏音，对于雅曲妙律也还是能够听懂的。"这话的意思是听话听音，对于蒋干使命了如指掌，彼此可以心照不宣。于是，周瑜领蒋干遍视军中营地、仓库、军资器仗，以及室中的服饰珍玩等。看了之后，周瑜对蒋干说道："大丈夫为人处世，遇到知己的上司，情同骨肉，言听计从，祸福与共，能够这样我很满足。即使苏秦、张仪复生，郦食其再出，这些巧舌如簧的人都不可能将我说动，何况你这个书生呢！"蒋干听罢，心中无奈，只是脸露微笑，再也说不上什么替曹操致意的话了。

蒋干回去后，对曹操称言周瑜的雅亮高风，是不会被任何游说所打动的。蒋干虽然未能完成曹操的请托说动周瑜的事，却仍不失名士之风。这才是真实蒋干的其人其事。

魏晋时的名刺

名刺即今天的名片。魏晋时期世族间的交往十分讲究门第和出身，因此流行以名刺作为自我介绍。图中的名刺写着"弟子高荣每年问起居沛国相字万缳"字样，其中"弟子"是谦称，"高荣"是该名刺主人的姓名，"每年问起居"是对对方问候表示尊敬，"沛国相"是高荣的官职，"字万缳"表示自己字万缳，以便别人称呼自己。

《三国志·吴书·顾雍传》

顾雍　谨慎

人物　关键词　故事来源

〇九五

顾雍为相

孙权说他，做东吴丞相十九年，要么不开口，开口则言必有中。

说话与举止都很得当

在东吴做过十九年丞相的顾雍，说话不多，而举止得当。为此，孙权常赞叹说："顾君不言，言必有中。"

顾雍，字元叹，吴郡吴（今江苏苏州）人。东汉时蔡雍（伯喈）从朔方还来，避居吴地，顾雍跟他学琴与书法。他学习专心，悟性高，蔡伯喈很器重他，认为他日后肯定会有所成就，就替他改成与自己同样的名字。顾雍的名字由来于此。

顾雍长大后，经由州郡表荐，在他弱冠时就做了合肥小县的县长，后转任娄县、曲阿、上虞，都有治绩。孙权领会稽太守时，实际上不到郡府上任，而是以顾雍为郡丞，代行太守事。几年间，郡界宁静，吏民归服。后来，顾雍调入为左司马。

隔了几年，孙权称吴王，顾雍不断晋升为大理奉常，领尚书令，封阳遂乡侯。顾雍平时不多说话，朝中的事不大对家里讲，连封侯这样的大喜事，他自己也不马上告诉家里人。后来，家里人听说了，感到格外吃惊。

长期为相，深得信任

孙权为吴王时，老臣张昭未曾任丞相，从黄武初年到四年（222–225），丞相是孙邵，顾雍改任太常，

进封醴陵侯。黄武四年六月，顾雍为丞相，平尚书事。孙权对顾雍十分敬重与信任。顾雍所选用的文武官员，都能尽职效命。他本人不饮酒，办事清正严明，这使得手下人即便是在饮宴欢乐的时候，也恐怕有闪失而不敢随意乱来。

丞相顾雍还时常去民间走访，调查政事是否得宜，以此报告孙权。他的调查与建议如果被采用，就归功于孙权；如果不用，他能严守机密，始终不泄露内情。为此，孙权敬重他。

顾雍有三个儿子，长子顾邵，次子顾裕，少子顾济。顾邵有才干，孙权将兄长孙策的女儿，即其侄女，嫁给顾邵为妻。顾邵的儿子顾谭、顾承，都很有教养。这些都和顾雍的治家有方，管教严格极有关系。

赤乌六年（243）顾雍去世。享年七十六岁。死前，他做了十九年丞相。儿子顾邵比他早死，顾裕有病，小儿子顾济任为骑都尉。孙权对顾雍的死深表哀悼。谥为肃侯。

顾雍的后代有许多人很出色。晋代名人中就有好几位是他的直系后代。

三国吴贵族生活图
三国吴地彩绘漆画，安徽马鞍山出土。画面分三层，上为贵族宴饮，中为梳妆、对弈、驯鹰三部分，下为出游。布局简洁，富有生活气息。但整体画面透视法没有得到充分运用。

话说中国

中国大事记　蜀大将军费祎遇刺死。吴诸葛恪趁胜进围魏合肥新城，因士卒多疲而还军。孙峻杀诸葛恪，自为丞相，专吴政。是年，蜀姜维攻魏狄道，以粮尽而退。

顾邵　博识
人物　关键词　故事来源

〇九六

知人善任

不拘一格推荐人才，顾邵像是东吴"伯乐"。

三国西晋

知情达理，名闻遐迩

东吴丞相顾雍的大儿子顾邵，以知人善任出名。顾邵，字孝则，自幼禀承家教，既得益于父亲顾雍的严格要求，又受到母家即吴地陆家的熏陶，年轻时就和其舅陆绩齐名。顾邵博览群书，知情达理。他身居相府，东吴各州郡及四方人士，往来相见交往频繁，他都能跟人家谈得拢，合得来，有的还交谊深厚，因此，远近很有名声。

当时，陆逊、张敦、卜静这些同龄人都较为出色，但比不上顾邵出名。陆逊后来成为东吴杰出人才。张敦，字叔方，有气量，善文辞，清虚淡泊，后来做车骑将军，转为主簿，又调任海昏县令。卜静，字玄风，后来做剡县令。张、卜二人都是吴郡人。顾邵和他们都很要好。

孙权很喜欢顾邵，他作主将孙策的女儿嫁给顾邵为妻，顾邵于是成了孙权的侄女婿。当时江东的顾家、陆家都很有势力，孙权通过彼此联姻关系来巩固政权。

由于得到孙权的器重，顾邵在二十七岁时一踏上宦途就担任豫章太守。他下车伊始，就去拜谒当地先贤名士徐孺子的墓，并对徐家的后人表示优待；他还贴出告示，禁止不合礼仪规范的祭祀淫俗。

知人善任，唯才是举

顾邵在豫章太守任上的时候，最突出的表现是知人善任，举善以教，从而使得风化大行。郡中有些资质较好的小吏，顾邵让他们去学习进修，然后挑选其中优秀的人才，加以晋级使用。比较显著的例子有钱唐人丁谞、阳羡人张秉、乌程人吴粲、云阳人殷礼等。丁谞出身于役伍，后来做到典军中郎。张秉是庶民，做到云阳太守。吴粲、殷礼都是出身低微，后来吴粲成为太子少傅，殷礼成为零陵太守。这几个人都是顾邵任豫章太守时选拔的。只要有才干，哪怕出身低，顾邵就不拘一格，唯才是举，他还同这些人结成朋友，宣扬他们的名声。他的这种知人善任的做法，为东吴发现了不少有用人才。

可惜，顾邵做了五年的豫章太守，可能是由于身体不行，就在任上去世。他英年早逝，去世时，父亲顾雍还活着。顾邵有两个儿子：顾谭、顾承，长大后也都成为东吴的著名人士。

文房用品：水注

水注是中国的书画用具，用途和形制与水盂差不多，只是大小开口略有不同，常制成蛙形、熊形、兔形。这件水注出土于浙江上虞帐子山窑址，是三国吴时的作品。水注四足撑地，蛙的前肢捧着一个盛具，呈张口饮水的姿势，造型夸张奇特。

〇九七

聪明人误事

顾谭最终因聪明而招祸，祖父顾雍对此早有预感。

聪明能干的顾谭

顾雍的孙子顾谭从小就很聪明，他和诸葛恪都是孙权的太子孙和的好友。有着顾雍、顾邵这样富有名望的祖父与父亲在东吴官场为他打底子，顾谭原本应当官运亨通的，但事实上，顾谭同祖父与父亲相比差了一大截，最后竟然被流放致死。

顾谭，字子默，靠着祖与父的社会影响，凭他自己的聪明本事，年轻时候就很出挑。在他刚从中庶子转为辅正都尉时，上疏陈言，孙权阅卷竟会停下正在吃饭的事，阅后，称赞他超过了老练的徐详。孙权对顾谭屡有赏赐，还时常特别召见他。

顾谭在代替诸葛恪当左节度的那段时间里，每逢省阅档案簿书时，好多数据用不到筹码计算，只要扳指头心算，就能发现是否有问题。他手下的那些官员很佩服他的聪明能干。

祖父顾雍的不祥预感

顾谭被孙权加封为奉车都尉，不久又代替薛琮担任选曹尚书，都是重要职位。有一次，孙权作主把侄女嫁给顾家的一位外甥，在举办仪式时，请顾雍老丞相以及他的儿孙到场欢赏。这天，孙权很高兴，顾谭喝酒已醉，三次起舞，舞着舞着就失态了。老祖父顾雍看在眼里，气在心里，当时由于孙权在场，他不便有所举动。第二天，在家里，顾雍将顾谭叫来，呵责道："君王以含垢为德，臣下以恭谨为节。汉初萧何是大功臣，见了汉高祖刘邦，恭谨得就像不会说话似的，东汉的吴汉也有大功，对待光武帝刘秀，极为恪勤谨慎。你倒好，靠了家庭门楣之光，没有为国效力的实际功劳，却得到宠任，虽说是酒后起舞不知所止，但问题是你持宠失敬，得意忘形。日后，我顾氏家门怕就要败在你的手中。"老人说完，在床上背过身去，面壁而睡，气得不再理睬孙子。顾谭只得在床前站了好久，后才离去。

赤乌四年（241）孙权遣卫将军全琮征讨淮南，决芍陂，与魏将王凌交战。顾谭的兄弟顾承也在军中，芍陂之役，吴军先败后胜，论功行赏时，顾谭作为功曹尚书，结果让顾承的纪功得赏超过了大都督全琮的儿子的军功，从而招致全琮等人不满。他们借机在孙权面前攻击顾谭。几年后，顾谭因故被孙权处以大不敬的罪名，流放去交州边远地方。顾承也一起被流放。不久，弟兄俩死在边地，顾谭死时四十二岁。祖父顾雍这时虽早已不在人世，但他对自己孙子结局的预感确是有先见之明。

简单大方的黑漆木屐

这只木屐是三国吴时的器物。木屐表面用薄木片做成，后跟比前跟稍高，跟底各钉一横木保持平衡，通身涂以黑漆。

话说中国

公元254年

〇九八

肝胆相照

诸葛瑾和孙权的关系，称得上生死之交。

孙权和诸葛瑾乃是神交

诸葛瑾在东吴孙权手下的地位，当然不如其弟诸葛亮在蜀汉刘备处那样显赫，但是，他跟孙权的关系，可以说是肝胆相照。

诸葛瑾，字子瑜，东汉末年避乱到江东，那时孙策刚死，孙权的姐夫弘咨把诸葛瑾介绍给孙权，孙权对待他如同对鲁肃一样，待为上宾。诸葛瑾先是做长史，后转中司马。建安二十年（215），孙权派他去蜀国同刘备通好，他和其弟诸葛亮除了公开场合相见之外，并不安排私下会面。

后来，诸葛瑾以绥南将军代吕蒙领南郡太守时，曾有流言蜚语，说他和刘备之间暗地另有来往。孙权听说后不但不信，反而重申自己和诸葛瑾乃是神交，誓守死生而不改变。孙权曾说："子瑜不会负我，就如同我不会负子瑜。"

巧妙谏喻，肝胆相照

诸葛瑾也很了解孙权，每逢谈话或谏喻，他都会畅所欲言。意见不合当然是难免的，遇到这种情况，他就改变话题，先是故意绕开，然后慢慢地再用相近相类的例子来促使孙权重新思考，让他自然而诚悦地改变原先的想法。

说到谈话或劝谏技巧，诸葛瑾确实是有一手。孙权曾对吴郡太守朱治亲自提拔，寄以厚望，但一度失望，深感忿恼。诸葛瑾估计到孙权的心思，却又不便点破，他就以自己发问的形式写信给孙权，信中大谈有关待人用人的道理所在，看来同朱治的事毫不相干，实际是对孙权的谏喻。孙权看了他的信后，心中的疙瘩也就解开了。还有一次，有个名叫殷模的校尉犯了错，孙权恼怒地要处死他，群臣中许多人劝谏都不行，反而越发使孙权越火，这时，诸葛瑾独自在一边默不作声。孙权看到后问道："你为什么就是不说话？"诸葛瑾这才请孙权避开众人，到另一边单独交谈。他说："我和殷模等人同样都是在老家当地遭到厄运，这才背井离乡来到江东的，幸蒙吴主的再生之福方得有今日。我本当和这些人一起互相督促策励以报答万一的，却没有很好地做到这点。殷模辜负你的恩惠，自陷罪责，我想到这中间也有我的过失，实在不敢再说什么劝你的话了。"听了诸葛瑾这番感人肺腑的话，孙权不但把心中的气消了下来，而且不得不为之动情，最后说道："这次就特地为了你的这番规谏而赦免了殷模的死罪吧。"

后来，孙权称帝，拜诸葛瑾为大将军、左都护，领豫州牧。赤乌四年（241），诸葛瑾去世，享年六十八岁。

清·王素绘《孟宗哭竹生笋》

孟宗是三国时吴国人，字恭武。他从小丧父，家里十分贫寒，母子俩相依为命。长大后，母亲年纪老迈，体弱多病。不管母亲想吃什么，孝顺的孟宗就想方设法满足她。一天，母亲病重，想吃竹笋煮羹，但这时正是冬天，冰天雪地，风雪交加，哪来竹笋呢？他无可奈何，想不出什么好的办法，就跑到竹林抱竹痛哭。哭了半天，忽然四周的冰雪都融化了，草木也由枯转青了，再仔细一瞧，周围长出了许多竹笋。他的孝心感动了天地。他把竹笋挖回去，煮成菜羹给母亲吃，母亲的病就好了。

"蓝田生玉"比喻贤父生贤子，最早是形容哪家父子？

公元254年

公元 2 5 4 年

世界大事记　斯蒂芬一世继任罗马教皇（254—257）。

《三国志·诸葛恪传》

诸葛恪　敏捷

人物　关键词　故事来源

〇九九

诸葛恪才捷善辩

能说会道、思维敏捷的东吴神童。

擅于言词的神童

诸葛恪是诸葛瑾的长子，少年时早有才名。他的才捷善辩，在吴国很出名，被视为神童。

因为诸葛瑾和孙权的关系非同一般，小时候的诸葛恪常常由父亲带着去孙权那里参加一些公众活动。有一次，孙权想跟诸葛瑾开个玩笑。诸葛瑾的脸长，面相像驴，孙权在大会群僚时，叫人牵进一头驴来，在那长脸上题上四个字："诸葛子瑜"。子瑜是诸葛瑾的字。这时候在一旁瞧着的诸葛恪，立即跪请孙权让他用笔再添加两个字。孙权同意后，只见诸葛恪在四个字后面加了"之驴"二字。周围人都称赞地笑了，孙权就以这头驴赐给了诸葛恪。

过了些日子，孙权见到诸葛恪，又问他："你父和叔父（诸葛亮）比较起来，谁更贤更优？"诸葛恪马上回答："臣父为优。"孙权接着问为何这么说，他就答道："臣父明白应该在吴为您做事，而叔父不明白，所以臣父为优。"孙权听了，开心地大笑不已。

有一次在宴会上，老资格的张昭已有些醉意，倚老卖老，不愿再饮。担任行酒劝酒的诸葛恪就说："过去师尚父九十岁时照样率军打仗，不说自己老。现在军旅之事，将军在后，酒食之事，将军在先，劝再饮酒并非不是敬老。"张昭无话可说，只好再尽爵饮酒。

〉历史文化百科〈

〔额黄妆〕

魏晋南北朝时期，女子流行化"额黄妆"。额黄妆有两种，一种称为"鸭黄"，就是在前额上涂上黄粉；另一种称为"月黄"，是在眉心把黄粉涂成月牙形。

还有一次，孙权召集群臣，在殿前见到一只白头鸟，就问是什么鸟，诸葛恪回答："是白头翁。"年老的张昭以为是在戏弄他，就说道："诸葛恪欺骗陛下，未听说有名叫白头翁的鸟，果真有的话，就让他再举出'白头母'的鸟来。"诸葛恪听后说道："这同鹦母未必有对一样，否则，试请辅吴（指张昭）再找出'鹦父'来吧。"这时张昭语塞不能答了，周围的人都发笑不止。

思路敏捷，孙权寄以重任

诸葛恪有一次献马给孙权，先在马耳朵上穿了个孔。一旁的范慎嘲笑说："马虽是畜生，也是天生气质，今残其耳，岂不伤仁？"诸葛恪就回答道："这同母亲给女儿穿耳附珠一样，是表示恩爱，何伤于仁？"接着，一旁的太子嘲笑说："诸葛元逊（恪）可食马粪。"诸葛恪对答说道："愿太子食鸡蛋。"孙权听了，一时弄不明白，问道："别人叫你吃马粪，你却叫人吃鸡蛋，为什么？"诸葛恪答道："两种东西不一样，但它们从哪里出来，是一样的。"这话引得孙权大笑。

蜀国有使者来吴，当着群臣的面，孙权对使者说："这位诸葛恪雅好骑马，请回去转告丞相，弄一匹好马来。"诸葛恪立即跪谢，孙权说道："马还没来，为何跪谢？"诸葛恪对答："蜀国在我看来就是陛下在外面的养马场，现有恩诏，马一定会来的，安敢不谢？"他就这样口才敏捷。

陆逊去世，孙权以诸葛恪为大将军。后又因太子年纪小，孙权命他以大将军兼太子太傅。过了几年，孙权病危，召诸葛恪、孙弘、滕胤、吕据、孙峻等人嘱托后事。不料到了后来，诸葛恪被孙峻杀死，并夷三族，他的结局很是不幸。

话说中国

—〇〇

忍让为贵

胸怀宽阔的步骘，与人为善，终成大器。

胸襟宽宏有大气

东吴孙权手下人才济济，张昭、顾雍、诸葛瑾等都各有造诣，和他们齐名的步骘（zhì）别有一功，那就是很会忍让。

步骘，字子山，临淮郡淮阴（今江苏淮安淮阴区西南甘罗城）人。东汉末年，社会动荡，步骘避难到江东，独身一人，穷困潦倒。后来，遇到和他同年的卫旌，两人结成朋友，一起以种瓜为生，他俩白天在瓜田忙碌，夜间则研读经传典籍，倒也自在。

会稽郡有个豪门大族，姓焦名矫，曾经做过征羌县令，因此，人称焦征羌。他拥有一定势力，为人恃傲，不容易打交道。步骘和卫旌在他的地盘种瓜，怕受侵害，就挑些瓜放上名片后奉送给他。他在家里卧睡，二人在外等待多时，卫旌想离去，步骘阻止说："我们所以要来，就是因为寄人篱下，怕受到侵害。现在，如果自以为清高而当即离去，恐怕只会结怨于人家了。"这样，过了很久，焦征羌方才开始见他们俩。焦本人坐在帐中，竟随便便让他们俩坐在内门之外，卫旌对这种非礼接待觉得受不了，步骘却神色自若，觉得没什么。到了吃饭时，焦征羌自己坐在大饭桌前吃得杯盘狼藉，对两位客人却招待简慢，只有小盘饭和蔬菜而已。卫旌心里有气，吃不下东西，步骘却不动声色，吃过饭，然后告辞。到了外面，卫

旌很生气，责怪步骘怎么如此能忍，步骘回答道："这家主人是有势力的豪门，我们贫贱者受到这样的待遇，也是应该有心理准备的，我看不出这有什么可以引以为耻的。"步骘的胸襟确实很宽宏大气。

棋高一着忍为贵

后来，孙权担任讨虏将军时，召请步骘做主要幕僚。步骘和诸葛瑾、严畯等齐名，都是当时英俊人才。步骘一生任职，先是鄱阳太守、交州刺史、立武中郎将、征南中郎将、平戎将军，封广信侯。黄武二年（223）升为右将军左护军，改封临湘侯。孙权称帝（229）拜他为骠骑将军，领冀州牧。后来，步骘还一度做过吴国丞相。

步骘能忍，胸怀宽阔，处理公务往往比别人棋高一着。他还特别善于发现并推举人才。孙权的太子孙登在武昌驻守时，专意请他帮助选拔贤者能人。遇到群僚中有人受弹劾时，步骘又能善于化解，与人为善，解决问题。他的这种以忍为先的性格特征和处事原则，对于东吴政权能够得到人才并且发挥人才优势，是有所帮助的。

三国吴书昭注《国语》（明刻本）（上图）
《国语》是我国最早的国别体史书，共21卷，一般认为是与孔子同时代的左丘明所著。全书按周、鲁、齐、晋、郑、楚、越分国编次，记载了从周穆王到周贞定王前后五百余年的史事。从汉代开始，有不少人为《国语》作过注释，其中三国时期吴国韦昭（204-273）的注本是现存最早的注本。图为明刻本韦昭注《国语》。

三国西晋

世界大事记　奥利金（约185—约254），早期希腊基督教会神学家，圣经学者。著有圣经《六文本合参》、《论原理》、《驳塞尔索》。

《三国志·吴书·张纮传》

张纮　友谊

人物　关键词　故事来源

东吴的智者张纮

孙权建都秣陵（今南京）的决策，和张纮有关。

孙权对他的特别敬称

孙策身边有张昭、张纮二人，并列高级参谋，往往有一人随军征讨，另一人居守坐镇。孙权在位，对臣下别人都以字称呼，唯有这"二张"，与众不同。孙权称张昭为"张公"，称张纮为"东部"，表示对他们的敬重。那么，张纮是怎样一个人呢？

张纮，字子纲，广陵（今江苏扬州西北）人。东汉末年游学京城，在太学拜博士韩宗为师，研究经学和史学。回家乡后，才名远播，举茂才，大将军何进、太尉朱儁、司空荀爽都曾先后征辟他为幕僚，但他都称病不就。避难到江东，他才投身于孙策的麾下。

建安四年（199）孙策遣张纮到许都呈奉章疏，朝廷留他为侍御史。曹操当时是司空，要张纮为他所用，可张纮依恋孙策旧恩，称病谢绝曹操。他还劝说曹操不能乘孙策刚死而兴师伐吴，曹操听从了他的话，不但不去伐吴，还表荐孙权为讨虏将军，领会稽太守。曹操的本意是想让张纮说服孙权归附于他，就任命张纮为会稽东部都尉。孙权后来称张纮为"东部"，就是这个缘故。

对东吴建都择址的建议

孙策孙权兄弟对张纮表示敬重，张纮对他们也尽职尽力。孙策喜欢亲临前敌，冲锋陷阵，张纮劝谏他不能把主将身份置于不顾，轻率上阵。孙策死后，孙权年纪还小，吴夫人忧虑国事，托嘱大臣辅助，张纮受命尽职，对孙权有不少帮助。孙权征合肥，因张纮的献计而取胜。建都于秣陵（今南京），也是由于张纮的谋划而得益。孙权选择都城时，张纮曾经告诉他："楚武王建置金陵，地势险要有大气。访问当地老人，都说秦始皇东巡会稽郡时经过此地，望气者说金陵地形有王者都邑之气，秦始皇命人掘断连冈，因此改名秣陵。而今这里大气依然，天之所命，宜为都城。"孙权听后，称赞他为智者。孙权后来建都秣陵，和张纮的最初建议是明显有关的。

张纮对孙策孙权，也可以说是鞠躬尽瘁了。直到他去世前，他还谆谆教导儿子，要他为国出力。张纮常常用古人说的"从善如登，从恶如崩"的话，强调说明学好是费劲的，不容易的，学坏则很简单很容易，以此激励自己的后代。在他六十岁那年死去时，孙权曾经为之伤心落泪。

盛放梳妆用品的奁

奁从战国起开始使用，是盛放梳妆用品的器具，这件是三国吴时的器物。此奁盖顶饰有四瓣柿蒂铜片，并且镶嵌有水晶，奁身分为上下两层，内壁涂以黑漆，反映了三国时期的工艺水平。

公元255年

中国大事记

魏将文钦、毋丘俭起兵于寿春,讨司马师,旋败,俭死,钦奔吴。司马师卒。弟昭为大将军。是年,蜀姜维攻魏,败魏军于洮西,旋围狄道,不利。

阚泽 学识

人物 关键词 故事来源

—〇二

江东大儒阚泽

当时人把这位名士,比作董仲舒、扬雄一流人物。

江东学者,一代名儒

东吴孙权的重要臣僚中,有一位儒士,名声之大,当时有人将他比作西汉的董仲舒,也有人把他比为蜀地的扬雄。他的名字叫阚泽。

阚泽,字德润,会稽郡山阴(今浙江绍兴)人。他家世代务农。到他这一代,才开始爱好学习,家里没钱买书,他就经常替别人抄书,别人供给他笔墨纸张,他每抄完一部书,等于熟读过了。这样,时间一长,他就遍览群书,对于经论能够通彻,还兼及掌握天文、数学等方面的知识,因此名声显著。

原先,阚泽由地方上察孝廉,做过钱唐县长,后改为郴县令。孙权为骠骑将军时,阚泽任西曹掾,是重要幕僚。孙权称帝时,以他为尚书。他的副手尚书仆射,就是同乡先辈儒者唐固。唐固,字子正,修身积学,对阚泽也有所帮助。东吴的陆逊、张温、骆统等人都曾经拜唐固为师,跟他学习《国语》《左传》等书。

识字课本里的书法佳篇:急就章(上二图)

《急就章》传为皇象书。皇象,字休明,广陵江都(今扬州西南)人。官至侍中。三国吴著名书法家。善八分、小篆,尤善章草,其章草妙入神品。《急就章》是古代的识字课本,以皇象写本为最早。

三国西晋

为何对孙权推荐《过秦论》?

在孙权嘉禾年间(232—237),阚泽担任中书令,加侍中,是东吴朝廷的重要文官。赤乌五年(242)孙权拜他为太子太傅,并继续任中书令之职。除了尽力辅导太子成才之外,每逢朝中有重要事情议论,或者引经据典方面发生疑问,孙权总要向阚泽咨询。谦恭笃慎的阚泽不光是对孙权及太子负责,即便是宫中或府内的小吏,只要有人向他提问,他都能够做到礼貌应答。

有一次,孙权问他:"在众多的书传篇赋中哪些是佳作?"阚泽结合实际情况,有针对性地推荐孙权读西汉学者贾谊的《过秦论》,阚泽说这是最好的佳作,他的目的是让孙权读后更能明白治理的方略。

阚泽注意帮助孙权提高治国的才能,对一些事情的处理也能表示自己的看法。例如,吕壹犯了大罪,有关部门奏请孙权对他处以大辟的重罚,或者是焚裂其身的严酷刑罚,孙权问阚泽意见如何,阚泽就说:"盛明之世,不宜有这些重刑。"孙权就同意了他的分析。因为阚泽有学问,办事公正,所以深得孙权的信任。

赤乌六年(243)冬,阚泽去世。孙权对他的离去,痛惜感悼,为此,一连好几天吃不下饭。

公元255年 公元 2 5 5 年

世界大事记 百济侵新罗。

《三国志·吴书·鲁肃传》

鲁肃　端庄

人物　关键词　故事来源

一〇三

富家子弟

鲁肃继周瑜之后，成为东吴第一重臣。

出身富裕，乐善好施

临淮郡东城县（今安徽定远西南），有一户富裕人家，姓鲁，因为主人家死得早，竟然连名字都没留下。但是，鲁家有个儿子很了不得，后来在东吴孙权时成为继周瑜之后的头号人物。他就是大名鼎鼎的鲁肃。

鲁肃，字子敬，出生时父亲就死去，祖母将他培养成人。他家富有钱财，他又乐善好施。正逢东汉末年天下大乱，他无心治家，而是变卖地产，赈困济穷，广泛结交。

他体貌魁奇，胸有大志，而且善于计谋。他不但自己学击剑骑射，还招集一批年轻人，供给衣食，往来于南山中射猎练武。后来，眼看社会动荡日益严重，他就号召大家离开淮泗之间不安定地方，去江东避难。他认为江东沃野万里，民富兵强，可以作为栖身的乐土，以等待时机。跟他一起去江东的共有三百多人。

当初，周瑜在居巢做官时，曾带了数百人专程拜访鲁肃，还请他资助粮食。鲁肃家中有两大困米，各三千斛，他就随手一指，将其中一大困全都送给了周瑜。鲁肃出手不凡，周瑜很器重他，两人结成兰襟之交。鲁肃带领乡亲一帮人到居巢找周瑜，随即一起去吴地看孙权。

辅佐孙权名重江东

孙权见鲁肃之后，对他倍加敬重，不但安置好鲁肃的住处，还赏赐衣服帏帐等给他老母，鲁肃新居的杂用

物品应有尽有，丝毫不比旧居差。孙权以鲁肃为赞军校尉，辅佐谋略，屡有奏效。比起对待张昭等老臣，孙权对待周瑜、鲁肃更亲近更信任。许多重大决策，鲁肃是和孙权互相一致的。

周瑜后来病重时，特意上疏对孙权说道："当今天下，正值多事之秋，我所以日夜忧心重重，是为了让您能防患于未然，永葆安康。如今，我们与曹操对抗，同时，刘备近在公安（今湖北公安西北），边境贴近，百姓未附，宜得良将统率军队加以镇抚。以鲁肃的智略，足以当此重任，请您同意让他替代我。这样，即使我离别人世，也就不会有什么挂虑了。"孙权听后，就拜鲁肃为奋武校尉，代周瑜统领军队。

鲁肃出身富裕家庭，却为人严正，不爱玩饰，注意节俭，不重俗好。他治军整饬，富于指挥才干，恩威并用，强调令行禁止。身在战营，仍手不释卷，善谈论、擅文章，思路开阔，往往为常人所不及。周瑜去世后，鲁肃成了东吴重臣中的头号人物。

东吴第一重臣鲁肃（上图）

袁术在寿春（今安徽寿县）称帝，特任命鲁肃为东城长，鲁肃辞不受命。公元200年，鲁肃在周瑜的引荐下归附孙权。孙权非常器重鲁肃，与他"合榻对饮"，议论时事。鲁肃劝孙权"鼎足江东，以观天下之衅，……然后建号帝王以图天下"。公元208年赤壁大战时，鲁肃首先向孙权提出了联刘拒曹的战略方针，并出使刘备处，促成孙刘联盟。周瑜病逝后，鲁肃被任命为奋武校尉，领周瑜军，驻扎在江陵。后来，转屯陆口，被授予汉昌太守、偏将军，后转横江将军。公元217年，鲁肃病逝。鲁肃是三国历史上的一个重要人物。他一生的最大功绩是倡导、促成并终身不易地竭力维护孙刘联盟，使三足鼎立之势能够形成。

话说中国

《三国志·吴书·鲁肃传》

公元256年 公元 2 5 6 年

中国大事记 姜维为魏邓艾破于上邽段谷。吴孙峻卒，以父弟继秉政。

鲁肃 谋略
人物 关键词 故事来源

一〇四

鼎足江东

头脑清醒的鲁肃，有着高瞻远瞩的眼光。

立足江东以观天下之变

鲁肃初见孙权时，说的一番话，主题就是如何鼎足于江东，以观天下之变。这同诸葛亮跟刘备最初谈的隆中对策作比较，两者的立意与宗旨极其相似。

建安五年（200）孙策去世，孙权年纪轻，辅佐他的是张昭、周瑜等人。当时，东吴还只有会稽、吴郡、丹杨、豫章、庐陵五郡之地，再往南边的区域都还没有归从，天下英雄豪杰散布在别处州郡，东吴已有的人才，大多由于考虑各自安危以及去就问题，决心未定，认为可以跟孙权共创大业的，只有张昭、周瑜等少数人。

孙权当时是讨虏将军，领会稽太守，驻军于吴。他待张昭如师傅，以周瑜、程普、吕范等为将才。同时，他广泛招请俊秀，聘求名士，鲁肃、诸葛瑾等就这样成了他的重要幕僚。

鲁肃带了家乡一大帮人去江东找周瑜，周瑜很高兴，极力向孙权推荐鲁肃。当即，孙权召见鲁肃等人作了交谈，当众人退出时，孙权特地请鲁肃留下，于是，两人合榻对饮，开始密谈。

孙权问："现在汉室倾危，四方动荡，我继承父兄的遗业，很想成就一番功绩，请教你有何良策？"

鲁肃答："汉高祖刘邦想要尊奉义帝而没有成功，是因为项羽捣乱的缘故。如今曹操好比项羽，将你想学齐桓也难。以我愚见，汉室已不可复兴，曹操一时也不会被除去。为将军计，唯有鼎足江东，以观天下之变。江东规模如此，也自无嫌。为什么这样说？北方局面纷杂，是基本现状。乘其纷杂多事之机，先剿除黄祖，再进伐荆州的刘表，从长江下游往上推进，据其全境，然后建号帝王以图天下，必定能够像汉高祖那样成就一番帝业。"

当时，因为刘备势力还没有形成大格局，所以，鲁肃的分析主要是针对长江以北的实际状况而言的。

孙权识才，乃是高明之举

尽管东吴的老臣张昭对鲁肃有点看不起，认为他年轻粗疏，不可任用，但实际上，孙权心里很明白，鲁肃这种人才，如此高瞻远瞩的眼光，别说一般人远不可企及，即使以张昭本人跟鲁肃比，也相差一截。所以，对于张昭诋毁鲁肃的话，孙权非但不听，反而更加认为鲁肃难能可贵。这也正是孙权的高明之处。

鲁肃初见孙权时说的鼎足江东的这番话，很有作用，孙权终其一生都照此去做。相比之下，诸葛亮的隆中对，却并没有真正为刘备所始终贯彻。刘备实在是及不上孙权的。周瑜曾经有一次向鲁肃说起过"君择臣，臣择君"的话，意思是君臣择交，相得益彰。看来，在臣择君方面，鲁肃比诸葛亮似乎要幸运得多。

明器小陶雕禽笼

魏晋时期的明器以硬陶为主。这只禽笼是三国吴时的器物，周围再摆上一些陶制禽类，农家的生活气息扑面而来。

三国西晋

《三国志·吴书·鲁肃传》

世界大事记

波斯国王沙普尔一世趁罗马帝国内乱之机，侵入亚美尼亚、叙利亚。

鲁肃　谋略

人物　关键词　故事来源

一〇五

单刀赴会

孤身赴单刀会的是鲁肃，不是关羽。

鲁肃胆略过人

关云长单刀赴会，已是妇孺皆知，但这是小说戏剧作品的张冠李戴，移花接木。实际上，历史上真的有单刀赴会，不过，主人公不是关羽，而是东吴的鲁肃。

荆州是南北枢纽，兵家必争之地，原先刘备算是从东吴借了荆州，到建安十九年（214）刘备取得益州后，第二年，孙权就派诸葛瑾去向刘备要还荆州，刘备不答应，推托说："我正要取凉州，待凉州到手，就将荆州全部归还给吴。"孙权知道这是故意拖延时间，就派吕蒙等领兵二万去取荆州的长沙、零陵、桂阳三郡，另派鲁肃领兵一万，屯驻在巴丘（今湖南岳阳）以御关羽。孙权自己驻军陆口（今湖北嘉鱼西南），负责指挥调度。吕蒙等攻打三郡时，刘备领军到公安（今湖北公安西北），派关羽领三万兵马到达益阳，和鲁肃军队形成对峙局面。

鲁肃在当年借荆州给刘备时，曾以吴、蜀联盟的道理说服孙权，如今双方为荆州问题摩擦越来越大，已达到剑拔弩张的程度，鲁肃却仍坚持双方联盟的基本观点，尽量想消解矛盾，化干戈为玉帛。于是，他约关羽会谈，双方各按住兵马不动，只是诸位将军单刀赴会，关羽表示同意。

鲁肃手下部将恐对方有变，劝鲁肃别去关羽营地赴会。鲁肃说："今日之事，应先讲清道理。再说刘备情有欠负。是非未决，关羽怎么敢对我动手！"这表现出鲁肃有胆有略，有勇有谋，不以个人安危为虑，而以大局为重的高风亮节。

关羽单刀赴会

赤壁战后，曹操的实力仍然比刘备、孙权强大。作为一个高瞻远瞩的政治家，鲁肃认为摆在两家面前的有三条路：一是联合抗曹；二是各自为战；三是不战而降，归附曹操。只有走联合抗曹的道路，才是正确的选择。所以，他终生不渝地坚持这一战略方针，并为之竭尽全力。公元215年，刘备取益州，孙权找刘备索要荆州，刘备不答应，双方剑拔弩张，孙刘联盟面临破裂，在这紧要关头，鲁肃为了维护孙刘联盟，决定当面和关羽商谈，"肃邀羽相见，各驻兵马百步上，但诸将军单刀俱会"。双方经过会谈，缓了紧张局势。随后，孙权与刘备商定平分荆州，孙刘联盟因此能继续维持。这次"单刀会"，经戏剧家、小说家敷衍，关羽成了英雄，鲁肃反成了鼠目寸光、骨软胆怯的侏儒。鲁肃一手促成了孙刘联盟，刘备、孙权都逐渐强大，建立了与曹魏抗衡的蜀、吴二国，中国历史上才出现了三国时期。此图出于清末石印本《三国演义》插图。

话说中国

清代杨柳青年画《单刀会》

刘备占据荆州扩充兵力，孙权见状，欲向刘备索还荆州，然镇守荆州的关羽不肯。于是在临江亭设宴，暗中设下埋伏，请关羽过江赴宴，想用威逼要挟的方法来要回荆州。关羽明知是计，仍旧慨然应允。乘一叶小舟，带周仓一人单刀赴会，关平、关兴带大军在江边接应。席间，鲁肃索要荆州，关羽佯醉，一手提刀，一手抓住鲁肃，迫使其不敢动用埋伏的军士。最后关羽安然返回荆州。

为化解矛盾而尽责任

到了关羽的营地，鲁肃就提出归还荆州的要求，关羽说道："赤壁之战，左将军（刘备）亲临行伍，寝不卸甲，戮力破魏，岂能是徒劳一场！如今立足荆州不久，你怎么可以就此收回去呢？"关羽这话的口气当然是毫不示弱的。鲁肃听了，回答道："不然。当初，刘豫州（刘备）在长阪坡时，兵马不足，计穷虑竭，吴主（孙权）同情刘豫州没有栖身之地，才割爱借荆州以济其患，使有所庇荫，但刘豫州矫饰私情，已取得益州，还想兼并荆州，这种行为连凡夫俗子都不忍心去做，何况还是有头面的领袖人物呢！我知道

有这样的话：'贪而弃义，必为祸阶'，将军你和我都是重任在身的人，如果不能明白道理，做不到以义辅主，反而一味曲护其短，哪里会有什么帮助呢？"鲁肃的这番话直说得关羽无以答对。

所以说，历史记载单刀赴会的英雄不是关羽，而是鲁肃。

尽管蜀、吴双方已是剑拔弩张，但益阳交锋会谈后，并没有发生军事冲突。正在这时，曹操兵进汉中，刘备怕益州有失，就跟东吴讲和了。孙权再派诸葛瑾去缔约盟好。蜀、吴双方以湘水为界，分荆州的长沙、江夏、桂阳以东之地属东吴，南郡、零陵、武陵以西之地属西蜀。

蜀、吴双方矛盾暂时消解，鲁肃确是尽到自己的责任。但想不到单刀赴会的壮勇有谋的场面刚过去不久，鲁肃却再也不能为东吴多尽一份心力了。他死于建安二十二年（217），享年四十六岁。他在将近三十岁时投身于东吴孙权的事业，为实现鼎足江东的局面而辅佐孙权忠实地干了十七八年。

公元257年 公元257年

世界大事记

罗马—波斯战争再起（257—261）。

《三国志·吴书·吕蒙传》

吕蒙 吴下阿蒙 壮志
人物 典故 关键词 故事来源

一〇六

征战有功的东吴名将

东吴的鲁肃和吕蒙是好朋友，鲁肃曾说吕蒙原先只有武略，后来学识渊博了，就不再是本来的"吴下阿蒙"了。

吕蒙，字子明，汝南郡富陂（今安徽阜南东南）人。十几岁时到江南，跟姐夫邓当一起生活。邓当是孙策麾下的一名将官，在攻打山越边民时，屡次出征。有一次，邓当在战场上突然见到十五六岁的吕蒙也暗地跟来杀敌，就大声呵叱叫他回去，他不听。这位姐夫在战斗结束后，就把事情告诉了吕蒙的母亲。吕母想要责罚吕蒙，吕蒙却辩说："做人屈从于贫贱是没出息的，只有立功可以致富贵，而立功必须杀敌，不探虎穴，怎么能得虎子呢？"吕母知道儿子并非不懂事胡来，而是有追求有主张的，也就不再加以责罚了。

盛放梳妆用品的奁（局部）

历史文化百科

〔私家园林的兴起〕

魏晋南北朝时期一个显著的社会形态就是门阀士族制度。由于大士族在物质生活上的充裕，他们开始追求人生的审美趣味，并且倾向于天然风韵，向自然靠近，这带动了山水园林艺术的兴起。在园林中最具特色的就是具有贵族特点的私家园林，私家园林有两类，一类建在城市中与住宅结合，一类建在郊外与庄园结合。私家园林后来逐步发展成中国园林艺术中的主流。

吴下阿蒙

吕蒙为打造东吴江山，有过突出的贡献。

姐夫邓当有一个部下很看不起少年吕蒙，曾经说："这小子有什么用？不过是以肉喂虎罢了。"吕蒙听了很生气。后来有一天，那人见了吕蒙，又当面羞辱他，吕蒙大怒，就将他杀了，再去自首。校尉袁雄向孙策说起此事，孙策听了，觉得吕蒙不简单，就召见吕蒙，并把他留在自己身边。

几年后，邓当死了，张昭就推荐吕蒙接手他姐夫，孙策于是任吕蒙为别部司马。孙权掌事后，吕蒙随军讨伐丹杨有功，拜为平北都尉，领广德长。征黄祖时，吕蒙带领前锋部队，同黄祖部下的一名都督陈就进行水战，吕蒙亲自杀了陈就。吴军乘胜追击，黄祖离城出走，被吴军擒住。孙权说："攻克黄祖，关键在于先破了陈就。"因此，论功行赏时，就强调吕蒙，以吕蒙为横野中郎将，赐钱千万。

崭露头角，却并不自满

接着，吕蒙又与周瑜、程普等一起带领吴军对抗魏军，在乌林大破曹操之后，又在南郡围住曹仁的部队。这时，益州将领袭肃领兵来降附孙权，周瑜主张将这股降军归于吕蒙所部，吕蒙却认为袭肃有胆识，慕名来降，不可夺其兵，孙权同意吕蒙的话，仍让袭肃领兵。随即，吕蒙又建议周瑜用计，以柴拦道，获得曹军三百匹马，增强吴军兵力，最终将曹仁击败，占据南郡，抚定荆州。

吴军胜利回师，孙权按功论赏，以吕蒙为偏将军，领寻阳令。

人称"吴下阿蒙"的吕蒙，这时已经在东吴崭露头角。吕蒙并不以此为满足，通过进一步刻苦学习，他的能力又有很大的提高，终于用计谋智取关羽，造就新的辉煌。这当然是后事了。

公元 2 5 8 年 >

中国大事记

魏司马昭克寿春，杀诸葛诞。蜀姜维退军。宦官黄皓始专蜀政。孙綝废吴帝孙亮为会稽王，立琅邪王孙休，是为景帝（258—264）。

一〇七

三国西晋

吕蒙的名言

"士别三日，当刮目相看"，这话出自东吴吕蒙的口，确实很有说服力。

吕蒙自十五六岁起到东吴，先随孙策，后随孙权，经历过同曹魏的乌林之战，还取得了讨伐黄祖的头功，围曹仁，取南郡，抚定荆州，吕蒙都出力不少。他渐而成为孙权麾下的重要将领。

一天，孙权召来吕蒙、蒋钦，对他们说："你们掌管军事的人，不能只知道领兵打仗，还应当做学问以得到长进。"吕蒙答道："在军中经常有许多事务，再要读书就没有时间了。"孙权说："我岂要你去穷究经典做博士呀？只是要你涉猎书传，从往事中有所得益。你说事务繁忙，难道比我还忙，我年轻时读过《诗》《书》《礼记》《左传》《国语》，没有读《易经》，从统领江东以来，我又读了几部史书、诸家兵书，自己觉得很有得益。你们二人具有悟性，只要肯学习，就必定会有所得，为什么不学呢？当务之急，宜读《孙子》《六韬》《左传》《国语》等书。孔子说过：'终日不食终夜不寝以思，无益，不如学也。'东汉光武帝在戎马倥偬之际仍手不释卷。曹操说自己老而好学。你们就不能努力自勉吗？"

好学不倦，见解独到

吕蒙听了孙权的这番话，开始努力读书。他笃学

刮目相看

努力读书的吕蒙很快就像换了个人似的。

不倦，认真刻苦，时间一长，对书中内容的领会就越来越深，他的心得往往超过一般读书人。鲁肃不知道吕蒙发奋读书的事，早先他代周瑜统领吴军时，还有点轻视吕蒙，后来同吕蒙讨论到如何对待关羽的问题时，才开始觉得吕蒙很有见识。鲁肃为此十分感动，就跟吕蒙一起去拜见吕蒙的母亲，从此二人结成知交。鲁肃比吕蒙大六岁，他用手抚着吕蒙的背说道："我本以为老弟你只有武略而已，如今看来，你学识广博，而且有独到见解，不再是原先的吴下阿蒙了。"

吕蒙听鲁肃说完，就讲："士别三日，当刮目相看。"紧接着，吕蒙就向鲁肃密陈对付关羽的计策。鲁肃敬而聆听，秘而不宣。

孙权知道吕蒙的变化之后，赞叹道："人到了偌大年龄，再求上进，像吕蒙、蒋钦这样作出努力的，怕是一般人所不及的。"

后来，在吕蒙死后，孙权和陆逊谈论起周瑜、鲁肃、吕蒙三人时，将他们并称为国士、奇才，颇为推崇。应该说，吕蒙确是当之无愧的。

内容丰富的谷仓罐

瓷质谷仓罐是三国西晋时期流行的器物，用于陪葬，所以也称"魂瓶"或"神亭"，由东汉的五联罐发展而来。这件谷仓罐刻有"永安三年"铭，即公元260年，是三国吴地的器物。从罐腹到罐口，塑造了鱼、龟、兽、鸟的形象，还塑有楼宇，天上地下水中无一不全。

公元258年

公元258年

世界大事记 波斯王沙普尔一世派兵侵入美索不达米亚和叙利亚，进占安条克。哥特人约于此时攻袭黑海东岸科尔基斯之皮蒂乌斯城及特拉布松城。

三国志·蜀书·关羽传
三国志·吴书·吕蒙传

吕蒙
关羽

谋略

人物 关键词 故事来源

一〇八

偷袭江陵

兵不血刃，取得关羽的辖地，吕蒙自有一套办法。

新情况，新主张

东吴孙权在周瑜、鲁肃去世之后，就将西线主战场的最高指挥权交给了吕蒙。建安二十二年（217），吕蒙作为都督屯军于陆口（今湖北嘉鱼西南）。根据形势变化，他改变了鲁肃一向坚持的与刘备联盟的策略，主张用武力夺取湘水以西的南郡、零陵、武陵三郡之地。孙权同意吕蒙的主张。

江陵（今属湖北）当时是南郡的治所，战略地位重要。建安二十四年（219）七月，关羽留麋芳守江陵，傅士仁守公安，自己率领大军围攻曹仁驻守的樊城。吕蒙知道后，认为机会到了，就假装生病，并由孙权配合，要召他回去治病，同时再带回一部分兵力去建业（今南京），并故意使这些消息让关羽知道，关羽就放心地撤去江陵的多数兵马，去增援围攻樊城。

白衣部队袭江陵

于是，孙权立即发兵溯江而上。这年十月，吕蒙率军到寻阳（今湖北黄梅西南），命军士暗伏在船中，摇橹驾船的人穿着白衣，假装商人模样，昼夜兼行，将关羽沿江设置的屯候哨兵一一收缚，所以，关羽根本不明白此中底细。

再说蜀军的南郡太守麋芳，还有傅士仁，他们和关羽有矛盾。关羽攻打樊城时，责怪他俩供应军备跟不上，并说要处治他们，这使他们感到很害怕。吕蒙就先对付驻守在公安的傅士仁，他派虞翻做说客，去见傅士仁，守城兵将不让进，虞翻就射信入城给傅士仁，告诉他说："吴军神速，大兵压境，斥候来不及施效，烽火来不及举起，这并非天命，而是必有内应。"以此瓦解蜀军防守公安的决心。傅士仁在吕蒙的劝降下首先投降，吕蒙又带着傅士

仁兵临江陵，麋芳见傅士仁已降，也就开城迎降。

吕蒙这样对付关羽的计策，其实是由来已久的。当初，鲁肃代周瑜为都督，也是军屯陆口时，和吕蒙说起关羽，吕蒙问："君受重任，与关羽为邻，有何计略以备不虞？"鲁肃基本主张是联合蜀汉，所以确实考虑不多，当时随口说道："到时候再想办法吧。"吕蒙就说："如今东吴和西蜀虽说是一家，但关羽其实有如熊虎，肯定日后有事，怎么可以不预先考虑对付的办法呢？"说完，吕蒙向鲁肃提出良策，而且在当时秘而不宣，时到如今，才付诸实施。吕蒙兵不血刃，轻松地取得江陵、公安，这就使关羽陷于非常被动的境地，最后终于败走麦城。

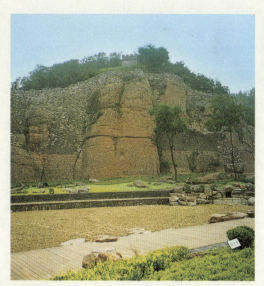

南京石头城

在三国的当权者中，东吴的孙权相对比较轻松，就是那场赤壁之战，也是有惊而无险。他有父兄开创的基业，一班扶佐的老臣，还有长江加石头城的天险，也算是福分不浅。东吴早已随时光而去，可是石头城依然存在，谁到此能不遥想当年？

> 建安二十二年（217），是年为丁酉年，故又称"丁酉大疫"，建安七子中王粲等五人罹于此难。

《三国志·吴书·徐盛传》

公元259年 公元259年

徐盛 勇毅

人物 关键词 故事来源

中国大事记

岁初，吴景帝杀孙綝，夷三族。吴以田租重，吏民营兵多经商弃农，下诏议兴农桑。

一〇九

东吴名将徐盛一生战绩显赫。其中，以少胜多的战例，就有不少。

英勇善战，表现不凡

徐盛，字文向，琅邪莒县（今属山东）人。东汉末年，家乡遭到动乱，徐盛就客居在江东吴地。孙权听别人介绍说徐盛是个很有勇气的人，在约他见面之后，任用他为别部司马，还拨给他五百名士兵，要他负责守卫军事要地柴桑镇。因此，徐盛的部队同江北的黄祖军队隔江对峙。黄祖的儿子黄射，带领数千人来攻打徐盛。当时，徐盛身边只有不满二百人，经过奋勇抗击，先用飞箭乱石杀伤黄射手下的千余人，然后打开城门再战，直杀得黄射丢盔弃甲狼狈逃走，从此不敢再来侵扰。因此，孙权提升徐盛为校尉、芜湖县令。不久又因攻讨山贼有功，改任中郎将，督校兵。

建安十八年（213）正月，曹操领军攻吴，兵出濡须口（今安徽无为县东南）。徐盛随孙权大军抵达横江，他同一些将官的船只，因为遇到迅猛的江风，很快被刮向对岸敌军营畔，别的将官担心自己准备不足，没有向敌叫战，唯独徐盛带领部下乘风就势，向前突进，杀伤敌军，风停止后再掉转船头回营。孙权知道后，大大地表扬了徐盛的勇毅无畏。

魏黄初二年（221）秋天，曹丕派太常邢贞为使臣，持节拜孙权为大将军，封吴王。孙权率众官吏出都亭，等候邢贞，只见邢贞态度骄慢，东吴大臣张昭感到很生气，徐盛对此也很忿恨，他对周围人说："我等不能奋力效命，为东吴吞并许都、洛阳，消灭巴蜀，致使我君屈身受盟，这正是耻辱啊！"徐盛说完，

勇将徐盛

以少胜多，巧设疑城，战功显赫的东吴将领。

涕泪横流。邢贞事后听说了，就对同自己一起来的人说："江东有这样的将相干才，是决不会久居人下的。"

巧布疑阵，妙计退曹兵

徐盛后来升迁为建武将军，封都亭侯，领庐江太守。孙权还特地将临城县赐给徐盛为俸地。在抗击刘备的夷陵之战中，徐盛攻取诸屯，所向有功。在和曹休的隔江对峙中，徐盛同吕范、全琮等东吴将领一起摆兵布阵，由于遇上大风，船与士兵都受到损失，徐盛收编余兵，面对曹休兵将的进攻，竟能以少胜多，杀退敌军。孙权于是提升徐盛为安东将军，封芜湖侯。

徐盛不仅以勇毅出名，而且善用兵法，摆兵布阵灵活巧妙。巧布疑城，就是其中一例。

魏黄初三年（222）十月，魏与吴关系又出现恶化，曹丕以文帝身份从许昌领大军南征东吴。徐盛提议从建业京城起，直到江乘，用大量木架套上苇席，再加彩饰，布置成战楼模样，江中布置浮船，以造成巨大声势。别的将领以为这样做法无济于事，徐盛却不管，只顾命手下赶快行动，终于出现奇迹，竟在一夜之间，做成沿江连片的假的战楼，规模壮观，阵势严整。曹丕这次亲征，起初来势汹汹，现在兵出广陵（今江苏扬州），南望长江，看到对方吴军已"严阵"以待，加上这时江水大涨，曹丕只得引军退去。东吴方面这次顺利退敌，是徐盛妙计设疑城的结果，令人佩服。

简单朴质的顶罐女俑
出土于南京栖霞山，三国吴时的陶俑。人物交手合抱胸前，身体简化塑成，头上顶一大罐，造型古朴有汉代遗风。

三国西晋

《三国志·吴书·潘璋传》
《三国志·魏书·夏侯尚传》

潘璋　勇敢

人物　关键词　故事来源

猛将潘璋

武猛校尉、振威将军，
战擒关羽，建立首功。

东吴将领潘璋性格粗猛。当年，关羽败走麦城，是被潘璋的部队所擒拿的，因此，潘璋得到了孙权的重用。

出身低微的粗人，得到孙权的赏识

潘璋，字文珪，东郡发干（今山东冠县东南）人。孙权任职阳羡县时，潘璋开始随从孙权。他嗜好饮酒赌博，是个粗人，没有钱买酒就去赊，人家来讨债，他就说今后当了富豪再归还。孙权对他却发生兴趣，就让他去召募人员，募得部众百余人由他带领。后来因为征伐山贼有功，潘璋升为别部司马。他出身低微，接触社会下层，对治理盗贼反而熟门熟路，那些盗贼很快也就销声匿迹了。他先是任豫章郡西安地方官，邻县建昌地方有盗贼为乱，孙权就让他转任建昌，加武猛校尉，经过他的整治，很快地在十天半月光景就戡平乱事，还召来八百人带还建业都城。

擒关羽，战夷陵，再立军功

建安二十一年（216）的合肥之战，魏军大将张辽率兵来攻，东吴诸将防备不及，陈武战死，宋谦、徐盛都败退，还是潘璋尚能压住自军的阵脚。孙权拜他为偏将军，领百校，屯于半州。到建安二十四年（219），孙权命吕蒙袭取江陵，征战荆州，关羽从樊城撤走围曹仁的兵马，部下糜芳、傅士仁投降东吴，迫使关羽败退麦城。孙权派遣潘璋与朱然领兵截断关羽的后路。终于，潘璋部将关羽、关平父子以及都督赵累等擒住并杀死。

孙权为表彰潘璋的功劳，任他为新设置的固陵郡的太守、振威将军，封溧阳侯。在甘宁去世后，孙权将甘宁的兵马归并给了潘璋。

在吴蜀之间的夷陵大战时，潘璋同陆逊一起并力对抗刘备大军。潘璋部下斩杀了刘备的护军将官冯习等人，战绩不小。孙权任潘璋为平北将军、襄阳太守。

魏黄初三年（222），文帝曹丕驻驾在宛城，派遣夏侯渊的儿子、征南大将军夏侯尚率大军与曹真共同围攻江陵。夏侯尚分遣前锋三万人在江上作浮桥，驻在百里洲，东吴孙权派诸葛瑾、杨粲等会合潘璋等所部赴战。曹军步骑万余人乘夜用船到下游水浅处暗渡，想用火攻烧毁吴军兵船。

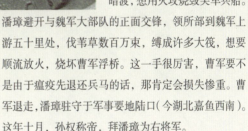

潘璋避开与魏军大部队的正面交锋，领所部到魏军上游五十里处，伐苇草数百万束，缚成许多大筏，想要顺流放火，烧坏曹军浮桥。这一手很厉害，曹军要不是由于瘟疫先退还兵马的话，那肯定会损失惨重。曹军退走，潘璋驻守于军事要地陆口（今湖北嘉鱼西南）。这年十月，孙权称帝，拜潘璋为右将军。

潘璋所领兵马不过数千，但他禁令严肃，部队能打仗，就像有万人之众。加上排兵布阵集中兵力，往往以少胜多。然而，可能和他早先已养成的不良习性有关，对财物奢求不止，服饰器用方面后来也有僭拟越规的毛病。他的部下有致富者，他甚至杀掉人家夺取财物。监司举奏他的不法行为，可是孙权看在他追随多年、屡立战功的份上，也就网开一面，不加问罪了。潘璋死于嘉禾三年（234），追随孙权长达三十余年。

三国吴永安五年神兽纹铜镜（局部）（上图）

话说中国

小说中的丁奉是和徐盛成双配对，担任周瑜帐下贴身二将的，而在正史记载中就并不是这回事了。

小将丁奉

从孙权到孙皓，先后为东吴四位君主效力。

骁勇小将，大器晚成

丁奉，字承渊，庐江郡安丰（今河南固始东南）人。早先是甘宁、陆逊、潘璋手下的一员骁勇小将。

丁奉

丁奉，字承渊，庐江安丰人。丁奉年轻时就因为骁勇善战，先后当上甘宁、陆逊、潘璋等人的属下，几十年随军征伐，战场上勇冠三军，常常斩将夺旗。公元264年孙休死，丁奉与丞相濮阳兴、左将军张布等迎立孙皓，丁奉迎君有功，升任右大司马左军师。丁奉自恃显贵有功，愈来愈骄傲。269年，丁奉攻晋的谷阳，谷阳百姓弃城逃亡，丁奉一无所获，孙皓一气之下，强迫丁奉搬家到临川，两年后去世。《三国演义》里丁奉干曹丕伐吴的时候一箭射死张辽，《三国志·魏书》里记载张辽是病死的。此二图出自清末石印本《三国演义》插图。

随军征伐，作战勇敢，常为了斩将夺旗而身受创伤。孙权时，提升丁奉为偏将军。小将丁奉大器晚成，孙权去世后他名声渐盛。孙权的小儿子孙亮即位，丁奉为冠军将军，封都亭侯。建兴元年（253）十二月，魏将诸葛诞、胡遵等率领步骑七万围攻东兴要塞，这要塞是东吴为防魏军而连结山峡筑成的城堤，在今安徽含山县西南，与巢县相接。东吴诸葛恪太傅率大军赴敌，将领们说："魏军闻知太傅自己率军来战，就会退兵。"丁奉却说："不对。曹军此番动用许都、洛阳兵力大举南下，除了这一路攻我东兴之外，还有王昶率军攻南郡，毌丘俭领兵攻武昌，整体作战，很有规模。不能侥幸轻敌，要立足于战而胜之。"

三国西晋

公元260年　公元 260 年

世界大事记　　百济定官制，正服色。

三国志·吴书·孙休传
三国志·吴书·丁奉传

丁奉　谋略　孙休（丁奉传）

人物　关键词　故事来源

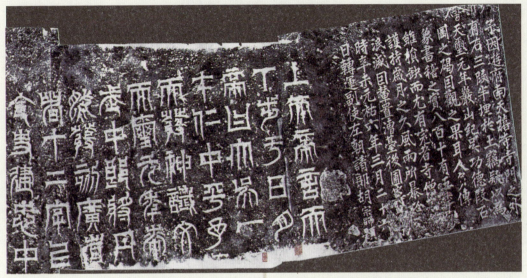

丁奉预料曹军会抢先占据险要之地徐塘，他就会同唐咨、吕据、留赞等将军领兵乘船绕道而往，北风鼓帆，船速很快，二日已到，先据徐塘。当时，天下大雪，敌军将领们在大营中置酒聚会，丁奉见对方营地前部兵少，就勉励部下："你们要封侯赏爵的话，就看今天啦！"于是，他手下的三千水军，全都脱下铠甲，只戴头盔，手持短刀前往，曹军见他人少，并不重视，他下令冲杀，大破敌营前部阵地。别的部队前来会战，曹军溃败，将领韩综、桓嘉等被斩杀。东兴之战后，丁奉升为灭寇将军，进封都乡侯。

有谋略，定大计，成为核心人物

建兴二年（253）东吴孙峻杀诸葛恪后，任丞相，两年后，魏前将军文钦来降吴，孙亮以丁奉为虎威将军，随丞相孙峻一起到寿春迎文钦。魏将军曹珍率兵追文钦，在高亭与吴军遭遇。丁奉跨马持矛，领兵冲进曹珍营地，斩首数百，缴获许多军器。高亭之战后，丁奉进封为安丰侯。又过两年，太平二年（257），魏大将军诸葛诞据寿春降吴，魏军围攻寿春时，东吴派兵去救援，丁奉和黎斐担任解围任务，丁奉力战有功，拜为左将军。

空前绝后的《天发神谶碑》（拓本）

此碑又名《天玺纪功碑》、《三断碑》，三国吴天玺元年(276)所立，传为华覈文、皇象书。清嘉庆十年(1805)毁于火。此碑碑文非篆非隶，下笔多呈方棱，收笔多作尖形。转折方圆并用，形象奇异瑰伟。其笔法及体势，在书法史上可说是前无先例，后无继者。

接着，孙休即位为帝，想要除掉孙綝，在和张布定计谋时，张布说："丁奉虽然并不善于文字功夫，却谋略过人，能断大事。"于是，孙休召请丁奉，告诉他："孙綝欲图不轨，我愿与将军一起把他杀了。"丁奉说："孙綝丞相兄弟及友党甚多，为防不测，可利用年终'腊会'的时机将他除掉。"孙休同意依丁奉之计，在腊会时由丁奉、张布布置左右心腹斩杀孙綝。丁奉因此升为大将军，加左右都护，在孙休政权中有着很高的地位，成为政治核心人物。

孙休驾崩，丁奉与丞相濮阳兴等合谋拥立孙皓。丁奉升为右大司马左军师。孙皓是个暴君，丁奉在他即位后七年去世。从孙权到孙皓，丁奉先后为东吴四代君主尽力，由当年的一员骁勇小将成了东吴后期的掌兵大臣。

话说中国

朱治 朱才 尚义

《三国志·吴书·朱治传》

人物 关键词 故事来源

公元261年 公元 261 年

中国大事记

鲜卑拓跋力微遣子沙漠汗至魏贡献。

朱治、朱才父子两代，在东吴孙权时都享有荣贵。从中不难发现朱氏家族同孙氏家族的特殊的社会关系。

朱氏家族久居江东

朱治，字君理，丹杨郡故鄣县（今浙江安吉县北安城镇西北）人。在随从孙坚之前，朱治做过县吏、州从事。东汉中平五年（188），长沙、零陵、桂阳三郡的周朝、苏马等人发起乱事，朱治征讨有功，孙坚表荐他为行都尉。后来讨伐董卓，破董卓军于阳人（今河南临汝西北），兵进洛阳，朱治成为行督军校尉。孙坚死后，朱治帮助孙策平江东。他曾经派人到曲阿迎护孙策全家，在他当吴郡太守时，还举荐十五岁的孙权为孝廉。孙策去世，朱治与张昭等一起事从年轻的孙权。

建安七年（202）孙权表奏朱治为吴郡太守，行扶义将军，从娄县、无锡、由拳、毗陵等地另外分出区域作为他的俸邑，后封毗陵侯。后又改释为安国将军，金印紫绶，徙封故鄣。故鄣老家乡亲都以朱治为荣。孙权做了吴王，朱治进王府去见孙权时，孙权常会亲自下阶迎接，彼此交拜致礼。无论举行宴会还是封赏赠赐，朱治受的隆恩都非同一般。

地位牢固的吴郡太守

朱治做吴郡太守长达三十一年，东吴的四大姓顾、陆、朱、张，以及孙氏集团的子弟在吴郡任事

江东朱氏

江东朱氏和孙权家族关系特殊，因而享有荣贵。

的有千余人，朱治将这些子弟着力培养，然后派到孙权王府去任职。他自己家族虽称富贵，但他本人生性俭约，车马服饰能对付就行。孙权对朱治的忧勤王事，非常感激，待他也十分优礼。

朱治有四个儿子，两个小儿子早年夭折，大儿子朱才，字君业，为人精敏，骑射本领高强，孙权跟他关系亲近，甚至经常在一起游戏。朱才年纪轻轻，就已经因为父亲朱治与孙氏集团的特殊关系而被任为武卫校尉，相当于孙权的亲兵领军。朱才本人有骑射武艺，又很聪明，领兵随从征伐，屡有功绩。他谦虚待人，轻财尚义，施不望报，名声很好。他除了善于骑射，还学习兵法。朱治死于黄武三年（224），享年六十九岁。朱才继承父爵，还升为偏将军。

朱才的弟弟朱纪，也做到领兵的校尉。孙权还作主把侄女即孙策的一个女儿嫁给朱纪为妻。这样，朱治和孙氏集团之间的关系，又进了一层，成为既是君臣，又是亲家的特殊关系。

生活用品：漆碗（上图）
这是三国吴时的碗，木胎，刳制。碗外壁饰有一道凹槽，外壁和内底涂黑漆，内壁涂有褐色漆。

公元261年

公元 2 6 1 年

世界大事记　新罗沾解王卒。

《三国志·吴书·朱然传》

朱然　正直

人物　关键词　故事来源

朱然临危不惧

病危时的吕蒙向孙权推荐自己的接班人。那人就是有胆略有见识的朱然。

东吴功臣名将周瑜、鲁肃、吕蒙可以说是人才辈出，这几位大都督先后相继，前一人主动举荐后一人。到了吕蒙病危时，孙权问他："贵卿倘如不起，谁可以代替你？"吕蒙回答："朱然胆识有余，可以由他接任。"

朱然和孙权，当年是同窗好友

朱然，字义封，本姓施，是朱治的外甥，起初朱治尚未有子，朱然十三岁，孙策作主让朱然过房给朱治当儿子。朱然和孙权既是同年，又是要好的同学。建安五年（200）孙权掌权时，就以朱然为余姚县长官，时年十九岁。后升为山阴县令，加折冲校尉，督领五个县。孙权还将丹杨郡分出新的临川郡，让朱然当太守，给他二千名兵士。朱然讨平山贼，又在濡须之战中抗击魏军，因功而成为偏将军。

建安二十四年（219）年底，攻打荆州，朱然和潘璋领吴军在临沮（今湖北远安西北）擒住蜀将关羽。朱然因功升昭武将军，封西安乡侯。虎威将军吕蒙在自己病重时，向孙权推荐由朱然代替他。于是，朱然督领大军镇守江陵重地。黄武元年（222），刘备举兵攻打宜都，朱然督五千兵与陆逊合力拒蜀军。朱然领兵攻破刘备前锋部队，截断退路，刘备败走。朱然成为东吴的征北将军，封永安侯。

临危不惧，威名远扬

黄武元年（222），魏遣曹真、夏侯尚、张郃等攻江陵，文帝曹丕亲自驻在宛城，以作声援。孙权派将军孙盛督军万人，做朱然的外援，共同据守江陵。张郃攻孙盛，断绝朱然的对外联系。孙权再派潘璋等去救援，仍不能解江陵之围。这时，城中的吴军士兵多患上肿病，能守城作战的只有五千人。曹真筑土山，凿地道，加紧攻城，曹军还高高地立起楼橹逼近城墙射箭，箭如雨注，守城将士未免惊慌失措，朱然却镇定而有胆识，激励部下伺机破敌。吴将姚泰守江陵城北门，见曹军兵盛，城中人少，粮食将尽，就想降曹并做敌军内应，在这千钧一发之际，朱然发觉了阴谋，将姚泰处死。曹军围攻江陵，无功而退。从此，朱然威名震于敌国。改封当阳侯。黄龙元年（229）朱然为车骑将军、右护军。赤乌年间，朱然屡与魏军打仗，多获克捷。孙权遣使拜他为左大司马、右军师。

朱然身高不满七尺，但气度不凡。他为人质朴，临危不惧。他身在军旅，即使不逢打仗，也是和部下一起严格按军队方式行事。东吴名将诸葛瑾的儿子诸葛融、步骘的儿子步协，虽然各袭其父任职，但孙权还是特地命朱然为大都督。陆逊死后，朱然在名将中的地位最突出。朱然和孙权从同窗到君臣，相知日深，有几十年的交情。朱然为东吴征伐攻讨长达五十年。到了晚年，他患病在床，病情逐渐严重。为此，孙权白天吃不好饭，夜里睡不好觉，还特派专使给朱然送药与食物。使者络绎不绝，相望于道。由朱然派去向孙权汇报病情的人，一到王府，孙权立即召见，亲自过问，并且还送布帛、赐酒食，款待来人。

作为东吴的创业功臣，朱然和吕蒙、凌统一样，在身患疾病之际，得到了孙权特别的钟爱。赤乌十二年（249），朱然逝世，享年六十八岁。同样也是六十八岁的孙权身穿素服，亲自为朱然举哀，感怀不已。

吕范
孙权
辅政

人物 关键词 故事来源

——四

秉公正直的吕范

孙权说，鲁肃好比东汉名臣邓禹，而吕范就好比是当年的吴汉。

原先，孙策手下有两个负责财务审计的人，孙权年轻时，为了个人私好曾有求于他们，其中一人做假账讨好孙权，另一人则秉公处理而不擅自乱来。到了孙权上台时，他当然不用那个做假账的人，而用那个秉公正直的人。这人就是吕范。

孙策待吕范如同一家人

吕范，字子衡，汝南郡细阳（今安徽太和县东南）人。他年轻时为县吏，后避乱到寿春，孙策见了他觉得很投缘，引为知友。孙策母亲在江都，孙策派吕范前往迎接。吕范随孙策征伐，辛苦跋涉，不避危难，孙策对他犹如亲戚一般，常请他一起登堂入室，和家里人共同饮宴。

孙策攻破庐江，再东渡到湖孰（今江苏南京东南），吕范随从征伐，领湖孰相。孙策攻下秣陵、曲阿，发布告示：刘繇、笮融的故乡部曲，来降吴的一律欢迎。旬日之间，四面云集，得到二万余兵员，千余匹马，从此，孙策开始威震江东，形势转盛。孙策增加吕范军力，兵二千名，马五十匹。吕范后为宛陵令，讨破丹阳山贼，还吴，升为都督。孙策有一次和吕范边下棋边谈，吕范表示愿意为孙策效力，孙策说："子衡，你既然已是士大夫了，部众已多，为何屈居小职，管军中细碎的事务呢？"吕范说："我舍弃故土而跟随将军你从

> ### 历史文化百科
>
> 〔皇家园林〕
>
> 魏晋南北朝除了私家园林兴盛外皇家园林也数目庞大。其中以建康和洛阳为最。与私家园林相比，皇家园林具有多种特点：规模庞大，装饰华丽；百戏场、买卖街等特殊建筑丰富；景物多象征吉祥、长寿的神仙形象；所用植物名贵，山石珍奇。以上特点皆显示了皇家园林的皇家气派。

事征伐，并非为我一家，也是为了济世。好比是同舟涉海，一有差池，就会一同遭受失败。"孙策于是更信任吕范。

那时，下邳人陈瑀自称吴郡太守，驻于海西（今江苏灌南县东南），与当地豪强严白虎相勾结。孙策自己领兵讨伐严白虎，另遣吕范、徐逸到海西攻打陈瑀。陈瑀的大将陈牧被吴军斩杀。接着，孙策平定陵阳、勇里等七县。吕范从征有功，成为征虏中郎将。再征江夏，还军平定鄱阳。孙策去世，吕范奔丧于吴。后来，孙权再征江夏，吕范与张昭在吴留守。

孙权将吕范看作创业功臣

赤壁之战，吕范与周瑜等一起破魏军。吕范为裨将军，领彭泽太守，后升为平南将军，屯守柴桑。

吴军攻伐荆州，打败关羽，孙权以武昌为都城，拜吕范为建威将军，封宛陵侯，领丹杨太守，治于建业，督管扶州以下至海的区域。

魏军曹休、张辽、臧霸等奉曹丕之命大举伐吴，吕范督领东吴徐盛、全琮、孙韶等，以舟师在洞浦（今安徽和县境内）抵御魏军。洞浦之战后，吕范升为前将军，改封南昌侯。

黄武七年（228）吕范升为大司马，但还没有拿到印绶，吕范就因病而死。孙权素服举哀，派遣使者追赠印绶。孙权后来经过吕范墓地，还痛心流泪，大呼"子衡"（吕范字），并且以太牢之礼隆重祭祀。吕范活着的时候，性好威仪，其居处服饰虽尚奢侈，但以忧公为先，勤事奉法，忠心正直。孙权常对人谈起东汉光武帝创业的故事，刘秀的事业离不开众功臣名将，尤其突出的有邓禹、吴汉二人。孙权就曾经把鲁肃比作邓禹，吕范比作吴汉。

公元262年
公元 2 6 2 年

世界大事记 巴尔米拉王奥登纳图斯始将波斯人逐出罗马之美索不达米亚、奥斯罗伊那诸行省。

《三国志·吴书·陆逊传》

陆逊 谋略

人物 关键词 故事来源

——五

陆逊出仕

出身江东世族，又是孙权的侄女婿，他具有一种特殊的背景。

陆逊的出名

东吴用兵有两次大战役，一是赤壁大战，一是夷陵大战，前者联蜀对魏，后者单独对蜀，结果都是胜的。两次大胜仗还有一个共同特点，就是火攻。不同的是，前一次是周瑜都督，后一次是陆逊都督。由于陆逊出名在后，有些小说、戏剧交待不清，有人误以为陆逊是一员小将，似乎比吴主孙权要小一辈似的。其实，陆逊只比孙权晚出生一年，仅差一岁。所以会造成这种错觉，和陆逊原先主要在对内征讨山贼，比别人要晚一些卷入三国间的斗争漩涡，是有关系的。

陆逊，字伯言，吴郡吴县（今江苏苏州）人。他原名陆议，是江东有名的世家大族陆氏的后代。祖父陆纡，字叔盘，

名将之后陆逊

陆逊（183-245），本名陆仪，字伯言，吴郡吴县华亭（今上海松江）人，孙策之婿，三国时吴国大臣，著名的军事家和政治家。曾计擒关羽，后刘备出兵为关羽报仇，又被陆逊火烧连营而大败之。

火烧连营

刘备为给关羽报仇，亲率大军伐吴，自巫峡至猇亭（今湖北枝江境内），沿江布列军马四十余营，前后连绵七百余里，昼则旌旗蔽日，夜则火光耀天，声势浩大。东吴大都督陆逊坚守猇亭不出。六月炎夏之日，备下令诸将寨移于林木阴密之处，依溪傍涧，就水歇凉。陆逊见蜀军懈怠，不复提防，遂部署诸将从江南、江北同时对蜀军发起火攻。时值东南风起，蜀军营寨纷纷起火，树木皆被烧着，吴军趁势掩杀，蜀军士卒死尸重叠，塞江而下。备败退至马鞍山（今湖北宜昌西北）时，又被吴军围住，只好令军士尽脱袍铠，塞道而焚，以阻挡吴军。后得赵云救应，刘备方领百余残兵退回白帝城。此图出于清末石印本《三国演义》插图。

话说中国

中国大事记

魏遣钟会、邓艾等攻蜀，后主刘禅降，蜀汉亡。是年，魏以司马昭为相国，封晋公，加九锡。昭借故杀名士嵇康。

三国西晋

陆绩怀橘遗母 十五

敏淑有才学，做过守城门校尉。父亲陆骏，字季才，淳懿有信，待人宽厚，官至九江都尉。他死后，乡邦族人都很怀念他。陆逊小时候就失去父亲，跟随叔祖父陆康为生。陆康任庐江太守，陆逊也就随从叔祖全家住在庐江郡治所的舒县(今安徽庐江县西南)。后来，袁术和陆康发生矛盾，要领兵攻打舒县，陆康就让全家以及陆逊一起还吴。当时，陆康的儿子陆绩在辈分上比陆逊大一辈，但年纪比他小几岁，所以，管理全家的重担落在了陆逊身上，尽管他还只是一个青年人。

早年建功，主要在于开拓腹地，稳固后方

建安八年(203)，陆逊二十一岁时，开始进入孙权将军的幕府为仕。孙权这时已由献帝任为讨虏将军，领会稽太守，屯驻于吴。孙权身边已有周瑜、程普、吕范等为将帅，还有张昭，孙权待以师傅之礼。至于鲁肃和诸葛瑾等人，虽已成为孙将军幕府的宾客，但为时也并不久。孙权集团和黄祖的矛盾冲突，早在孙策时就已形成势不两立的局面。孙权掌事后，领兵西伐黄祖，破其舟船水军，尚未攻克黄祖守城。正在这时，江东内地的山贼又不从命。于是，孙权就让曾在幕府做过东、西曹令史的陆逊，去任海昌的屯田都尉，还同时负责该县事务。

海昌属当时吴郡，在海边，后改名海盐。陆逊来到海昌之后，考虑到当地百姓遭到连年干旱的天灾之苦，就开粮仓赈济贫民，同时劝督百姓勤事农桑，使地方趋于安定。接着，陆逊了解到吴、会稽、丹杨三

三国吴贵族生活图（局部）

郡有不少人口藏匿在海昌，就报告孙权要采取办法进行招募。

有个名叫潘临的，是会稽郡山贼的大首领，为害地方已有多年，当地一直拿他没有办法。陆逊去之后，召兵征讨，穷追猛打，终于降服山贼。经过招募，陆逊的部曲已有二千余人。他再带领部众攻讨山贼尤突。事后，孙权任陆逊为定威校尉，在利浦地方屯兵。

孙权将侄女即孙策的一个女儿嫁给了陆逊，这样成为姻亲关系之后，彼此更为接近。孙权屡次跟陆逊谈论方略，陆逊建议先在腹地征伐并剪灭山贼，解决掉内患，方才能够图远，而且，由此可以扩大兵源，组成精锐部队。孙权高兴地采纳了这个建议，并任陆逊为帐下右部督。紧接着，陆逊就用疑兵之计击败了丹杨山贼费栈的支党，从而使得吴、会稽、丹杨三个郡境内的山贼基本被肃清。

陆逊在进入孙权将军幕府以后，对平定东三郡山贼之乱，屡屡立功。同时，他扩大兵源，得到精兵数万人。这形成了他日后建功的必要基础。

中国大事记

钟会诬邓艾反，又谋与蜀降将姜维杀尽北来诸将而据蜀。军乱，诸将杀会、维。监军卫瓘杀邓艾。司马昭称晋王。以蜀后主刘禅为安乐公。魏罢屯田官。吴分交州置广州。吴景帝卒，废太子和之子孙皓立（264—280）。

韬隐的外衣

陆逊利用关羽的弱点，连施妙计，未曾开战，已获胜算。

陆逊、吕蒙看准了关羽的弱点

蜀将关羽镇守荆州重地，被东吴方面设计诓骗。吕蒙和陆逊针对关羽骄矜的弱点，两人合演了一番表面谦恭实则韬隐的双簧，结果轻易地取回荆州。

建安二十四年（219），吕蒙以左护军、虎威将军名义接替鲁肃，屯军陆口（今湖北嘉鱼县西南），和关羽接境对峙于荆州东。吕蒙为了让关羽可以放心抽调更多兵力去攻打樊城的魏军，他假装生病，并且还张扬东下，去建业治病。他一到建业，陆逊就跟他一起分析对策，陆逊说："关羽盛气凌人，自恃有功，意骄志逸。现在他只顾攻魏，并不把我们放在眼里，加上你治病离开陆口，他势必放松警惕，我们出其不意发起攻击，定可擒制对方。"吕蒙到了吴都，孙权就问他："你看谁可代替你去陆口领兵呢？"吕蒙回答："陆逊对此考虑得很透彻，他完全可以挑起这副担子。而且他在外名声不大，关羽就会无所顾忌，实在是没有比陆逊再好的了。如果任用陆逊，可以外表韬隐，内察形势，就会克敌成功的。"孙权听了，就召陆逊，拜为偏将军右部督，以代替吕蒙。

给关羽写信，等于要了他的命

陆逊到了陆口军营，就进一步用表面上谦恭的韬隐之计麻痹关羽。他写信给关羽，尽说些

讨好关羽的话，什么水淹七军，擒获于禁，名震遐迩，功勋足以与世长存，等等，还说自己只是一介书生，能力疏浅，既是受命西来，当然仰慕将军的威望，等等，关羽阅信后，竟信以为真，放松了对吴军的警惕。

接着，吴军就在吕蒙、陆逊的密谋策划与成功指挥下，偷袭江陵，不战而克公安、南郡，终于挫败关羽，得到了荆州。陆逊因此得拜抚边将军，封华亭侯。

不久，陆逊又成功地向西推进。他派遣将军李异、谢旌分别率领水军和步兵，共三千人，断绝险要，攻打蜀将詹晏、陈凤，又进攻房陵太守邓辅、南乡太守郭睦，都取得大胜。并进而击败秭归大姓文布、邓凯的势力。陆逊为扩大东吴的西部影响建功连连，孙权任他为右护军、镇西将军，进封娄侯。同时，陆逊还强调对于荆州等地区新归从东吴的士人，要注重安定人心，并且考虑给予做官的机会，从而达到政治上稳定局面的效果。所有这一切，实际上也就为日后的吴蜀之间军事大决战做了积极的准备。

清·刘源"凌烟阁功臣图·关羽"
中国古代木刻版画始于唐朝五代，扩于两宋金元，盛于明末清初，衰于民国。刘源，康熙年间河南祥符人，工书法、擅画人物山水的画家，《凌烟阁功臣图》系刘源绘画，由吴门柱笏堂刻印，吴中著名工匠朱圭镌刻，图绘唐代开国功臣长孙无忌等二十四人像，末附观音、关羽等绘像共三十幅人物图像，镌刻纤丽工致，为清代人物绘刻艺术的代表作品之一。本图为关羽。

公元264年

公元 2 6 4 年

世界大事记

吴交趾起事者获魏册封，旋败死。

《三国志·吴书·陆逊传》

陆逊

刘备　　谋略

人物　关键词　故事来源

一一七

夷陵之战

一介书生陆逊展宏略，
一代枭雄刘备遭重创。

刘备大军压境，陆逊镇定自若

孙权夺取荆州，斩杀关羽之后，蜀国上下为之震动。刘备亲率四万余大军沿江直下，攻取巫县，又进

兵秭归。时在章武元年（221）。东吴陆逊大都督率朱然、潘璋等统兵五万准备抵御蜀军。

第二年（222）二月，刘备命黄权率军沿江从北路进军，自己率领主力沿江从南路东下。蜀军很快由秭归进兵到猇亭（今湖北宜都北），东吴将领纷纷请战，陆逊却说："刘备现在锐气正盛，蜀军居高守险，难以进攻。"一些老资格将领不大服从，陆逊手按佩剑严肃地说："刘备此人天下知名，连曹操也怕他几分，现下和我军对阵，切不可轻视。诸位身受吴国恩典，理应协力同心。我乃一介书生，受命于吴主，我认为吴主所以让各位屈就，承听我的号令，是因为我能忍辱负重。希望各位切实负起各自的责任。军令有常规，谁也不得违犯。"听了这番话，那些将领才不敢各行其是。

最为珍贵的清初饾版八色套印本《绣像三国志》

描写三国时期整段历史的名著《三国演义》问世后，版本无数。图为其中最为珍贵的清初饾版八色套印本《绣像三国志》。所谓饾版彩色印刷是根据画稿的颜色和同一颜色深浅浓淡的不同，依次设计出相应的版块，然后用透明纸蒙上画稿描摹下来，再反贴在木版上，类似于今天刻图章一样，依所描摹，持刀雕成大大小小的印版。这类印版，多的往往达到几十块。然后，按部就班地套印或叠印，使印出的画稿颜色由浅入深，浓淡有致，酷似原作。

> ：用未磨的整粒麦子熬制的麦粥，若是磨碎的麦粒熬制的则称麦屑粥。　225

话说中国

中国大事记

司马昭卒，子炎嗣晋王。吴迁都武昌（今湖北鄂城）。司马炎废元帝曹奂为陈留王。魏亡。司马炎即位，是为晋武帝（265—290），西晋始（265—316）。追尊司马懿为宣帝、师为景帝、昭为文帝，大封宗室。

三国西晋

刘备诱敌不成，陆逊火烧连营

再说刘备大军从巫峡、建平开始，直至夷陵，沿线七百里，结成大规模的连营。刘备还以金锦爵赏来诱使少数族的将士替他效命。布置好大军决战的阵势，刘备先遣部将吴班领数千人马扎营在平地诱敌。陆逊见了，平静地说道："蜀军必有圈套，不可妄动。"果然，刘备见吴军不上当，无计可施，才将埋伏在险谷中的八千兵卒撤出。

面对刘备大军，陆逊考虑到夷陵是吴蜀间的交界要害，虽说容易夺得，却也容易失去。一旦失掉这个屏障，那么荆州的安全就会令人担忧。刘备大军水陆并进，对吴军造成压力。但若改为放弃水路，单从陆路而来，那就不足为虑了。陆逊见蜀军在陆路处处扎营，密切关注，待机而动。陆逊将这些想法奏报孙权，同时表示一切由他负责，让孙权可以高枕无忧。

吴蜀双方就这样相持了半年多，没有决战。终于在决战时机成熟时，陆逊对诸将说："刘备这人十分狡猾，加上经验丰富，他当初集结大军前来，必定考虑得很周密，所以我军未可行动。如今，蜀军驻营已久，他们的士气由盛转衰，也不再有什么计谋，击败刘备的时候到了。"陆逊先派人进攻蜀军的一个营地，不料初战失利，诸将说是白白丢了人马，陆逊却不这么认为，反而从中得出了重要的结论，他对大家说："我已经知道破敌的办法了。"于是，命令将士各持一把茅草，向蜀军大批连营发动火攻。吴军乘势同时进攻蜀营，斩杀刘备的前部将领张南、冯习等，连破蜀军四十余营，大获全胜。蜀将杜路、刘宁等觉得无路可退，就投降了吴军。刘备退到马鞍山，陆逊督促诸军四面包围，蜀军土崩瓦解，死者万计。刘备这时不顾一切地连夜逃遁，从猇亭逃还秭归，收拾溃兵，从陆路到了鱼腹（今重庆奉节东白帝城）。蜀军舟船、器械、

舌战群儒

为联吴抗曹，诸葛亮出使江东，来到柴桑（今江西九江西南）。在谒见孙权之前，与江东二十余名文武大臣会于外堂。吴臣张昭等人知亮来意，便以唇舌相难，鼓吹降曹。诸葛亮针锋相对，一一进行辩驳。吴臣理屈词穷，尽皆失色。之后，诸葛亮随鲁肃会见孙权，孙权对或降或战犹豫不决，诸葛亮故意用言语激之，使孙权终于决定起兵，与刘备共击曹操。此图出于清末石印本《三国演义》插图。

装备都损失殆尽，尸体漂流在水上，几乎堵塞了长江。目睹如此惨痛的情景，刘备只得仰面长叹："想不到我竟会被陆逊所折辱，岂非天意！"

自从夷陵之战以后，孙权就对陆逊更加倚重了，加拜陆逊为辅国将军，领荆州牧，改封江陵侯。

公元265年

公元265年

世界大事记

昆怯庚钦人征服努米底亚，进攻罗马阿非利加行省。

卫温　诸葛直
孙权　拓展

《三国志·吴书·吴主传》《后汉书·东夷传》

人物　关键词　故事来源

孙权注重收掠人口，以满足扩张

东吴孙权在黄武元年（222）十月称吴王，于是，正式形成魏、蜀、吴三国鼎立的局面。当时，江南开发较迟，吴国建立后，无论人力还是物力都比不过曹魏。为了增加人力和扩充军队，东吴除了不断收掠江南山区的越族人以外，还向海外去寻求帮助。

黄龙二年（230）正月，孙权派遣将军卫温、诸葛直率甲士万人，出海寻求夷洲及亶洲。当时的目的是收掠人口，以增加国内人手。夷洲和亶洲在会稽郡（治吴县，后迁山阴，今浙江绍兴）东面海域。东汉时，会稽郡辖境包括今江苏苏南、浙江和福建全部。早在秦始皇时候，曾经派遣徐福带领童男童女数千人出海，去蓬莱神山寻求仙药，以图长生不老。方士徐福求药未成，因为害怕归来被杀，索性就定居在亶洲夷洲，这样世代相承，居民已有数万家。洲上的居民常常会到会稽一带来买布做贸易，而会稽东冶县（今福建福州）人出海时，也有遭遇大风而漂流到亶洲的。三国时，吴国分会稽郡而设临海郡，治所在今浙江临海，夷洲在临海郡东的海中，距离有两千里。据考证，夷洲实际上就是后来的我国台湾岛。

使命艰难，但意义深远

孙权在遣卫温、诸葛直二将出海之前，曾经问过陆逊的意见，当时，陆逊劝阻说："臣愚以为当今四海未定，必须依靠民力，以济时务。现在连年战事，民力受到损减，而考虑远规夷洲，以定大局，虽得其民也无济于事，况且路隔遥远，风波难测，民易水土，必致疾疫，臣反复思考，不见得有利。"后来，夷洲之行果然只得无功而返，时在黄龙三年（231）二月。出海一年，士卒因疾疫而死者十之八九。亶洲太远，无法到达。卫温、诸葛直只到达夷洲，

寻求夷洲

历史上大陆赴台使团的第一次正式记载。

收得数千人而归。二位将军因为无功，违背诏令，而下狱受诛。

卫温、诸葛直个人命运虽然不幸，但他们二人浮海到夷洲的记载，成了我国大陆人民去台湾岛，与台湾人民建立联系的首次见之于正史的重要记录。历史是公正的，决不会忘记为之作出过努力的任何人。

陈寿撰《三国志》

陈寿（233-297），字承祚。巴西安汉（今四川南充东北）人。西晋史学家。仕蜀时为散骑黄门侍郎，入晋后曾任著作郎、治书待御史。晋灭吴后，陈寿在王沈的《魏书》、鱼豢的《魏略》、韦昭的《吴书》等史书史料的基础上编著《三国志》六十五卷，其中《魏书》三十卷、《蜀书》十五卷、《吴书》二十卷，以曹魏为正统，记述魏蜀吴三国历史，属于纪传体的史书。后南朝宋裴松之为之作注。《三国志》与《史记》、《汉书》和《后汉书》并称为前四史。

话说中国

公 元 2 6 5 年 〉 〉 〉  〉 公 元 3 1 6 年

前言

公元 265 年至公元 316 年
统一后很快走向腐败的时代
西晋

华东师范大学历史系教授　刘精诚

西晋的建立和统一全国　西晋的建立是司马炎用"禅让"的方式从曹魏手中取得的。为什么会那么容易呢？这是因为从他祖父司马懿起，政权实际上已落入司马氏家族手中。司马懿，河内温县（今河南温县）著名的世家大族。富有谋略。曹魏时他在战争中树立了威望，掌握了军权。魏明帝死，八岁的齐王曹芳即位。他和曹爽共同辅政。嘉平元年（249），他趁曹芳和曹爽去高平陵祀明帝，关闭洛阳城门，发动政变，迫使曹爽交出兵权，然后杀曹爽及其集团中人，夺得了朝中大权。司马懿死后，他的两个儿子司马师、司马昭没有来得及篡位，这个任务就落到了司马昭的儿子司马炎头上。公元 265 年，司马炎废魏帝曹奂，自立为帝（晋武帝），国号晋，都洛阳，史称西晋。　公元 263 年，司马昭已经灭掉了蜀国。公元 279 年十一月，晋武帝发兵 20 万，分六路大举攻吴，280 年，晋军到达建业（今南京市），孙皓出降，吴亡。自初平元年（190）关东军讨董卓，经过 90 年的分裂混战，至此，中国又重新统一了。国家的统一有利于经济、文化的发展，符合全国人民的愿望，是有进步意义的。　西晋建立后，为恢复和发展社会生产，采取了一系列措施，如招募蜀、吴人口迁居北方，给以免除 20 年徭役的优待，以增加劳动力；兴修水利、防止涝灾；把 3.5 万头牛赊给颍川、襄城一带将吏士兵，作为春耕之用；为增加农业人口，下令姑娘 17 岁以上不出嫁的由官府代找配偶；多次下诏奖励农耕；又令州郡减免军役，以减轻农民负担等等。由于采取了这一系列措施，也由于平吴后全国统一，战争减少，社会趋于安定。所以在太康年间（280—290）社会经济繁荣，一派兴旺景象，史称"太康之治"。据《晋书》记载当时的情况是：牛马布满田野，粮食有了剩余，赋税平均，人们安居乐业，不必关门防盗。这些记载虽然不免有点夸张，但这时期社会相对比较安定繁荣当是事实。

西晋的政治经济制度　西晋建国后实行的政治经济制度主要有以下三项：　1. 占田制。曹魏后期屯田制遭到破坏，公元 266 年朝廷正式宣布废除民屯制度。在此基础上，太康元年（280）西晋颁布了占田制。占田制包括下列内容。　（一）占田和课田。男子一人可以占田 70 亩，女子 30 亩。这是应种土地的限额，不是实际授与的土地数额。在占田之中，丁男（16—60 岁）有 50 亩，次丁男（13—15；60—65 岁）有 25 亩，丁女有 20 亩要课税，这叫课田。每亩课田收税谷 8 升。50 亩即课田 4 斛。　（二）户调式。凡是丁男为户主的，每年交纳户调绢 3 匹、绵 3 斤；丁女及次丁男为户主的，减半。边郡的民户，按规定数目的三分之二；更远的纳三分之一。〉（三）士族地主占田、荫客和荫亲属等特权。一品官有权占田 50 顷，以下每品递减 5 顷。至九品占田 10 顷。从一品至九品官可以荫佃客 15 户至 1 户，荫衣食客 3—1 人。这些被荫者可免赋役。贵族官僚及宗室等人还可以荫亲属，从九族到三世。〉占田制鼓励占田垦荒，有利于荒地开垦和农业发展。课田与户调保证了封建政府的收入。但是士族地主官僚凭官品占田和荫客的规定，保护了士族的特权，这是第一次全面地以法律的形式确认其特权。〉2. 门阀制度。东汉时，累世为官的世家大族已开始形成。西晋以后，地主阶级中的高门士族与寒门庶族的等级区别进一步严格；门阀制度基本确立。所谓门阀制度，就是按门户等级严格区别士族和庶族在政治、经济、社会和文化上的不同地位，以维护高门贵族特权的等级制度。门阀贵族的特权主要有：①政治上依仗九品中正制可以世代为官，即所谓"上品无寒门，下品无势族"、"公门有公，卿门有卿"。②经济上可以按官品占有大量土地和劳动人手，并且有免除本人及家属、佃客等赋役的特权。③法律上可以逍遥法外。士族犯罪按照其特殊的地位和身份可以减刑或免刑，或者用金钱来赎罪。总之，在门阀制度下，士、庶之间地位悬殊，不能通婚，不能同席而坐，等级森严。〉3. 分封制。晋武帝总结曹魏皇室孤立无援，最后政权转入他人之手的教训，即位后恢复了古代的分封制。封宗室 27 人为王，允许诸王自选国中的长史；继而又以户数多少把诸王分为三等，并开始置军。后又使诸王都督各州军事，坐镇一方。这样，诸王不仅掌握封国中的军政大权，还控制了相当多的军队。分封宗室本来是为了藩卫皇室，结果反而削弱了中央皇权的统治，最后导致内乱。

公元 265 年至公元 316 年
统一后很快走向腐败的时代
西晋

腐败之风和西晋的灭亡 〉西晋是代表门阀贵族的政权。在门阀贵族的统治下，西晋的社会风气越来越腐败。主要有：①生活奢侈风。晋武帝后宫近万人，大官僚何曾每日饮食花万钱，还说无下筷处。王恺和石崇互相比富，挥金如土，奢侈淫逸。②金钱崇拜风。门阀贵族爱钱成癖，有人号称"钱癖"。南阳人鲁褒写《钱神论》讽刺当时社会把金钱当作"神"来崇拜。③任人唯亲风。刘毅上疏说"九品中正制"有"八损"。主要是中正官收受贿赂，营私舞弊，社会上阿谀奉承、趋炎附势成为一时风气。④清谈虚浮风。王衍等当权大官僚大力提倡谈玄，社会上纷纷仿效。官吏们不干实事，终日清谈。矜高浮诞成为时风。〉西晋统一后不过十年，到公元 290 年，统治集团内部矛盾愈演愈烈，终于爆发了"八王之乱"。先是外戚杨、贾两家斗争，后宗室诸王兵戎相见。战争历时十六年（291—306），数十万人民死于战火，许多城市遭到洗劫和焚毁。一些内迁的少数民族，同样遭到残酷的剥削和压迫。各族人民在这种情况下，群起反抗。北方有河西鲜卑秃发树机能领导凉州二十万各族人民的起义、匈奴族郝散起义、氐帅齐万年等起义等。战乱又遇天灾，造成了各族人民的大流亡；流动人数达三十万户以上。流民到了新的地方生活无着，又受当地地主官僚压迫，在走投无路的状况下被迫起义。西晋末年流民起义主要发生在南方，规模较大的有，301 年氐人李特于益州起义、303 年义阳"蛮"张昌在安陆（今湖北云梦）起义、310 年王如在宛城（今河南南阳市）起义、311 年杜弢在长沙起义等。〉在南方各地流民不断起义时，北方的一些少数民族上层分子认为这是实现自己政治野心的极好机会，纷纷扯起反晋的旗帜，扩大自己的势力。首先起兵的是匈奴贵族刘渊。公元 304 年刘渊在离石（今山西吕梁）起兵，势力迅速扩大。刘渊死后，311 年刘曜进攻洛阳，俘虏了晋怀帝。316 年，又攻下长安，晋愍帝出降。维持了 52 年的西晋王朝走向了灭亡。西晋短期而亡的根本原因是门阀贵族的腐败。

公 元 2 6 5 年 | 西晋 | 公 元 3 1 6 年

西晋时期全图

选自谭其骧主编《中国历史地图集》第三册：三国西晋时期

西晋世系表

1武帝司马炎→2惠帝司马衷→3怀帝司马炽→4愍帝司马邺

司马炎建立晋朝

泰始元年（265），晋武帝司马炎从魏元帝曹奂手中接过政权，建立了西晋王朝。司马炎执政像曹丕执政一样，曹丕的魏政权是父亲曹操为他做好准备，司马炎的政权是祖父司马懿为他打下基础。

西晋政权并没有通过大规模的内战，而是由"禅让"建立的。因为实际上，早在十六年前司马懿发动"高平陵事件"，魏国的政权已经落到了司马氏家族的手中。

足智多谋司马懿

司马懿是三国魏人，因为屡献奇策，颇为曹操所重。魏明帝即位，被倚为辅政大臣，在与诸葛亮所指挥的蜀军相对抗中举足轻重，威望日隆。齐王曹芳即位，与大将军曹爽共同辅政。后发动事变，除掉曹爽，并及爽党羽何晏、桓范等及宗亲男女一并屠戮，曹魏大权遂全落司马懿父子之手，为西晋的建立铺平了道路。此图出于明刊本《历代古人像赞》。

司马懿诡计多端

司马懿，河内温县人，属今河南，他出身官宦世族，是个诡计多端但表面上又显得十分宽厚仁慈的人。曹操在世时就看出此人有野心，曾对曹丕说："司马懿是不肯长久做人臣的，你要长个心眼。"但曹丕因为在他取代汉朝称帝时，司马懿起了很大作用，对他很信任。曹丕死后，明帝曹叡（ruì）即位。这位帝王荒淫腐朽，大造宫室，搜罗美女，弄得国库空虚，百姓怨声载道。在这期间，司马懿在军事上取得了不少成就，同时也发展了个人的势力。

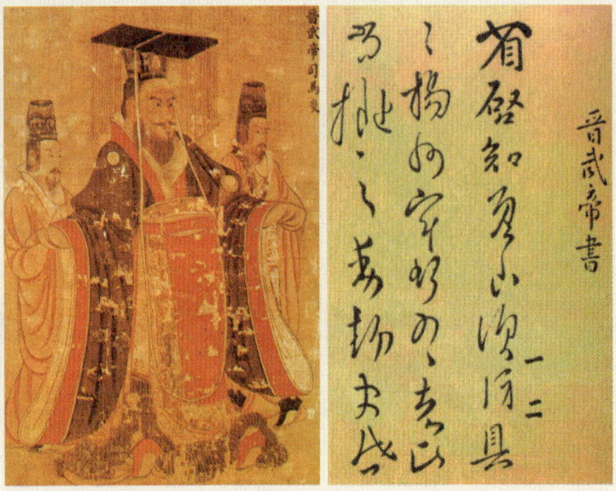

司馬懿

将帅之才奸雄之志
得政专权见利忘义

晋武帝司马炎　晋武帝书

司马炎建立晋朝

司马炎是司马昭的长子，字安世。司马昭掌握了魏的国家大权，魏国皇帝基本上成了傀儡。后来司马炎接替父亲掌管魏国朝政，到了公元265年12月，司马炎在洛阳逼魏帝曹奂让出帝位，史书上同样写为禅让，其实都是武力威逼。但司马炎没有杀曹奂，而是封为陈留王。成语"司马昭之心，路人皆知"说的就是司马昭，他掌握朝政大权，但他自己不做皇帝，想效仿曹操让自己的儿子曹丕称帝那样，将帝位留给儿子司马炎去做。而司马炎终于没有辜负父亲的期望，夺得了帝位，建立了晋朝。其在位26年，280年，攻下建业，吴国灭亡，完成了统一事业。左图为司马懿，右图为司马炎及其书法。

三国西晋

司马昭之心，路人皆知

司马懿　司马昭
曹爽　晋武帝

韬晦　尊严

《晋书·宣帝纪》
《晋书·文帝纪》
《晋书·武帝纪》

人物　典故　关键词　故事来源

话说中国

清·王素绘《杨香扼虎救父》

晋朝时，有一个叫杨香的小女孩，十四岁的时候，有一次她跟随父亲杨丰去田里收割庄稼。突然蹿出一只老虎来，叨住她的父亲就走。当时杨香手无寸铁，但她仍奋不顾身地扑向老虎，紧紧扼住老虎的脖子。老虎因喉咙被一直卡住，无法呼吸，终于瘫倒在地上，父女俩才得以虎口脱险。

高平陵事件

景初三年（239），魏明帝病死，齐王曹芳即位时年仅八岁，由司马懿和曹爽共同辅政。曹爽是曹真的儿子，任大将军，掌握军权；司马懿见他势大，便采取后发制人的策略，在家装病，提出要退居闲职。

才识平庸的曹爽果然上当，对他放松了警惕。嘉平元年（249），曹爽伴随曹芳去洛阳城南高平陵祭祀明帝。司马懿趁此机会纠集党羽突然关闭城门，发动政变。他软硬兼施，迫使大将军交出兵权，然后把曹爽一党全部杀光。从此，魏国政权便落到了司马氏家族手中。

司马昭之心，路人皆知

三年以后，司马懿死去，儿子司马师继续掌握大权。又过了三年，他废掉曹芳，另立十四岁的曹髦为帝。次年，司马师死，其弟司马昭当政。司马昭飞扬跋扈，凌驾皇帝之上，朝廷里的事都要他点头才能办。

中国大事记

晋取消屯田，罢农官，所统属郡县。

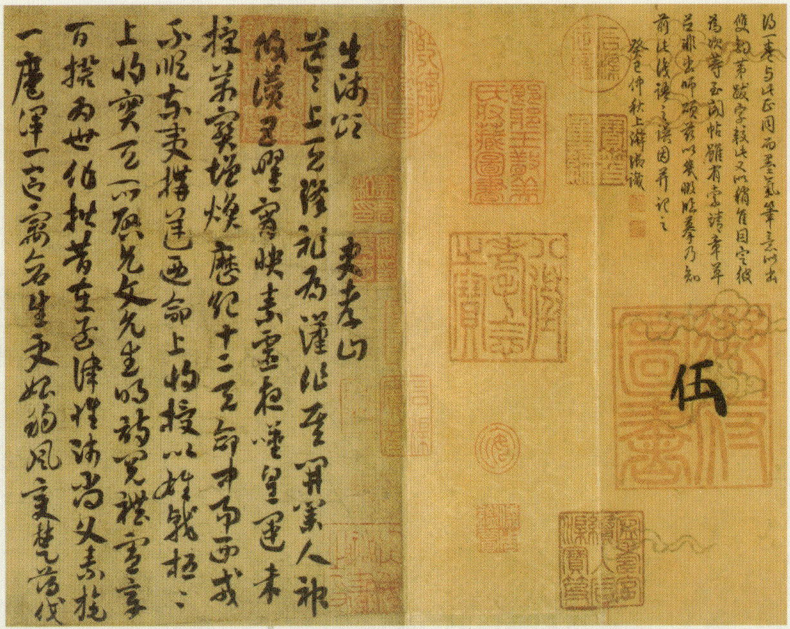

西晋索靖书《出师颂》

索靖（239-303），字幼安，敦煌龙勒（今甘肃省敦煌市）人，西晋书法家。曾官尚书郎、雁门和酒泉太守，拜左卫将军。著有《索子》、《草书势》等。工书法，尤擅章草，传张芝草法而变其形迹，骨势峭迈，富有笔力。此幅索靖所书的《出师颂》可谓稀世墨宝。

曹髦一天天长大，对此很不甘心。他对左右说："司马昭之心，路人皆知，我不能坐受废辱。"于是在景元元年（260）五月七日夜里，下令殿中宿卫军士和侍从攻讨司马昭，他亲自举剑站在车上指挥。军士们冲出宫殿，直向相府杀去，行到半路，遇到一队士兵，带队的是司马昭的亲信、掌握禁军的中护军贾充。双方战斗起来，跟随贾充的太子舍人成济看到皇上亲自来了，问贾充怎么办？贾充大声喝道："司马公养着你们，正为今日，有什么可问的！"成济听他这样说，挥起长戈，直向曹髦刺去。只听"呀"的一声，皇帝死于车下。

消息传出，宫廷哗然。司马昭也很惊慌，忙召百官入朝商议。尚书左仆射陈泰说："今日之事，只有斩贾充，方可稍安天下。"但贾充是司马昭的心腹，岂肯随便斩首，于是拿成济当替罪羊。成济心怀不平，临刑大骂不止。司马昭本想堵塞众人之口，结果反而欲盖弥彰。

历史文化百科

〔不吃御食吃发酵的食物〕

晋武帝司马炎时的大臣何曾十分喜爱美食。当时发酵的技术属于新产生的烹调手段，而何曾家的厨师正好掌握了这门技术，何曾就十分喜爱这种松软的食物。甚至每次觐见晋武帝时何曾都不吃精心准备的御食，只吃从自己家带来的发酵后的食物。

司马炎装腔作势登上了皇帝宝座

曹髦死后，司马昭另立曹奂为帝。曹芳、曹髦和曹奂都是少年登基，史称"三少帝"。

景元四年（263），司马昭调集十八万大军，三路攻蜀，结果蜀亡，刘禅投降。司马昭自以为功高，准备篡位当皇帝。谁知正在这时，他突然因病不起，一命呜呼。

司马昭一死，篡位的事就落到儿子司马炎头上。咸熙二年（265）司马炎经过一番策划，让魏帝曹奂仿效尧舜，下诏"禅让"帝位，他自己装腔作势推让一番，最后在亲信大臣的"劝进"下，便半推半就地登上了皇帝宝座，建立了西晋王朝。这时，鼎立的三国还剩下一个东吴政权。

"堕泪碑"是襄阳百姓怀念西晋名将羊祜建立的，后世用"望碑堕泪"来借喻什么？

公元267年 公元 2 6 7 年

世界大事记　巴尔米拉王国国势日盛，势及埃及、小亚。

《晋书·羊祜传》

羊祜　贾充　堕泪碑　仁爱

人物　典故　关键词　故事来源

一二〇

司马炎建立西晋后，除了稳定社会发展经济外，最重要的一件事，就是灭掉东吴，统一全国。他把这个任务交给了镇南将军羊祜（hù）。

坐镇襄阳，做灭吴准备

羊祜字叔子，泰山郡南城（今山东费县西）人，从小喜欢读书，善于谈论。十二岁丧父，孝敬叔父，人们把他比作孔子的弟子颜回。泰始五年（269），他上书司马炎提出六路灭吴之计。次年便被任命为都督荆州诸军事，坐镇襄阳，即今湖北襄樊市，做灭吴的准备。

羊祜初到襄阳时，襄阳比较荒凉。他首先开办学校，让远近百姓都来读书。为了收买吴国人心，规定凡是

堕泪碑

人心是杆秤。一个人做了好事终究会受到人民的肯定和怀念。百姓为羊祜立庙祭碑，再次证明了这一点。

投降过来想要留下的都可以留下，想回去的发给路费。他又分出一半士兵去屯垦八百顷农田，春播夏锄，经过几年努力，获得了丰收。他刚来时军粮积存不足百日，后来余粮可用十年无虑。

为了分化瓦解吴国军民，羊祜有意识地和吴国军民表示友好。每次对吴作战，总是定好日期，从不搞突然袭击。有些将帅想搞计谋，他就一个劲地请他们喝酒，使他们无法开口。有人俘虏了两个吴国小孩，他立即派人将他们送回。吴国对此十分感动，不久，将领夏详和邵颙便前来投降，二将的父亲也率领亲属一起来降。吴国将领陈尚、潘景在作战中被晋军杀死，羊祜称赞他们忠勇，用两口上等棺材装殓，让他们的子女前来迎丧，还为他们举行隆重的丧礼。吴另一将领邓香进攻晋国，羊祜下令只能活捉，不能杀，捉后又放他回去，邓香大为感

式样大方的西晋青瓷香熏

魏晋以来，上流社会熏衣、敷粉之风相当兴盛，于是青瓷中的香熏就应运而生。西晋的香熏由汉代的博山炉演变而来，大多做成球形，上部镂空成一排或三五排三角或叶形纹，以使香气能够大量逸出，下部接三足，置于大盘内，显得大方稳定。这件江苏宜兴出土的香熏体现了西晋的典型形制，顶部还饰有鸟形。

三国西晋

王祥剖冰求鲤 十八

清·王素绘《王祥剖冰求鲤》

西晋王祥（184-268）从小就心地善良。他幼年丧母，继母朱氏对他不慈爱，时常在他父亲面前说三道四，搬弄是非。他父亲对他也逐渐冷淡。王祥的继母喜欢吃鲤鱼。有一年冬天，天气很冷，冰冻三尺，王祥为了能捕得鲤鱼，赤身卧在冰上。他浑身冻得通红，仍在冰上祷告。正在此时，河冰突然开裂。王祥正准备跳入河中捉鱼时，忽从冰缝中跳出两条活蹦乱跳的鲤鱼来。王祥喜出望外，将鲤鱼带回家供奉继母。

动，就率部来降。羊祜行军吴国境内，如需粮食，割了稻谷，总是用绢偿还。他外出打猎，也总是限在晋国境内，偶有禽兽先被吴国人打伤后被晋兵捉到，就

一律送回吴国。羊祜的种种做法赢得了吴国军民的钦佩，他们不叫他的名字，都称他为"羊公"。

"羊公"并没有忘记灭吴，他实际上正加紧做着灭吴的军事准备。羊祜认为伐吴必定要借助长江上游之势，因此推荐益州刺史王濬为监益州诸军事，秘密造船。

陈述灭吴之计，受保守派阻挠

在一切准备就绪后，羊祜上表建议灭吴了。他说："机遇虽是天意，但大功必靠人去实现；商量参谋的

人固然要多些，但下决心只赖陛下。现在孙皓的暴虐超过刘禅，吴国人民的困苦重于蜀国，而大晋兵多粮足，盛于往时，正是平吴的最好时机。"但是当时以太尉录尚书事贾充为代表的保守派却极力反对，他们说吴有长江天险，又善水战，北人难以取胜；加之河西地区鲜卑树机能举兵反晋以来，已先后有三个刺史败死，有这样的后顾之忧存在，兴兵讨吴不是时候。

望碑堕泪思羊祜

羊祜是西晋著名政治家、军事家，出身于名门世家。他相貌英俊，德才兼备。魏末历任中书侍郎、秘书监、相国从事中郎等职，掌管军事机要，入晋升任尚书左仆射，卫将军。羊祜对东吴军民实行怀柔政策，在东吴将士中德声大振，与其对峙的吴国主帅陆抗也为之悦服。因积劳成疾辞世，连东吴将士也为之泪下。羊祜政绩突出，文学成就也很高，被时人称为"文为辞宗，行为世表"。

不久，羊祜生病了。他带病到洛阳面陈伐吴之计。武帝以他有病不宜入宫，命中书令张华前去听取计谋。羊祜对张华说："如今吴主十分酷虐已失民心，正可不战而克。此时如不伐吴，万一孙皓死去，吴国另立英明君主，到时虽有百万之众也难过长江，且将永留后患！"张华十分赞同他的见解，可是由于保守派的干扰，伐吴之举仍然未能实施。

百姓立碑，缅怀功德

羊祜壮志未酬，在他五十八岁那年，终因病重不治而去世。他去世之际，襄阳人正逢集市，听到消息，自动罢市，人人失声哭泣，连吴国边境上的士兵也流泪不止。羊祜一生清正廉洁，多余的俸禄就分给同族或战士，家里没有多余财产。他生前酷爱山水，常偕好友邹湛去岘山饮酒吟诗。他曾对邹湛说："自有宇宙便有此山，从来多少贤达人士来此登临，然而都已湮没无闻，令人伤感。我死后如还有人知道，我的灵魂仍要登临此山！"邹湛说："公德冠四海，道嗣前哲，必定与此山一同流传。唯有我辈才是湮没无闻的人呢！"羊祜死后，襄阳百姓就在这里为羊祜建庙，并且立了碑。每逢清明，总要来祭扫一番，人们缅怀他的崇高品德和功绩，面对他的碑，常会情不自禁地伤心落泪，因此被后人称为堕泪碑。

> 历史文化百科

〔羊祜〕

羊祜（221—278），出身官僚家庭。知识渊博，擅长文辞。魏末，任中领军，统率禁兵。西晋建立后，他与晋武帝筹划灭吴。泰始五年（269）以尚书左仆射都督荆州诸军事，出镇襄阳。在镇十年，开屯田，储军粮，作灭吴准备。平日则与吴将互通使节，各保分界。屡请出兵灭吴，未能实现。临终，举杜预自代。羊祜每次晋升，常自谦让，因而名望远播，受到朝野推崇。著有《老子传》。

羊祜病重期间，推荐了杜预代替自己，羊祜死后，杜预便开始讨伐吴国。

"杜武库"

杜预，字元凯，京兆即今陕西长安县人，祖父、父亲都做大官。他少年就胸怀大志，通晓经学、礼制、历法、律令、算术和工程，外号"杜武库"。西晋建立后，历任河南尹、度支尚书。杜预虽然是一个书生，但是博学多能，也擅长于军事谋略。

搬走拦路石

杜预上任伊始，就出其不意地突然发兵攻击吴国驻防西陵的名将张政，大获全胜。西陵即今湖北宜昌，他估计张政吃了败仗定会隐瞒不报，就故意把战俘押送到建业即今南京市，归还吴国。孙皓知道后大为恼火，就把张政调走。继任的留宪是个平庸无能之辈。杜预就这样轻而易举地搬走了一块拦路石。

西晋持盾武士俑

盾是武士与敌短兵相接时的装备，武士左手持盾（古又称干），右手举起，似乎是拿戈。盾用来保护自己，戈用来进攻。

势如破竹

气可鼓不可泄。办事要一鼓作气。杜预伐吴，正在乘胜前进时，保守派出来阻挠，杜预讲了"势如破竹"的道理。

六路伐吴势如破竹

咸宁五年（279）十一月，晋武帝发布诏书，大举伐吴。从安徽、江苏到巴蜀，兵分六路，由司马伷、王浑、王戎、胡奋、杜预、王濬分别统率。六路大军二十多万人马，东西万里，水陆并进。吴军顾首顾不了尾，不知如何防卫才好。

第二年正月，王濬率八万巴蜀水军乘战船直指东吴而下，吴国连忙下令封锁江中险要，用粗铁链横在江上，又做了长达一丈的铁锥暗置江中，想以此阻挡晋军的舟船。王濬针锋相对地造了几十只大木筏，在上面缚上草人，披甲执杖，故布疑阵。另外又挑选懂水性的士兵放筏先行，顺流而下，这样一来，江中的铁锥尽扎在木筏上被带走了。王濬接着又扎了又长又粗的大火把，在上面浇上油，遇到铁链就点火燃起来，不一会工夫就把铁链烧断了。王濬就此攻破吴军封锁，

> ## 历史文化百科

〔杜预〕

杜预（222—284），西晋政治家、军事家、经学家。博通古今。晋初与贾充等制定律令，并作注解。历任河南尹、秦州刺史、度支尚书。奏立屯田、兴常平仓、制定课调。咸宁四年（278），任镇南大将军、都督荆州诸军事，镇襄阳。至镇修缮甲兵，打败吴名将张政。次年，两次上表要求北伐。太康元年（280），统兵西上，攻克江陵（今属湖北），又沿江而下，进入秣陵。以平吴功，封当阳县侯。多谋略，有"杜武库"之称。立功之后，耽思经籍。撰有《春秋经传集解》、《春秋释例》等。其《集解》是最早的《左传》注解，收入《十三经注疏》中。杜预学问广博，通晓历史上兴亡成败的道理。常说："立德，我难以达到，立功、立言，我有可能达到。"

杜预
王濬

势如破竹

谋略

《晋书·杜预传》

人物　典故　关键词　故事来源

攻占许多城池，一举攻克了西陵（今湖北宜昌附近），杀死吴都督留宪。这时，杜预派周旨带八百士兵黑夜渡江袭击乐乡，即今湖北松滋，在巴山上插上许多旗帜，并且燃起火把，吴军见了，以为晋国大军已飞渡长江，纷纷溃逃。不久，晋军攻克江陵，长江以东许多州郡相继投降。为了加速最后胜利，部署新的进军，杜预召开了军事会议。这时贾充等保守派又出来阻挠，说是存在百年的强敌不可能一下消灭，目前春天水涨，疾病将生，不如等来年冬天再继续攻伐。杜预据理反

文韬武略杜武库

杜预是西晋著名的军事家、政治家、科学家、学者，为人谋略多智，被称为杜武库。杜预为人心胸广阔，顾全大局，而且有先见之能，被名将羊祜推荐为接班人，在消灭东吴的战争中，发挥了极大的作用。作为一个学者，他还著有《春秋经传集解》三十卷，是《左传》注本流传最早的一种。

宋刻本杜预撰
《春秋经传集解》

《春秋经传集解》西晋杜预撰，是现存最早的关于《春秋左氏传》的注释。全书共三十卷，在编排上沿袭马融、郑玄"分传附经"的先例，序文云"分经之年，与传之年相附"，使原来分别成书的《春秋》和《左传》合为一书。此书广泛引述刘歆、贾逵、许淑等人的说法，加以总结发挥，在文字训诂、文义诠释及制度、地理说明等方面均有独到之处，在历史上享有很高的学术权威。唐代修《五经正义》，就是以杜预的《集解》为基础。

驳说："战国时燕国大将乐毅凭借济西一战打败了强大的齐国。当今战士士气高涨，如同刀劈竹筒，劈开头上几节，以下自会迎刃而解，再无碍手之处，还要等待什么？"杜预说的正是成语中"势如破竹"的意思，将领们听了这样的比喻，无不信心十足，决心乘胜前进。

吴国灭亡，全国统一

杜预所言果然不错，这一年的二月，王濬就攻下夏口、武昌，破浪东下，所到之处吴军纷纷投降。王浑率军也在版桥大败吴丞相张悌。到了三月，王濬的舟师已到达建业城下，旌旗蔽日，杀声震天。吴国上下十分恐惧，许多士兵丢下武器，临阵脱逃，吴主见大势已去，只得反缚双手带了棺材来到王濬军门投降。王濬亲自为他解缚，下令烧掉棺材，以礼相待，他代表西晋政权接收了吴国图籍。当时在籍的共有四州、四十三郡、五十二万三千户，二十三万士兵和男女人口二百三十万。于是，西晋统一了全国。

三国西晋

晋武帝选美女

历史上荒淫好色的皇帝不少，但像晋武帝那样的并不多。荒淫过度的后果是短命。这也是自食恶果。

焚烧"雉头裘"

咸宁四年（278）十一月，一次上朝时，晋武帝当着文武百官的面把一件极为珍贵的"雉头裘"烧毁了，下令以后谁再敢贡献这类东西就要加罪。原来这件衣服是太医院医官程据献的，全部用光彩夺目的野雉头毛制成，可以说是稀世珍宝。百官看了，既赞叹不已，又感到可惜。晋武帝这一举动，是为了让人们知道他是一个崇尚节俭的皇帝。

说实在的，在统一全国、安定社会方面颇有功绩的晋武帝，虽然作了这样的姿态，但他毕竟是门阀贵族出身，政权是靠父祖得来的，并不懂得创业的艰难，加上社会的稳定繁荣，还是促使他摆脱不了地主阶级中特权阶层腐朽的本性，最终仍是个荒淫无度的皇帝。《晋书》评论他说："明达善谋，能断大事，平吴之后，遂怠于政术，耽于游宴。"

选天下美女后宫达三万

晋武帝的荒淫集中表现在选美女这件事上。泰始九年（273）他下诏选中级以上文武官员的女儿入宫。次年，又选下级官员及普通士族家的女儿入宫。他选美女时，下令天下人一律不准结婚，一定要经他挑选后才可婚嫁。他派太监乘了车马到全国各地去挑选美女，然后带回宫中，先让杨皇后挑拣。杨皇后名艳，是个妒忌心很强的女人，她只挑又长又白的人，容貌漂亮的一概不要。大臣卞藩的女儿十分美丽，武帝用扇子掩了面悄悄对她说卞家女儿不错，她却不洗，晋武帝很不高兴，就亲自去挑选。凡是被看中的都用红布系在手臂上。公卿大臣的女儿，如司徒李胤、镇军大将军胡奋、廷尉诸葛冲等人及世家大族的女儿都充任三夫人、九嫔之列；司、冀、兖、豫四州的

刺史、将吏家的女儿则充任良人以下的等级。汉朝后宫名号有十四个等级，良人已是其中比较低下的一种。高门大族的女儿怕被选中，故意弄得蓬头垢面，穿着又破又脏的衣服。

经过一年的挑选，共选了小将吏以下的女儿五千人入宫，被选中的离别父母时无不号啕大哭。

晋武帝生性好色，平吴以后，他就对孙皓后宫的美女大感兴趣。孙皓本也是有名的荒淫皇帝，他的后宫有许多漂亮的姑娘。晋武帝干脆把这些美女统统收入自己后宫。这样一来，加上他自己陆续挑选的，他后宫中的美女已超过三万人。光这些人的脂粉钱一年就不知要花掉多少钱财！

荒淫过度，一病不起

面对众多美女，晋武帝每夜不知上哪一家好。他就坐着羊拉的华丽宫车，随它拉到哪家门口，就在哪家过夜。宫女们为了引来羊车，就在门口插了不少羊喜欢吃的竹叶，又在路上洒了羊爱舔食的盐汁。后来，家家都这样做，结果羊也不知去哪家好了。

> 历史文化百科

〔后宫制度〕

后宫制度即后妃和宫女制度。秦始皇建立了皇帝制度，由此，皇帝母亲称皇太后、祖母称太皇太后，正妻称皇后，妾皆称夫人，又有美人、良人等各级称号。汉妃妾增至14级，每级品位按外朝官等级排定。此外，皇帝还可选数以千计的美女进宫。汉武帝时诸宫美人可有七八千人。妃嫔称号历代多有设置。魏晋因循西汉之制，逐渐形成三夫人、九嫔、二十七世妇的嫔妃系统。三夫人位比三公；九嫔位比九卿。南朝宋明帝时，在九嫔之外增加亚九嫔，梁、陈承宋之制。北魏孝文帝推行汉制，后宫人数激增，等级也更森严。

公元269年

公 元 2 6 9 年

世界大事记　罗马皇帝克劳迭二世大破哥特人、赫鲁利人。

《晋书·武帝纪》《晋书·武元杨皇后传》

晋武帝　杨芷　荒淫

人物　关键词　故事来源

话说中国

羊车游幸

晋武帝统一全国后，生活安逸，便过起了淫逸的生活，他下诏选美，充入后宫。灭掉东吴以后，又把吴宫中5000名雪肤花貌、玉骨冰肌的美女分别储入后宫，加上以前旧有的，不下万人。晋武帝退朝后，乘羊拉的车，在后苑闲逛，他没有一定的去处，但凭羊在哪里便停住，哪里就会有一群美人出来接驾，他就宿在哪里。美女们为了能让羊车在自己宫门前停下来，想出了一个主意，在门户上插上竹叶，地上洒满盐水，羊见竹叶便停下来吃，见盐水也停下来舔，美女们便可出来接驾，武帝也就在此留宿。时间长了，羊也不上当了，那些美女们也只好望羊兴叹了。左图出于《帝鉴图说》，右图出于明刊本《东西晋演义》。

　　杨皇后于晋武帝选美的第二年就去世了。她死前怕武帝将备受宠爱的胡奋女儿胡贵嫔立为皇后，影响自己儿子的太子地位，就哭着对武帝说："我叔叔的女儿杨芷，有大德，人也漂亮，恳求陛下立她为皇后。"

武帝流泪答应了。两年以后，杨芷被立为皇后。杨芷做了皇后后，她的父亲杨骏和叔叔杨珧、杨济便开始掌握朝廷大权，人们称为"三杨"。

　　武帝由于荒淫过度，终于一病不起，太康十年（289）十一月去世，死时年仅五十五岁。

> 历史文化百科 <

〔园林艺术的典范：金谷园〕

　　魏晋南北朝时期园林艺术的典范是西晋石崇的金谷园。金谷园位于洛阳西北郊，集生产、游乐于一体。园中建有大量楼观，用于生产的鱼池，还从园外引入金谷涧水，开凿人工河渠。园中林木繁茂，以柏树为主，为文人雅士所钟爱。

"太康之治"

西晋统一全国后，颁布了一些加速土地开垦的法令，所以生产发展较快，出现了太康年间，即从公元280年至290年这段时间的繁荣，历史上称为"太康之治"。史书记载当时的情况是：人们安居乐业，赋税平均，粮食有了剩余，牛马布满田野，甚至不必关门防盗。这些记载可能有些夸张，但这一时期社会比较安定繁荣也是事实。

一食万钱还说无下筷处

但是，西晋是代表世家大族的政权，本身十分腐朽。享有种种特权的达官贵人们，生活上处处追求豪华奢侈，衣服车马都是极其漂亮高贵，吃的更是山珍海味，比起皇帝来毫不逊色。例如太尉何曾，每天的伙食费就要上

王恺与石崇斗富

王恺是晋文帝司马昭妻文明皇后的弟弟，官拜后将军，颇得武帝的宠爱和器重，于是大权在握，欺压百姓，聚敛财富。他与当时的散骑常侍石崇、景献皇后从父的弟弟羊琇三人共称"三大富豪"。他们为证明谁才是最多财富的拥有者，竟然用谁更为奢侈来一比高下。王恺用糖浆代水刷锅，石崇就用蜡烛当柴做饭；王恺出门做成了40里长的步障，石崇就做成50里，还用锦缎；石崇用香料和泥涂墙，王恺就用赤石脂刷墙，很想胜过石崇。当时晋武帝为了帮身舅舅王恺占得上风，就赐他一株高二尺多的珊瑚树。王恺拿给石崇炫耀时，被石崇一下用铁如意打碎，石崇取出家藏的珊瑚树，二尺多高的异常之多，三四尺高的竟然也有六七株之多，都比王恺的要珍奇，王恺目瞪口呆，惊羡万分。此图出于明刊本《东西晋演义》。

豪门斗富

在门阀制度下，门阀贵族因为有种种特权，所以其奢侈和浪费是惊人的。"奢侈之费，甚于天灾。"西晋短期而亡并不是偶然的，而是与社会腐败之风分不开的。

万钱，还说没有什么可下筷的。其子何劭更加奢侈成性，裘皮大衣和玩物，新的压旧的，堆得像山高；每顿饭都要有从四面八方搜来的奇珍异兽，每日不下二万钱，超过了父亲的一倍。

豪门互比财富和奢侈

西晋最富的有三个人：一是羊琇，是司马师妻景献皇后的堂弟，官至中护军、散骑常侍，掌握禁军，二是王恺，是司马昭妻文明皇后的弟弟，即晋武帝的舅舅，官至后将军；三是石崇，是开国元勋、司徒石苞的儿子，曾任散骑常侍、侍中、荆州刺史。羊琇、王恺是外戚，即皇后家族的人，石崇是功臣之后，也是大官僚。这三个人不仅个人生活极尽奢靡，还要相互比赛，看谁生活过得最奢侈。王恺用麦糖水洗刷锅碗，石崇就用白蜡当柴烧；王恺用紫色丝绸做长达四十里的步障，即设置在夹道的屏风，用来遮尘土，石崇就用织锦花缎做步障，长达五十里；他还用花椒和泥巴抹墙，花椒是一种香料，用来抹墙，不但保暖性好，还有香味，原来只有皇后住的房子才用这种材料抹墙，称为"椒房"。王恺不服气，便用赤石脂涂墙。赤石脂是一种贵重药材，用它涂墙，色彩红亮，像蜡一样细腻、光泽。晋武帝为了支持王恺斗富，送给他一株珊瑚树，高有二尺。王恺拿到石崇面前炫耀，石崇不屑一顾，随手拿起铁如意将

> 历史文化百科

〔九品中正制〕

九品中正制是魏晋南北朝时期选拔人才的制度。曹魏时开始实行。九品，即将士人分为九等，政府按等录用。中正，由朝官中有声望的人担任，负责评定士人等级。晋朝以后，门阀士族操纵了大小中正职位，评定人物以门第为主，结果形成了"上品无寒门，下品无势族"。九品中正制成为巩固门阀特权的工具。隋朝废除九品中正制，实行科举制。

公元269年　公元２６９年

世界大事记　高卢巴高达（意为"战士"）运动兴起。

石崇　何曾
王恺　傅咸

太康之治

富有　享乐

《晋书·石崇传》
《晋书·何曾传》
《晋书·傅咸传》

人物　典故　关键词　故事来源

清·华喦绘《金谷园图》

石崇（246-300）字季伦，小名齐奴，渤海南皮（今属河北）人。少时敏慧，勇而有谋。因伐吴有功，被封为安阳乡侯。元康初，石崇出任荆州刺史，曾劫远使商客而暴富，后在河阳置建别墅金谷园，与王恺斗富。石崇有歌妓绿珠，美艳无比，还善吹笛。侍中中书监孙秀派人求之，石崇不与。孙秀于是劝当时专权的赵王伦矫诏杀崇，绿珠亦跳楼而死。此幅《金谷园图》描绘的正是石崇在金谷园中与绿珠吹笛寻欢的场面。

它打得粉碎。王恺正要发作，石崇冷笑道："你不用急，我马上赔你。"他让奴婢取出六七株珊瑚，每株都高达三四尺，重叠的枝条一层一层数不清，色彩鲜艳如玉，说："这没有什么稀奇，随你自己挑选。"王恺看得目瞪口呆。经过这番较量，王恺才自愧不如。

视人命如儿戏

这二人不仅挥金如土，而且视人命如同儿戏。两家都有大批奴婢，他们随意杀戮。王恺有一次宴客，命一个美女在旁吹笛助兴，一时失调，王恺就命人拉到台阶前活活打死。石崇每次摆酒宴，总有许多美女献舞、劝酒。如有哪个客人饮酒不干杯，那个劝酒的美女就要被杀。有一次，王敦故意不饮酒，石崇就一连杀了三个美女。其凶狠残忍，到了何等程度！

奢侈甚于天灾

在这帮门阀贵族们纵情声色、纸醉金迷的时候，有一个头脑清醒的大臣已看到了问题的严重性。这人名叫傅咸，他在给皇帝的奏疏中说："奢侈之费，甚于天灾。古代地少人多，而尚有积蓄，是由于节俭；现今地广人稀，而常感不足，是由于奢侈。要想使人崇尚节俭，一定要先抑制奢侈的风气。"傅咸说得一点也不错，天灾的损失是有限的，奢侈风气造成的危害却是无止境的。权贵们纵情挥霍社会财富，广大劳动人民却饥寒交迫，这样下去他们怎么会不起来反抗呢？

> 历史文化百科

〔盖头源于魏晋〕

中国传统婚庆中使用的盖头源于魏晋时期，具体源于魏晋时期盛行的"拜时婚"。拜时婚是快捷简便的婚礼的意思，拜时婚上新娘以纱巾蒙面并由丈夫揭开，拜完舅姑后就完成了婚娶的全部礼仪。东晋之后，拜时婚逐渐消失，而盖头之制被保留了下来。

话说中国

鲁褒写《钱神论》

奢侈浪费的生活需要金钱做后盾。西晋门阀贵族爱钱如命，把钱当作神物来崇拜。整个社会形成金钱崇拜风。

爱钱如命，号称"钱癖"

放荡奢侈的生活，需要大量的钱财，因此，世家大族个个爱钱如命。

王戎位至司徒，属"三公"高官，但他到处霸占良田，又造了许多水碓，靠舂米发财。他每晚不停地拨着算盘，生怕人家少给了他钱。尽管钱多，却又极为吝啬，女儿出嫁，借了他数万钱，没有按时还他，女儿回娘家他便不理不睬，直等女儿把钱还了，他才露出笑脸。侄子结婚时他只送一件单衣，婚后却又向侄子讨回。他家李树结的果子又大又甜，他怕别人买去种后和自己竞争，竟先把果核钻去了再卖。

太子少傅和峤家产丰厚，同样十分吝啬。人们讥笑他对钱有特殊爱好，称他为"钱癖"。

"陛下卖官钱入私库"

西晋大臣如此贪钱，也是上行下效。皇帝就卖官鬻爵。有一天，晋武帝问大臣刘毅："卿看我可以比得上汉朝的什么皇帝？"刘毅是个敢说实话的直臣，答道："可比桓、灵。"桓帝、灵帝是东汉末年有名的昏君。晋武帝不高兴地说："不至于吧。我平定东吴，统一全国，勤恳治理国家，怎么将我同桓、灵相比？"刘毅说："桓、灵卖官，钱入公库，陛下卖官，钱入私库，这样看来，恐还不如桓、灵！"晋武帝听了，更不痛快，但是刘毅讲的确是实话，没法否认，便随机应变地哈哈一笑说："桓、灵在世，没有人敢这么说话，我的朝廷里有你这样的直臣，说明我还是比他们高明。"这话一讲，他就体面地下了台阶。一旁被刘毅的话吓出一身冷汗的大臣们赶紧齐声颂扬，不禁又把晋武帝捧得晕头转向起来。惠帝时国家更加腐败，官场就像市场一样，什么官位都可以买卖。

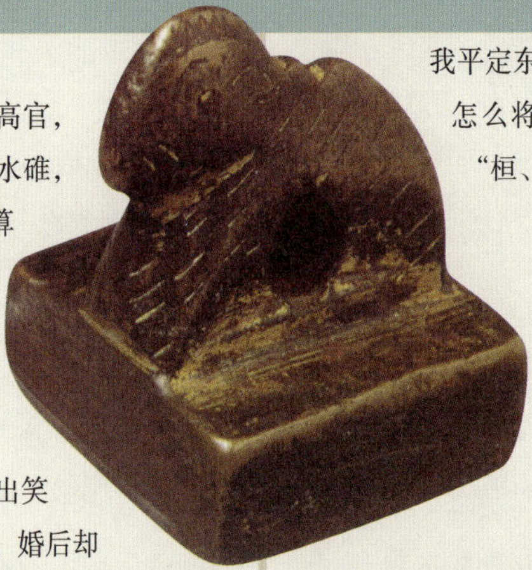

《钱神论》切中时弊

对于社会上不顾一切追求钱财的腐败风气，有一个南阳人鲁褒写了一篇《钱神论》，全文大意如下：

西晋"亲晋胡王"铜印（上图）

"亲晋胡王"铜印是西晋政府颁发给北方少数族首领的印章。当时的北方少数族主要有匈奴、氐、羌、乌桓、鲜卑、羯等。

> **历史文化百科**
>
> 〔西晋的钱币〕
>
> 西晋政府没有铸钱，主要是沿用汉魏五铢钱和古钱。但西晋地方上有偶有铸钱，现传世的"太平百钱"，据考证是西晋益州刺史赵廞割据成都改年号为太平（300—301）时所铸。1980年在成都西门外出土"太平百钱"钱范（制钱模具），说明此钱铸于成都。钱大小不一，一般直径2.5厘米，重3.2克。

铜钱的形状外圆内方。

它转动像流水，堆积像山冈。

它在市场交换，不怕损丧，时而流动，时而收藏。

它不会缺少，不会消亡，人们把它当神当宝加以供养。

它被称为"孔方兄"，人们对它亲如兄长。

人们失去它就贫弱，得到它就富昌。

它无足而行走，无翼而飞翔。

难以启齿的事有了它再无阻挡，严肃的脸也会变得欢畅。

钱少的人居后，钱多的就在前方；居后的是臣仆，在前的是君长。

君长们生活宽绰有余，臣仆们生活贫穷难当。

把钱比作流水，是因为它能流向任何角落和远方。

京城里昏昏欲睡的读书郎，一见到钱就精神昂扬。

有钱神保佑，总能逢凶化吉，遇难呈祥，何必苦读诗书做文章。

刘邦虚写贺钱送吕公，吕公也会高兴，何况真钱送上。

卓文君和司马相如能脱下布衫穿起锦绣衣裳，就因卓王孙有钱相帮。

由此可见，说钱是神物，毫不虚诳。

它无德而受人尊敬，无势而令人赞扬。

它能叩开宫廷大门，接近皇上。

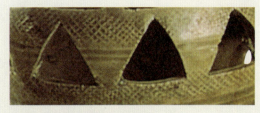

式样大方的西晋青瓷香熏（局部）

它能使死变活，化危险为安康。

它也能使活变死，变飞黄腾达为卑贱下场。

打官司无钱不胜，有冤不得伸张。

做官无钱官运不会亨通，官名不会显扬。

有了它门庭若市，高朋满堂；失了它门可罗雀，常客也不再往。

常言道："军队无钱财，谁再把兵当；军队无奖赏，有几人马革裹尸，驰骋沙场？"

朝中无靠山，不如种田回家乡；虽有靠山没有钱，也好比想飞没有翅膀。

所以说，洛阳贵族，当朝卿相，谁不对"孔方兄"又拥又抱，你争我抢。

鲁褒是个贫穷的知识分子，他的这篇文章确实切中时弊，因此，写出来以后，大家都转抄、传诵。

晋金环、金粟珠、金约指、金顶针

环径2.7厘米，粟珠高1.2厘米，1957年在辽宁省北票市房身一、二号墓出土，自古以来，人均有爱美之心，女人尤甚，我们从这一组文物可以看出，当时人对生活的追求，已不止饱暖二字上了，他们要丰富的生活，提高自己的身价，于是就做了这些精心的点缀。

一二五

兄弟不相容

晋武帝明知自己儿子司马衷是个白痴，也要把皇位传给他，而不愿传给有德有才的弟弟齐王司马攸，这是名副其实的"家天下"。

立世子，起争议

晋武帝司马炎的弟弟司马攸，原是司马昭的次子，小字桃符，从小聪明好学，文章写得好，待人有礼貌，又常常接济他人，因此受到人们尊敬，名声远在司马炎之上。祖父司马懿在世时十分器重他，见长子司马师没有儿子，就把司马攸过继给他。司马师逝世时司马攸年仅十岁，哭得十分伤心，人们都称赞他有孝心。司马昭成为晋王后曾抚着自己的坐椅说："这就是桃符的座位。"他不仅看重司马攸的德才，而且因司马攸过继为司马师的儿子，司马师既是长子，又立有大功，多次想立司马攸为世子。

在古代，立世子就意味着将来继承皇位，这引起了司马炎的恐慌。他的谋士羊琇等人为他出谋划策，建议他多关心国家大事，对重大问题准备一些意见，以便司马昭问起时能顺利对答。司马昭提出欲立司马攸为世子后，这些大臣便纷纷出来提意见。山涛说："废长立少违反宗法礼制，会造成不良后果。"贾充说："中抚军（司马炎）有当皇帝的品质，世子的位子不能改变。"他说的中抚军即指司马炎。何曾、裴秀也说："中抚军聪明英武有超世才能，他头发拖地，双手过膝是帝王之相。"司马昭拗不过大家，就在咸熙元年（264）十月，

清王素绘《杨香扼虎救父》（局部）

立司马炎为世子。他预感到将来兄弟会不和，就在临终前拉着二人的手讲述汉朝文帝杀弟淮南王、曹丕逼曹植七步成诗的历史故事，要司马炎将来与弟弟和睦相处。后来太后在弥留之际也告诫司马炎说："桃符性急，你身为兄长也并不宽厚，我一旦撒手而去，恐你们不能相容，现在把他交给你，希望你好生照顾。切记，切记！"

齐王深得人心

司马炎当了皇帝后，大封宗室，司马攸被封为齐王。他当时总管军事，处理内外大事，并未去封国，却把封国的租赋收入分送给患有疾病和家有丧事无钱殡葬的人；一部分出借给无钱购买种子的贫苦农民，让他们秋收后再还。他见当时社会奢侈成风，又提出"去奢即俭，不夺农时，毕力稼穑，以实仓廪"的建议。加上他为人谦虚，讲信誉，深受大家拥戴。

传子还是传贤

晋武帝晚年，百官见他的几个儿子都很懦弱，太子司马衷又是个白痴，因此都希望司马攸继位。

慈态可掬的西晋青瓷熊形尊（右页图）
这只尊于江苏江宁出土，被塑成熊形，正蹲地吃食，形象憨直可爱，身上饰以细密的直线条纹。

公元273年

公 元 2 7 3 年

世界大事记

罗马皇帝奥勒利安推翻巴尔米拉王国。巴高达运动失败，高卢复归罗马治下。

晋武帝　司马攸　荀勖

正直　专制

《晋书·齐王攸传》《资治通鉴》魏纪十～晋纪三

人物　关键词　故事来源

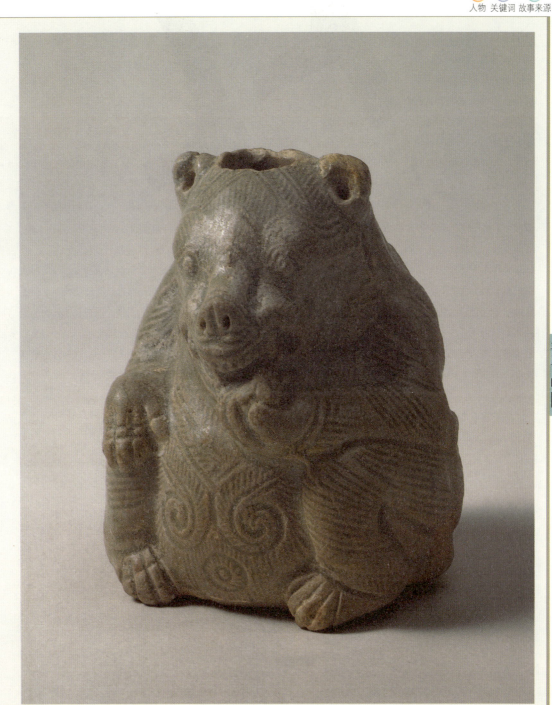

而中书监荀勖（xù）、侍中冯纨等一些常受到司马攸批评的大臣，怕司马攸当皇帝后对自己不利，就在晋武帝面前唱反调，说："陛下万岁之后，太子就站不住了。"武帝问为什么？荀勖答道："朝廷内外都归心于齐王，太子还能站得住吗？如若不信，下令让齐王到自己的封国去，朝廷上下定会反对。"武帝将信将疑，就在太康三年（282）下诏任命齐王攸为大司马、都督青州诸军事，赴任青州，即在今山东。大臣们果然纷纷上书反对，征东大将军王浑，扶风王司马骏，光禄大夫李憙，中护军羊琇，侍中王济、甄德等都上表进谏，王济、甄德的妻子常山公主、长广公主还哭哭啼啼在武帝面前要求留下齐王。武帝见情况果真如此，不禁十分恼怒，就一定要齐王到青州去。

被逼离京，病死途中

齐王知道荀勖、冯纨等人诋毁自己，既怨又怒，生起病来。他向武帝要求留在洛阳守先帝陵墓，武帝不允，派御医去替齐王看病。医生受了荀勖等人的好

西晋周处墓中的铁戟

这两把铁戟出土于江苏宜兴市周处墓中。周处少年在乡中作恶，被乡人将其与猛兽、蛟龙并称为三害。后周处改恶从善，297年，西北地区氐族、羌族变乱，他率军五千抵抗七万氐羌军队而阵亡，后归葬宜兴。

处，就在武帝面前谎称齐王没有什么病。实际上齐王的病一天重似一天，在朝廷的不断催逼下，他只得拖着病体离开京城，勉强上路。没几天，就在路上吐血而死，年仅三十六岁。

消息传到京城，晋武帝想起先帝和太后临终的嘱咐，也有些伤心。一旁的冯纨竟然安慰他说："齐王名过其实，而天下人都归心于他，现在自己死去，正是国家的福事，陛下何必为此悲痛呢？"

晋武帝宁愿把皇位传给白痴儿子，也不愿让给有德有才的兄弟。真是名副其实的家天下。

陆机代表作《辩亡论》

陆机（261—303），字士衡，西晋著名文学家、书法家。曾任平原内史，故世称"陆平原"。其祖父陆逊、父陆抗皆为三国时吴国名将。陆机14岁时，父亡，即领父兵为牙门将。20岁时，吴灭，与其弟陆云退居故里华亭，闭门苦读，积有十年，写下代表作《辩亡论》两篇，作为对吴国兴亡的一番检讨。图为唐写本《辩亡论》。

三国西晋

〔西晋分封制〕

西晋接受曹魏集权而被异姓篡位的教训，实行分封制。泰始元年（265），分封宗室27个王：一个叔祖父，6个亲叔叔，3个亲兄弟，17个同族的叔伯和兄弟。几年以后，又陆续增封。前后共有57个王。规定大国有民户2万，置上中下三军，共5000人；次国民户1万，置上下二军，共3000人；小国民户5000以下，置一军，1500人。同时大封功臣和异姓世家大族为公侯，一次就封500多人。这些人形成一个庞大的贵族地主阶层。

公元274年

公元２７４年

世界大事记

埃及亚历山大城爆发起义，反对罗马镇压工商业。

《晋书·惠贾皇后传》

贾充　贾南风　晋武帝

荒淫　谋略

人物　关键词　故事来源

一二六

贾充嫁女

为不去西北想出嫁女办法

泰始五年（269），河西走廊一带鲜卑族秃发树机能起义，秦州刺史胡烈战死。主管该地区的扶风王司马亮被罢了都督雍、凉诸军事的官职。

当时担任朝廷尚书令、车骑将军的是贾充，因当年帮助司马昭杀死曹髦，又帮助晋武帝获得太子地位而受宠。此人一向察言观色，奉承拍马，与中书监荀勖、越骑将军冯统等结成一伙，为刚正的侍中任恺、中书令庾纯等人所蔑视。任、庾二人见河西战事失利，就建议派贾充去主持西北战事。晋武帝认为建议甚好，就任命贾充为使持节，都督秦、凉二州诸军事。

贾充接到任命，暗恨任恺等人，但又没有办法拒绝。在荀勖等人为他饯行的宴会上，贾充把自己的心思告诉了荀勖，荀勖说："要辞掉任命只有一个办法，就是把女儿嫁给太子，这样才可能避免离开京城。"贾充一听，觉得有理，但又不知谁能帮他去办这件颇为棘手的事，荀勖自告奋勇地说："我可以试试看。"

贾充为不去西北，想出了嫁女一法，竟然让武帝同意了这门婚事。于是一个白痴太子配了一个残忍的淫妇，西晋王朝的前途也就可想而知了。

说服武帝同意婚事

晋武帝原先是打算要太子娶镇北大将军卫瓘的女儿，贾充指使妻子郭槐去贿赂杨皇后左右的人，怂恿杨皇后说服晋武帝改娶贾充的女儿。不久，朝廷设宴会讨论太子娶亲的事。杨皇后便建议纳贾充的女儿，晋武帝仍主张纳卫瓘的女儿，他说："卫公女有五大优点，贾公女却有五大缺点。卫家家风好、多子、貌美、身材苗条、皮肤白；贾家家风妒忌、少子、貌丑、身矮、皮肤黑。"但杨皇后却讲贾充女南风素有美德，荀勖和冯统也一唱一和，趁机进言，说贾充的女儿才色绝世；如果成为皇太子妃，将来一定能辅佐君王，有皇后的美德。晋武帝在他们的劝说下，就同意了这门婚事。由于要筹备婚事，贾充自然就不去西北了。

泰始八年（272）二月，皇宫里举行了盛大的皇太子婚礼。当时司马衷年方十三岁，贾南风却长他两岁。

贾南风淫荡而残忍

贾南风不仅相貌黑丑，而且心术不正，生性淫荡而又残忍。有一次她见太子喜爱一个宫女，妒火中烧，她就用戟掷向她怀孕的肚子上，胎儿随即落地而死。

西晋高昌绢画星象图（上图）
三国两晋南北朝时期的天文观测精细，历法推陈出新，这件发现于新疆吐鲁番的高昌时期墓葬中钉于墓顶的绢画，中央绘伏羲女娲交尾像，四周画满连线星座，表示天象。体现了当时人对天象的认识。

> 历史文化百科

〔答拜始为妻〕
夫妇结婚要互相行交拜之礼，这个仪式开始于晋代，并且按当时要求要严格执行。据《世说新语》记载，在婚礼上不行答拜礼的，只能算作妾，不能为妻。

三国西晋

贾氏南风专朝权

贾后淫荡

贾后专权朝政以来，生活上愈来愈荒淫放荡。她与太医令程据等可以自由出入宫掖的官员淫乱，弄得朝野尽知。自从大权在握，她更毫无顾忌，大肆搜罗男宠供其淫乐，搞得人人皆知，沸沸扬扬。她手下有批人专门给她到处物色健美的少年，秘密送到宫中。洛阳城南住着一位小吏，长得相貌堂堂，英俊潇洒。有一天，在路上被人带到贾后住处，与她同床共枕，极尽欢悦。临出来时，还赠给华丽的衣服。一段时期，经常发生俊美须眉男子失踪的事，原来是被贾后弄到宫中，供其淫乐后，被秘密杀死埋掉了。唯有这个小吏，因为人长得不但端丽，而且生性乖巧，能说会道，很得贾后怜爱，这样他才捡了一条性命，活着出来。此图出于明刊本《东西晋演义》。

晋武帝得知大怒，想废掉她。皇妃赵粲劝武帝说："贾妃年轻，妒忌是女人的天性，将来年龄大了自会改好。"杨珧也为她说情，对武帝说："陛下忘了贾公闾的功劳了吗？"贾公闾即指贾充，晋武帝这才勉强息怒，没有废她。

惠帝即位后，贾南风立为皇后，她的淫荡本性变本加厉，甚至与太医令程据私通，内外都知道，但是无人敢说。她还经常把美少年引入宫中供她取乐。有一次，人们发现洛阳城南一个长得十分美貌的小官吏，穿了一件名贵华丽的衣服，怀疑他是从皇宫里偷来的，在大家的追问下，小官吏说出了这件衣服的来历。原来有一天他在路上遇到一个老太婆，说家中有人生病，算命先生说要一个城南少年去驱邪，请他去帮帮忙，一定重重有谢。他随老太婆回去，老太婆把他藏在一个大箱子里，然后上车，大约走了十多里路，经过六七道门，开箱让他出来。只见房屋金碧辉煌，陈设华丽无比，问是什么地方？回答说是天宫。于是让他香汤沐浴，以美味佳肴款待，然后换上漂亮衣服，

去到一个房间。在房内看见一个年约三十五六岁的妇人，身材矮小，皮肤黝黑，眉下有痣。和他一起睡觉吃饭，尽情欢乐。妇人留他住了几天，才送他回去，临别时就送了他这件华丽的衣服。大家一听，这个矮小丑陋的妇女分明就是贾后，就笑笑散去。据传被贾后招去的美少年，大多被她玩弄后暗杀了。只有这个小吏，因为贾后特别喜欢，才让他活着出来。

> 历史文化百科

〔贾充〕

贾充（217—282），西晋大臣。字公闾，平阳襄陵（今山西临汾）人。父贾逵，魏豫州刺史，阳里亭侯。贾充少年时，其父去世，他袭父爵为侯，拜尚书郎，后任黄门侍郎、典农中郎将。魏末为大将军司马、右长史，是司马炎的亲信，参与司马氏代魏的密谋。晋建立后，贾充任车骑将军、散骑常侍、尚书仆射，后为尚书令。又以一女为太子妃，一女为齐王妃，深得司马氏宠信。晋伐吴，贾充虽以大都督统帅六师，却无南伐之谋，又恐大功不捷，故主张腰斩主战派张华。及平吴，惭惧而请罪。晋武帝以其开国元勋，亦无深责。

公元276年

公元 2 7 6 年

世界大事记 波斯国王迫害摩尼教徒，约于此时处死摩尼。摩尼（波斯人，约216—约276），摩尼教创始人。倡行二元论教义，主张精神为善，物质为恶，两者结合，而成世界。

晋惠帝 贾妃

愚蠢

《晋书·和峤传》《晋书·荀勖传》《晋书·惠帝纪》

人物 关键词 故事来源

一二七

白痴皇帝

一个愚蠢如猪的人却要他来管理国家大事，这个国家还会搞得好吗？晋武帝和大臣都不愿改变这局面，是因为各有各的打算。

太子从小愚蠢

司马衷是晋武帝的次子，泰始三年（267）立为皇太子。司马衷从小就十分愚蠢。有一天他在华林园玩耍，听到蛤蟆叫，问左右侍从："它们这么叫是为了官家，还是为了私家？"左右听了暗暗好笑，又不能不回答。只好说："在官地的是为官家，在私地的是为私家。"后来，发生了饥荒，许多百姓饿死，他又问："百姓肚子饿，为什么不吃肉糜粥？"人们听了，更是啼笑皆非。

"这个座位可惜！"

司马衷如此低能，怎么能继承皇位，管理国家大事？许多大臣为此感到忧虑。尚书令卫瓘多次想说又不敢说。咸宁四年（278）十月，晋武帝在陵云台设宴，卫瓘见机会来了，便假装喝醉酒，跪在武帝座椅前说："臣有事启奏。"武帝说："公有什么话要说？"卫瓘摸摸座椅说："这个座位可惜！"武帝不像儿子那么傻，自然听出了他话中的意思，却假装不解地说："公真的喝醉了吗？"卫瓘一听此言，知道武帝已决心要传位给太子了，从此就不再进言。

弄虚作假应对考核

不过，晋武帝确实也不放心，他要考考太子究竟低能到什么程度。有一次，他要将该由尚书处理的事让太子去决断，这引起了贾妃的恐惧，怕太子对答不好会动摇太子的地位，连忙请人代太子草拟对答问题的诏书，其中有不少引经据典的地方，亲信张泓说："太子从不学习，陛下是知道的，现在答诏引经据典，陛下定要怀疑，追查起来岂不坏事？不如不引古义，直接表达自己的意见为好。"贾妃大喜，就命张泓为太子另草了诏书，

让太子抄录后交给武帝批阅。武帝见太子的答诏拟得还不错，十分高兴，就给卫瓘看，卫瓘明知有诈，却不敢说穿，心中十分不安。

荀勖与和峤态度不同

对太子的低能深为忧心的还有一位大臣，就是中书令和峤，他对武帝说："太子忠厚老实，而当今世道险恶，处处弄虚作假，恐怕不能对付这许多事情。"晋武帝听了默不作声，他又何尝真正放心呢？有一次，和峤与中书监荀勖同在武帝身边，武帝对他们说："太子近来上朝，我看他有所长进，你们一起去看看，也可和他多谈谈社会上的事。"两人就一起去太子处，回来后两人态度截然不同。荀勖大讲太子见识和道德确有长进，和峤却说太子和以前差不多，没有多少变化。武帝听了和峤的话，露出不悦的神色，一言不发就起身走了。这事被贾妃知道后，对和峤恨之入骨。后来惠帝即位后，贾后让惠帝问和峤："你以前说我不能当好接班人，现在怎么样？"和峤说："臣过去的确对先帝说过这话，我的话没有说中，这是国家的福分，我怎敢逃避罪责。"惠帝毕竟愚钝，和峤如此一搪塞，他竟再也问不出其他的话来。

> 历史文化百科 <

〔卫瓘〕

卫瓘（220—291），字伯玉，河东安邑（今属山西）人。少孤，袭父爵为阌乡侯，魏末官至侍中，廷尉卿。晋初，任征东将军，进爵为公，都督青州诸军事、青州刺史。后授征北大将军、都督幽州诸军事、幽州刺史。咸宁（275—279）初，拜尚书令，加侍中。太康（280—289）初，迁司空。卫瓘学问深博，明习文艺，善草书。惠帝即位，辅佐朝政。八王之乱爆发，瓘及子孙九人为贾后所杀。

话说中国

一二八

三国西晋

周处除三害

周处除去了白额虎和蛟龙二害后，却对自己能否改正过错缺乏信心。幸得学者陆机陆云的帮助，他终于成为一个有所作为、受人称赞的人。

下决心除去三害

周处是义兴阳羡（今江苏宜兴南）人，父亲周鲂，曾做过吴国鄱阳太守，但在周处年幼时便已去世，因而周处从小没有受到很好的家庭教育，长大后力大无穷，喜欢骑马打猎，性格暴躁，经常横行霸道，欺压乡里，村里百姓对他既害怕又厌恶，把他和南山上的猛虎、大河里的蛟龙合称为"三害"。猛虎是一只经常伤人的白额虎，蛟龙形似大鳄，有鳞甲，是一种很凶的大鱼。

有一天，周处在路上遇见一位老人，满脸忧愁，就上前问道："老人家，今年风调雨顺，五谷丰收，你为什么还愁眉苦脸呢？"老人叹口气说："唉！你有所不知，我们村里有三害，使人不得安宁，我怎么高兴得起来呢？"周处问："什么是三害？"老人答道："南山上的猛虎，大河里的蛟龙，还有……"他不说下去了。周处急了，又追问："还有一害是什么呀？"老人过了好一会，才照实说道："我说了你不要

生气，还有一害指的就是你周处呀！"周处一听乡亲们把自己比作猛虎和蛟龙，大受震动，他呆呆地想了很久，下决心要改正自己的过错，便对老人说："老人家，你放心，如果乡亲们因为有这三害而忧愁，那我一定为他们除去三害。"老人说："如果你能除去三害，那不单单是除了害人的野兽，简直是村里的大喜事呀！"

杀死白额虎和蛟龙

周处告别老人，回家准备了弓箭、刀棒，先上山去打白额虎。他到山上找了半天，终于发现老虎的踪迹，然后躲在树后，一箭射去，正中老虎前胸，白额虎被射死了。接着，他又来到大河边，纵身跳入河中去杀蛟龙。蛟龙在水中，不能用弓箭，周处便手执钢刀游过去与它搏斗，蛟龙被周处刺了一刀，顿时发作起来，张开血盆大口来咬周处，周处一跃骑到蛟龙背上挥刀一阵猛刺，蛟龙血流如注，把河水都染红了。蛟龙虽然受了伤，仍然顽强挣扎，双方在河中搏杀，一会儿沉入水底，一会儿浮出水面。整整斗了三天三夜，游了几十里，周处终于把蛟龙杀死了。

改正过错，重新做人

周处回到村里，乡亲们正在互相庆贺，原来他们以为周处已经被蛟龙咬死了。周处知道了这些情况后，又一次深切地感受到自己的过错是多么严重。他十分痛心，下决心要改过自新。

西晋骑俑
骑俑的侧面，可看出马有护甲、马镫、辔饰、马鞍等，这样骑士容易驾驭马，可以空出一手拿武器。

世界大事记

罗马皇帝卡鲁斯率师入侵美索不达米亚，进占波斯王都泰西封。

周处　陆机　陆云

勇敢　善行

除三害

《晋书·周处传》

人物　典故　关键词　故事来源

周处除三害

周处（242-297），字子隐，义兴阳羡人。其祖父周宾为三国东吴咨议参军，后转广平太守。父周鲂为东吴名将，任鄱阳太守，赐爵关内侯。周处历任东吴东观左丞、晋新平太守、广汉太守，迁御史中丞。他为官清正，不畏权贵，因而受到权臣的排挤。西晋元康六年（296），授建威将军，奉命率兵西征羌人，次年春于六陌（今陕西乾县）战死沙场。死后追赠平西将军，赐封孝侯。周处自幼父母双亡，年少时膂力过人，好驰骋田猎，不修细行，纵情肆欲，横行乡里。乡邻将他与当地南山猛虎和长桥恶蛟并称为"三害"。周处闻讯后，自知为人所厌恶，于是入山射虎，下水搏蛟，经三日三夜，在水中追逐数十里，终于斩杀孽蛟。并发愤改过自新，从此折节读书，拜文学家陆机、陆云为师，于是才兼文武。此图出于清金古良《无双谱》。

周将军处

三国两晋时期的下层百姓服饰（局部）

为了使自己成为一个有道德有知识的人，周处去请教吴郡著名的学者陆机、陆云兄弟。他找到陆云，说了自己除害的经过，然后说："我现在决心改正过错，但已虚度了年华，想重新做人恐怕来不及了。"陆云说："古人特别看重早上认识了过错晚上就改正的人。你还年轻，前途无量。人最怕的是没有志向，只要你立志去做，还怕美名不传扬出去吗？"周处听了这一番话，心里亮堂起来，受到极大鼓舞。

回家后，周处便开始认真读书学习。他严格要求自己，不再欺侮人，而是尽力去帮助人家。他的实际行动终于改变了大家对他的看法，得到了人们的称赞。后来，地方州府的官吏知道了他的事迹，就推荐他做了吴国的东观左丞。西晋建立后，他继续出任官吏，为官清正廉洁，不避豪强，还注意团结少数民族，更受到各族人民的爱戴。周处少时不读书，后来知过必改，发愤学习，死后还留下了《默语》三十篇、《风土记》、《吴书》等不少著作。

▷历史文化百科◁

〔魏晋南北朝地方制度〕

魏晋南北朝地方行政为州、郡、县三级。州长官为刺史，郡为太守，县为县令。当时刺史多以都督兼任，并加将军之号。其不加将军者，称为"单车刺史"。都督诸州军事本是武官，故所管辖的地区亦为军区性质，这样，刺史兼任都督就成为地方总揽军事民政的最高长官。出征时，往往加上"使持节"、"持节"、"假节"等称号，即具有诛杀中级以下官吏、无官职之人、犯军令之人等的特权。魏晋等朝，都督兼州刺史比单任都督或刺史高一品。

一二九

杨骏专权

篡改遗诏，掌握大权

晋武帝即位十年后，到了永熙元年（290）由于荒淫过度，身体垮下来了。他病重时下诏指定自己的叔父汝南王司马亮（司马懿四子）和杨皇后的父亲杨骏共同辅政。诡计多端的杨骏从中书监华廙（yì）手中借来诏书，趁武帝昏迷时让杨皇后问道："杨骏一个人辅政吧。"武帝迷迷糊糊地点了点头。这样，遗诏就变成了杨骏单独辅政。杨骏一人兼任太尉、都督中外诸军事、侍中、录尚书事，独揽了朝权。

晋武帝死后，太子司马衷即位，即晋惠帝。司马亮遭到排斥，心有冤屈却不敢入宫，只在大司马府门外哭了一通，当夜就出发去了河南许昌。

杨骏掌握朝政后，为了收买人心，大封百官，普升一等；参预丧事者加二等。左军将军傅祇对杨骏说："皇帝刚刚去世，这样封赏不宜。"杨骏不听。石崇和何攀也上奏说："现在封赏比大晋建立和平吴时还多，如果每

> 晋武帝一死，晋朝廷马上动乱起来。杨骏变二人辅政为一人辅政，掌握朝政大权。贾后发动政变，诛灭杨氏三族，控制了晋朝廷。

个皇帝即位都大行封赏，几代以后，人人都成公侯了。"杨骏也置之不理。

为了独揽大权，杨骏任外甥段广为散骑常侍，掌管机密；任张劭为中护军，掌握禁兵。所有诏书先经杨骏同意，再让惠帝、杨太后过目后发出，目的是不让贾后插手。

贾后政变诛灭杨氏

贾皇后对杨骏专权十分恼火，她联合了被杨骏排挤的殿中中郎孟观、李肇，宦官董猛等人，想发动政变，搞掉杨骏。她派李肇到河南去联合汝南王司马亮，司马亮没敢答应。又去联络都督荆州诸军事的楚王司马玮，司马玮是武帝的五子，年少气盛，一口应允。他要求入朝，杨骏以为让他到洛阳来便于控制，就同意了。

元康元年（291）二月，楚王司马玮带兵来到洛阳，他又联合了惠帝异母兄弟都督扬州诸军事、淮南王司马允一起进京。

经过一番策划，三月八日夜晚，惠帝下了诏书，称杨骏谋反，废去他一切职务，以侯归第，侯即临晋侯。杨骏得到消息，慌忙召集众心腹商量。太傅主簿朱振说："现在宫内有变，一定是宦官们与贾后勾结。公可焚烧云龙门示威，要求搜出肇事者，同时开万春门，引东宫和外营兵，宣称拥戴皇太子到宫中去捉奸凶，宫中害怕，定会把奸凶斩首送出。"

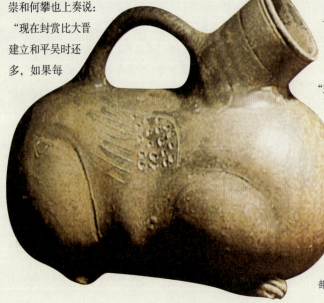

古代的尿壶：西晋虎子

关于虎子的用途有两种说法，一说是尿壶，一说是盛水器，一般认为是前者，大多为墓葬品。这件青瓷虎子具有典型形制，壶身塑成兽形，四足，开口向斜上方，顶部装有提柄。

三国西晋

世界大事记

高卢巴高达运动再起。

人物：杨骏　贾后

关键词：犹豫　怯懦

故事来源：《晋书·杨骏传》《晋书·武悼杨皇后传》

简洁的西晋四叶人物镜

古镜除照面的功能外，还用于男女传情，同时还是陪嫁，相互馈赠的礼品，地方进献皇帝的贡品，也是皇帝赏赐臣下的礼品。古镜的另外一种作用是辟邪消灾，降妖镇魔。民间办丧事时邻居常以镜悬门，以辟不祥。古代寺庙建筑正脊和壁上嵌镜，以及武士胸前的护心镜，实为驱除魔鬼而设。出土的古镜多是随葬品，据考古发现，铜镜多悬于墓室棺椁上方四周，取“以镜悬棺”之义，是为了驱邪辟妖，保护死者不受侵扰。

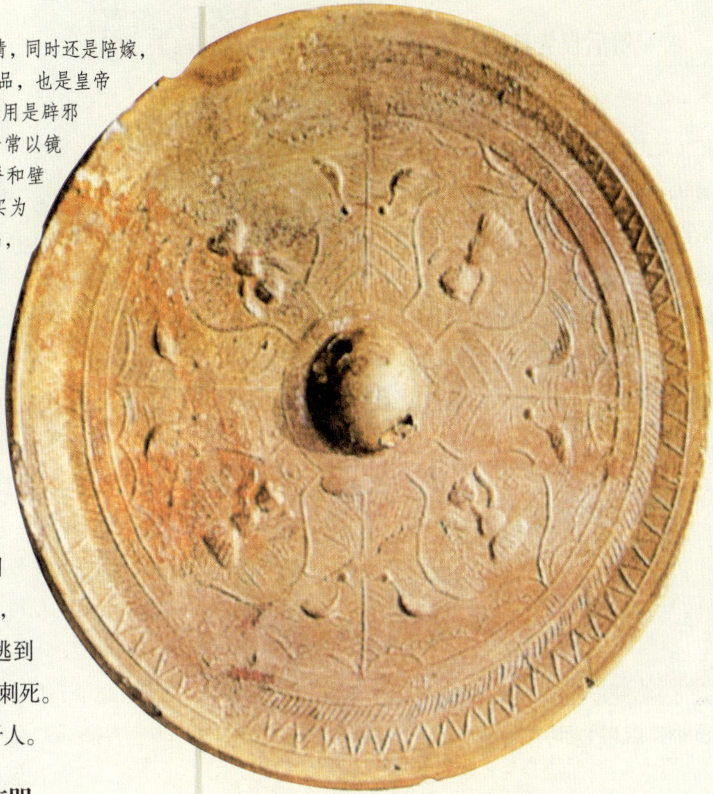

杨骏心虚胆怯，吞吞吐吐地说：“云龙门是洛阳宫正南门，魏明帝盖此花费巨万，烧掉岂不可惜。”此时，宫中卫兵已包围相府，放火烧了起来，射手在相府围墙顶上拉弓猛射，箭如雨下，杨骏家兵都不敢出来。杨骏只身逃到马厩中，最后被宫中卫兵抓到用戟刺死。杨骏被诛三族，牵连而死的达数千人。

庞氏行刑太后痛哭

杨骏死后，贾后亲党上奏说：“皇太后与奸党同谋，应该废为庶人。”惠帝只得下诏废杨太后为平民。亲党又上奏说过去因皇太后的缘故，杨骏妻庞氏没有行刑，太后既已废为庶人，庞氏也应该处死。惠帝只得也依从照办。庞氏临刑时，杨太后抱住母亲号啕大哭，向贾后不断叩头，说愿意称妾以换取母命，贾后不允，庞氏终于被杀。不久，杨太后也饿死了，时年三十四岁。贾后迷信，怕杨太后在阴间向武帝诉说，特地下令把她覆身埋葬。

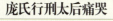

历史文化百科

〔杨骏〕

杨骏（？—291），字文长，弘农华阴（今陕西渭南）人，初为高陆令，咸宁二年（276），其女杨芷立为武帝皇后。杨骏因此迁居重位，升车骑将军，封临晋侯。杨骏与弟杨珧、杨济均居显位，权倾天下，时称“三杨”。武帝临终，下诏封杨骏为太尉、太子太傅、假节、都督中外诸军事，侍中、录尚书，总揽朝政。杨骏以外戚专政，引起司马氏宗室及开国元勋不满。惠帝继位，贾后为夺取政权，与楚王玮合谋发动政变，骏逃于马厩被杀。

憨态可掬的西晋青瓷熊形尊（局部）

赤鼻矶，因山形截然如壁而带赤色而得名，在今湖北黄冈。

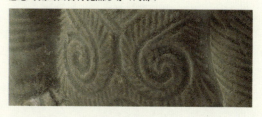

一三〇

贾后权势日盛

杨骏一死，贾后请汝南王司马亮与太保卫瓘共为录尚书事，同辅朝政。司马亮为了收买人心，以诛杨骏事论功行赏，大封官将，封督将侯的就有多达一千八百一十一人。御史中丞傅咸对司马亮说："这样封赏，自古从未有过。没有功劳的人也受封赏，岂不让人人希望国家有祸乱吗？"又说："杨骏任用亲信，天下哗然。如今您的

一箭双雕

司马亮、卫瓘辅政后，与贾后发生矛盾。贾后利用楚王玮杀二大臣又诬楚王玮矫诏，杀玮，完成了她的"一箭双雕"。

门前车马塞路，加之女婿夏侯骏无功提升少府，流传四方，都将对您不利。您应处之以静，除非大事，还是少管为好。"可是这些肺腑之言，司马亮根本听不进去。

贾后权势日盛，外甥贾谧（mì）、族兄贾模、堂舅郭彰等都成为亲信和权贵。母亲郭槐与贾谧出门时，甚至有许多人在路旁望尘而拜。

下手诏诛杀二大臣

楚王玮被封为卫将军、领北军中侯。他性格倔强固执、残忍好杀。司马亮想夺他的兵权，让他回自己封国。楚王玮十分恼怒，他手下的孙宏、岐盛劝他投依贾后。贾后见司马亮、卫瓘不愿做自己的傀儡，于是就利用楚王玮来除掉司马亮。永康元年（291）六月，贾后让惠帝下手诏给楚王，称"司马亮和卫瓘想做伊尹、霍光，专擅朝政。命你带领淮南、长沙、成都王屯驻宫门，免去司马亮和卫瓘官职"。太监夜晚把诏书送给楚王玮，楚王想到朝廷复核一下，太监说："时间紧迫，这是密诏，

魏晋时期民俗生活的真实写照

嘉峪关古墓葬中所保存的颜色鲜艳的砖壁画令考古专家们惊叹不已，在中国的墓葬史界和美术史界引起了不小的轰动。魏晋时期社会动荡，有关绘画文献记载非常零星、简略，绘画的实物资料更是凤毛麟角，壁画多出自民间画师之手，形象生动、鲜明质朴的绘画手法描绘了墓主人的现实生活。彩绘砖中有大量的牛、马、羊、鸡、骆驼、猎鹰等画面，再现了"河西畜牧为天下饶"的景象。

＞历史文化百科＜

〔楚王司马玮〕

楚王司马玮（271—291），字彦度，司马炎第五子。初封始平王，历屯骑校尉。后徙封于楚，都督荆州诸军事、平南将军，转镇南将军。武帝死，调至中央为卫将军，领北军中侯，总领禁军。八王之乱，杨骏被诛，司马亮、卫瓘专政，司马玮甚不满，贾后利用他杀死司马亮及卫瓘，然后又诬陷司马玮矫诏害死二公父子，意在不轨，而判处死刑。

文房用具：西晋青瓷蛙形盂

水盂是研磨时用来盛水的文房用具，是文人的日常用具之一，常雕成拟物形状增添生活情趣和审美品位。这只水盂融合了青蛙的形态，为人们喜闻乐见，在当时是属于比较精细的。

三国西晋

世界大事记

罗马戴克里先为皇帝（284—305）。戴克里先改元首制为君主制，整顿税制和币制，颁布限定物价敕令，改革军队、镇压人民运动，大肆迫害基督教徒。

贾后
汝南王亮
楚王玮

权术
冤狱
一箭双雕

《晋书·汝南王亮传》
《晋书·楚王玮传》
《晋书·惠贾皇后传》

人物　典故　关键词　故事来源

赶快执行吧。"楚王玮本来就想报复司马亮，此时不再多虑，就带了北军，又召集洛阳内外的军队，宣布"二公图谋不轨，我今受诏都督中外诸军，以顺讨逆。亮、瓘官属，一无所问；若不奉诏，军法从事"。

军队包围了司马亮的府第。部下劝司马亮说："这是奸谋。府中军队尚多，可以抵抗。"司马亮说："我的赤诚之心，可以告示天下。"他未加抵抗，最后被杀。卫瓘府也没有抗拒，卫瓘和他的子孙全都被杀。

以矫诏罪杀死楚王

楚王玮杀了司马亮和卫瓘后，岐盛进说："现在应该趁北兵威势，杀贾后、郭槐，以安定天下。"楚王玮一时犹豫未决。第二天早上，太子少傅张华对贾后说："楚王杀了司马亮和卫瓘，天下的威势都在他那里，皇上如何自安？应以'专杀'的罪名除去楚王。"贾后本来就想借此除去楚王，对此十分赞同。

表现厨事场面的西晋备厨图

这幅墓室壁画表现两个厨房小吏跪在地上清洗鸡禽的情况，是为了给厨房准备做菜用的材料，生活气息极为浓厚。甘肃省博物馆藏。

于是由惠帝下令派殿中将军王宫率士兵举了"驺虞幡"去抓楚王。驺虞是一种仁兽，不吃任何有生命的东西，这幡是用来解除兵权的。楚王府的士兵一见驺虞幡，纷纷放下武器一哄而散。此时楚王身边只剩下一个小奴，他驾牛车送楚王去秦王柬处，半路被抓，押入皇宫。不久，惠帝下诏："楚王假冒皇帝名义杀害两个大臣，又想杀死其他大臣，图谋不轨，应该处死。"楚王临刑时从怀中掏出惠帝命他逮捕汝南王亮的青纸诏书，表白他是冤枉的；但已经晚了，没有人理他。楚王被处死时年仅二十一岁，手下的公孙宏、岐盛也同时被杀，而且都株连三族。

贾后先杀司马亮，又杀司马玮，这就是她精心策划的"一箭双雕"。

公元288年 公元2 8 8 年

贾后害太子

贾后阴险毒辣，怕太子得政对己不利，施阴谋加害太子。但她最终也中赵王伦的反间计被逼喝下金屑酒。真是"螳螂捕蝉，黄雀在后"。

太子天资聪颖

楚王玮死后，贾后掌握大权，贾氏和郭氏中人都成了朝中显贵；贾后又让庶族出身的张华任侍中、中书监主持朝政。张华办事稳重干练，在他执政的九年中，西晋朝廷还比较安定。

惠帝和贾后结婚之前，曾与侍候他的才人谢玖生过一个儿子，名叫司马遹（yù）。这个孩子天资异于常人，在他五岁时，一天晚上宫中起火，晋武帝登楼张望，司马遹拉着他的手将他拉入暗间，晋武帝问他何故，他答道："黑夜仓卒，要防万一，不让别人瞧见你。"又一次他随武帝来到猪圈，见猪都很肥壮。司马遹说："猪已肥壮，何不杀了慰劳将士，再养下去岂不浪费粮食？"武帝由此对这个孙子另眼看待。他说："这个小孩像我祖父，也许能振兴我们家族。"

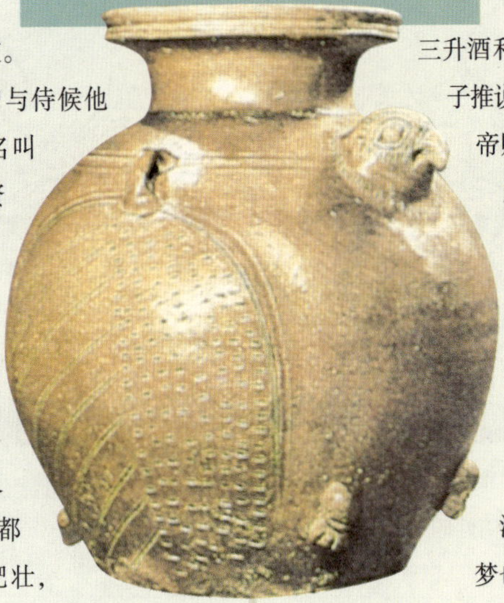

贾后阴谋，太子被废

永熙元年（290）惠帝即位后，司马遹被封为皇太子。贾后怕将来太子得政对自己不利，就一面假装怀孕，把肚子装得大大的，后来又把妹妹贾午刚出世的儿子抱来冒充顶替；一面又到处宣扬太子的种种不

青瓷鹰形双耳盘口壶（上图）

盘口壶出现于东汉，一直沿用到唐朝，是一种盛酒器。西晋时流行一种鸡头壶是从盘口壶变化而来的，而这只壶则雕成鹰形，属于鸡头壶形制，壶腹还刻有羽翼状的花纹，是一种比较特别的装饰风格。

是，做舆论准备，以便将来用自己的儿子取代太子。

元康九年（299）十二月，贾后决定废掉太子，假称惠帝有病，召太子进见。太子到了，贾后又不让相见，把他安排在另一房间，然后派婢女陈舞拿了三升酒和一大盘枣子，逼他吃下去。太子推说不会喝酒，陈舞冷冷地说："皇帝赐给你的酒你不喝，这是不孝不忠，难道酒中有毒吗？"太子没有办法，勉强喝了，不久便昏昏沉沉神志不清了。这时另一小婢送来一个箱子，内有诏书，对太子说："陛下要你抄一遍，等着要，快抄。"太子已经神志模糊，催得又急，没有细看就匆匆抄了一遍。他做梦也没有想到，抄写的内容竟是："陛下宜自了，不自了，吾当入了之；中宫宜速自了，不自了，吾当手了之。"以下还有"要写书给母谢妃

历史文化百科

〔张华〕

张华（232—300），字茂先，范阳方城（今河北固安西南）人，少孤贫，学识渊博。著《鹪鹩赋》，声名始著。晋初，拜黄门侍郎，封关内侯，迁中书令。力排众议，定灭吴计。及举兵，为度支尚书，供应军粮。封广武县侯，名重一时。草定仪礼、宪章、诏诰。惠帝即位，为太子少傅，遭杨骏忌，不预朝政。以计诛楚王玮，拜侍中、中书监。后任司空。尽力匡辅，维系朝廷。受贾后重信，多方规劝，作《女史箴》，阻害太子之谋。后以反对赵王伦，为伦所杀。著有《博物志》。

三国西晋

《晋书·惠贾皇后传》
《晋书·愍怀太子遹传》

司马遹　晋惠帝　张华　　谎骗　权术

人物　关键词　故事来源

西域佛画有翼天人

佛教在两汉之际由印度传入我国，到了魏晋更是加深其影响，这种影响的加深带动了佛画的发展。图为大耳圆脸的有翼天人，是魏晋早期佛画的代表。新疆出土，印度新德里国家博物馆藏。

相约，到时内外一起动手，不能犹豫，以防后患"等等话语。太子抄得歪歪斜斜，有的字只写了一半，贾后将其补全。随即把太子的手笔拿给惠帝去看。惠帝一看吃惊不小，原来诏书中的"自了"就是了结自己生命的意思，"中宫"即指皇太后贾后，这事非同寻常，便立即召公卿大臣一起商讨，说："如果真是如此，应该赐死。"大臣们心知其中有阴谋，但是害怕贾后，没有人敢出来说话。只有张华坦诚进言说："自古以来常因废嫡太子而招致祸乱，国家得天下时间不长，愿陛下详察。"大臣们从上午议论到太阳西斜也未有结果。贾后怕夜长梦多，就说那就先废太子为庶人吧，惠帝同意，下了诏书。

行反间计，贾后被杀

太子被废，朝廷内外群情愤慨。张华的小儿子劝说父亲辞官。张华留恋官位，没有同意。右卫督司马雅通过赵王伦(司马懿九子)的亲信孙秀劝说赵王："中宫凶狠妒嫉，与贾谧一起诬害太子。现今国家没有继承人，大臣定会起事。公过去与贾后亲密人所共知，一定认为废太子一事公亦参预，一旦有事，必受牵连，何不先谋对策？"又说："太子聪明刚强，公如恢复太子地位，他必不肯受制于人。公过去依附贾后，今虽对太子有功，他总认为公是为逃脱罪责才有此举。

将来略有不是就难免被诛。不如拖延时间，贾后定会杀害太子。到时公再出头废贾后为太子报仇，非但得以免祸，而且可成大事。"赵王伦十分赞同。

孙秀于是大行反间计，一面指使人传言宫中人要废皇后，恢复太子地位。贾后听了十分恐惧，派宫婢穿了百姓衣服去民间打听，果然如此。一面赵王伦和孙秀又劝贾谧早日除掉太子以绝众望。于是贾后派太医令程据调制毒药，假称皇帝诏命派太监孙虑到许昌毒杀太子。孙虑逼太子喝药，太子不肯，孙虑就把太子杀了。

永康元年(300)四月，赵王伦邀同齐王冏(司马昭孙，司马攸子)、梁王彤(róng)占领内宫，抓了贾后。五天后逼她喝金屑酒而死。贾后亲党及有威望的大臣张华、裴頠也同时被杀。

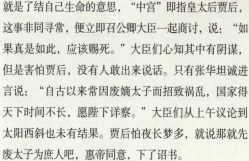

〉历史文化百科〈

〔相墓术的鼻祖〕

郭璞(276-324)是晋代人，字景纯，博学多才，通晓占筮、望气等术，民间把他奉为风水祖师。《葬书》伪托郭璞之名，却是相墓术的鼻祖级作品。

话说中国

三国西晋

司马允之死

赵王伦、孙秀掌权后权势显赫，为所欲为。淮南王司马允性格刚毅，起兵反赵王伦，兵败被杀。孙秀趁机打击报复结过怨的人。

赵王、孙秀权势显赫

赵王伦杀了贾后及其亲党后，掌握了朝中大权，皇帝成了他的傀儡。他以皇帝名义封自己为使持节、大都督、都督中外诸军事、相国、侍中。儿子、亲信也全都封王加官，孙秀当上了中书令，权势显赫，威震朝廷。百官们纷纷都去讨好他。这孙秀出身小吏，长期在赵国做官，靠拍马献媚一步步往上爬，掌握大权后就为所欲为，不可一世。

淮南王允起兵失败

淮南王司马允是武帝的儿子，性格刚毅。贾后被废后任中护军，深得宫中将士尊敬。他看出赵王伦有野心，就秘密豢养死士，准备诛杀他。赵王伦得知情况后，于永康元年（300）八月调任他为太尉，名为升官，实际上是夺他兵权。此时孙秀又写了诏书，以谋反罪逮捕他手下属官。司马允一看诏书是孙秀手笔，不禁大怒，立即杀了两个令史，大声对左右说，"赵王造反了，

王裒闻雷泣墓

东汉末年有荆州学派，主张名法政治，讲究经世致用，学派代表人物是谁？

我要率兵
讨伐他，愿
意参加的站出
来。"当时就
有许多人参加了他
的队伍。司马允率领
队伍冲向宫门，尚书左丞
王舆将宫门紧闭。队伍便转到
赵王伦的相府。司马允的将士极有战斗力，一交战就大
败赵王伦军队，打死千余人。队伍在承华门前排开阵势，
弓弩齐发，飞矢像雨点般射进相府。太子左率陈徽想在
宫内与司马允里应外合，就对惠帝说："形势危急，应
取出白虎幡令双方停战。"惠帝是个白痴，他不知白虎
幡是鼓励士兵冲杀的，就令司马督护伏胤带四百士兵高
举白虎幡奔出宫来。赵王的儿子侍中汝阴王司马虔暗中
策动伏胤帮赵王伦对付司马允，说："将来一定和你共
享富贵。"伏胤就出来声称有诏书支持淮南王，司马允

清·王素绘《王裒闻雷泣墓》（左图）

西晋王裒（？－约311），字伟元，侍奉他的母亲特别孝
顺。他母亲生性胆小，惧怕雷声，王裒经常在打雷的时候，
到母亲身边给其壮胆。母亲去世后，王裒将她葬在山林中
寂静之处。一到刮风下雨听到震耳的雷声，王裒就跑到母
亲的坟墓前跪拜，并且低声哭祷："儿王裒在此陪伴，母
亲不要害怕。"

历史文化百科

〔中书令〕

中书令与中书监是中书省的最高长官。魏晋以
来，中书省主管机要，负责草拟诏旨，审理奏章，
成为政府的出令机构，而尚书省成为执行机关。因
其靠近皇帝，多由宠臣担任，故又称"凤凰池"。
时大臣若由中书监令出为尚书令，被视为降职。如
荀勖由中书监改任尚书令，对人说，"夺我凤凰池"。
东晋南朝，中书监令权任益重。

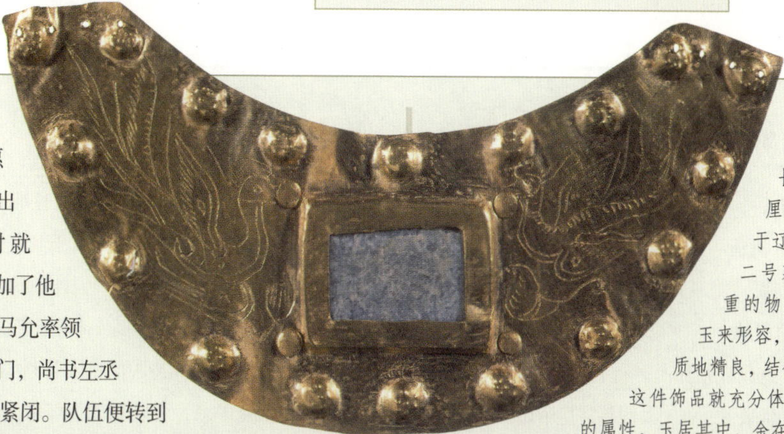

晋凤纹嵌玉金饰

长14厘米，宽5
厘米，1957年出土
于辽宁省北票市房身
二号墓。民间说起贵
重的物品，统统用金镶
玉来形容，二者色泽鲜润，
质地精良，结合定是十分完美，
这件饰品就充分体现了黄金与美玉
的属性，玉居其中，金在四边，而有起舞
的凤凰和其他图案陪衬，就愈见神采了。

不知是计，出阵受诏，伏胤趁机拔刀把司马允杀了。司
马允的队伍当即溃散，他的两个儿子和部属、亲友都惨
遭杀害。陈徽诳骗惠帝动用白虎幡，原想帮助司马允一
举取胜，想不到反而救了赵王伦，害了司马允。

孙秀趁机打击报复

司马允被杀后，孙秀的权势更大了。他蓄意报复
过去结过怨的人。如当初当小吏时曾被潘岳责打过；
石崇的外甥欧阳建曾与赵王伦有过矛盾；向石崇要歌
妓绿珠遭到拒绝等。此时，借口他们参与司马允作乱，
一一予以杀害，有的甚至被灭了族。

小巧玲珑的西晋琉璃杯

这只西晋的琉璃杯由白和青两种颜色组成，质地纯净，式
样玲珑精细，小巧可爱，是琉璃器中的精品。

话说中国

中国大事记

贾后杀杨骏。又命楚王玮杀汝南王司马亮、太保卫瓘。旋以矫诏罪杀玮。“八王之乱”开始。

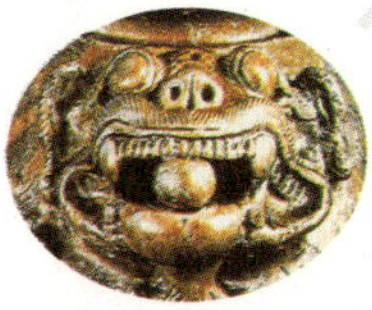

一三三

“貂不足，狗尾续”

赵王伦称帝后，大封百官。一月后，齐王冏发难，各地纷纷起兵，直指洛阳。赵王伦在内外夹击下，兵败而死，他当皇帝不过百日。

赵王称帝大封朝官

司马允被杀后，在孙秀的策划下朝廷给赵王伦加“九锡”。这是古代帝王尊礼大臣的九件宝物；这仪式往往是“禅让”的前奏。

赵王伦为了当皇帝，就使人假传宣皇帝司马懿的神语：“伦宜早入西宫。”西宫就是皇帝所住的禁中，意思就是说赵王伦应该早些当皇帝。经过一番紧锣密鼓的策划，便逼迫惠帝发布禅让诏书，交出玉玺。永宁元年（301）正月，赵王伦终于乘坐法驾进入西宫，登上皇帝宝座。赵王伦当了皇帝后，立长子司马荂为皇太子，其他几个儿子都封了王。狐群狗党个个加封，孙秀任侍中、中书监、骠骑将军、仪同三司，张林任卫将军，其他亲信、各有卿、将、列卿诸中郎将等官职，一直到最低的士卒都加了爵位。由于封官太多，官帽上做尾巴的貂不够用，只好用狗尾巴代替。民间讽刺说，“貂不足，狗尾续”。这一年，全国所举贤良、秀才、孝廉一律不经考试即可做官；守令在大赦之日任职的全都封侯。由于封侯太多，铸造铜印都来不及，就用木刻代替。

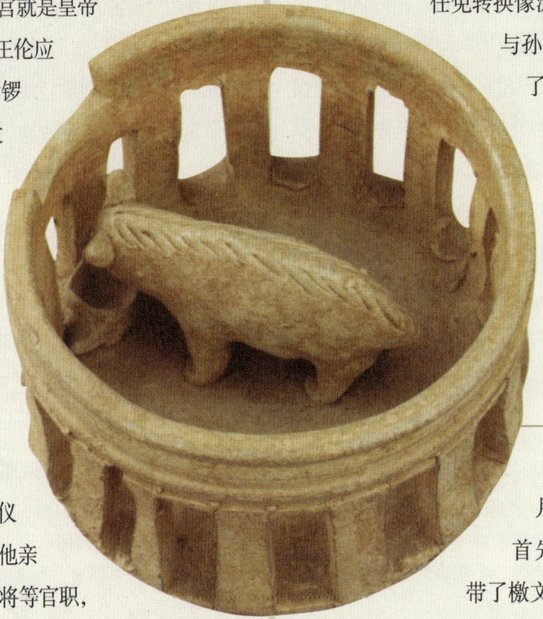

西晋青瓷猪圈（上图）

青瓷猪圈、羊圈、鸡鸭笼是魏晋南北朝墓葬中常见的明器，反映了当时农业生活的实情。图为西晋时期江南的青瓷猪圈明器。

赵王伦及其党羽都是一群贪图荣利的小人，彼此争权夺利，相互妒忌，狗咬狗的事经常发生。百官的任免转换像流水一般。张林未获开府，与孙秀发生矛盾，他给太子写了封信说：“孙秀专权，重用小人，扰乱朝廷，该杀。”太子把信给赵王伦看，赵王伦又给孙秀看。结果，张林及其家族全都杀死。

齐王冏发难，各地起兵

司马伦称帝一个多月，齐王司马冏（jiǒng）首先发难。齐王冏派遣使者带了檄文通知成都王司马颖（司马炎十六子）、河间王司马颙（司马懿弟孚之孙）、常山王司马乂（司马炎六子）以及南中郎将新野公司马歆，一直发到各地的州、郡县及封国。檄文中说：“逆臣孙秀，迷误赵王，当共诛讨。有不从命者，诛三族。”

使者到了邺城，即今河北临漳，司马颖与邺城守令卢志商量，卢志说：“赵王篡位，人神共愤，殿下

> 历史文化百科
>
> **〔狗尾续貂〕**
>
> 貂是一种有珍贵毛皮的鼠类动物，其尾常用来作官帽装饰。赵王伦大封百官，貂尾不足，用狗尾充数。后世用“狗尾续貂”讽刺封官太滥，又比喻把差的东西补续在好的东西后面，见好不收，使前后不相称。

赵王伦 孙秀 齐王冏
河间王颙 成都王颖

《晋书·赵王伦传》
《晋书·齐王冏传》
《晋书·成都王颖传》
《晋书·河间王颙传》

貂不足，狗尾续

人物　典故　故事来源

顺从百姓愿望，以顺讨逆，百姓不召自来，攻无不克。"司马颖当即任命卢志为咨议参军，联合兖州、冀州刺史发兵向洛阳进军，到朝歌，即今河南淇县，已有人马二十万。

司马乂是武帝第六子，原封长沙王，因是楚王玮之弟，被贬常山王，他也积极响应齐王。

司马歆在襄阳得到齐王檄文，不知如何是好。参军孙询说："赵王虽是公的叔父，但凶逆无道，天下当共诛之，亲疏算得了什么？"司马歆也响应了齐王。

司马颙是司马懿弟安平王司马孚的孙子，坐镇长安，官封平西将军。他开始倾向于赵王伦，但后来看看各地都反对赵王，而且齐王与成都王有几十万兵马，势力强大，就改变了主意。他本已派张方领兵去帮助赵王伦，这时又派人火速追到张方，要他倒戈，讨伐赵王伦。

赵王兵败被杀

齐王、成都王和河间王起兵后，赵王伦和孙秀惊恐万状。他们派了六路大军分头抵抗，但很快被成都王打败，成都王军队渡过黄河，直指洛阳。京城中乱作一团，有的说"出战抵抗"，有的说"烧宫室，诛杀异己"，有的说"乘船入海"。这时左卫将军王舆带领七百禁军，打出了反赵王旗号。他们冲进中书省，放起一把火。孙秀冒烟外逃，被禁军砍死。王舆把大臣请进宫来，逼赵王伦写了诏书："我为孙秀所误，激怒了三王，现孙秀已死。应迎太上皇复位，我将回家养老。"于是，大臣们把惠帝迎回皇宫。几天后，赵王伦被赐金屑酒而死。他坐皇位前前后后不过一百天，可是一场战争却死去了近十万人。

魏晋的弓、箭、箭服、弓袋、刀鞘

尼雅遗址位于新疆和田地区民丰县北的塔克拉玛干沙漠中，据考古学家考证，该遗址是汉晋时期的西域小城邦精绝国故址，其出土文物揭示了汉晋王朝与尼雅地方统治集团的密切关系，深化了对"丝绸之路"南道的认识。本图即是出土于该地的魏晋时期的弓、箭、箭服、弓袋、刀鞘。

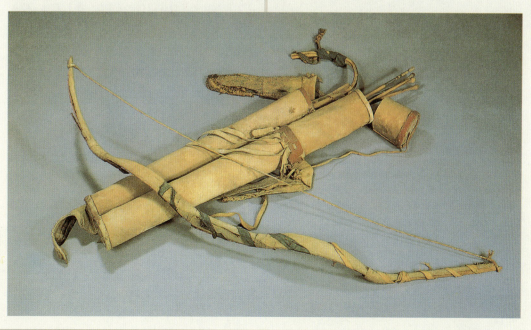

话说中国

三国西晋

成都王功大不居回到邺城

惠帝复政后，改元永宁，时为公元301年。这年六月齐王冏率领部队进入洛阳，十万大军装备精良，威风凛凛。惠帝下诏以齐王冏为大司马，加九锡；成都王颖为大将军，都督中外诸军事，录尚书事，加九锡；河间王颙为侍中、太尉；常山王乂为抚军大将军，后又复封长沙王；新野公歆进爵为王，都督荆州诸军事。齐、成都、河间三府，各置属官四十人。

新野王歆对齐王冏说："成都王颖是帝弟，同建大勋，应留下共同辅政，否则就夺去他的兵权。"卢志却对成都王说："这次渡河打败赵王主要是您的

工艺精良的晋金铃

通高2.1厘米，腹径2厘米，1957年出土于辽宁省北票市房身二号墓。这一组金铃造型精巧，工艺精良，如果佩在身上，试想惊人的光泽、动听的"鸣叫"，都会叫人心旷神怡，就犹如沐春风、饮美酒、上楼台一样，快乐只有本人才能知晓。

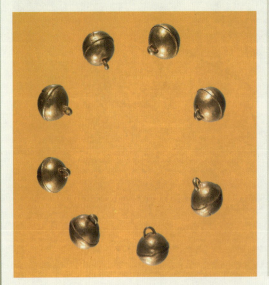

重蹈覆辙

惠帝复政后，成都王功大不居，回到邺城。齐王志溢意满，沉湎酒色，终于重蹈覆辙，兵败而死。

功劳，现在齐王想与您共同辅政；两雄不能并立，您应趁母亲有病，回自己封地，这样功大不居，委朝政于齐王，就能大得人心。这才是上策。"成都王颖赞同，就向皇帝大称齐王冏功德，然后说母亲有病要回邺城，即刻出发。齐王冏得知消息，大惊，追到颖的队伍，颖痛哭流涕，只谈母病，不谈政事。这事传出后，朝廷内外都称颂成都王。成都王到邺后，又出谷十五万斛赈济灾民，造棺八千具，殓祭死难士兵，辞谢加九锡的殊礼，更得到大家的好评。

齐王沉湎酒色不听忠言

齐王冏辅政后，志溢意满，便大规模修造王府，拆毁了附近几百幢官私住房。王府规模与皇宫相差无几，后房设置钟鼓乐器，前厅可以表演歌舞。他整天沉湎于酒色，也不去上朝，只坐在家中选派百官，用人不根据才能，只任用自己的亲信。亲信葛旟、路秀等五人都封为公，号称"五公"。殿中御史桓豹向朝廷奏事，没有先通过齐王府，竟受到齐王拷打。针对这些情形，南阳处士郑方上书说："现今大王有五失：一安而忘危，宴乐过度；二宗室骨肉存在隔阂；三对边境少数族闹事不予重视；四大战后对穷困百姓缺乏救济；五平定乱党赏罚不及时。"孙惠上书说："大名、大权、大威都不应长久留恋。明公应该功成身退，让

齐王冏　成都王颖　河间王颙　享乐　骄傲　《晋书·齐王冏传》《晋书·河间王颙传》《晋书·成都王颖传》

人物　关键词　故事来源

重任给长沙、成都二王，自回封国，这样定有好名声。继续贪恋权势十分危险。"曹摅也劝说："事物忌讳大盛，大王如能居高思危，放弃权力，是大好事。"可是这些语重心长的话齐王冏根本听不进去。王豹写信给齐王冏说："元康以来，宰相在位者无一人善终，这乃世势造成，并非他们都是坏人。公克平祸乱，安定国家，仍蹈他们的覆辙，想长存岂是易事？河间、成都、新野三王正当强盛之年，富戎马，处要害，公独在京都，专掌大权，要想求得安定岂不更难？"王豹建议以成都王为北州伯，治邺城；齐王为南州伯，治宛城，分黄河为界，共同夹辅天子。长沙王乂见信对齐王冏说："这小子是离间我们骨肉，应该打死。"齐王冏不分青红皂白，就将王豹鞭打而死。

内外夹击下，齐王兵败被杀

齐王冏因河间王颙早先曾依附赵王伦，心里总怀忌恨。齐王的翊军校尉李含对齐王手下有些人不满，单骑逃奔到长安，假称受皇帝密诏，使河间王颙杀齐王冏。河间王于是上表陈述齐王冏罪状，说他"沉湎酒色，不恤百姓，树立私党，排斥忠良，操纵王爵，贿赂公行，不守臣节，妄想篡位"，提出应以成都王颖为宰辅。十二月，表到洛阳，齐王冏大为恐慌，忙召集百官商量对策。大臣多劝同让位给二王，从事中郎葛旟怒气冲冲地说："汉魏以来，王侯让出权力回家的有能保全妻儿的吗？讲这些话的人应该斩首！"百官们吓得不敢再说话。

西晋陶俑

反映太学兴盛的碑石

西晋皇室在都城洛阳的辟雍立的碑石，1931年出土。辟雍为古代太学，晋武帝于咸宁四年（278）至太学立此碑。碑用整块石料刻成，插在覆斗形碑座上，通高3.22米。正面刻碑文1500字，记晋武帝设立学官，兴办太学，亲临辟雍视察讲演，以及皇太子再次来此之事。背面刻学官博士、礼生弟子400余人的姓名和籍贯。碑刻反映出当时太学的兴盛。

当河间王的军队攻打洛阳时，在洛阳的长沙王乂带领百余士兵向齐王府发动攻击。齐王冏宣称"长沙王乂假奉诏书"，长沙王声称"大司马谋反"。当夜二王就在城内大战起来，飞矢如雨，火光照天。打了三天三夜，齐王冏失败，被捉到惠帝前，惠帝本想留他一命，一旁的长沙王乂却喝令左右立即推出斩首，于是齐王冏及其亲党被灭三族，共有两千多人死于非命。

公元296年 公 元 2 9 6 年

中国大事记 氐帅齐万年率领关中氐、羌族人民起义。晋命周处前往镇压。

一三五

成都、河间二王联合攻击长沙王

齐王冏死后，留下来的三个王又有了矛盾。河间王颙本来以为齐王冏会擒长沙王乂，然后以为乂报仇为借口，宣告四方共讨乂，同时废惠帝，立成都王颖为帝，自己为宰相。想不到乂杀了冏，他的计划落空，而自己和颖又都在藩国，不知如何是好。

长沙王乂虽在京城，但大小事都要与弟成都王颖商量，颖实际遥控着朝廷。颖自以为功高，骄奢淫逸，百事废弛，比齐王冏有过之而无不及。颖想为所欲为，觉得在洛阳的长沙王乂是一大障碍，总想除掉他。恰巧河间王颙也想除去乂。于是，二人就欲联合攻乂。参军邵续进谏说："兄弟如同左右手，明公想统治天

火烤长沙王

长沙王乂在洛阳控制惠帝，成都王颖和河间王颙发动二十多万军队向洛阳进攻，双方激战，最后在洛阳的东海王越逮捕长沙王，送于张方，被火烤而死。

下而先斩去一只手，这样行吗？"颖不听。八月，颙、颖二王共同上表称："司马乂论功行赏不平，与羊玄之、皇甫商等人专擅朝政，杀害忠良，请皇上诛杀羊玄之、皇甫商，贬司马乂回家。"

数十万大军激战洛阳

在京城的长沙王乂岂甘示弱，他让惠帝下诏书说："颙敢于举大兵进攻京师，朕将亲自率领六军诛杀奸臣，命长沙王乂为太尉、都督中外诸军事，统率全军抵抗叛军。"河间王颙以张方为都督，率七万兵马，自函谷关向东进攻洛阳，成都王颖的军队屯在朝歌，以陆机为前将军、前锋都督，率二十万人马南下攻打洛阳。九月，张方攻入京城，大肆抢掠，杀死数万人。十月，司马乂与陆机军战于建春门，机军大败，溃逃

三国西晋

《晋书·成都王颖传》《晋书·长沙王乂传》

成都王颖　长沙王乂

溃败　残忍

人物　关键词　故事来源

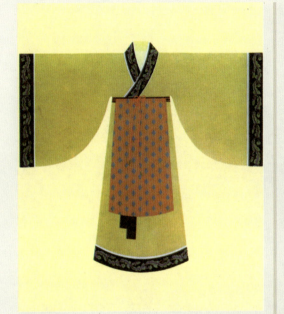

魏晋大袖衫

士兵跳入七里涧，涧水都被堵塞不流。

　　长沙王乂带着惠帝进攻张方军队，张方士兵见皇帝来到，纷纷退跑，死五千多人，退屯十三里桥。众军想乘夜逃走，张方说："胜负乃兵家常事，我们应出其不意加以反击。"于是又偷偷进逼洛阳，修筑工事，准备军粮。长沙王乂胜利后放松了警惕，结果被张方军打得大败。

　　朝廷官吏认为长沙王乂和成都王颖既是兄弟，应劝说他们和好。于是推中书令王衍等人到司马颖军中，

墓室砖画与壁画排布
（左页图及右图）
这是甘肃嘉峪关新城魏晋墓中的壁画。嘉峪关墓是魏晋时期南方墓室绘画风格的代表，沿袭东汉风格。绘画简洁自由，流畅奔放，以红色为主要装饰色调。壁画中表现了牧马、打猎、出行等生活画面。

劝他与乂以陕西弘农一带为界，分地而居，司马颖不同意，继续进军至洛阳附近。

　　张方的军队掘开了洛阳城东水堰千金堨的堤，把水放了。洛阳用水发生了困难，碾米的水碓也无法使用了，只得命奴婢们用手舂米，于是米价高涨，一石涨到万钱。皇帝的命令仅在洛阳一城有效。长沙王司马乂派刘沈凑合了万余人去进攻河间王颙的老巢长安，河间王急了，调张方军回去救援。

洛阳兵变，长沙王被火烤

　　长沙王乂多次与成都王颖的军队交锋，前后斩获六七万人。战争虽然取得了胜利，但洛阳的禁卫军将领们已经不想再打下去。司空、中书监东海王越就秘密与宫中的将领们里应外合，于永兴元年（304）一个夜晚逮捕了长沙王乂，上奏皇帝，免去他的官位，把他关在金墉城。一面下令大赦，改元永安，打开城门，向成都、河间王军队投降。一面秘密通知张方，由张方派人带兵三千到金墉城，将长沙王乂送到自己的营房，置在火堆上，活活烤死。乂喊冤的惨叫声响彻四方，连张方的士兵见此惨状都流下泪来。

> **历史文化百科**

〔张方〕

　　张方（？—306），晋河间（治今河北献县东南）人。以勇武为河间王司马颙赏识。太安二年（303），颙与成都王颖讨长沙王乂，以为都督，自函谷关进逼洛阳，决千金堨，水碓皆涸，使公私困迫。次年正月入洛阳，杀长沙王乂，大掠官私奴婢万余人，西返长安，军中乏食，杀人杂牛马肉同食。被颙任为右将军、冯翊太守。汤阴之役后，占洛阳，挟惠帝至长安。为中领军、录尚书事，领京兆太守。永兴二年（305）东海王越攻颙入关中，颙欲与越和解，恐方不从，遣郅辅杀之。

关中连年饥荒，略阳、天水等六郡汉族及巴氐族人民数万家十万余口，流入蜀地就食。

三国西晋

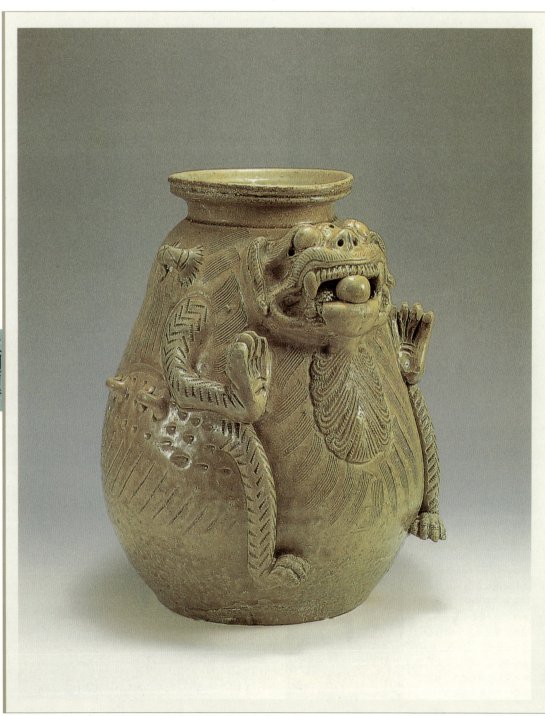

人称司马懿城府深沉，城府是什么意思？

公元295年　公元295年　世界大事记

戴克里先围攻埃及亚历山大城。波斯攻占罗马保护国亚美尼亚。

晋惠帝　成都王颖　张方

残忍　掠夺

《资治通鉴·晋纪七》《晋书·惠帝纪》

人物　关键词　故事来源

一三六

惠帝迁长安

成都王颖控制朝廷后，过起荒淫生活。东海王越以皇帝名义伐颖，结果失败。颖在王浚和鲜卑进攻下，挟惠帝南奔洛阳。张方将洛阳洗劫一空后，把惠帝挟持到了长安，受河间王颙控制。

东海王讨伐成都王失败

永兴元年（304），长沙王乂死后，惠帝下诏以成都王颖为丞相，加东海王越守尚书令。颖进入洛阳后又回到邺城。令亲信石越率五万士兵驻守在洛阳十二城门，殿中人士凡是颖看不顺眼的统统被杀，保卫皇宫的宿卫兵也都换了新的。

河间王颙上表请立丞相司马颖为皇太弟，这就意味着他成为皇位继承人。颖又被任都督中外诸军事，他把皇帝用的车马服饰全都迁到邺城。颙也因功被任为太宰、大都督、雍州牧。

司马颖开始过起奢侈荒淫的生活。所用的都是奸佞小人，经常胡作非为，这样一来大失众望。七月，司空东海王越便以皇帝名义宣布戒严，讨伐司马颖。

西晋青瓷神兽尊（左页图）
出土于江苏宜兴城内的西晋平西将军周处的家族墓地，对了解当时族葬有一定意义，出土遗物以青瓷器为主，质地纯洁坚致，釉色光亮滋润，是西晋青瓷的标准器，与宜兴南山窑青瓷成分一致，接近后来南宋官窑青瓷成分，说明其制作技术颇为进步。

颖的亲信石越逃回邺城。司马越发檄文召集四方兵马，自为大都督，奉着惠帝向司马颖进伐。部队到达安阳时，已有十余万兵马，邺城吃紧，由石越率五万军兵出城抵抗，由于司马越军疏忽大意，结果竟失败了，官兵纷纷逃散，惠帝脸颊中了三箭，躲到草丛中被俘，随身带的玉玺也丢了。司马颖派人把惠帝迎到邺城。东海王越灰心丧气地逃回东海。

成都王挟惠帝回洛阳

正当司马颖自以为可以挟天子以令诸侯的时候，河北的安北将军王浚联合鲜卑务勿尘进军声讨司马颖。司马颖派石越率军抵挡，被王浚军打败。邺城大震，百官士兵纷纷逃散。司马颖与帐下数十人带着惠帝南奔洛阳。王浚部队进入邺城除了大肆抢劫杀戮外，又掠夺妇女，王浚下令："敢私藏妇女者斩。"掠夺者怕被查出，就把抢来的八千多个妇女全部推到易水中淹死。

张方洗劫洛阳　惠帝迁长安

惠帝回到洛阳。这时洛阳实际上已被张方控制。司马颖是败军之将，不能干预朝政。

汉魏洛阳故城
汉魏洛阳故城是河南洛阳市范围内具有代表性的古代大型遗址，位于洛阳市及其下辖之偃师市、孟津县相毗邻处。故城北负四百里巍巍邙山，南临千年洛河，古城垣逶迤于伊洛平原之上。汉魏故城由宫城、内城、外郭城构成，是我国规模最大的古城址。在我国城市发展史上，占有重要的地位，它对隋唐长安城与东都洛阳城的建筑形制有显著影响。

三国西晋

惠帝迁长安

晋惠帝被劫往邺城，成都王司马颖满以为可以挟天子以令诸侯了，却遭到开国元老、录尚书事王沈的儿子、被他任命为安北将军的王浚十万军队的攻击，他只得带上晋惠帝逃回洛阳，又落入张方的掌握之中。张方的军队在京城抢劫了许多财宝，急着要带回家去，他以为洛阳不是久留之地，想把晋惠帝迁到长安去。尽管晋惠帝不愿去长安，但张方很是凶暴，不去不行。到长安后，住进了河间王的征西将军府。晋惠帝光熙元年(306)十一月十日夜，晋惠帝司马衷吃了有毒的面饼，死于洛阳显阳殿。此三图出于明刊本《东西晋演义》。

张方军队在洛阳时间一久，财物也快抢完了，就吵着要回长安。十一月，张方带兵上殿，同时带来皇帝坐的车子，逼着惠帝上车。惠帝要张方把宫人、宝物带走，张方借此机会又大肆抢掠宫中的财宝和妇女，把精心绣织的流苏宝帐、五彩羽毛、名贵丝绒全都割断用来垫马鞍，魏晋一百多年积累起来的宫廷珍宝被洗劫一空。张方还想一把火烧掉皇宫和宗庙，以断绝人们回洛阳的念头。有人劝他说："董卓无道，焚烧洛阳，至今还被人咒骂，你何必步他的后尘呢！"张方这才作罢。

惠帝到了长安，河间王颙率领百官及士兵三万人在霸上迎接，惠帝便以司马颙的征西将军府作为皇宫。十二月，下诏司马颖重新为成都王，以豫章王司马炽为皇太弟，东海王越为太傅，与颙共同辅政。但是东海王不要这个空头官衔，司马颙就此独揽了大权。

> **历史文化百科**

〔八王世系〕

八王之乱中的八王世系是：

汝南王司马亮——司马懿四子

楚王司马玮——司马炎五子

赵王司马伦——司马懿九子

齐王司马冏——司马炎弟司马攸之子

长沙王司马乂——司马炎六子

成都王司马颖——司马炎十六子

河间王司马颙——司马懿侄太原烈王司马瓌子

东海王司马越——司马懿侄高密王司马泰长子

东海王越施离间计

永兴二年（305）七月，东海王越下檄文到各州郡，声称要集合义师，奉迎天子还都洛阳。响应的有范阳王虓（xiāo）、王浚等，他们推举为盟主。没有随帝去长安的朝廷官吏差不多都投到了越的门下。

河间王颙听说司马越在山东起兵，十分恐惧，他借惠帝的名义发出征讨诏书，任命张方为大都督，统率十万精兵进行征讨。东海王盟军的人马也不少，王浚还带来了鲜卑乌桓骑兵助战。在一触即发之际，东海王又施出和谈一手，实际上是为了离间河间王与张方。光熙元年（306）正月，他派缪胤为使者去长安，对河间王说："张方挟持皇帝到长安，全国痛恨，这事不能一错到底。"他劝河间王把惠帝送回洛阳，并说兄弟之间有事总可以商量。河间王与东海王原是远房兄弟，听了缪胤的话，河间王倒有了罢兵的意思，无奈张方反对，说："我们据形胜之地，国富兵强，奉天子号令，谁敢不从，怎么能拱手受制于人。"由于张方掌握了兵权，河间王也无法坚持自己的意见。

西晋持刀俑

刀是切、割、砍、铡的工具，此持刀武士是步兵俑，其双手持刀，说明此刀也是近身格斗时使用的。晋代民谣中称勇士陈安"七尺大刀奋如湍，丈八蛇矛左右盘，十荡十决无当前"。

八王之乱的结束

东海王施出离间计，使河间王杀了大将张方，最后惠帝回到洛阳后被毒死，成都王和河间王也相继被杀。八王死了七王，一场战乱终于结束。

河间王颙中计杀张方

河间王参军毕垣曾被张方侮辱过，怀恨在心，这时便对河间王说："张方屯军霸上，按兵不动，看来有异心，他的亲信郅辅知此事。"河间王派人找郅辅来询问。郅辅走到半路，毕垣迎上去说："张方想谋反，人家都说你知情。王问你将如何回答？"郅辅大惊说："我实在不知道张方谋反的事。这事怎么办？"毕垣说："大王如问起来，你只能说是，辩解必有大祸临头。"郅辅来到河间王处，河间王问："张方要谋反，你知道吗？"郅辅答："是。"又问："派你去杀张方，如何？"郅辅再答："是。"颙于是写了封信，派郅辅送给张方。郅辅带刀进入张方营房，门卫并不怀疑。郅辅把信交给张方，趁张方在灯下看信之际，拔出刀来砍下张方的头，随即回报河间王。河间王把张方的头送到东海王越处请和，谁知越并不同意，反而加紧进攻。河间王这才知上了当，事已至此，只好把郅辅杀了解气。

惠帝回洛阳后被毒死

东海王派祁弘率领鲜卑兵西攻长安，河间王单身匹马逃入太白山。祁弘进入长安，鲜卑部众大肆掠夺，杀死两万多人，百官也大都逃散。六月，祁弘奉惠帝回到洛阳。

话说中国

黄河

渤海

河间王颙

汾水

赵王伦　齐王冏

东海王越

洛阳

楚王玮　汝南王亮

淮水

汉水

长江

成都王颖

长江

长沙王乂

汝南（今河南东南）	长沙（今湖南）
楚（今湖北中部）	成都（今四川）
赵（今河北西南）	河间（今河北东南）
齐（山东省）	东海（今山东东南部）

三国西晋

八王之乱

晋惠帝元康元年(291)，皇后贾南风为了专政，先后杀汝南王亮、楚王玮，夺得大权。此后，赵王伦捕杀贾后，废惠帝而自立。齐王冏在许昌，成都王颖在邺，河间王颙在关中，相继起兵讨伐，战火从洛阳迅速燃遍大河南北和关中地区。战争中，赵王伦、齐王冏、长沙王乂、河间王颙、成都王颖先后被杀。光熙元年(306)，东海王越毒死惠帝，另立皇太弟炽为帝，是为怀帝。"八王之乱"历时16年而结束。这场战乱严重破坏了社会生产，也从根本上动摇了司马氏统治的基础。右二图出于明刊本《东西晋演义》。

〉历史文化百科〈

〔西晋刘弘墓〕

据1993年11期《文物》，在湖南安乡县发掘了西晋荆州刺史刘弘墓。刘弘在荆州四年，恢复生产，整顿吏治，严肃风纪，选拔人才，起了积极的作用。墓室为正方形，四壁微外弧，顶部穹窿形，西晋时期这种形制墓在长江中游极少见。墓中出土了大量制作精巧的玉制品、金制品，还有多种种类与造型的人批陶瓷器。如嵌绿卡龙纹带扣、白玉尊、青玉虎，"刘弘"、"刘和季"双面印。还出土了极为罕见的官印，即龟纽"宣城公章"金印、龟纽"镇南将军章"金印。此墓被学术界认为是一项重要考古发现。

在祁弘率兵攻入关中时，成都王颖从武关逃奔新野，后又逃到朝歌，被顿丘太守冯嵩抓获，送到邺城范阳王虓处。十月，被虓长史刘舆杀死。

十一月，惠帝吃了一碗面条，突然中毒死了。有人推测可能是司马越下的毒手。接着皇太弟司马炽即位，就是怀帝。

十二月，司马越让怀帝下诏书请司马颙来京城任司徒之职，颙很高兴，但刚到新安，就被南阳王模派的将领梁臣暗杀。

八王之乱的结束

怀帝即位后改年号为永嘉，时为公元307年。至此，除东海王越外，八个王在互相残杀中死去了七个，即汝南王亮、楚王玮、赵王伦、齐王冏、长沙王乂、成都王颖和河间王颙。前后持续十六年之久的"八王之乱"宣告结束。旷日持久的动乱中，不仅社会生产受到极大破坏，还给内迁各族统治者造成了割据称雄的机会，不久，西晋就灭亡了。

公元297年　公元 2 9 7 年

世界大事记　罗马军大败波斯人，从其手中夺取亚美尼亚。

李特　李雄　《晋书·《晋书·
范长生　　　晋书·罗李雄特
　　　　罗尚传》传》
赵廞　罗尚　　·传·传
　　　　正义李·

人物　关键词　故事来源

一三八

大成国和范长生

李特领导流民进入益州后，进攻成都，赶走益州刺史赵廞，后又大败新任刺史罗尚，但他放松警惕，最后被杀。李流通过与大地主范长生合作，攻入成都，建立了大成国。

在"八王之乱"的混战过程中，南方各地发生了流民起义。其中以李特的起义规模最大。

流民进入益州，李特进攻成都

李特是巴氐族，为人沉着坚毅，善于骑射。晋惠帝元康年间关中地区发生瘟疫饥荒，天水、略阳等六郡流民十多万人，成群结队向梁州、益州等地流动。梁州即今陕西南部，益州在今四川境内。沿路饥民也纷纷加入流民队伍。李特及兄弟李骧、李庠、李流在流民中悉心照料老弱病残，受到大家拥护，成为流民的领袖。

流民进入益州后，分散在各地为地主佣耕，或开荒种地。益州刺史赵廞（xīn）因赵王伦废杀贾后时，

中国西部古代民俗生活的壮丽画卷

嘉峪关壁画墓室内最引人注目的还是刻在墓壁上的砖壁画艺术，除极其珍贵的"驿使图"外，还有农耕、采桑、畜牧、井饮、狩猎、屯垦、营垒，以及庖厨、宴饮、奏乐、博弈、出行、坞壁、穹庐、车舆、丝束等。专家们认为，这些墓砖壁画艺术内容丰富，形象生动，为我们研究魏晋时期的政治、经济、军事、文化、民俗民风及农牧、气候等提供了翔实的实物资料。

也株连杀了他的长子，早有反叛西晋割据称雄的野心。他见十多万流民进入他管辖的地区，认为是扩充势力的极好机会，立即开仓放粮，收买人心，并拉拢流民领袖，任命李庠为部曲督，招六郡流民中强壮的人组成军队。永康元年（300）十一月，西晋朝廷要调赵廞到京都当大长秋，即皇后的侍从官，赵廞正式打出反晋的旗号。宣称自己为大都督、大将军、益州牧。任命李庠为威寇将军，带兵把守关中进入益州的要道，防备晋军的讨伐。李庠精通兵法，武艺高强，深得部下拥护。赵廞既要利用他，又妒忌他的才能。不久，就找个借口把他杀了，还把他身边的宗族三十多人也都杀了。

李特、李流等立即率众撤到流民最多的绵竹地区，即今四川德阳北，集合了七千多人进攻成都。赵廞的将吏们吓跑了，赵廞偷偷带了家眷从小河逃命，途中被部下所杀。

官府逼遣还乡，李特首战告捷

赵廞死后，西晋朝廷任命罗尚为益州刺史，他限令流民在七月以前归还本乡。当时流民分散在各地帮人种庄稼，七月正是雨季，道路泥泞，行进困难，庄稼又未收，也没有路费。听说官府逼遣，人人忧愁。李特代表流民向罗尚要求等秋收以后再走。罗尚不允，流民们只好聚集到李特身边。李特在绵竹设立了大营，收容流民，不多日，就聚集了两万多人。

永宁元年（301）十月，在罗尚身边掌兵权的广汉郡太守辛冉派三万步兵和骑兵偷袭李特大营。流民早有准备，军队一进入营地，埋伏着的几万流民就手执大刀长矛，高喊着冲杀出来，把晋军杀得尸体遍野。

三国西晋

李特首战告捷，乘胜包围了成都，罗尚闭城固守。李特自称使持节、大都督、镇北大将军；少子李雄为前将军。他"约法三章"，开仓赈济贫民，整肃吏治，礼贤下士，深得流民拥护。

李特遇害，李雄建立大成国

取得一连串胜利后，李特放松了警惕，他把义军主力分散到地主坞堡去就食。李流劝他最好把大姓的子弟带来作人质，李雄也劝他不要大意，但李特没有听他们忠告。太安二年（303）二月，罗尚突然从成都发兵，袭击李特大营，各地坞堡主也纷纷响应晋军。李特奋战二日，终因寡不敌众而失败，李特惨遭杀害。

嘉峪关壁画墓

嘉峪关壁画墓发掘了八座，其中六座是壁画墓，共保存壁画六百余幅，多数一砖一画，也有大幅壁画。取材均来自现实生活，主要反映古墓主人豪华生活，描绘平民生活也有二百多幅，其中农桑畜牧等生产活动又占多数。用色单纯，色彩总体效果热烈明快。为研究河西石窟寺艺术渊源的珍贵资料。

李特死后，李流领导流民继续战斗。这时流民军中饥荒严重，李流通过徐舆游说青城山的大地主范长生，得到了粮食补充。青城山在成都附近，是道教的洞天福地；范长生是天师道教主，他既是宗教领袖，也是地主武装首领。

起义军军威复振，又向罗尚进攻。永兴元年（304）十月，义军攻入成都，罗尚潜逃，整个蜀地为起义军掌握。这时李流已死，李雄自立为成都王，不久，即位称帝，国号大成；拜范长生为丞相，尊称为"范贤"，后又加为天地太师，封西山侯，免除其租税。李雄废除晋法，与民约法七章。由于赋税、劳役都比西晋减轻，深受百姓的拥护。

但是，范长生等许多地主分子进入了起义军队伍，大成国实际上已逐渐成为封建割据政权。咸和九年（334）李雄死后，后继者大多昏庸残暴，奢侈无度。永和三年（347），大成政权终于为桓温所灭。

›历史文化百科‹

〔干支记日〕

我国历法采用干支记法。东汉以前只记日，建武三十年（54）以后开始记年。早在夏代可能已产生天干记日，即用甲、乙、丙、丁、戊、己、庚、辛、壬、癸十个字来记日。商代已明确使用干支记日法，建立起了逐日无间断的日期记录，为较准确地探求月、年提供了重要基础。据考证，春秋鲁隐公三年（前720）二月己巳，曾发生一次日食，我国的干支记日法至迟从这年起，几乎没有中断地连续使用到今天，成为世界上最长的记日记录。

张昌
刘尼
刘弘　正义

《晋书·陶侃传》
《晋书·刘弘传》
《晋书·张昌传》

人物　关键词　故事来源

一三九

壬午兵和流民

李特在四川起义后，西晋政府征发荆州地区百姓前往益州镇压。诏书是太安二年（303）三月九日发出的，这一天是壬午日，所以称为"壬午诏书"，征发的兵就叫"壬午兵"。荆州人民本来就不愿意长途跋涉到四川去打仗，诏书催逼又急，规定经过地界停留只要五天，州郡长官就要免职。因此郡守县令都亲自出来驱赶壬午兵，引起极大不满。这一年江夏丰收，江夏即今湖北安陆，许多流民就聚到这里来。这样，逃避远征的壬午兵和流民就结合起来，成为后来张昌起义的基本队伍。

建造宫殿，"百鸟朝凤"

张昌是蛮族人，年轻时做过平氏县（今河南桐柏县西北）的县吏，武艺高超。他曾经为自己占卜，说将来会富贵；又常常对同伙们讲述打仗的战术，同伙们都笑他自不量力。李特起义后，张昌在安陆县的石岩山聚集了数千人，不久，壬午兵和流民也纷纷参加进来。张昌认为时机成熟，便发动起义。江夏太守弓钦派兵去镇压，被打得大败。张昌攻克江夏郡，获得了许多武器物资。他见山都县（今湖北襄樊市西北）的县吏丘沈长得一表人材，就把他当作"圣人"，让他穿了皇帝的衣服，坐了华丽的车子，改姓名为刘尼，说是汉朝皇室的后代。张昌自己改姓名为李辰，任相

百鸟朝凤

张昌起义后，取得了很大的发展，控制了荆、江、扬、徐、豫五州大部分地区。但由于农民固有的弱点，如缺乏政治经验、内部涣散等，最后被政府军镇压。

国，兄张味为车骑将军，弟张放为广武将军，各领部众。张昌在石岩山上用石头建造宫殿，在山顶上用竹片编织成一只大凤凰，披上五色彩绸，在它身旁放了许多肉，引来许多飞鸟。张昌就说这是"百鸟朝凤"。于是宣布年号为"神凤"。各种仪礼都仿照汉朝。他又散布流言说江淮以南都要造反了，朝廷调集了许多官军，要把起义者斩尽杀绝。一传十，十传百，搞得人心惶惶。于是长江、沔水一带的百姓纷纷竖起义旗响应张昌，不到一个月，队伍已发展到三万余人。这些人都用红布裹头，两鬓上贴了毛，手握大刀长戟，见到官军就砍，锐不可挡。

嘉峪关墓室内部

从嘉峪关墓室内部构造来看，八座砖壁画墓的修筑方式和结构有惊人的相似之处，设计完美，十分讲究。魏晋墓葬群和砖壁画的发现，无疑填补了中国绘画艺术史上的一个空白点，给当代提供了研究历史文化和绘画艺术的实物资料，具有十分深远的意义。

话说中国

中国大事记

李特子李雄称帝，国号大成。“八王之乱”结束，前后凡十六年。

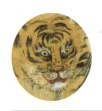

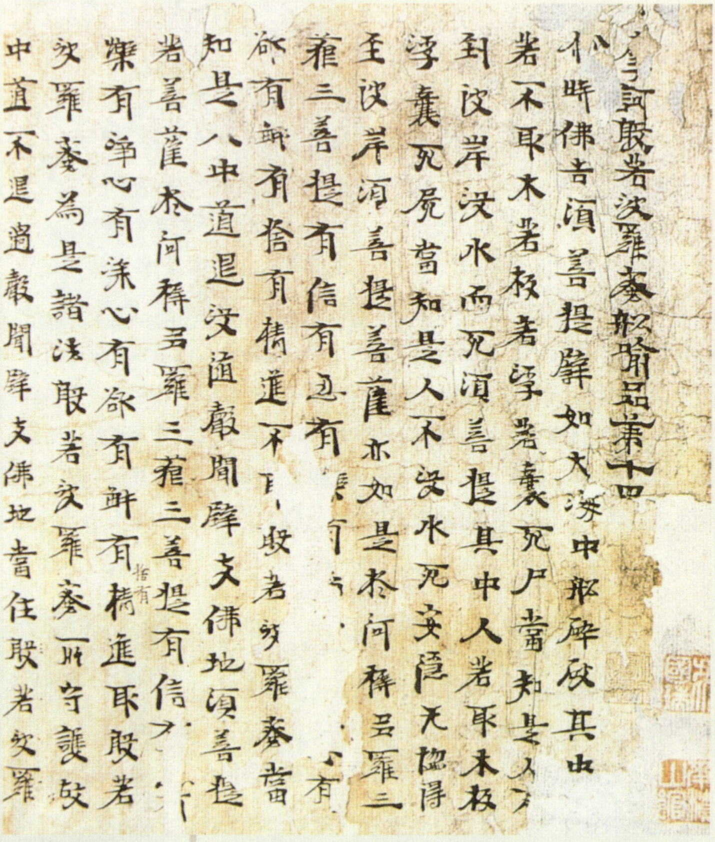

西晋《摩诃般若波罗蜜经》

《摩诃般若波罗蜜经》在甘肃敦煌藏经洞发现。此为第十四卷。此经卷书法尚存隶意，茂密淳朴，有两晋风范。

起义从发展至失败

张昌派大将黄林率二万部众攻豫州，又派人攻破武昌，杀了太守。后来亲自率领队伍进攻宛城，打败了西晋前将军赵骧，杀了西晋平南将军羊伊。接着，攻下襄阳杀了新野王司马歆，另派石冰打败扬州刺史陈徽，占领扬州各郡；更派陈员等人攻下长沙、武陵、零陵各郡。于是义军控制了荆、江、扬、徐、豫五州的大部分地区。

张昌任命了一批贫苦的百姓做郡县官吏，这些人没有政治经验，又不能控制部下的违纪行为，义军内部开始涣散。这时西晋朝廷派刘弘为镇南将军、都督荆州诸军事、荆州刺史，他令南蛮长史陶侃为大都护，进据襄阳，打败了张昌，大肆屠杀义军，被迫投降的也有万余人，张昌只得退出荆州。

朝廷再派刘乔为豫州刺史，从东向张昌进攻，攻下江夏，杀死张昌所立的皇帝刘尼。

在晋军的追赶下，张昌逃到下俊山，此山在今湖南岳阳以东，陶侃包围了山林，反复搜寻，到永兴元年（304）秋天，张昌终于被捕牺牲。

历史文化百科

〔永嘉之乱〕

晋惠帝永嘉（307—313）年间，八王之乱使社会经济遭到严重破坏。匈奴贵族刘渊利用各族人民起义的时机起兵反晋，刘渊死后子刘聪继位。公元311年他派石勒在苦县歼灭晋军十余万，同时派刘曜攻破洛阳，杀晋怀帝及王公士民数万人，纵兵烧掠，挖掘陵墓，都城洛阳成为废墟。不久，在长安即位的晋愍帝投降，西晋灭亡。这一事件历史上称为“永嘉之乱”。

西晋青瓷神兽尊（局部）

近年在长沙走马楼发现的竹简主要是什么时代的？

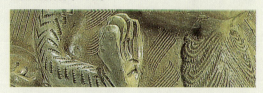

一四〇

在北方各族人民的反晋斗争中，一些少数族上层分子认为这是实现自己政治野心的极好机会，纷纷扯起反晋的旗帜，扩大自己的势力。

立志文武双全

首先起兵反对西晋统治的是匈奴贵族刘渊。东汉时南匈奴入居今甘肃、陕西、内蒙古和山西北部后，曹操将其分为左、右、南、北、中五部，以匈奴贵族为五部帅。晋武帝将五部帅改为五部都尉，共领匈奴三万余户。五部中左部最大，有一万多户，都尉是刘豹。刘渊是刘豹的儿子，当时以"任子"身份住在洛阳。任子就是人质。他在洛阳交游汉族官僚士人，受汉文化影响很深。幼时还读过《诗经》《尚书》和《史记》《汉书》《孙吴兵法》等书。他曾对同学朱纪、范隆说，他每看《汉书》，

刘渊称汉

西晋末年，北方各少数族贵族纷纷起兵。首先发难的是匈奴贵族刘渊，他建立了汉国，在平阳称帝。由此拉开了五胡十六国时代的序幕。

总觉得"随陆无武，绛灌无文"。意思是说随何、陆贾两个名士没有武略和将才，绛侯周勃、颍阴侯灌婴两个武将没有治国的文才。他认为十分可惜，因此立志要文武双全。他一边读书，一边习武。刘豹死后，晋武帝放刘渊回去继承左部帅，后又拜为北部都尉。由于他轻财好施，待人诚恳，赏罚分明，匈奴五部中的豪杰都来投奔他，幽州、冀州一些儒生名士也不远千里到他那里交游访问。

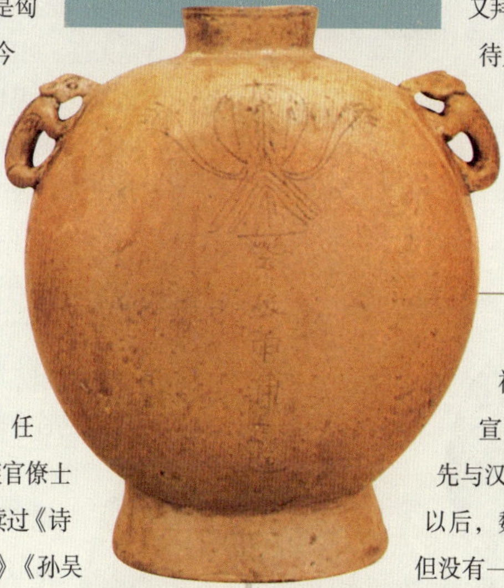

离石起兵反晋队伍扩大

八王之乱以后，刘渊的堂祖父、曾当过匈奴左贤王的刘宣与部众们商议："过去我们祖先与汉朝约为兄弟，患难与共，汉亡以后，魏晋交替，我单于虽有虚号，但没有一尺封土，连王侯也和普通编户一样。现在司马氏骨肉相残，四海鼎沸，正是我们兴邦复业的大好时机。左贤王刘渊英姿绝人，才能超世，若不是为了让他来兴邦立国，上天决不会虚生此人。"五部首领们都赞成他的看法，于是派呼延攸到邺城悄悄告诉刘渊。刘渊很高兴，便去向成都王请假，说家有丧事需要回去料理，成都王未允。后王浚进攻邺城，刘渊又劝说成都王让他回去发动匈奴五部前来援助，这才获准。

历史文化百科

〔随陆无武，绛灌无文〕

随，指随何，汉初辩士，刘邦击楚，奉命出使淮南，说服淮南王英布归汉。陆，指陆贾，汉初政论家，善口辩，曾出使说服南越王尉佗归汉，并向刘邦建议用儒士治天下。绛，指绛侯周勃；灌，指灌婴，二人均出身贫贱，随从刘邦起兵，转战南北，屡建军功；汉初又参加平定异姓各诸侯王之乱。刘邦死后，吕氏擅权，他俩与陈平合谋诛诸王，拥立代王为汉文帝，俱官至丞相。这段话是指随、陆二人均为文士，不会打仗；绛、灌二人都是武将，没有学问。形容文武不能双全，才能有欠缺。而刘渊的抱负就是文武双全。

用于盛酒的西晋青瓷扁壶（上图）

扁壶在魏晋时期是一种盛酒器具，有方、圆两种样式，壶腹皆呈扁平形，小口短颈便于倒酒，两侧置耳以系绳，出游时可随身携带，一路游一路饮。这只扁壶出土于江苏金坛，双耳塑成动物形，壶腹刻有奇异图案和文字。

话说中国

三国两晋时期的下层百姓

西晋时期的明器。女俑上身袒露，疑为奴隶身份，三国两晋南北朝时期的奴隶可分为官奴和私奴，成为奴隶的有罪犯、战俘和被征服的人，也有因生活困顿、战乱而自卖为奴的。私家奴隶多从事农耕、手工业制造、经商和家务等多种劳务。男俑是儿童形象，穿"吏服"，这一时期的"吏"承担各级官府的公务、劳务，有的还要参加战斗和农业劳动，并向官府缴纳高额收成，这种吏的征选年龄是13—60岁，有时甚至扩大到8—80岁，社会地位低于普通平民。

永兴元年（304），刘渊回到今山西孝义的左国城，随即在离石（今山西吕梁）起兵。北方各族人民长期受西晋压迫，听到刘渊起兵，纷纷响应，一二十天内聚集了五万部众，一些西晋失意的将吏和名士也前来投靠。

建立汉国，平阳称帝

不久，成都王司马颖被王浚率领的鲜卑兵打败，挟惠帝南奔洛阳。刘渊本想派兵救援，刘宣反对说："晋室无道，把我们当作奴隶，因而左贤王不胜其忿。现在司马氏父子骨肉相残，正是我们匈奴恢复王业的大好机会。鲜卑和乌桓均可为相助的力量，怎能把朋友当敌人呢？"刘渊采纳了他的意见，决定起兵反晋，立国号为汉，自称大单于，又称汉王，表示他既是北方各少数族的首领，又是刘汉封建正统的继承者。他说："灭晋像摧枯拉朽一样容易，晋朝的百姓恐未必心向我们；但是汉朝立国长久，恩德结于人心，我们祖先与汉和亲，约为兄弟，兄亡弟继，不是很正常的吗？"

刘渊改年号为元熙，以刘宣为丞相，刘宏为太尉。又录用了一些汉族地主官僚，如范隆、朱纪等人。刘渊的军队很快攻下了太原等地，赶走了并州刺史司马腾。在东方起兵失败的羯人石勒等率众前来投靠。刘渊势力大增，攻降了许多地主武装，屡败晋军，势力很快从山西发展到了河北、山东。永嘉二年（308），便在平阳，即今山西临汾称帝，积极准备灭晋。

刘渊进攻洛阳

刘渊称汉后，各地烽烟滚滚，不少人想起兵称王。永嘉元年（307）二月，青州东莱（治今山东莱州）人王弥自称征东大将军，进攻青、徐二州。王弥武艺高强，又懂兵法，出没无常，人称"飞豹"。他与阳平人刘灵一起投奔刘渊，刘渊任王弥为青、徐二州牧，都督缘海诸军事，封东莱公。王弥进攻青、徐、兖、豫四州，杀守令，第二年四月便攻下许昌。

王弥劝刘渊早日称帝。刘渊遂于十月即帝位，国号大汉，年号永凤，定都今山西隰县的蒲子城，不久又迁都平阳，即今山西临汾。

西晋灭亡

西晋王朝的末代君主晋愍帝司马邺14岁即皇帝位。匈奴汉国中山王刘曜驱军大进，攻打长安。建兴四年(316)冬十一月十日，晋愍帝向刘曜递交降表。第二天，愍帝乘羊车，光着上身，口衔玉璧，带着棺木，出长安东门，去刘曜军营投降。刘曜以礼接待晋愍帝，焚烧了棺木，接受了玉璧，为他解开绑绳，表示接受他的投降。至此，西晋宣告灭亡。西晋从司马炎称帝到司马邺投降，共经历了52年。此图出于明刊本《东西晋演义》。

西晋灭亡

在刘渊、石勒、刘聪、刘曜等少数族贵族进攻下，西晋终于灭亡了。在这过程中，洛阳遭到怎样的破坏？西晋皇帝受到怎样的侮辱？请读本篇故事。

石勒在河北也有很大发展。他进攻魏郡、汲郡、顿丘，五十多个坞堡主向他投降，石勒封他们为将军、都尉，挑选五万壮劳力充实自己军队。后又攻陷巨鹿、常山以及冀州各郡县坞堡一百多个，部众扩大到十余万人。

刘渊既得王弥、石勒及鲜卑、氐等各族首领的帮助，逐渐攻取了洛阳四周之地，对洛阳形成了包围的态势。称帝后，他便派其弟刘聪与王弥进攻洛阳。在洛阳掌权的东海王司马越见洛阳危急，便率领甲士四万人和大批朝臣，以讨伐石勒为名东驻今属河南的项城，这样洛阳防守就十分空虚。

石勒杀晋王公贵族

永嘉四年（310）七月，刘渊病死，弟刘聪杀渊子刘和继为汉帝，继续进攻洛阳。次年二月，司马越忧死项城，太尉兼尚书令王衍被推为统帅，领兵护送东海王遗体去东海国，石勒得知消息，追至苦县宁平城（今河南鹿邑西南），将晋兵紧紧包围，十万晋军不是中箭身亡，就是自相残杀而死，尸体堆积如山。石勒劈开棺木，焚烧了东海王尸体。王衍及众多王公贵族被俘，石勒问他们西晋朝廷为何败亡，王衍想活命，拼命开脱自己罪责，自称从年轻时起就不想做官。石勒冷笑说："你年轻时就到朝廷做官，一直身居重任，怎说没有做官念头？晋朝灭亡，天下大乱，不是你的罪过，又是谁的责任？"命左右押他出去。其他的王公贵族也都讲了许多为自己开脱的话，只有襄阳王司马范神态严肃，大声呵责那些西晋王公："今日的事，还有什么可说的！"石勒的部下孔苌对石勒说："这帮人都是晋王公，终不肯为我所用。"石勒点头说："虽须

处死他们，但应让他们死得体面些，不必用刀。"于是在深夜，命士兵把墙推倒，这些王公贵族顷刻被压成了肉酱。

洛阳被劫掠一空

在洛阳的晋怀帝孤苦伶仃，苟晞送来一千斛粮食和五百士兵，请怀帝迁都到仓垣，即今开封东北。怀帝有些心动，但公卿大臣们留恋家财，都不想去。然而洛阳饥荒越来越严重，甚至出现了人吃人的惨事。百官纷纷逃出洛阳，这才同意跟随怀帝离开洛阳，不料中途遇盗，只得再回到洛阳。

永嘉五年（311）刘聪派前军大将军呼延晏进攻洛阳，刘曜、王弥、石勒也引兵前来会战。王弥与呼延晏攻克宣阳门，进入南宫太极殿前，放纵士兵大肆抢掠，把宫中珍宝、宫女一抢而空。怀帝从华林门逃出，想西逃长安，被匈奴兵抓获。刘曜攻下西明门后进到武库，杀了太子司马诠，又发掘帝王陵墓，焚烧皇宫寺庙，许多辉煌建筑毁于烟火。刘曜把惠帝羊皇后占为己有，将晋怀帝和玉玺一起带往平阳。

▶历史文化百科

〔杯弓蛇影〕

晋朝乐广是有名的清谈家，他有个好朋友已经有许多日子不到乐广家里来访谈了。有一次乐广在路上遇见了他，问他长久不来的原因。那人答道："上一次在您家，承蒙您请我喝酒，我正想喝，忽然见杯中有一条蛇，害怕极了，喝完回家后就生了一场大病，所以不敢再来。"乐广知道后，就再次请他，在同一座位上让他喝酒。然后问道："你在酒中还见到了蛇吗？"客人答："仍见到蛇，和以前一样。"乐广告诉他，这是因为屋角上挂了一张弓，它的影子照在杯子上的原故。客人知道了事实真相，心情豁然开朗，病也就好了。后来把"杯弓蛇影"比喻成疑神疑鬼，妄自惊慌。

怀帝被杀　愍帝投降

建兴元年（313）元旦，刘聪在光极殿大摆酒宴，命怀帝穿着青衣为大家斟酒。晋臣庾珉、王儁等不胜悲愤，不禁号啕大哭。刘聪大怒，把他俩和十多个晋大臣一齐杀死，后怀帝也被杀了。在怀帝被俘以后，豫州刺史阎鼎与雍州刺史贾疋等曾拥立武帝之孙司马邺于长安，号称皇太子。四月，怀帝噩耗传到长安，皇太子举哀，即皇帝位，是为愍帝。当时长安城中一片荒凉，到处是断垣残壁，粮食奇缺，米一斗竟值黄金二两，饿死的人不计其数。太仓也只剩面饼数十只，只得磨屑烧粥给愍帝吃。十一月，愍帝再也支持不下去，只好坐着羊车，光着膀子，口含传国玉玺，向刘曜投降。维持了五十二年的西晋王朝终于灭亡。

生动快乐的西晋吹骑俑

这个陶俑表现人物骑在马上的形象，人物头戴高冠，吹一乐器，马匹腿部抽象成简单的圆柱形，显出可爱小巧的形象，马匹和人物身上都雕有圆点花纹，造型生动。出土于湖南长沙。

三国西晋

世界大事记

君士坦丁一世继位（306—337）。

《晋书·刘敏元传》
刘敏元
坚强胸怀
管平
刘敏元 管平　坚强胸怀　《晋书·刘敏元传》
人物　关键词　故事来源

一四二

在"永嘉之乱"中，最遭殃的是广大百姓，不少人遭到抢掠杀害不说，甚至不少人被杀了充饥。

刘敏元救孤老

刘敏元舍身救一个无亲无故的孤老，其道德和精神甚至感动了强盗，最终把二人都释放了。

舍身救孤老

今山东潍坊市东南的北海，有个读书人，名叫刘敏元，喜欢读《周易》《太玄》一类书，虽处乱世，仍不忘用道德规范约束自己，决不随波逐流，改变自己的志向。永嘉之乱时，他与同县一个七十多岁的孤老管平一起从山东向西逃难，走到荥阳，遇到一伙趁火打劫的强盗。刘敏元年轻跑得快，回头不见了管平，便重新回到原地，果然看见管平被强盗绑着，他就对那些强盗说："这个老头是个孤老，没有多少年可活了。我情愿代替他，请诸位大人把他放了吧。"一个强盗问："这个老头是你什么人？"刘敏元答："是同乡人，他孤苦伶仃，与我相依为命。诸位大人如要抓他做苦力，他已老得做不动；如要吃他的肉，那肉已老，不如我刘敏元。务求可怜他把他放了吧！"有几个强盗动心了，但其中一个强盗瞪着眼睛大声对刘敏元说："我们不放过这个老头，还怕得不到你吗？"刘敏元见他这样，就拔出剑来大声说："我回来就不打算活，但要先杀了你再死。这老头穷苦不堪，神灵尚且可怜他；我和他既非骨肉亲人，也不是师生朋友，但他老而无依，我不能撇下他不管，所以情愿代替他。其他大人都有怜悯之心，唯有你却说出这种不知羞耻的话来！"

"这是个忠义之士"

刘敏元又回过头去对强盗头子目说："你们这些人都可做一番事，上可做到汉高祖、光武帝，下不失为陈胜、项羽。但应取之有道，使所到之处都称颂你们的功德，怎能容忍这类小人损害你们的形象，我要为

各位大人除去小人！"说着就用剑刺向那个强盗。其他人见状连忙出来制止，他们互相商量说："这是个忠义之士，杀害了他会不得人心。"于是把刘敏元和管平都一起释放了。

宋刻本《陆士龙文集》

《陆士龙文集》，西晋文学家陆云撰。陆云(262-303)字士龙，吴郡（今江苏苏州）人，著名文学家陆机之弟。陆云从小好学，有才思，5岁能读《论语》、《诗经》，6岁能作文章，与兄陆机齐名。16岁时被举为贤良，西晋末官拜清河内史。所作诗颇重藻饰，以短篇见长；为文则清省自然，旨意深雅，语言清新，感情真挚。主张"文章当贵轻绮"，实开六朝文学的先声。

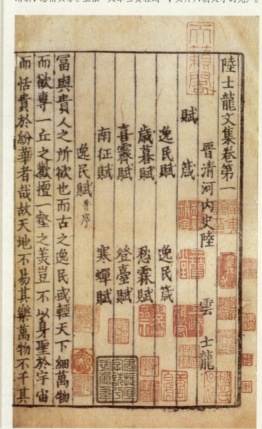

：驽马即低劣的马；栈即马槽。比喻庸人贪图眼前小利而无远大目标。　283

中国大事记 刘渊迁都平阳（今山西临汾）。石勒集衣冠人物为"君子营"，用汉人张宾为谋主。

一四三

魏晋时期的社会思潮

清谈又称玄学，是魏晋时期出现的一股社会思潮。它把儒家学说与道家学说相结合，特别看重《老子》《庄子》《周易》这三部书，专门讨论一些抽象的脱离实际的问题，如有与无、才与性，即才能与道德、名教与自然，即政治制度和道德与天道和人类本性、言与意，即语言与思维等等关系。曹魏正始年间（240–248）的学者王弼、何晏是最早的代表人物，后来有被称作"竹林七贤"的嵇康、阮籍、山涛、刘伶、向秀、王戎、阮咸七人。到了西晋，不少官僚也参加到清谈中来，成为一种社会风气。西晋清谈的著名人物是王衍和乐广。

清谈领袖王衍和乐广

王衍，字夷甫，琅邪临沂，即今山东临沂北人，生得面清目秀，皮肤白嫩。有一次见到山涛，山涛对他大加称赞。对人说："哪里的婆娘能生出这么清秀的孩子。"后来又说："将来耽误天下

道藏辑要本《庄子》

魏晋读书人喜好老庄，善清谈，肯定儒家的名教之治和道家的自然无为思想，合儒道为一。图为清刻道藏辑要本《南华真经》（即《庄子》）。

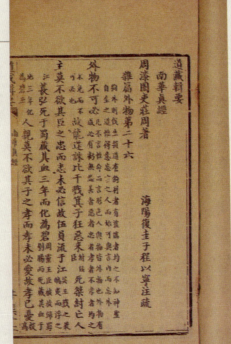

清谈误国

玄学或清谈是魏晋时期带有时代特征的社会思潮。什么是玄学或清谈？它讨论些什么问题？对社会有什么影响？这些问题我们应当有所了解。

苍生的，怕就是这种人！"晋武帝听到他的名声，问王戎："王夷甫可以比作谁？"王戎答道："无人能与他相比，也许只有从古人中才可找到与他相匹配的人。"

泰始八年（272），尚书卢钦推荐他任辽东太守，他不去。他平时从不谈人世间的具体事务，只谈论一些抽象的问题。后来虽然出任尚书郎和元城令，仍然终日清谈。他特别崇拜王弼"天地万物皆以无为本"的观点，当时一位名叫裴頠的哲学家提出"崇有论"反驳王弼，王衍就大大不以为然。

清谈往往采用主客问难的方式。谈主必须手执麈（zhǔ）尾，作为道具，以助谈锋，有点像乐队的指挥棒或教师的教鞭。麈本是大鹿，在群鹿行进时，麈尾摇动，可以指挥群鹿。只有善于清谈的大名士才有执麈尾的资格。王衍拿着玉柄麈尾，与雪白的手臂相映成辉。有时讲得不够确切，就随口改正，被人们称作"信口雌黄"。原来古时抄书修改时就用一种名叫雌黄的矿物涂抹。此话原无贬意，只是形容他口才出众。由于王衍常任高官，所以成为年轻人仿效的榜样。浮夸放诞也就成为社会风气。

与王衍齐名的是乐广。乐广幼年神态清秀，夏侯玄认定他将来必为名士。他生

西晋青釉鸡笼

长14厘米，1982年出土于江苏常熟市石梅西晋墓，虽是随葬品，但富有生活气息，我们还可通过此器物看到当时人们生活的情景，人们很善于饲养，拱形的鸡笼有"T"形喂食口，上面还有通气口，里边公鸡、母鸡各一，隐约可见，看样子还住得很舒服。

活俭朴，从不与人争物质利益，特别善于玄谈，常能用简短的话阐明深刻的道理，使人特别佩服。裴楷与他长谈后钦佩不已地说："我比不上他。"尚书令卫瓘说："曹魏玄学家去世后，常担心这种玄言难免绝灭，如今在乐广身上又重新听到了。"他命自己的儿子们去向他学习。并说："这人像水镜，见了使人心里亮堂，又如拨开云雾见到了青天。"王衍也说："我和别人说话已经觉得自己的话十分简洁，见到乐广，才知自己的话太繁琐了。"

"清谈误国"

由于崇尚清谈，有些人就因善于清谈而做了官。如司徒王戎问阮瞻："儒家圣人看重名教，老子、庄子看重自然，其含意是相同还是不同？"阮瞻回答了三个字："将无同"，意即差不多相同。王戎十分赞赏他的简要回答，即任命为官，当时人称之为"三语掾"。

在清谈风气下，有些人甚至走到了放纵任性的荒诞境地。这些人虽然做了官，但玩世不恭，整日喝酒，甚至散发裸装。如谢鲲任官后，任性放达，不拘小节，去调戏邻家的姑娘，被投来的梭子打断了牙齿。毕卓

为吏部郎，常因喝酒耽误公事。官吏们不去处理实际问题，终日谈玄，这种风气必然给国家带来严重的后果。王衍在被石勒杀死前叹道："我辈如不崇尚虚浮，合力来治天下，恐怕还不至于到今日的地步！"清初大学者顾炎武认为，正是清谈使晋朝"国亡于上，教沦于下"，这就是历史上所谓的"清谈误国"。但是玄学和清谈专门研究抽象的概念，在中国哲学史上还是有历史地位的。

美观可爱的西晋青瓷狮形器

这件器物可能是盛水用的，塑成可爱的狮子形状，狮头微微抬起像在讨好主人，四足简化成短柱形用以支撑，身体雕有漩涡状花纹。

中国大事记

汉刘渊死，太子和即位，刘聪杀和，夺得帝位。幽、并、司、冀、秦、雍六州大蝗，食草木，牛马毛皆尽。

一四四

陈寿写《三国志》

三国的历史家喻户晓。这是因为元末明初的《三国演义》影响巨大。但演义并不是历史。只有《三国志》才是学习和研究三国历史的最可靠的第一手资料。那么这部书究竟是怎样写成的呢？

魏晋时期史学家陈寿（223-297或236-300），写了一部《三国志》记载魏、蜀、吴三国鼎立时期的历史，共有六十五卷。这部书与《史记》《汉书》《后汉书》合称为"前四史"，是二十四史中最早也是写得较好的四部史书。

仕途坎坷

陈寿是蜀汉巴西安汉人，即今四川南充人，少年时爱学习，拜同郡著名学者谯周为师，后来在蜀汉任观阁令史。蜀汉后期朝政大权落在太监黄皓手中，大臣们都巴结讨好他，但陈寿却不愿这样做，因此受到排挤，被降了官。后来又因父亲生病时让婢女去送药，被人视为不孝，受到非议，由此久久不能做官。西晋建立后，司

空张华赏识他的才华，感到因上述这些事不让他做官太不公平，就让他出来任佐著作郎，平阳侯相。

撰写《三国志》

在陈寿写《三国志》以前，魏、吴两国已有本朝人写的史书，如王沈《魏书》四十八卷，鱼豢《魏略》八十九卷，韦昭《吴书》五十五卷等，陈寿写魏、吴两国的历史主要就是根据这些史书。但蜀国无史，必须直接搜集资料。陈寿本是蜀人，蜀亡前即注意蜀事，他采集的材料虽不及魏、吴官史那样丰富，但终于凭此完成了《蜀书》。陈寿的书出来后，上述有关三国的史籍相继散佚。这样一来，陈寿的《三国志》便成为后人研究三国史事的唯一完整的史书了。

陈寿有很好的史学和文学修养，他叙述史事简洁、清楚、有条理，而且取材严谨。他对三国的重大史事，一般都能直笔撰写，如对曹魏和吴国的赋役苛重，就如实作了揭露。他把三国分为三书编写，在断代史中也别具一格。不过《三国志》也有不足之处就是文字

陈寿撰成《三国志》

太康六年(285)，陈寿撰成《三国志》。陈寿(233-297)，字承祚，西晋巴西安汉(今四川南充东北)人。自幼好学，曾师从谯周，蜀汉时历任卫将军主簿、东观秘书郎、散骑黄门侍郎等职。入晋后，又历任著作郎、治书侍御史等职。太康元年(280)晋灭吴后，他搜集魏、蜀、吴史料，终于撰成《三国志》65卷。在中国古代纪传体正史中，《三国志》与《史记》、《汉书》和《后汉书》并称为前四史。《三国志》是纪传体三国史，分魏、蜀、吴三志，其中《魏志》30卷，《蜀志》15卷，《吴志》20卷。只有纪、传而无表、志。《魏志》前四卷称纪，《蜀志》、《吴志》有传无纪。

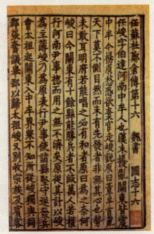

> 历史文化百科

〔二十四史〕

中国古代史书有纪传体、编年体、国别体和纪事本末体等。纪传体史书代表就是二十四史。二十四史是24部史书的合称，即《史记》《汉书》《后汉书》《三国志》《晋书》《宋书》《南齐书》《梁书》《陈书》《魏书》《北齐书》《周书》《隋书》《南史》《北史》《旧唐书》《新唐书》《旧五代史》《新五代史》《宋史》《辽史》《金史》《元史》《明史》。它是中国古代从古至明朝的主要史书，由于多为封建王朝组织编写，是正统史学，又称"正史"。是我们研究历史的主要资料库。后再加《清史稿》，又称"二十五史"。

公元312年

公元312年

世界大事记

君士坦丁一世进军意大利，于罗马城外败杀马克森提。

〈晋书·陈寿传〉

陈寿 裴松之

勤奋 博学

人物 关键词 故事来源

皇家精写、士夫珍藏的明内府抄本《三国志》

这部明内府精抄本《三国志》六十五卷全帙，红格，半叶10行，行21字，小字双行，字数同，匡高24.5厘米，宽17.5厘米，黄绫裹背，是当时原装。观其楮墨，抄写时间应当早于明嘉靖年间重抄的《永乐大典》。

过于简略，对一些重大事件言之不详；对一些重要科学家如马钧、张仲景没有专门为之立传。此外，它也没有表和志。

裴松之注和《三国演义》

在陈寿死后一百三十多年，南朝宋裴松之为《三国志》作注。裴注引各家史籍达二百一十种，注文超过原书数倍。这些史籍后来大部佚失，赖有裴注，才得从中见到概略。裴注兼容并包，广集诸说，求同存异，自己不加评判，例如曹魏屯田、马钧生平等都在裴注中保存了大量资料，补充了原书的遗漏和简略。

《三国志》以曹魏为正统，魏国君主称纪，如记曹操生平的为《武帝纪》，曹丕为《文帝纪》等，而吴、蜀君主则称传。这是因为陈寿是西晋人，西晋政权是

万卷楼：陈寿读书处

万卷楼是西晋著名史学家、《三国志》作者陈寿青年时代读书的地方，位于四川南充西山风景区，始建于三国蜀汉建兴年间（222—237）。现存的万卷楼于1990年重建，庭院中央的陈寿青铜塑像形态逼真，手抱竹筒，神韵飞扬。

从曹魏手中取得的，所以以曹魏为正统，以吴、蜀为僭伪。到了东晋，有个史学家习凿齿，就改为以蜀汉为正统，这是因为东晋政权偏安江左，时势与蜀汉相仿。后来到了北宋，上承五代，进而消灭割据诸国，情况又与西晋略同，所以司马光、欧阳修、苏轼等人又以曹魏为正统。南宋偏安江南，与东晋相同，南宋统治者把金朝比做曹魏，把南宋比做蜀汉，所以又以蜀汉为正统，如朱熹写的《资治通鉴纲目》就是这样。

元末明初，罗贯中以民间评话为基础，写成了著名小说《三国演义》。因为南宋以来，汉族人民早把北方统治者和侵略者比作曹操，所以生活在红巾起义环境中的罗贯中，根据当时人民的思想感情和愿望来否定曹操。《三国演义》后来又被编成各种戏剧，就使三国故事家喻户晓，所以人们一提到曹操，就想到他是一个奸臣。

《三国志》是历史著作，是了解研究三国历史的第一手可靠的史料；《三国演义》是文学作品，它以《三国志》为素材，又加以艺术加工，塑造了不少典型人物，使作品更加生动。但它叙述的事有些有历史根据，有些则是虚构，有的则加以夸张，如诸葛亮借东风之类，在历史上是没有的。所以不能按《三国演义》来了解三国的历史。

话说中国

《晋书·裴秀传》

裴秀　善思

人物　关键词　故事来源

公元311年

公元311年

一四五

裴秀绘地图

裴秀利用自己的职位和知识，组织人力，完成了历史地图《禹贡地域图》和晋地图《地形方丈图》，虽然这些图已佚，但他却留下了"制图六体"的重要理论，被人称为"中国科学制图学之父"。

我国地理学起源很早。相传夏朝大禹铸造过九鼎，鼎上各有不同地区的山川、草木和禽兽图。到西周时，周公营建成周，即洛阳，曾把洛邑的地图献给成王。战国时荆轲刺秦王，就是假装献地图，"图穷而匕首见"。汉代地图已表现出相当高的水平，1972年长沙马王堆出土了三幅用帛制的地图，即地形图、驻军图、城邑图，水道大部分接近于今天的地图。

西晋绘制大型地图的历史条件成熟

西晋建立统一全国后，社会相对稳定，政治、经济、军事、文化教育各方面都需要更准确详细的全国地图，秦汉以来数学、天文学、测量学的发展，也为绘制准确详细的地图创造了条件。这时，出现了一位著名的地理学家裴秀，他绘制了历史地图《禹贡地域图》、晋地图《地形方丈图》，又总结了前人制图经验，提出了绘制地图的理论"制图六体"，为我国地理学的发展作出了贡献。

裴秀（224-271），字季彦，生于今属山西的河东闻喜，出身世代官宦家庭。祖父裴茂做过东汉的尚书令，父亲裴潜做过魏的尚书令，裴秀自己也任西晋的尚书令。祖孙三代当宰相，这在历史上是少见的。

裴秀从小聪明好学，八岁能作文章，十岁时由于表现突出，被人称为"后进领袖"。他先在曹爽手下做官，后投靠了司马氏集团。虽任高官，仕途并不顺当。有人攻击他假公济私，有人说他强占官田，晋武帝虽一再为他开脱，但迫于舆论，后来只好把他调任官位虽高却无实权的司空。

《禹贡地域图》

司空的职责是掌管各地道路和国家的地图、户籍、工程等。这反而使他有了接触更多的地理和地图知识的机会，他决心绘制新的《禹贡地域图》。

裴秀组织人力对《禹贡》所记山岳、湖泊、河道、高原、平原、沼泽以及古代九州的范围作了详细考订，结合晋时十六州下的郡国县邑和疆界变化，参照古今地名，弄清了古代各诸侯国间结盟定约的古迹及古今水陆交通的变迁，一时弄不清的就暂时存疑，古代有名而今查不到的则都一一注明。经过这样深入的考证，终于在门客京相璠等人的帮助下绘制成了《禹贡地域图》十八篇。这

粗朴的西晋男仆俑

这个男仆左手可能拿的是擀面杖，右手可能是菜刀，由此可知也许是厨房里的一名佣人。雕塑的技法比较古朴，承袭汉代风格。

技艺成熟的西晋青瓷盆（右页图）

青瓷是中国著名的传统瓷器，青瓷釉料中含有铁，烧成后釉色青绿。魏晋时期，青瓷烧制技术日臻成熟。这件出土于江苏宜兴的晋代青瓷，选土、提炼釉料的技术已相当先进，接近于南宋官窑的水平。

道里、高下、方邪和迁直。分率是按比例反映地区长宽大小的比例尺；准望是确定各地间彼此的方位；道里是各地间的路程距离；高下、方邪、迁直是说明由于地形高低变化和中间物的阻隔，各地道路有高下、方斜、曲直的不同，制图时应取两地间的水平直线距离。这六条制图原则又是互相联系和制约的，六个方面必须综合运用，才能制定出科学的地图来。

这些制图原则是绘制平面地图的基本科学理论。直到明末意大利传教士利玛窦所绘有经纬线的地图在中国传播以前，一直被我国地图绘制者遵循着。

《地形方丈图》

裴秀还绘制了一幅《地形方丈图》，这是简缩的晋地图。过去有人绘制过一幅《天下大图》，用缣八十匹，阅读、携带、保存都不方便。裴秀运用"制图六体"的方法，把它缩绘成《地形方丈图》，标明名山、大川、城镇、乡村，大大地方便了阅览，这图流传了好几百年。可惜《禹贡地域图》和《地形方丈图》今都已不存。

裴秀的制图六体理论在世界地图史上有重要地位。有人把他称为"中国科学制图学之父"，并不过誉。

裴秀在四十八岁那年，不慎服食"寒食散"致死，人人都感到非常可惜。

晋凤纹嵌玉金饰（局部）

西晋青瓷神兽尊（正面）
是见于文字记载的最早的大型历史地图集。裴秀把这本地图集献给晋武帝，被当作重要文献珍藏起来。

"制图六体"理论

裴秀为《禹贡地域图》写了一篇序言。在这篇序言中，提出了著名的"制图六体"，就是分率、准望、

左思 皇甫谧　勤奋 壮志　《晋书·左思传》

洛阳纸贵

人物　典故　关键词　故事来源

西晋太康年间，文坛上出现了一篇到处传颂的作品，这就是左思的《三都赋》。

决心写《三都赋》

左思，字太冲，今山东淄博市东北的临淄人。少年时书法和音乐学得不好，他的父亲生气地对朋友说："这孩子的学业比我小时候差得远了。"左思听后很难过，暗下决心发愤用功。经过不断努力，学业上终于有了很大进步。他虽然口才不好，相貌平平，也不善交际，但却写得一手好文章。

左思开始写赋。赋是一种讲究文采、韵律兼有诗歌和散文性质的文体，在汉代风行一时。左思花了一年时间首先写成《齐都赋》，受到好评。他接下来想写《三都赋》，描写魏都邺城、吴都建业、蜀都成都的繁华景象。邺城即今河北临漳，建业即今江苏南京。这时妹妹左芬被征入宫，他就把家搬到了京城洛阳。为了读更多的书，他请求朝廷让他做秘书郎，这是管理图书的官，晋武帝同意了。这样，皇宫里收藏的图书他都能阅读、参考了。左思便开始闭门构思写作。当时著名文人陆机来到洛阳，听说此事哈哈大笑，在信中对弟弟陆云说："这里有个北方佬，想写《三都赋》，我看他写出来恐怕只能覆盖酒坛子。"

十年构思，反复推敲

左思不管别人讥笑，专心致志写他的《三都赋》。他在房间、走廊、厕所都挂上纸笔，想到好的句子就立刻记下来。经过十年构思努力，反复推敲修改，他终于写出了《三都赋》。

《三都赋》通过东吴王孙、西蜀公子、魏国先生三个假设人物的互相倾诉，写出了三个名都的历史、

左思为了写《三都赋》，多读书做准备，求为秘书郎。经过十年艰苦努力，终于写成。人们竞相传抄，一时洛阳纸贵。其成功的经验，对今人仍很有启发。

特产、风土人物等概貌。不仅文字优美，辞藻华丽，而且注重史实，字字都有来历，如写名山大川城邑他都核对地图，写鸟兽草木都查验地方志，写风俗、歌谣、音乐、舞蹈也都根据当地实际情况，决不虚构杜撰。

名人赞扬，蜚声文坛

《三都赋》虽然完成了，由于人微言轻，并未受到重视。左思自以为《三都赋》不比班固、张衡的《两都赋》《二京赋》差，怕因人废言，就拿了作品去请著名学者皇甫谧看。皇甫谧读后，不仅大加赞赏，还为赋写了序言。诗人中书著作郎张载和学者中书郎刘逵也分别为《吴都》、《蜀都》作了注解。尚书郎卫权更为《三都赋》作了"略解"。司空张华读了此赋，不禁感叹道："这是班固、张衡一流的水平呀，使人读后余味无穷。"有了这些名人的称赞和推荐，《三都赋》立即蜚声文坛。在洛阳的文人和高门豪富之家竞相传抄，一时间洛阳的纸张都贵起来了；这就是成语"洛阳纸贵"的来历。曾经讥笑过左思的陆机看了《三都赋》后，也不能不由衷地表示赞叹，觉得不该小看别人。他自己本来也打算写《三都赋》，想想超不过左思，就放弃了。

> 历史文化百科 <

〔龙驹凤雏〕

西晋文学家陆云与兄陆机齐名，当时人称为"二陆"。东吴尚书闵鸿见到少年时的陆云才能出众，就说："这小儿如果不是龙驹，就应是凤雏。"后来陆云果然在十六岁时就被举贤良，为太子舍人。又历任尚书郎、侍御史、太子中舍人等职。后世就把"龙驹凤雏"比喻为才华出众的孩子，常用作恭维语。

话说中国

"华亭鹤唳，可复闻乎"

陆机离开家乡华亭（今上海松江）到洛阳做官。可惜他不善搞政治，更无军事作战经验，最后被听信谗言的成都王颖所杀。"华亭鹤唳，可复闻乎"，写出一个文人的悲哀。

少年崭露头角

陆机和陆云是兄弟俩，吴郡华亭人，华亭即今上海松江。他们的祖父陆逊是吴国丞相，父亲陆抗是大司马。陆机相貌堂堂，文章出众，少年时就崭露头角。在他二十岁时，吴被西晋灭亡，他闭门读书十年，学问又有很大长进。他想到祖父、父亲都是东吴名将名相，而吴国却因孙皓腐败而灭亡，真是惨痛教训，就写了一篇《辨亡论》，论述先辈的功绩和孙皓为什么灭亡的道理。

兵败建阳门

西晋建立后，陆机与陆云到了洛阳，在张华、杨骏、赵王伦当政时做官，想施展自己的抱负。在此期间，陆机牵挂家乡故里，对家中一条取名"黄耳"的狗说："家里没有消息，你能为我送信吗？"狗摇摇尾巴"汪汪"叫了几声，好像表示愿意。陆机就用竹筒装了书信系在狗的头颈上，黄耳寻着路向南走，终于把信送到了老家。于是，后世就用"黄耳"作为书信的代名词。

在成都王颖掌权时，陆机见他能礼贤下士，就全心全意为他做事；成都王颖也比较重用他。太安二年（303），成都王颖与河间王颙起兵讨伐长沙王乂，任命陆机为后将军、河北大都督，率领北中郎将王粹、冠军牵秀等诸军二十余万人。王粹、牵秀见陆机资格

最早的墨迹

《平复帖》相传为西晋陆机写给朋友问候疾病的书札，草书，九行，八十四字，是我国至今保存下来的最早的墨迹。陆机善写章草，有着浓郁的古风，《平复帖》笔法朴实厚重，点画苍劲有力，是由汉魏向唐过渡时期的优秀作品。有人甚至认为字体玄妙奇特，是一个难解的疑团。

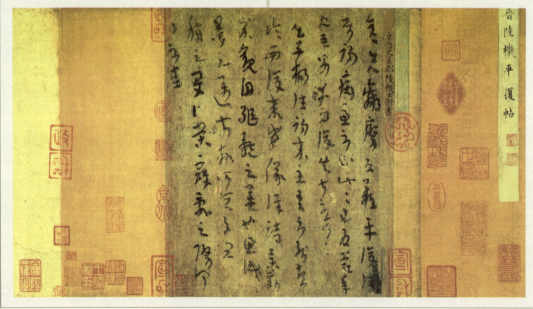

三国西晋

公元313年 > **公元313年**

罗马皇帝君士坦丁一世和李锡尼在米兰联合发布宗教宽容敕令，即"米兰敕令"，规定基督教和异教崇拜有同等权利。

陆机 陆云 成都王颖 黄耳 冤狱 《晋书·陆云传》《晋书·陆机传》

人物 典故 关键词 故事来源

浅，又是南方人，很不服气。陆机看到这点，向司马颖推辞都督之职，司马颖不允，只得出兵。人马刚要出发，一阵狂风突然把旗杆吹断，人人都认为是不祥之兆。

大队人马浩浩荡荡，鼓角响彻云霄。然而陆机毕竟是文人，缺乏作战经验，再加上内部存在矛盾，结果建阳门一战，被司马乂打败，士卒逃奔七里涧，不少人被水淹死。

百代文宗含冤而死

有个名叫孟玖的宦官想让父亲当邯郸令，陆机的弟弟陆云当时任右司马，坚决反对说："这个职位哪里是宦官父亲可以占据的。"因此孟玖对陆云兄弟恨之入骨。此时其弟孟超是陆机军中小督，统领万人。战前他的士兵到处劫掠，陆机抓了士兵中小头目，孟超竟带领数百骑兵把小头目抢了回去。司马孙拯建议陆机杀了他，陆机考虑到大敌当前没有采纳。战斗打响后，孟超不听指挥，擅自带少量人马进攻，结果全军覆没。孟玖怀疑是陆机借刀杀人，就在成都王颖面前进谗言说陆机与长沙王乂有勾搭。他的亲信也在一旁帮腔说确有此事。司马颖信以为真，命牵秀去逮捕陆机。参军事王彰进谏说："当前形势，我强司马乂弱，人人都知我战必胜，陆机何等聪明，怎会与长沙王勾搭。只是陆机为南方人，殿下重用他以致引起北方将领忌恨。"司马颖听不进去。陆机听说牵秀来抓自己，就脱下了战袍，戴了白帽子，

造型温顺的西晋青瓷羊

这件青瓷器出土于江苏南京。羊姿态温顺，身肥腿壮，作跪地歇息状。器物上刻出线条用以表示背部的长毛，并简单装饰圆点花纹，形制简单又不失逼真，釉色灰绿，釉层均匀，体现了极高的工艺水平和艺术水准。

与牵秀见面，又写了封信给司马颖。长长叹了口气说："华亭鹤唳，可复闻乎？"华亭即今上海松江，当年陆逊在吴被封华亭侯时家就在此。华亭自古是有名的"鹤巢"，密林清泉间常有成群白鹤飞翔，陆机早年在此读书常闻鹤唳，所以此时格外留恋年轻时的悠闲生活。陆机被杀时年仅四十三岁。后来司马颖又杀了陆云，陆云死时比陆机还小一岁。

陆机是西晋太康年间的著名文人，被誉为"百代文宗，一人而已"。他的代表作《文赋》是用赋体写成的文学评论专著。他提出文章贵在创新；文学作品应有丰富的想象，即"神思"，诗歌应"言情"，即有抒情色彩和鲜明个性。他的独到的见解对后世诗歌写作很有影响，只可惜死得太早了。

> **历史文化百科**

〔披榛采兰〕

皇甫谧隐居不仕，晋武帝屡次下诏催他出来任职。皇甫谧被迫上疏说："我是年老疲敝之人，又染病在身，无意进取，习惯于山林生活，与鸟兽为伴，而不知人间纲常伦理。陛下'披榛采兰'，却连我这样的野草也一起收了。不要再让泥滓染浊了清清的水流。"榛，丛生的野草；兰，兰花。意即拨开丛生的杂草去采摘兰花。后世以此成语比喻选拔贤才。

话说中国

一四八

久病成良医

针灸是中国对世界医学的重大贡献。皇甫谧的《针灸甲乙经》是现存最早的系统针灸著作，是针灸学的经典文献。这部书是怎样写成的，皇甫谧一生经历了怎样的坎坷，请看这篇故事。

针灸是中国传统医药中的瑰宝。在魏晋以前的针灸著作，大多已散佚。西晋皇甫谧（mì）的《黄帝三部针灸甲乙经》，后称《甲乙经》、《针灸甲乙经》，是现存最早的系统针灸著作。

淡泊名利，发愤读书

皇甫谧出生于安定郡朝那，即今甘肃灵台，从小过继给叔父，年轻时不好学习，到处游荡。有一次他得到了瓜果，去送给叔母，叔母对他说："你已经二十出头，还不好好读书，送瓜果给我也不能使我得到安慰。过去孟母为教育子女三次搬家，难道是我的邻居不好？还是我教育不够呢？勤奋学习只是为你将来好，对我又有什么呢！"说完，流下泪来。皇甫谧十分感动，从此发愤学习。他家庭贫苦，就一面种庄稼，一面带着书本在休息时读，终于博览群书，成了一个有学问的人。

不幸的是皇甫谧后来得了半身不遂的病症，但即便这样，他还是手不释卷地读书。有人劝他不要闷头读书，要广交朋友，说这样可以做官得到名利，他就

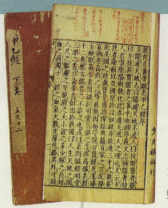

写了一篇《玄守论》回答说："贫贱可以使人心境平静，富贵要损耗人的精神；我宁愿做个心情安静的人。"所以他始终不去做官，只一心一意读书，因此被人叫作"书淫"。有人对他说这样废寝忘食地读书也要损耗精神，皇甫谧却说："朝闻道，夕死可矣。"意思是说，早上获得了学问，哪怕晚上就死也是值得的。

皇甫谧不愿做官，屡次拒绝朝廷的征聘。后来晋武帝又多次下诏请他出来做官，他也以有病加以推辞。不仅如此，他竟借此机会上表向晋武帝借书，武帝为笼络名士，同意送给他一车书。皇甫谧得到了一车书，自然喜出望外，不顾身体虚弱，整天阅读不息。

服药中毒，决心学医

为了使自己身体好起来，皇甫谧服用当时社会上流行的"寒食散"。"寒食散"又名"五石散"，由紫石英、白石英、赤石脂、钟乳、石硫黄五种矿石组成，当时人们认为这是长生不老药，实际上毒性极大，如果服用不慎中了毒，轻者残废，重者丧生。皇甫谧服了寒食散后，不仅身体不见好转，而且更加虚弱，

皇甫谧和他的《针灸甲乙经》
皇甫谧（215-282），字士安，小时名静，晚年自称玄晏先生，西晋安定朝那（今甘肃灵台县朝那镇）人。著名医学家。皇甫谧在原有的医学理论的基础上，将《灵枢经》、《素问》、《明堂孔穴针灸治要》三部书中针灸内容加以整理归纳，使其"事类相从，删其浮辞，除其重复，论其精要"，编成《针灸甲乙经》，成为我国医学史上第一部针灸学专著，在针灸学史上占有很高的学术地位，为历代研习针灸学的必读课本。

>历史文化百科<

〔最早的脉学著作《脉经》〕

西晋时期的脉学有显著发展，特别是西晋名医王叔和，撰写有现存最早的脉学著作《脉经》十卷。他结合前代的经验，首次系统地提出了二十四种病脉的体相，根据不同的脉相判断疾病的种类，并且创立了以局部候全身的寸口脉理论体系。王叔和集脉学大成，形成了诊断学中的一个独立分支，为后世脉学的发展奠定了基础。

三国西晋

公元314年 公元314年

世界大事记

君士坦丁一世以领地、权力之争与李锡尼开战，于马尔迪亚之役打败之，势力扩至除色雷斯之外的全部巴尔干半岛。

《晋书·皇甫谧传》

勤奋 壮志

皇甫谧

人物 关键词 故事来源

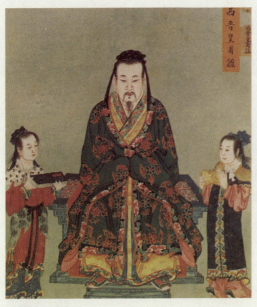

皇甫谧久病成良医

皇甫谧，幼名静，定士安，自号玄晏先生，安定朝那（今甘肃灵台县朝那镇）人。幼年过继给叔父为子，迁居新安（今河南渑池县）。皇甫谧是一个集文、史、哲、医于一身而尤长于医学的伟大作家。俗话说："久病成良医"，晋代名医皇甫谧就是一个典型的例子。他于40岁时患风痹病，因而发愤学医，成为编著《针灸甲乙经》而名垂千古的针灸大师。在中国医学史上，他第一个对针灸学进行了科学总结。他精研了《黄帝内经》、《明堂孔穴针灸治要》，将前人研究针灸学的成果进行了整理，找出规律，以坚韧不拔的毅力，终于编撰出我国医学史上第一部针灸学专著《针灸甲乙经》。这是我国现存最早、内容较完整的针灸学著作，至今国际针灸经络穴位委员会还把它列为必读参考书之一。

胸闷咳嗽，四肢酸痛浮肿。他痛苦得多次想举刀自杀，都被叔母劝阻下来。

为了摆脱病魔的折磨，皇甫谧决心自己学医。他非常钦佩黄帝、扁鹊、华佗、张仲景等古代名医。他研读了历代的医书，终于体会和领略了其中的精髓，逐渐使自己成了一个精通医学的学者。他靠学到的医学知识不仅战胜了自己的疾病，使自己活到了六十八岁，而且写下了许多著作，如《帝王世纪》《高士传》《逸士传》《列女传》《玄晏春秋》等，其中最著名的就是《针灸甲乙经》。

针灸学的经典文献

《针灸甲乙经》共十二卷，一百二十八篇，内容包括脏腑、经络、腧穴、病机、诊断、治疗、禁忌等。它吸收了秦汉以来的针灸成就，又结合自己的临床经验，不仅理论完备，而且实用通俗。书中详细介绍了针灸的操作方法和要求，确立了后世针灸穴位的基本排列规则，又创造性地总结出一套针灸操作手法和注意事项，因而成为我国古代针灸学的集大成和总结。在唐代大医署中，此书被定为学生必读的教材，后来传到日本，日本医学校也把它列为学生用书。现今国际针灸经络穴位委员会同样把它列为必读的参考书。

我国现存第一部有关脉学的专书《脉经》

《脉经》十卷九十七篇，西晋王叔和编撰。该书是我国医学史上现存第一部有关脉学的专书，是公元3世纪以前我国有关脉学知识的一次总结。《脉经》开宗明义指出"脉理精微，其体难辨"，"在心易了，指下唯明"，并针对这些难点来进行编撰总结。《脉经》虽然是一部综合前代脉学成就的著作，但由于它篇幅简练、集中，便于学习，在我国医学发展史上，有着十分重要的位置，在国内外也影响极大。

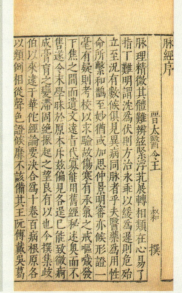

> ：阿斗是三国刘备之子蜀后主刘禅的小名。　295

聚焦：公元 220 年至公元 316 年的中国

董卓之后，曹操专权。在他的统治之下，第一个特色便是尚刑名。他的立法是很严的，因为当大乱之后，大家都想做皇帝，大家都想叛乱，故曹操不能不如此。曹操曾经自己说过："倘无我，不知有多少人称王称帝！"这句话他倒并没有说谎。因此之故，影响到文章方面，成了清峻的风格。——就是文章要简约严明的意思。

鲁迅

所谓"文的自觉"，是一个美学概念，非单指文学而已。其他艺术，特别是绘画与书法，同样从魏晋起，表现着这个自觉。它们同样展现为讲究、探讨、注意自身创作规律和审美形式。谢赫总结的"六法"，"气韵生动"之后便是"骨法用笔"，这可以说是自觉地总结了中国造型艺术的线的功能和传统，第一次把中国特有的线的艺术，在理论上明确建立起来。

李泽厚

在中国的政治史上，魏晋时代无疑是黑暗的；但在思想史上，却有它特殊的意义和价值。魏晋人无不充满着热烈的个人的浪漫主义的精神。他们在那种动荡不安的社会政治环境里，从过去那种伦理道德和传统思想里解放出来，无论对于宇宙、政治、人生或是艺术，都持有大胆的独立的见解。

刘大杰

曹魏东晋之百余年间，乃中国社会之率乱时期，亦为对抗礼教之反动时期。此反礼教运动与反专制之潮流汇合，遂蔚为一种以放浪人生观为基础之无君论。

萧公权

三国时，虽魏武诸葛尊用法家，综敷名实，以求力矫当时风气，然社会思想既已根本动摇，虽有大力，亦难挽回。两晋承三国大乱之后，未能立长久平治之基，除武帝在位二十余年

文苑泰斗，学术名家，聚焦于公元220年至公元316年的中国。他们以宏观或者微观的独到眼光，对三国西晋的政治经济和社会文化的各个层面作了深入浅出、鞭辟入里的解析。这些凝聚了高度智慧的学术精华，历经岁月洗礼，常读常新，是我们走进中国历史文化殿堂的引路人。

中，颇能励精图治，略具升平之象外，后此百余年间，大抵纲纪废弛，政事颓靡，兵祸频仍，民生益困。学者著书，竞以放诞虚无为高，而议政事者亦多摒弃"经世"之学。厌世之徒以时事不可为，遂袭取老庄，大唱无治之论。

杨幼炯

汉末自黄巾叛乱，三国争衡，干戈相寻，性命有如朝露；群雄既自相割据，骨肉且尽成刀俎，加以权奸起伏，倾轧凌夷，先王的礼法不足以防闲，儒家经世主义，已无复支持能力。便相率鄙弃儒术，别求安心立命之道，这也是一种自然的趋势。

王治心

汉人风度是庄严、雄伟，晋人风度是放达、文雅。文雅也是"风流"的特征之一。

冯友兰

魏晋统治者的社会阶级是不同的。不同处是：河内司马氏为地方上的豪族，儒家的信徒；魏皇室谯县曹氏则出身于非儒家的寒族。魏、晋的兴亡递嬗，不是司马、曹两姓的胜败问题，而是儒家豪族与非儒家的寒族的胜败问题。

陈寅恪

自从曹操迎汉帝都许以后，"挟天子以令诸侯"，不仅使自己的地位高出一切文臣武将，而且此后发号施令或是征伐异己，都用汉帝名义，名正言顺，造成了政治上极大的优势。

王仲荦

及魏晋间，玄风大盛，佛学亦随之兴盛。而当时僧人之人格，最能合乎逍遥之理想，故为一般士大夫所仰慕。僧人居山林，不受礼法之束缚，不必讲君臣之关系，故名僧与名士常甚相投，《般若》与《老》《庄》又可互相发挥。

汤用彤

公元 220 年—公元 316 年的社会生活、历史文化百科
（各条目按页码检索）

天下大势，合久必分，分久必合。三国西晋时期，各式各样的人物和文化事象，引人注目。三国西晋时期这段特定的历史显得格外生动丰富。

299

七、三国西晋名人：

八、宗教和宗教礼器：

十四、政治制度：

十五、其他

索

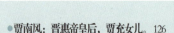

典故

三国西晋时期很多故事，给人启迪、警示和借鉴，形成不少含义深刻的典故。此索引把这些典故分条列出，便于查找。

各条目按笔画排列，按故事编号检索

引

关键词

许多同类主题的故事集合在一起，更能启发我们的思维，得到深刻的教益，也便于检索和查阅。

各条目按笔画排列，按故事编号检索

图书在版编目（CIP）数据

群英荟萃：公元 220 年至公元 316 年的中国故事：全 2 册 / 顾承甫，刘精诚著 . — 上海：上海文化出版社，2016.4（2020.8重印）（话说中国：青少版）

ISBN 978-7-5535-0498-8

Ⅰ . ①群… Ⅱ . ①顾… ②刘… Ⅲ . ①中国历史 – 三国时代 – 青少年读物②中国历史 – 西晋时代 – 青少年读物

Ⅳ . ① K235.09 ② K237.109

中国版本图书馆 CIP 数据核字 (2016) 第 039269 号

责任编辑	李 欣　顾承甫
监　制	蔡明菲　潘 良
特邀编辑	李彩萍　李乐娟
特邀审读	王瑞祥
营销编辑	李 群
整体设计	袁银昌
封面设计	张丽娜
摄 影	徐乐民　麦荣邦
电脑绘画	严克勤　王 伟
图片整理	居致琪
督 印	张 凯

群英荟萃

著 者	顾承甫　刘精诚
出 版	上海文化出版社
出 品	上海故事会文化传媒有限公司
	（200020 上海市绍兴路 74 号 www.storychina.cn）
发 行	新华书店
印 刷	天津长荣云印刷科技有限公司
版 次	2016 年 4 月第 1 版
印 次	2020 年 8 月第 2 次印刷
开 本	787×1092 1/16
印 张	19.25
书 号	ISBN 978-7-5535-0498-8/K·069
定 价	50.00 元（全 2 册）

上海故事会文化传媒有限公司出品 www.storychina.cn

上海故事会文化传媒有限公司所有图书可办理邮购，免收邮费（挂号除外）

汇款地址　上海市绍兴路 74 号（200020）

收 款 人　上海故事会文化传媒有限公司

联系电话　021-64338113

如发现本书有质量问题，请与印刷厂质量科联系，电话：022-26881958

梦想与追求

上海文艺出版总社编审　何承伟

为最广大读者编一部具有现代意识的历史百科全书

> 中国是一个拥有五千年灿烂文明史、又充满着生机与活力的泱泱大国。中华民族早就屹立于世界的东方，前赴后继，绵延百代。

> 作为中国人，最为祖国灿烂的过去与崛起的今天感到骄傲。

> 作为中国的出版人，应义不容辞地以宏大的气魄为广大热爱中国历史的读者，承担起传播这一先进文化的责任：努力使中国历史文化出版物，与中国这样一个拥有五千年文明史的过去相适应，与当代中国日新月异的发展现实相适应，与世界渴望了解中国的需求相适应。

> 人民创造了历史，历史又将通过我们的出版物回赠给人民，使中华民族数千年积累起来的灿烂文化成为当今中国人取之不尽的思想宝库，让更多的读者感悟我巍巍中华五千年光辉历史进程和整个中华民族灿烂的文明成果。

> 为此，我们作了大胆的探索：以出版形态的创新为抓手，大力提高这套中国历史读物的现代意识的含量，使图书能够真正地"传真"历史；以读者需求为本位，关注现代人求知方式与阅读趣味的变化，把高品位的编辑方针和大众传播的形式有机结合起来，独辟蹊径，创造一种以介于高端读物与普及读物的独特的图书形态，努力使先进的文化为最广大的读者所接受。

> 经过多年的努力，这套融故事体的文本阅读、精彩细腻的图片鉴赏、便捷实用的检索功能于一体的中国历史百科全书——《话说中国》终于陆续与读者见面。这套书计15卷，卷名分别为：《创世在东方》、《诗经里的世界》、《春秋巨人》、《列国争雄》、《大风一曲振河山》、《漫漫中兴路》、《群英荟萃》、《空前的融合》、《大唐气象》、《变幻中的乾坤》、《文采与悲怆的交响》、《金戈铁马》、《集权与裂变》、《落日余晖》和《枪炮轰鸣下的尊严》。

> 在《话说中国》这部书里，你将看到以故事体文本为主体的感性与理性的统一。

> 现代人对历史的感悟，最能产生共鸣、最能感到激动的文学样式是什么，是故事。是蕴涵在故事里的或欣喜或悲切或高亢或低回的场面。这些经典场面令人感慨唏嘘，荡气回肠。记住了一个故事，也就记住了一段历史。故事是一个民族深沉的集体记忆，容易走进读者的心灵世界，它使读者在随着故事里主人公的命运起伏跌宕之时，不知不觉地与中国历史文化进行了"亲密接触"，从而让历史文化的精华因子，潜移默化地影响着我们的行为，净化着我们的心灵。因此，《话说中国》以故事体的文本作为书的主体。同时，它还突破了传统历史读物注重叙述王朝兴衰的框架，以世界眼光、一流专家学者的史识来探寻中国历史的发展脉络与规律；以密集的信息，弥补故事叙述中知识点不足的局限，从而使故事的感性冲击力与历史知识的理性总结达成高度的统一。它让读者既见树木，又见森林；既享受了故事所带来的审美快感，同时又能寻绎历史的大智慧。

> 在《话说中国》这部书里，你将看到互为表里的图与文的精彩组合。

> 当今社会已进入"读图时代"，这一说法尽管片面，但也反映了读者的需求。在这套书里的图片与通常以鉴赏为主的图片有很大不同：

> 图片内容涵盖面广。这些图片能够深入再现历史现实，立体凸现每一不同历史时期社会生活各方面的发展变化。透过生动的"图片里面的故事"，可以体味其中蕴涵着的

深刻内容，堪称是历史文化的全息图像。它们与故事体文本相关联，或是文本内容的画面直观反映和延伸，或是文本内容的背景补充，图与文珠联璧合，相得益彰。同时，纵观整套书的图片又分别构成了一个个独立的专门图史，如服饰图史、医药图史、书籍图史、风俗图史、军事图史、体育图史、科技图史等等。

> 图片的表现形式极其丰富。这套书充分顾及现代读者的读图口味，借助现代化手段尽量以多种面貌出现，汇集了文物照片、历史遗址复原图、历史地图与示意图、透视图以及科学考古发掘现场照片在内的六千余幅图片。既有精炼简洁的故事，又有多元化的图像，读者得到的是图与文赋予的双重收获。

> 创造了一种新的读图方式。书中的图片形象丰富，一目了然，具有"直指人心"的震撼力，但在阅读过程中，尤其是在欣赏历史文化的图片中，这种震撼力很难使读者感悟到。原来他们是凭自己的文化底蕴和生活积累在品味和理解书中的图片。两者一旦产生矛盾，就不可能碰撞出火花。本书作为面向大众的出版物创造了一种全新的阅读环境：改造我们传统的图片的文字说明，揭示图片背后的信息，让读者在读完这些文字后，会产生一个飞跃，对第一眼所看到的图片有一种新的发现和新的认识。

> 在《话说中国》这部书里，你将看到一个充满数字化魅力的历史百科知识体系。

> 数字化给我们的社会生活带来了许多崭新的变化，作为文化产品的创新也不例外。为此，我们在这套信息密集型的中国历史百科全书里，大量运用了在电脑网络上广泛使用的关键词检索方式，以关键词揭示故事内核，由此来检索和使用我们的故事体文本与相关知识性信息。这套书的信息化、网络化、数字化，充分表现了中华民族不但有自强不息的过去时，前进中的现在时，而且还有充满希望的将来时。

> 一则故事，一幅图片，一个关键词，都是某个有代表性的"点"，然而这个点不是孤立的存在，而是一个有意义的叙事单位。它是中华民族的文明亮点，折射了我们民族的文化性格。把这些亮点连接起来，就会构成一条历史之"线"，而"线"与"线"之间的经纬交织，也就绘成了历史神圣的殿堂。点、线、面三维一体，共同建构着上下五千年的民族大厦。

> 著名科学史家贝尔纳曾说："中国在许多世纪以来，一直是人类文明和科学的巨大中心之一。"我们知道，印刷是中国引以为骄傲的四大发明之一，中国出版在世界出版史中，曾留下许多脍炙人口的灿烂篇章。然而近代中国出版落后了，以至于到今天与发达国家相比，无论是在出版技艺上，还是在出版理念上，都存在着不小的差距。我们在本书的出版过程中善于学习、消化与借鉴，"洋为中用"，充分发挥"后发优势"，努力把世界同行在几十年中创造的经验，学习、运用到这套书的编辑过程中，以弥补两者之间的差距。事实证明，只要我们努力了，只要我们心中有了读者，我们一样可以后来者居上。

> 中国编辑中的一位长者曾说过这样一段话："我们没有显赫的地位，却有穿越时空的翰墨芬芳；我们没有殷实的财富，却有寄托心灵的文化殿堂。"

> 在编辑这套书的过程中，我们深深感到，中国历史文化太伟大了，无论你怎样赞美，都不为过；中国历史文化又太神奇了，无论你以何种方式播种，都会有意想不到的收获。今天，我们所撷取的，只不过是其中的一朵小花，还有更多更美的天地需要人们进一步去开拓。

现代人与历史

上海社会科学院研究员　刘修明

总　序

> 历史与现代人有什么关系？历史对现代人有什么用？这并非每一个现代人都能正确回答的问题。

> 过去的早就过去了。以往的一切早已灰飞云散，至多只留下遗迹和记载。时光不能倒流，要知道过去干什么？历史无用的混沌和蒙昧，不是个别现象。在科学技术高度发达的现代社会，人们更易对远离现实的历史轻视、淡漠。对历史无知而不以为然的人，不在少数。

> 不能简单地指责这种现象。一旦通过有效途径缩短了现代人和历史的距离，人们就会从生动形象的历史中取得理性的感悟，领悟历史的哲理，开发睿智，从而加深对现代社会文明的认识，使现代人的认识和实践达到一个新的层次。那时，人们就会有一个共识：历史和现代是承续的。历史是现代人生存和发展不可缺少的内容。历史和现代人是不可分的。

> 祖国的历史是一部生动的、博大精深的启迪心智的教科书。中国历史是独树一帜的东方文明史。承载中华文明的中国历史，在她形成发展的曲折而漫长的过程中，从未中断过（不像埃及、两河流域、印度文明或中断或转移或淹没）。她虽然历尽坎坷，备尝艰辛，却始终以昂首挺立的不屈姿态，耸立在亚洲的东方。即使从 19 世纪上半叶开始的对中华文明一个多世纪的强烈冲击和重重劫难，也没有使曾创造过辉煌的中华文明沉沦，反而更勃发了新的生机。中国的历史学家从孔子、左丘明、司马迁开始，持续不断地以一种不辜负民族的坚韧精神，把中华民族放在辉煌与挫折、统一与分裂、前进与倒退、战争与和平、正义与邪恶的对立统一的辩证过程中，将感悟到的一切，记录在史册上。以一笔有独特美感并凝结高超智慧的精神财富，绵延不绝地传承给一代又一代炎黄子孙，从而成就了中华民族及其创造的文明的延续和发展。中华文明的创造和中国历史的记载是不可分的。中国历史是兼容时空又超越时空的中华文明有形和无形的载体。

> 英国哲学家培根说过："历史使人明智。"历史的经验是前人付出巨大的代价（甚至生命的代价）才总结出来的。历史经验包蕴着发人深思的哲理。要深刻地了解现实，理智地面对将来，就应当自觉地追溯历史。现代人只有了解历史，才能感受历史启迪

现实的无穷魅力。唯有从历史的经验与哲理感知杂乱纷纭的现实，才能体会历史智慧的美感和简洁感。

> 这种由历史引发的智慧、魅力和美感，对丰富一个人的生命内涵，提升人的素质，是非常重要的。我们强调人的素质，但素质的基本内涵是什么，却未必很清楚。我认为，人文素质应该是人的素质的基本内涵。一个人的人文素质是由他所属的民族几千年文化创造的基因，积淀在他的血液和灵魂中形成的。以文史哲为主体的人文教育，对人的素质提高具有特别的价值。而中国历史往往又是文史哲三位一体的糅合和载体。只重视外语、电脑教育而忽视人文教育的偏向应引起重视并加以纠正。这种素质教育应当起步于一个人的青少年时代。对祖国的热爱，民族自信心的树立，正确的人生观、价值观的确立，都离不开对祖国历史的了解。只有这样的人，才能立志报效祖国和中华民族，并以他们的不断传承和新的创造，继续为人类文明的发展作出新的贡献。在共同文化血脉上发展起来的 13 亿中国人和 5000 万在世界各地的华人，都应有这样的共识，都应承担这样的责任。

> 了解祖国的历史，可以从简明的历史教科书入手，也可以从浩瀚的史籍中深究。关键是引起读者的阅读兴趣。我们这里提供的是一本图文并茂用故事形式编写的中国历史。中国有一本几乎家喻户晓、发行量达几百万册的出版物：《故事会》。这是上海世纪出版集团的名牌刊物，在社会上有很大的影响。何承伟先生从几十年编辑的成功实践中，提出了这样一部以图文并茂的故事形式并包涵巨大信息量的中国历史百科全书的设想。在众多学者的参与和合作下，成就了这样一部新体裁的中国通史《话说中国》。它生动形象、别开生面的编写方式，使包括老中青在内的现代中国人，都可以轻快地从这部书中进入中国历史宏伟的殿堂，从中启迪心智，增加知识，开拓眼界，追溯历史，面对未来。它把传统的教育和未来的展望，有机而和谐地结合在一起，引导当代中国人顺应悠久古老的中国文明融注世界发展的现代潮流，以期为世界的文明发展作出新的贡献。我们相信，凝聚了几十位学者和编者多年努力的这部书，一定会为这种贡献尽其绵薄之力，发挥其应有的作用。

目录（上册）

三国时期，年代不过几十年，在历史长河中只是短暂的瞬间。然而，这是一个风云变幻、气象万千的突出年代。这是一个人才辈出、群星闪耀的富有光华的年代。

目录（下册）

前言　230

公元265年至公元316年
统一后很快走向腐败的时代——西晋
刘精诚

西晋故事生动地反映了西晋时期各种人物的心态及其活动，是一幅幅社会生活的画卷。

专家导言

上海社会科学院历史研究所前所长 《史林》前主编 方诗铭

> 所谓"三国",是指曹操开创的魏国、刘备开创的蜀国,以及孙权开创的吴国。一般认为,三国时期是从建安元年起算的。以这一年作标志的原因是,曹操将东汉的末代皇帝——汉献帝,从"白波贼"手里夺过来,"奉天子以令不臣",逐渐成为当时最大的割据势力。这时,不但曹操没有称为魏王,刘备还是一名不为人知的小人物,孙权更说不上了。三国鼎立那是后来的事。

> 由于这是一个风云变幻、英雄辈出的时代,不但晋朝的陈寿撰写了著名史书《三国志》,到了南朝的刘宋,由于《三国志》相当简略,而且"多为时讳",对当时统治者隐讳粉饰的地方很多,有的地方还彼此矛盾,史学家裴松之就杂采当时或此后的史籍,详尽地为《三国志》作注,实际是作了大量的补充和纠正。如果说,没有裴松之的注,仅有《三国志》一书,那么,后代的人们将无从翔实地了解这个群星灿烂的时代。

> 这个时代是太丰富多彩了。不但后来的士大夫,即便是民间也流行过许多关于"三国",特别是这个时代英雄们的故事。宋朝"说话人"中属于"讲史"一派的就有所谓"说三分",即讲说三国时期的历史故事,有如现在的"评话",说大书。元朝至治年间刊行的《三国志平话》,即是那时"说三分"的脚本,《三国志通俗演义》是后来出现的著名长篇历史小说。

> 清代学者章学诚《丙辰札记》说:"《三国演义》则七分实事,三分虚构,以致观者往往为所惑乱。"尽管这个评价是对的,但这部历史小说实在深入人心,即使他老先生自己作的诗中也用过《三国演义》的典故。

> 《三国演义》是在民间"说三分"的基础上,经过知识分子多年不断加工修改而成的。但"通俗演义"终究是通俗演义,是否有人能够写出一部符合历史真实的新的《三国演义》

呢？顾颉刚先生就这样设想过。但这个工程实在太大了，恐怕很难实现，因而我有了另一设想，将《演义》上的这些英雄人物，根据现存史料逐个还他们的本来面目。

> 为此，我对三国时期的三十余位著名人物进行了认真的细致的研究，写出了专论。在此基础上，出版了《曹操·袁绍·黄巾》和《三国人物散论》等专著。我衷心地希望顾颉刚先生当年的设想，能够有人来继续不断地努力，付诸实行，那就再好不过了。

附记

> 三国历史对于一般文化读者来说，尤其容易熟悉。这段历史的时间虽短，却显得威武雄壮，气象万千。这是一部极其值得人们去品味、去研究的始终生动不已的精彩篇章。

> 从三国那个时代起，到陈寿写《三国志》，裴松之为陈寿《三国志》作注，再到宋元话本、三国故事和三国戏曲，乃至各种各样的三国题材的文化艺术，甚至直到如今的"大话三国"、"水煮三国"等等，三国故事确实为许许多多的人所津津乐道。这种状况非但永远不会出现尽头，反而越来越表现得精彩纷呈。

> 先不说那些丰富多样的包容广泛的大三国文化，单从正规的严格的深入的角度而言，在研究三国历史富有开拓性、奠基性和创造性，并且取得卓然成果的学者中间，方诗铭先生真的不愧是极其努力、功底扎实、成绩斐然的一位前辈。方诗铭先生是三国史研究的现代著名学者，称他为"三国史功臣"，这话并不为过。

> 如今，方诗铭先生虽已作古，但他的三国史研究为后人照亮并拓展了前行的道路，功不可没。现征得方先生女儿方小芬的同意，将方先生原在《三国人物散论》一书中所写的前言，稍加改动，移用为本书的专家导言，特此说明。（顾承甫）

本书导读示意图

《话说中国》作为融故事体的文本阅读、精彩细腻的图片鉴赏、便捷实用的检索功能于一体的中国历史百科全书，其中包含着无数令人神往的中国历史的秀美景致，它们经纬交织，互为表里，形成了中华民族上下五千年的灿烂文明。

如同游览名山大川离不开导游和地图的指点，通过以下图例的导读提示，读者定能够尽兴饱览祖国历史美景，流连忘返。

随时感受历史文化的魅力与编纂创意的匠心

整个版面构成充分体现出本书以故事体文本为主体的特点，体现出本书作为历史百科全书的知识信息密集、图文并重、检索便捷的特点，使读者在本书任何一个页面上，都能感受到历史文化的魅力与编纂创意的匠心。

导读、段落标题与编号，能更好地理解故事精髓，更好地运用故事

为了更好地理解故事，在实际学习生活中运用故事，本书在故事体文本中，特地为读者准备了故事导读、故事段落标题与故事编号等三个重要内容。故事导读是概述故事精要，它与故事段落标题，都是为了让读者更好地理解故事的精髓，同时让读者以一种轻松便捷的方式快速获得文本重要信息。故事编号则与检索系统有关。

人物、典故和关键词索引具有很大信息量和实用性

在每一则故事中，都含有故事核心内容（即故事内核）、故事人物和故事典故等基本要素。本书将此三要素提炼出来，标注在每则故事的上角（加上故事来源），并汇编成索引置于书末。故事编号则与书后编制的"人物""典故""关键词"等三个索引相联系。索引的巨大信息量和实用性，是本书的一个重大特点。

建构多元、密集的知识性信息，构成了全书另一个重要组成部分

以密集的信息，弥补故事叙述中知识点不足的局限，从而使故事的感性冲击力与历史知识的理性总结达成高度的统一。它让读者既见树木，又见森林；既享受了故事所带来的审美快感，同时又能寻绎历史的大智慧。如"中国大事记""世界大事记""历史文化百科""历史大考场"和图片说明文字等专栏中的有关内容，都是经过精心选择的练达的知识板块，既是历史知识的精华，又是广泛体现"活"的历史，体现当时社会人生百态，体现当时寻常百姓的寻常生活。与此相配伍的，是便捷的"中国历史文化百科"检索系统。

再现历史现实的图片系统

图片内容涵盖面广泛，能够深入再现历史现实，观赏效果细腻独到，立体凸现了每一不同历史时期社会生活各方面的发展变化。透过生动的"图片里面的故事"，可以体味其中蕴涵着的深刻内容，堪称是历史文化的全息图像。

《话说中国》以精美绝伦的文字和图片，将中华民族最可宝贵的民族精神和生生不息的文化传统，演绎得生动而传神。看了这张导读图，你就开始一程赏心悦目的中国历史文化之旅吧。

故事标题。

故事编号：与卷末的"人物""典故""关键词"等三个索引相联系，每个索引里的数字，即为故事编号，使检索更为便捷。

孙策割据江东

威震东南，与天下争锋较胜

本卷的历史年代起止。

历史大考场：以最基本的涉及本卷的历史文化知识为内容，以问答方式出现。左页下为问题，右页下为答案。

中国大事记: 以每卷所在历史年代为起止, 精选与故事相应相近年代的中国历史文化重大事件, 以此体现中国历史发展的基本脉络。

故事导读: 概述故事精要, 更好地理解故事精髓。

世界大事记: 以中国大事记为参照, 摘选相应年代的世界各国历史文化重大事件, 以此体现本书"世界性"的理念。

人物、典故、关键词、故事来源: 将故事的三要素人物、典故、关键词提炼出来, 标注于此(加上故事来源), 并汇编成索引置于卷末, 具有很大的信息量与实用性。

图片: 涵盖面广泛, 能够深入再现历史现实。纵观整套书的图片, 又分别构成了一个个独立的专门图史。

以直观的表格形式, 便于读者对分散信息作系统的查考。

图片说明文字: 深入揭示图片"背后"的历史文化内涵, 读完这些文字, 就会对图片有新的发现和新的认识。作为"历史文化百科"的组成部分, 在卷末的检索系统中列出。

故事段落标题: 揭示本段故事主题, 具有阅读提示和增加阅读悬念的作用。

历史文化百科: 是精选的历史文化百科知识, 分别涉及政治、经济、文化、科技等十余个知识领域, 在卷末附有分类检索系统。

样例页面内容

世界大事记

公元 250 年

吴于此时(245—250)数度遣使往访扶南。

(三) 《国志》系于裴松之所作注中。
汉帝时有四年。

孙策　典故　袁绍　关键词　吕蒙　故事来源

人物　关键词　故事来源

争锋抗衡, 英才早逝

建安四年(199), 孙策率军循江西上, 率至石城(今安徽贵池县境), 闻知庐江郡(治皖城, 今安徽潜山)太守刘勋已领兵去海昏(今江西永修西北), 欲派遣堂兄孙贲、孙辅率领八千人驻于彭泽阻击刘勋, 孙策自己同周瑜趁皖城空虚之际, 率二万人攻陷皖城, 俘得袁术、刘勋的妻儿。再占有袁术部众三万余人, 接着, 再进军至豫章郡, 太守华歆投降, 孙策分豫章郡南部另立庐陵郡(治所在石阳, 今江西吉水东北), 这样, 孙策已占有会稽、吴、丹阳、庐江、豫章、庐陵六郡之地, 范围相当于今江东、安徽二省南部和浙江、福建、江西三省全部, 这就为孙权后来建立东吴政权奠定了基础。

建安五年(200)曹操和袁绍在官渡对峙时, 孙策曾密谋袭击许都以迎汉献帝, 正在部署兵力, 尚未构思巧妙的设计(上图)。

三国时孙越生产的兵器精良, 此图为誊铜兵器, 以被头镂铜头顶灯盘的模式, 配以金饰的造型, 十分可观, 刻记的铭文"甘露元年五月造"。

三国吴永安五年神兽纹铜镜(局部)

出发之际, 一天, 孙策离开驻地丹徒(今江苏镇江), 单骑外出打猎, 不料被暗地埋伏、伺机报杀主之仇的原吴郡太守许贡的部下, 用暗箭射中脸部, 受了重伤。

孙策自知性命难保, 就叫来弟弟孙权以及谋士张昭等人, 交待后事。他对部下说:"如今中国正在混乱之际, 以吴越之众、三江之固, 可以占据一方而观其成败, 你们好好辅佐吾弟孙权。"同时, 他还将讨逆将军印授交给孙权, 嘱咐道:"说起带领江东军队和动员人决战于两阵之间, 与天下争锋抗衡, 这方面你不如我; 至于举贤任能, 各尽其责, 以保江东, 这我就不如你了。"这番话也就成了孙策的遗嘱, 当夜, 孙策去世, 时年二十六岁。后来, 孙权称帝号, 就追谥孙策为长沙桓王。

赤壁之战主要人物的年纪各是多少岁?

曹操	54 岁
孙权	27 岁
周瑜	34 岁
鲁肃	37 岁
刘备	48 岁
诸葛亮	28 岁

> 历史文化百科 <

【曹植墓和七步村】

曹植的七步诗很有名, 今河南通许县境有前七步村、后七步村, 就和记念曹植此诗有关。村南有周长 90 米左右的曹植墓, 墓高 5 米多, 墓前有明代万历时立的石碑, 碑上题有《通许县创建陈思王陵阙记》。

话说中国

> 朋友遗交. 177

017

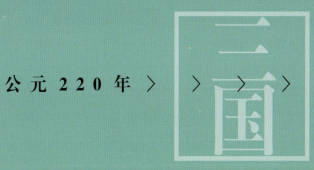

公元 2 2 0 年 〉 〉 〉 〉 公元 2 8 0 年

前言

公元220年至公元280年
群英荟萃 气象万千
三国

上海文艺出版社编审　顾承甫

历史是一个国家的灵魂。一部中国史在世界文明长河中显然是极其丰富，极为生动，极有灵气的。而在中国史的悠悠长河中，短短的只有六十年的一个甲子数的三国历史，却又显得那么威武雄壮，那么丰富生动，那么活灵活现。可以说，在中国文明史乃至世界文明史范围内，像三国历史、三国故事这样空前生动、轰轰烈烈、始终保留着历史鲜活性，并且被后代人们，包括今天乃至将来的人们也都热烈喜爱，这种现象是极为罕见的。这么精彩的历史篇章似乎独领风骚，别的无论哪个历史朝代，以同样周期相比，都无法胜出其右。

六十年风云　群星闪耀 ＞生活在公元220年至公元280年的六十年间的各式各样的人物，林林总总，不计其数。其中，突出的闪光的人物就有许许多多。＞以前曾经有人对罗贯中的《三国演义》所写到的人物，作过一些统计。根据罗本《三国演义》卷前"三国志宗僚"一栏所开列的，蜀汉方面，上自刘备下至黄皓，共有104人；曹操方面，从曹操到陈登，共有242人；孙吴方面，由孙坚开始直到刘赞，共有131人。这样，三国的帝王后妃、文武官员传世的人物就有近480人。＞再以清代文人毛宗岗整理过的《三国演义》中有姓氏的人物作粗略的统计，三国的人物共有980多人。这还不包括那些在书中提及，却未留姓名的人，否则，就要有一千多人了。所以，称《三国演义》是中国古代文学作品中写人物最多的一部小说，也是当之无愧的。＞《三国演义》中涉及的人物之所以那么多，是因为有宋元话本三国故事即前代所谓"说三分（天下）"的民间创作的丰富的积累，再往前推溯，也是因为有了陈寿写《三国志》，以及裴松之为《三国志》作注那时候所保留下来的人物史料的丰富生动的基础。

因此，从历史角度而言，三国故事的人物众多，而且极其生动，千余年来广泛流传，特别是一些杰出人物，甚至中外闻名，家喻户晓，影响深远，这是其他的历史段落所无法同日而语的。六十年间如此群星闪耀，就构成三国故事的特殊品貌和特有的魅力。

诸葛亮和福尔摩斯

公元 220 年至公元 280 年
群英荟萃　气象万千
三国

好生奇怪，诸葛亮和福尔摩斯怎么会扯到了一起？且听我慢慢道来，自有分晓。 诸葛亮聪明绝顶，料事如神。这是由于说三国的人乃至《三国演义》都把他给神化了。可能罗贯中本来也想把诸葛亮的"鞠躬尽瘁，死而后已"的品性尽量地突出，然而描写得过分用力，反倒有点失真了。所以，小说中的诸葛亮用兵，只知道他如此这般地吩咐一番，或者事先授给某某将领一个锦囊妙计之类，并不说他究竟怎么计划作战，怎么管理政务，怎么开展外交。草船借箭，借东风，还有借寿数，这些都是"戏说"的。最后，诸葛亮死了，还有授计退司马懿兵马的绝招：推出一辆四轮车，上面坐着一个纶巾羽扇的诸葛亮，羽扇一挥，东南西北中，显现五个同样的诸葛亮，吓退了司马懿的兵马。这叫做"死诸葛吓走生仲达（司马懿字）"。 尽管小说将诸葛亮给神化了，但在三国历史时期，乃至中国历史上，鞠躬尽瘁、死而后已的诸葛亮终究是实有其人、确有其事的。他对后世的影响也确实非同一般。 唐代大诗人杜甫对诸葛亮可谓倾心仰慕，一往情深。在现存的杜甫诗集里面，直接吟咏或者提到诸葛亮的诗就有二十多首。"三顾频烦天下计，两朝开济老臣心。出师未捷身先死，长使英雄泪满襟。"（《蜀相》）这是人们熟知的。"诸葛大名垂宇宙"，"万古云霄一羽毛"，杜甫对诸葛亮的推崇赞美，极大地影响了后人。 英国作家亚瑟·柯南道尔笔下的大侦探福尔摩斯，也是一个聪明绝顶、料事如神，别人无出其右的特殊人物。就像中国人都喜爱并敬仰诸葛亮一样，英国及西方人士喜爱福尔摩斯的程度也很强烈。正因如此，在柯南道尔当年曾经想结束福尔摩斯生命让他消失的时候，读者大为愤怒并提出抗议，迫使作者只得让福尔摩斯"死而复生"，再度出现。 从传播时间和范围的深度与广度看，最受大众喜爱，为人们广泛喜闻乐见的"世界级"的聪明人物，如果要在东方、西方只许各举一位的话，就是诸葛亮和福尔摩斯了。

叱咤风云的"三雄" ＞ 说三国故事，除了诸葛亮，没有不知道曹操、刘备和孙权的。他们三人分别是魏、蜀、吴三方的代表人物。千百年来，这三个人物各得春秋笔法的一字褒贬而口碑流传。曹操是奸雄，刘备是枭雄，孙权是英雄，这就是所谓"三雄"。 ＞ 曹操听当时以品评人物出名的许子将对他的评语是"治世之能臣，乱世之奸雄"，非但不责怪许子将，反而听罢大笑，"奸雄"称号由此而来。奸雄也罢，野心家也罢，反正曹操实实在在是一个了不起的政治家。陈寿《三国志》对曹操的评语："可谓非常之人，超世之杰矣。"曹操其人，他的手段，他的才气，他的抱负，不由得人不对他佩服。 ＞ 刘备赴京口（今镇江）见孙权时，周瑜对孙权说："刘备以枭雄之姿，而关羽、张飞熊虎之将，必非久屈为人用者。"（《三国志·吴书·周瑜传》）刘备年轻时好结交豪杰，早先起兵讨伐黄巾时，有雄才而不甘居人下，敢于见利忘义，确是一个了不得的人物。刘备寄居曹操门下时，曹操对刘备说："今天下英雄，唯使君（指刘备）与操耳。" ＞ 而孙权的为人，能做到屈身忍辱，任才尚计。陈寿在《三国志·吴书·吴主传》中的评语是："有勾践之奇，英人之杰矣。"裴松之注引《吴历》记载说，曹操率军号称步骑四十万攻孙权于濡须，孙权率军七万抵御，相持一个多月。曹操见孙权舟船器仗队伍严整，不可侵犯，喟然叹道："生子当如孙仲谋（孙权字）。"无论文韬武略，用才尚计，还是志向抱负，保住江东，孙权都称得上是三国鼎立时期的英雄人物。

风云变幻 英雄辈出 ＞ 人物作为历史舞台的重要角色，各有各的性格、特点、地位和作用。三国时期，风云变幻，英雄辈出。毛宗岗评价三国人物时，还有所谓"三奇""三绝"之说。他称诸葛亮"是古今来贤相中第一奇人"，为"智绝"；称关羽"是古今来名将中第一奇人"，为"义绝"；称曹操"是古今来奸雄中第一奇人"，为"奸绝"。这是对小说人物而言的人物概括称呼。其实，历史记载中对于三国人物的美称也真是不少的。《三国志》及裴松之的注文引录的史料中，很多提到有"四杰"、"八俊"、"八厨"等等的，这些都是对当时著名人物的集约式的称呼和赞美。 ＞ 再看魏、蜀、吴三方面的人才阵容，真可谓能人辈出，人才济济，简直不可一世。天下分崩，风云诡谲，文官武将，"良禽择木而居，良臣择主而从"，各种各样的人才都有施展与发挥自己才干的机会。时世造英雄，英雄出时世。这在时代风云急剧变幻的三国时期显得格外突出。＞三国人物袁绍、袁术、公孙瓒、陶谦、张绣、张鲁等，固然是称雄一方的著名人物。袁绍阵容中的人物，如田丰、沮授、许攸、审配、郭图等，都是擅于计谋之士。曹操阵容中的人物，荀彧、荀攸、郭嘉、程昱、贾诩、夏侯惇、夏侯渊、曹洪、曹仁，还有张辽、乐进、于禁、张郃、徐晃等，各怀奇才，各展其能，实力雄厚，蔚为大观。＞再看南方的人物，刘关张、赵云、马超、黄忠、蒋琬、费祎、法正、许靖、邓芝、姜维等，称誉西蜀；孙坚、孙策、孙权、周瑜、鲁肃、吕蒙、陆逊等，雄踞东吴。各式各样的能人，不计其数。＞"马中有赤兔，人中有吕布。"吕布是三国时期了不起的一员战将。"才高八斗"的曹植，其才思敏捷是举世公认的，还有自小就尖牙利嘴的孔融，聪明过人的杨修，善于医道的华佗，精于射覆、占卦如神的管辂，擅长制作机械器材的马衡，等等，都各自闪耀着独特的异彩。＞英雄辈出的时代，自有其积极的人才观。＞孙策身边有个佐吏魏滕，跟孙策意见严重不合，孙策要杀他，听不进旁人的劝告。孙策母亲吴夫人知道后，就将孙策叫到一口大井边，她身倚大井对儿子说："如今用人之际，应当礼贤下士，舍过录功。你今日杀掉魏滕，明日别人都会叛你而去。我不忍心目睹祸事发生，还是先投井算了。"孙策大惊，于是立即放了魏滕。其实，魏滕是会稽大姓强族的代表人物。吴夫人很明白这种人物的重要性。当然，她劝儿的方式很讲究智术。类似这样重视人才的例子，在三国时候，可以说比比皆是。

公元 220 年至公元 280 年
群英荟萃　气象万千
三国

中国历史上之所以会出现三国鼎立的局面，其根本原因在于各地区封建经济的发展，导致了分裂倾向的加剧。长江流域上下的几个区域的封建经济，发展到了勉强可以自给和彼此均衡的程度，给南方的孙权、刘备的割剧提供了物质基础，北方受割据混战的影响而无力消灭南方蜀吴两国。这是大区域经济均衡作用的结果。＞而从人才的角度分析，三国鼎立局面的出现和当时的人才布局与人才均势这个因素也有很大的关系。当时无论曹魏，还是刘蜀、孙吴，都各自具有杰出的领军人物，各自拥有大量的能干人才，文官武将，人才济济。彼此之间，人才的争夺和人才的抗衡也都大致不相上下，都尽力罗致才干之士，推崇人才观，实施吸纳人才、运用人才的积极策略。这样，三国时期必然就成为一个人才突现、群英荟萃的时代。

公元220年  公元280年

三国时期全图

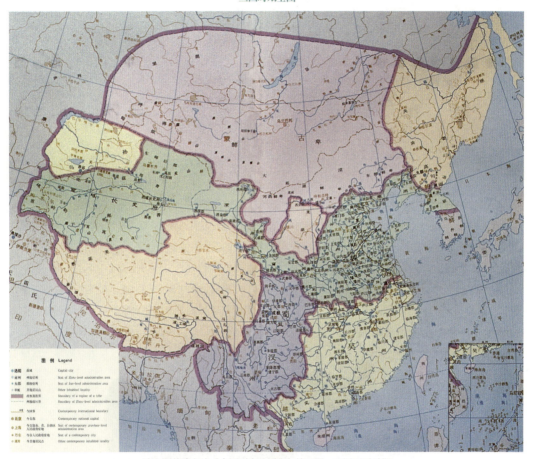

选自谭其骧主编《中国历史地图集》第三册：三国西晋时期

三国世系表

魏世系〉①魏王曹操→②文帝曹丕→③明帝曹叡→④齐王曹芳→⑤高贵乡公曹髦→⑥常道乡公曹奂

蜀世系〉①昭烈帝刘备→②后主刘禅

吴世系〉①吴大帝孙权→②吴主孙亮→③景帝孙休→④末帝孙皓

黄巾起义轰轰烈烈

"苍天已死，黄天当立。"这个口号告示天下，东汉王朝开始面临休克。

东汉和帝以后，皇帝都是在幼年即位，造成外戚和宦官把持朝政，卖官鬻爵，政治腐败。农民四处流亡，社会危机严重。从东汉安帝到灵帝的八十多年间，农民起义多达近百次，于是就逐渐酝酿成全国性的大规模的黄巾起义。

张角等人创立太平道

当时在巨鹿（今河北平乡县）有个名叫张角的人，自称"大贤良师"。他和两个弟弟张宝、张梁，共同创立了"太平道"这个组织。他们通过替人治病，联络发展教徒，秘密准备起义。张角派遣手下八名大弟子到各地去传教。经过十多年的时间，就在青、徐、幽、冀、荆、扬、兖、豫八州，发展的信徒共有数十万人。

张角将所有的信徒分别部署为三十六方，大方有万余人，小方也有六七千人，并设立了大、小首领，都归张角统一指挥。为了筹备起义，先造舆论，于是提出口号："苍天已死，

青瓷熏笼

香熏既可养颜怡性、祛病强身，也可视为一种高雅陈设，香熏的习俗在我国始于三国两晋并一直延绵至清末民初。香熏亦称香炉、熏笼，古代较早的香熏均为陶瓷烧制。从出土的实物看，三国的香熏敛口扁圆腹，形似罐盆，或有提梁，或有双耳，器壁镂有圆孔数十，以泄香气，底有圈足，形制古拙。图为三国时期的青瓷熏笼。

黄天当立，岁在甲子，天下大吉。"甲子指中平元年(184)，太平道秘密约定在这一年中造反。接着，在京城内各府署的门上，以及各州郡官府的门上，太平道信徒们都用白土涂写了"甲子"字样，造成很大的声势。同时，他们还跟皇宫内的一些宦官联系，以求得内应。

甲子年黄巾起义

甲子年初，起义准备工作基本就绪。有个名叫马元义的太平道的大方首领开始奉命调拨荆、扬二州的信徒数万人向邺城（今河北临漳西南）集中。马元义还和洛阳宫中的宦官封谞、徐奉约定，就在三月五日这天，内外接应，共同举行起义。

不料，在关键时刻出现了叛徒。张角弟子中，有个叫唐周的人向朝廷告密。马元义随即被捕，惨遭"车裂"（用牛拉车，将人的肢体朝几个方向拉断而致命）而死。宫中的内应也因此败露，京城里面相信太平道的宫卫与百姓被杀的有千余人。与此同时，朝廷还下令冀州当地赶紧搜捕张角。

再说张角得知原定计划已被泄露，就立即通知各地提前起义。这年二月，农民军以黄巾缠头作为标志，在七州二十八郡的广大地区同时起义。张角称天公将军，张宝称地公将军，

三国西晋

世界大事记

汉军攻高句丽，被击退。新罗阿达罗王卒，昔氏解脱王孙伐休王继位（184—196）。

人物：张角 张宝 张梁 马元义
典故：黄巾起义
关键词：壮志 正义 邪恶
故事来源：《后汉书·皇甫嵩传》《后汉书·朱儁传》

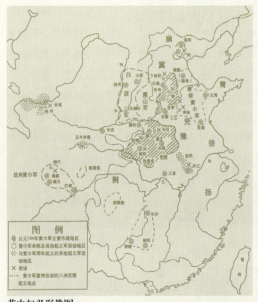

黄巾起义形势图

张梁称人公将军。他们率领数十万人攻夺城邑，焚烧官署，扫荡豪强地主的坞堡。不出十几天，全国各地犹如干柴起火，纷纷响应，使得洛阳的东汉朝廷大为震动。

东汉王朝临近休克

灵帝一方面派重臣何进率羽林军镇守洛阳，另一方面委任皇甫嵩、朱儁、卢植等人调集各路大军，形成合力攻打黄巾军。这时候，各地的地主豪强也纷纷起兵，配合官军镇压农民起义军。接着，张角率领冀州黄巾军攻下广宗（今河北威县东），击败中郎将卢植。可是，起义军由于经验不足，作战时彼此不够协调，不久就陷于被动。张角病死后，十月间，皇甫嵩率军偷袭广宗，张梁阵亡。三万多名黄巾战士惨遭杀害，五万多人壮烈投河而死。张角被剖棺戮尸。张宝此时兵败下曲阳（今河北晋州西），在战场阵亡，黄巾军有十多万人被杀害。

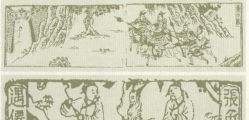

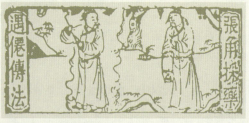

黄巾起义（上图及左图）

东汉末年，社会黑暗，政治腐败，百姓生活痛苦。巨鹿（今河北平乡）人张角创建太平道，并利用符水治病秘密联络各地百姓。参加太平道的有当时八州百姓，覆盖了今天河北、山东、安徽、湖北等地。汉灵帝中平元年（184），太平道三十六方的徒众同时起事，他们头裹黄巾，称黄巾军，以“苍天已死，黄天当立，岁在甲子，天下大吉”为口号，共数十万人，活动于冀州、南阳等地，并重创前来镇压的官军。后来黄巾军领袖张角病死，其弟张梁、张宝被杀。黄巾军主力在坚持了九个月之后被镇压，余部转战各地长达二十多年。为了镇压这次民变，汉室不得不依赖地方势力。各地军阀、豪强乘势而起，令全国陷入四分五裂的局面。东汉政权名存实亡。上图出自元刻本《全相平话三国志传》，下图出自明刊本《按鉴演义全像通俗三国志传》。

黄巾起义军的主力虽然被镇压，但黄巾余部和各地农民武装仍坚持斗争长达二十多年。东汉王朝经过这次打击，已是名存实亡。

轰轰烈烈的起义壮举令人缅怀。当年，起义军首领张角曾在凌霄山（今河北邢台西北）险要处建立大营，俗呼为中央寨。寨内依山而筑的点将台，石壁上刻有“大贤良师坐中岩”七字，如今遗迹尚存。还有一处天然水穴，口窄底宽，深约15米，相传是张角惩治贪官污吏的水牢。另外，在今天河北定州市城西南的七级村，还有保存尚好的张角墓，墓丘长87米，宽70米，高3米。现为河北省文物保护单位。七级村里，姓张的很多，张姓是大族，据称乃是张角的后裔。

○○二

张天师控制汉中

东汉末年，曾在民间风行过五斗米道，其领袖人物称为"张天师"。

东汉末年的五斗米道很有名，创始者张道陵死后，传业给儿子张衡，儿子死，张鲁接传。张鲁是张道陵的孙子。五斗米道又称天师道、正一道，所以首领人物称"师君"，俗呼"张天师"。

袭汉中，张鲁得势

张鲁，字公祺，出生于蜀。黄巾起义时，巴蜀的正一道的信徒们也参加起义。在官府的残酷镇压下，北方的黄巾军经过浴血奋战终告失败，但巴蜀地区的起义军则较好地保存了实力。

五斗米道

五斗米道为道教派别之一，又称天师道，顺帝时张陵（后称张道陵）创立于蜀郡鹤鸣山（今四川大邑县境），入道者每人需缴纳五斗米，故名五斗米道。张陵死后，子衡、孙鲁相继为教主。益州牧刘焉，以张鲁为督义司马，与别部司马张修击汉中太守苏固。张鲁杀张修，遂自号"君师"，雄踞巴汉近三十年。教内组织严密，初入道者称"鬼卒"；受道已信者称"祭酒"，"鬼卒"由"祭酒"统率。部众多者称"治头大祭酒"。信徒必须绝对服从教主。诸"祭酒"在道旁设"义舍"，内置"义米肉"，以供行人取食。

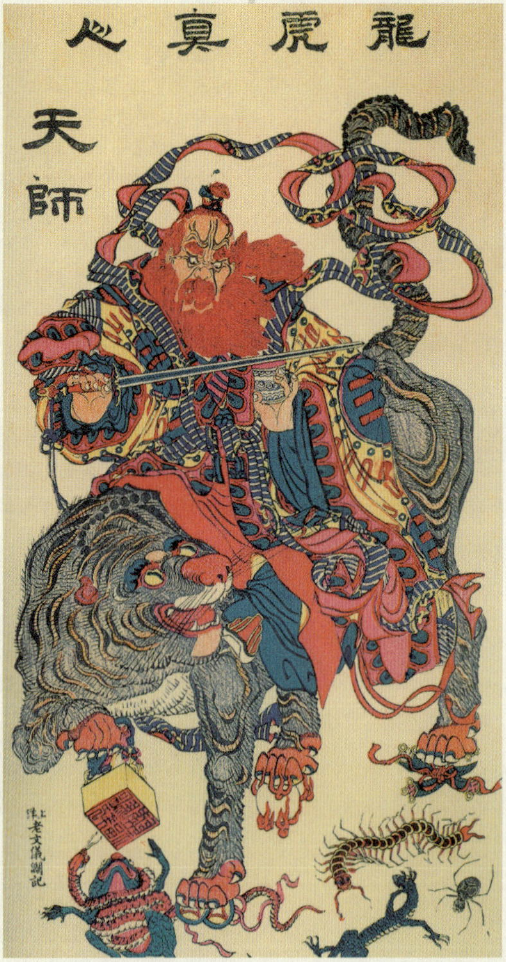

龙虎真心 天师

中平五年(188)，刘焉入蜀当了益州牧。他拉拢并利用当地道教势力，把张鲁的母亲迎于府中，自己率领妻室师事正一道。

初平二年(191)刘焉正式策命张鲁为督义司马，命巴郡的张修为别部司马，并命令张鲁和张修率部众去攻打汉中。于是，张鲁、张修率领教徒，里应外合，很快就袭得了汉中。

益州牧刘焉为了摆脱朝廷的控制，还下令张鲁、张修烧毁栈道，断绝交通，捕杀过往的使者，这样就中断了朝廷与益州的联系。在刘焉死后，儿子刘璋接任益州牧。可刘璋是个软弱无能的人，他对张鲁不够尊敬，张鲁就想要独自控制汉中。这时，巴郡的一些少数族部落首领，如杜濩、朴胡、袁约等人，率众投靠张鲁。到了建安五年(200)，张鲁袭击并杀掉了巴郡的张修，兼并了他的部众，就将汉中控制在手。

用五斗米教的教义进行管理

张鲁割据汉中，以五斗米教的教义教法统治局面。当地民众争相入教。

世界大事记 | 新罗侵召文国。

《三国志·魏书·张鲁传》

张天师传道 五斗米教

谋略 善行

张鲁 张修 刘璋

人物 典故 关键词 故事来源

张鲁自号"师君"。凡是要入教的人需交五斗米,初进教门的人称为"鬼卒",可以做一般的兵丁差人。升为头目的人称为"祭酒",是小吏。首领人物称为"治头大祭酒"。五斗米教的管理强调诚实信义,不再另设官吏。各祭酒在辖区内设置义舍,舍内放置米肉,旅行经过的人可以免费自取。大家都遵照教义行事,认为多取多占的人难免会生病。对于犯法的人,先是原谅三次,屡教不改,然后行刑。总之,这种简便有效的统治办法在当地算是比较切合实际的。

张鲁在汉中,并不受益州牧刘璋的节制。刘璋杀了张鲁的母亲和弟弟,并派遣庞羲等带兵多次前往攻打汉中,都没有能攻克。于是,张鲁和刘璋间一直处于武装冲突状态。

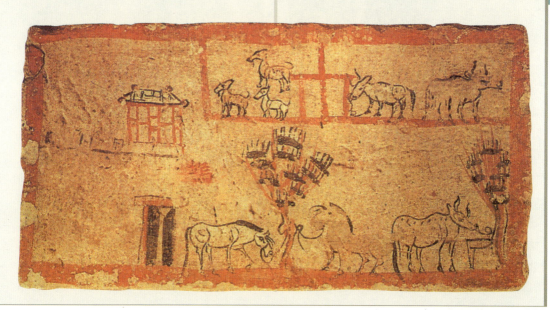

直到曹操控制献帝后,还曾委任张鲁为镇民中郎将,领汉中太守。

后来,曹操率军入南郑,张鲁率众投降,被任为镇南将军,封爵为阆中侯。张鲁被迁至邺城(今河北临漳西南),待若上宾。随着张鲁及其部众的北迁,五斗米道开始在北方得以传播。

盛装果品和点心之用的红陶多子盒(上图)
此盒于北京市海淀区八里庄曹魏墓出土。泥质红陶胎,器表施以酱红色釉。釉面均匀而稍有光泽。器身呈长方形,分成大小不等的十个方形小格,底面附有四个曲尺形的矮足,两个足之间以弧线相连,从而形成垂帐的效果。这类盒多是用来盛装果品和点心的。所分成的小格可以将食品按质地和类别分置,装满后上部可以加盖扣合。

坞壁图
三国魏墓室壁画,甘肃省嘉峪关出土。壁画描绘了牛、马等动物的形象,表现了墓室主人生前的家庭生活情况。画面中间偏左以丹漆写有"坞"字。

话说中国

三国西晋

黄巾起义的爆发，犹如决堤一样，使得东汉政局岌岌可危，不可收拾。同时，朝廷中的外戚势力与宦官势力的争斗，也达到了高潮。大将军何进的掌权及其被杀，成为轰动朝野的突出事件。

大将军何进掌权

东汉政局岌岌可危，宦官和外戚，两种政治势力的争斗趋于白热化。

屠夫出身的大将军

何进，字遂高，南阳宛县（今河南南阳）人。他出身于屠夫家庭，人长得高大健壮。他的一个同父异母的妹妹被选进宫中，成了何贵人，得到灵帝的宠爱。何进、何苗兄弟俩因此得到了做官的机会。起初，何进任为郎中，再升为虎贲中郎将，曾经一度外任为颍川太守。后来，灵帝将何贵人立为皇后，何进就入朝被任为侍中、将作大匠、河南尹，权势比原先大得多了。

灵帝中平元年 (184) 发生黄巾起义时，何进被任为大将军，率军镇守京师洛阳。黄巾军大方首领马元

何进被杀

公元189年，年才十四岁的皇子刘辩即位，这就是汉少帝。按照惯例，由何太后临朝，外戚大将军何进掌权。宦官蹇硕，原是禁卫军头目，想谋杀何进，没有成功。何进掌权以后，把蹇硕抓起来杀了。何进手下有个中军校尉袁绍，是个大士族的后代。蹇硕被杀以后，袁绍劝何进把宦官势力彻底除掉。何进不敢做主，去跟太后商量。何太后说什么也不答应。袁绍又替何进出谋划策，劝何进秘密召集各地的兵马进京，迫使太后同意除宦官。何进觉得这是个好办法，决定召各地兵马来吓唬太后。何进派人给董卓送了一封信，叫他迅速带兵进洛阳。这个消息，很快就传到宦官的耳朵里。他们就在皇宫里埋伏了几十个武士，假传太后的命令，召何进进宫。何进一进宫，就被宦官围住杀了。此图出于清末石印本《三国演义》插图。

义密谋举兵于洛阳，叛徒唐周向朝廷告密，何进因为镇压起义有功，封爵为慎侯。接着，其弟何苗也因镇压黄巾立功，由河南尹升迁为车骑将军，封爵济阳侯。

杀蹇硕，镇压宦官势力

中平六年(189)四月，东汉灵帝死，由十四岁的皇子刘辩嗣位，史称少帝。这时，成为皇太后的何后就临朝听政。大将军何进、太傅袁隗（袁绍的叔父）一起担任录尚书事，算是百官中最高的职位，两人共同管理朝政。再说灵帝原先有个亲信宦官，名叫蹇硕，他早就跟代表外戚势力的何进结下深怨。蹇硕一直想要杀掉何进，改立刘协为帝。何进闻知后，就抢先下手捕杀了蹇硕。

在朝廷当时设置的"西园八校尉"这最高军事机构中，蹇硕担任上军校尉，职权最高。其次，有中军校尉袁绍、典军校尉曹操等。何进杀了蹇硕，袁绍就劝何进应该乘势将宦官全部杀掉，扫除蹇硕势力，以免后患。但是，何太后知道了并不同意，加上何进本人又缺少决断，这事看来办不成。袁绍就又劝何进召集各地军队进京，借此造成压力，迫使何太后同意杀掉宦官。正在这种情况下，董卓、王匡、桥瑁、丁原等地方军队将领率部向京城靠近。可是，何太后仍然不答应，何进也还在犹豫不决。相反地，宦官张让、段珪等人却在加紧密划，图谋杀掉何进。

青瓷熏笼（局部）

东汉末年军阀割据形势

由于轻率而遭杀身之祸

这年八月的一天，何进来到长乐宫，再次向何太后提议杀宦官，张让就率领几十名亲信手执兵器，设下埋伏。当何进一走出长乐宫，张让就将他骗引到嘉德殿前面，由尚方监的宦官渠穆拔剑出鞘，斩杀了何进。当时，何进的部将吴匡、张璋等人等候在宫门外，只见太监们已将何进首级从宫墙上掷出，并喊道："何进犯了谋反的死罪，现在已被就地正法。"何进想不到进入宫内会有杀身之祸，他其实是死于轻率。

既然彼此已经剑拔弩张，袁绍和他的叔父袁隗就借用皇帝的名义，矫诏将宦官势力中的司隶校尉樊陵、河南尹许相二人斩杀。接着，袁绍又杀掉了两千多名宦官。外戚与宦官势力的彼此争斗，引来了董卓、王匡、丁原等地方上的武装力量纷纷向京师靠拢。这样就势必造成了东汉末年的政局更加混乱不堪。

话说中国

〇〇四

袁绍杀宦官

宫内的一场血战，大开杀戒，就此结束东汉宦官擅权的局面。

皇宫内大动干戈

东汉灵帝中平五年(188)，京师设置西园八校尉，袁绍以虎贲中郎将的地位在其中担任中军校尉。上军校尉由灵帝的亲信宦官蹇硕所担任，因为他是皇帝亲自指定的，所以实权很大，即使大将军何进也归属于上军校尉。在何进斩杀蹇硕之后，袁绍通过何进的宾客张津劝告何进，要将宦官全都杀掉，为天下除去祸害。袁绍还对何进说了灵帝时的外戚、大将军窦武的故事，掌军权的窦武依靠禁

袁绍杀宦官（右图）

何进手下有个中军校尉袁绍，是个大士族的后代。他家祖上四代都做过三公一级的大官，许多朝廷和州郡的官员是袁家的门生或者部下，所以势力特别大。蹇硕被杀以后，袁绍劝何进把宦官势力彻底除掉。何进不敢作主，反而被宦官杀了。袁绍得知何进被杀的消息，立刻派他弟弟袁术攻打皇宫。袁术干脆放了一把火，把皇宫的大门烧了。大批的兵士冲进宫里，不分青红皂白，见了宦官就杀。有的人不是宦官，只是因为没有胡须，也被错认为宦官杀了。经过这场火并，外戚和宦官两败俱伤。何进召来的董卓却带兵进了洛阳。此图出于清末石印本《三国演义》插图。

灶台

图为三国时期的灶台，设有两个火眼，分别放置煮食器具，造型比较简单古朴。

卫军想杀灭宦官，但由于计谋泄露，反被宦官所害。袁绍的话对何进并没有起作用，因为何太后反对杀宦官，何进就犹豫不决。反过来，张让、段珪等宦官势力却先下手为强，在宫中的嘉德殿前设伏将何进杀死。

何进的部将吴匡、张璋见何进被杀，引兵入宫，想要捕杀宦官。由于宫门紧闭，袁绍的堂弟中郎将袁术与吴匡等砸开宫门，焚烧南宫九龙门及东宫西宫，目的是要胁迫对方交出张让等人。张让等宦官首领就对何

长揖横戈出将干
军盖代雄头颅走
里夹计就狱田丰
问渠

公元 189 年

公元 189 年

世界大事记
百济再犯新罗，败绩。

《三国志·魏书·袁绍传》
《后汉书·何进传》

袁绍　张让
段珪　残忍

人物　关键词　故事来源

珍贵的彩绘木榻

这只木榻在三国时期是具有时代特征的新器形，并且在出土的器物中只有这么一件是彩绘的，十分珍贵。木榻分为七格，涂以朱漆，分别绘有天鹿、双凤、神鱼、麒麟、飞廉、双鱼、白虎等祥瑞图案，寄托了人们的美好心愿。

太后说，大将军何进谋反，现在他的部下正在焚烧内宫。于是，张让等人就挟持太后、少帝刘辩和陈留王刘协，以及部分高级官员，一起由暗道往北宫转移。

尚书卢植当时也在被挟持的一行人中间，他手执长戈，在阁道的窗下责问宦官段珪，段珪害怕他，就将何太后给释放了。

消灭朝中宦官势力

再说袁绍，领兵进入北宫，大肆搜捕宦官。他们四下寻找，见到宫内的人，无论年长或者年幼，只要认为是宦官的，就全部加以诛杀，总共杀了二千余人。其中，也有因为单是没有胡须而被误杀的，那些不是宦官的人，只能自露形体才得以免死。

就在袁绍进入宫内杀宦官时，张让、段珪等挟持少帝与陈留王等数十人徒步出了谷门。他们离开洛阳，来到小平津，即今河南孟津东北。而朝廷那些公卿当时却留在平乐观，没有一起跟去。只有尚书卢植、河南中部掾闵贡连夜骑马追赶，闵贡赶上后，挥剑斩杀了数名宦官，其余的宦官都被迫投河而死。张让、段珪也就在这时丧命。

到了第二天，公卿百官都来奉迎少帝刘辩回宫。闵贡因为救驾有功，提升为郎中，封爵为都亭侯。

这样，朝廷中的宦官势力已经被消灭。东汉中后期以来所形成的宦官擅权的局面，也就此宣告结束。

话说中国

○○五

讨伐董卓

关东的州牧郡守，联合采取军事行动，进逼洛阳。

董卓拥兵自重，不可一世

袁绍在京城西园八校尉中的地位，原来是居于第三，随着蹇硕、何进在彼此争斗中死去，袁绍的地位本来应该得到进一步提高。不料，董卓进京之后，肆意乱来，又成了当时的一大祸害。董卓原先只有三千兵马，在接收了何进、何苗、丁原的所属部众之后，实力壮大。董卓拥兵自重，就显得不可一世了。

在袁绍手下担任骑都尉之职的鲍信，看到事态如此发展，心里很是着急，就对袁绍说道："董卓拥有强兵，胸怀异志。趁他进京之初，鞍马劳顿之际，对他发起攻击，就可以捉住他，叫他服罪。如果不是趁早动手，就怕反而会受他的控制。"可惜，鲍信的意见，袁绍并没有听得进去。

就在东汉中平六年(189)八月的一天，董卓将袁绍召来商谈。董卓口气很大，说道："汉灵帝昏庸，原先立刘辩为少帝。如今，我打算改立陈留王刘协为帝，不知你认为如何？"袁绍回答："当今皇上年纪很轻，并没有失德的行为，董公你打算废掉嫡子改立庶子，

恐怕难以令大家服从。"董卓听了，顿时怒不可遏，手握剑柄，厉声斥责袁绍。袁绍也不买账，只见他怒气冲冲地手握佩刀，稍稍欠身，作了个揖，然后就转过脸，昂首离去。

袁绍心里明白，董卓将会加害于他，就决心离开京城。他将朝廷任职的符节悬挂在洛阳东城门上，就率部去了冀州。

关东州牧联合讨伐董卓

袁绍祖上四世为公，门生故吏遍天下。当时有侍中周毖、城门校尉伍琼、议郎何颙等人，在董卓面前替袁绍说好话，说是可以免罪任职，董卓认为可以。于是就又任命袁绍为勃海太守，封邟乡侯。当时的勃海郡的治所在南皮，即今河北南皮东北。

不久，董卓胁迫何太后废去了少帝刘辩的皇位，成为弘农王，改立陈留王刘协为帝。于是，刘协就成了汉献帝。接着，董卓毒死了何太后。到了第二年即初平元年(190)正月，弘农王刘辩也被毒死。由于宫中接二连三地发生骤变，京城洛阳显得动荡不安，危机重重。

这时候，有个颍川人，名叫韩馥的，原来在朝廷担任过御史中丞，董卓曾经举荐他当上了冀州牧。韩馥对于自己管辖范围内的勃海太守袁绍的一举一动，严密地加以关注。东郡太守桥瑁用假信以京师"三公"的名

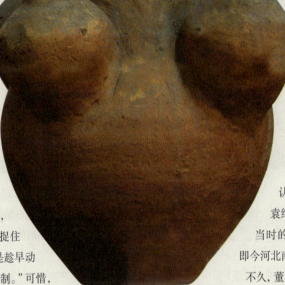

五联罐（上图）
五联罐是古代一种特殊形制的容器，始于汉代。四个小罐置于大罐的肩部，能够增加容积。图为三国时期的五联罐，简单质朴，略显粗糙。

三国西晋

公元190年

公元 190 年 〉

世界大事记

罗马的马可·奥勒留圆柱建成。

三国志·魏书·武帝纪
三国志·魏书·袁绍传
后汉书·董卓传

门生故吏遍天下
盟誓
讨伐

袁绍　董卓

人物　典故　关键词　故事来源

义给全国各州郡传话，列举了董卓的种种罪行。"三公"自称受到逼迫，无法自救，望各地举义兵，以解救国家的患难。冀州牧韩馥闻知后，经考虑再三，终于在董卓、袁绍之间作出自己的选择。他写信给袁绍，表示同意一起举兵讨伐董卓。

董卓进京

东汉中平六年(189)灵帝死。少帝刘辩即位，大将军何进与司隶校尉袁绍合谋召董卓进京诛杀宦官。董卓按兵不动以待机。及何进被杀，袁绍尽诛宦官，董卓即率军火速赶至洛阳，使吕布杀并州刺史丁原。于是董卓势力大盛，得以擅政，废少帝，立年仅九岁的陈留王刘协为帝，是为献帝。后董卓自封相国，带剑上殿，入朝不趋。董卓又纵兵大肆掳掠奸淫，名之谓"搜牢"；又虐刑滥罚，以致京师百姓、官员人人自危。他又以恢复党人名誉，起用士大夫，笼络人心。此图出于明陈洪绶《博古叶子》。

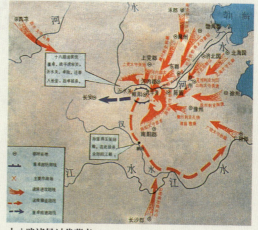

十八路诸侯讨伐董卓

春米的工具碓

碓是古代用于舂米的器具，在石臼上放置一根木杠，杠端装置杵或缚石用以捶击谷粒，用脚踏动木杠后端使其工作。图为三国时的碓，瓷质。

就在这年正月，后将军袁术、冀州牧韩馥、豫州刺史孔伷、兖州刺史刘岱、河内太守王匡、陈留太守张邈、东郡太守桥瑁、山阳太守袁遗、济北相鲍信，相约定当，同时一起举兵，并推举袁绍作为盟主。当时称今陕西潼关县境的潼关以东的广大地区为关东，关东的州郡牧守们这次联合军事行动，各拥兵数万，合并起来规模相当大。袁绍自号车骑将军，与河内太守王匡共同屯兵在河内（治怀县，今河南武陟西南）。韩馥留守邺城（今河北临漳西南邺镇），负责联军的粮草供应。袁术屯兵于鲁阳（今河南鲁山），其余各部屯兵酸枣（今河南延津西南）。关东联军从北、东、南三面进逼洛阳，讨伐董卓。

话说中国

中国大事记

袁绍自领冀州牧，表曹操为东郡太守。公孙瓒破青州黄巾军，转攻袁绍，以刘备为平原相。益州牧刘焉使张鲁、张修攻杀汉中太守。

"人中有吕布，马中有赤兔。"吕布以勇悍出名，他的一生曲折多变。

勇悍的吕布

三国人物中，有一位武功了得，号称"飞将"的不可一世的温侯，他就是吕布。

号称"飞将"，进封温侯

吕布，字奉先，东汉末年五原郡九原（今内蒙古包头西北）人。他武功厉害，擅长弓马，号称"飞将"。

最初，吕布投靠在并州刺史丁原的麾下。丁原，字建阳，出身贫寒，有武勇，善于骑射。他对吕布可以说是以武会友。吕布先是担任骑都尉，后来升为主簿，很受厚待。

东汉灵帝驾崩时，丁原带兵来到洛阳，吕布随之而来。当时，宫廷内经历了几番争斗，结果造成董卓进京。丁原和董卓对立，董卓就利用吕布身为丁原亲信的条件，诱使吕布杀死了丁原。吕布投到董卓身边后，作为义子，深得信任。不久，吕布由骑都尉升迁为中郎将，封都亭侯。

董卓深怕遭人谋害，就用吕布做他的贴身护卫。可是，董卓脾气刚烈，为人偏执，稍有不满就容易发怒。曾经有一次为了件小事，竟不顾义亲之情，操起手戟向吕布掷去。再说，吕布常在董卓身边护卫，和侍婢已有私通的隐情，吕布恐怕私情暴露，心里老是担忧。正逢司徒王允和仆射士孙瑞一起密谋要除掉董卓，王允请吕布作为内应。吕布先是碍于义子名分，未能决断，王允就跟他说："你原自姓吕，本非骨肉。董卓不顾你生命，称得上什么父子？"吕布就答应并杀死了董卓。王允任吕布为奋威将军，仪比三司，进封温侯，共理朝政。

武艺高强，但人品与际遇不佳

可是好景不长，董卓死后一个多月，他的部下李傕、郭汜领兵攻杀王允，吕布率数百骑兵战败，出了武关。吕布自以为杀死董卓等于也是为袁术报了仇，就想投靠袁术。不料，袁术对吕布的反复无

吕布

吕布字奉先，三国五原郡九原人，官至温侯，身材高大，相貌英俊，武艺高强。他经常手持一口方天画戟，脚跨赤兔宝马，当时人称"人中吕布，马中赤兔"。吕布为人反复无常。他原为丁原的义子，董卓用了一匹赤兔马和金珠玉带就令他谋杀丁原投奔董卓。吕布成为董卓部下后，与其貂蝉私通，因恐东窗事发而与司徒王允合谋杀了董卓。曹操征讨徐州时，吕布乘机偷袭其根据地，后与曹操反复征战，因被水攻，以及部下侯成叛变而投降。在白门楼，吕布被擒。曹操虽然很想得到吕布，但他也不想成为丁原和董卓，只好把吕布给杀了。此图出于清刊本《三国演义》插图。

后世用"狗尾续貂"比喻以次充好，前后不相称，貂是什么？

《三国志·魏书·吕布传》

人中吕布，马中赤兔

吕布　董卓　王允　丁原　勇敢

人物　典故　关键词　故事来源

清末年画《凤仪亭》（上图）、湖南民间木雕《吕布戏貂蝉》（左图）

王允和貂蝉商定"连环计"后，先把貂蝉收为义女许给吕布为妻，再将貂蝉送给董卓为妾。吕布见貂蝉被董卓霸占，心中愤愤不平。貂蝉在吕布面前也假意伤心落泪。一日，董卓上朝议事，吕布忙跑到相府来会貂蝉，二人互诉衷情。董卓正在殿上议事，回头不见吕布，心中疑惑，得知其在后花园，急忙赶去。貂蝉见到董卓，哭诉被吕布调戏。后来，董卓找吕布追问貂蝉被调戏之事，吕布反目，刺死了董卓。图为清末年画《凤仪亭》和湖南民间木雕《吕布戏貂蝉》。

吕布勇悍的风采，为后人所称道。唐代诗人李贺有《吕将军歌》写道："吕将军，骑赤兔，独携大胆出秦门，金粟堆边哭陵树。北方逆气污青天，剑龙夜叫将军闲。将军振袖拂剑锷，玉阙朱城有门阁。……"在三国战争中，吕布的武艺并不在关羽、张飞、赵云诸人之下。至于人品与际遇，那就又作别论了。

白门楼结束生命

再说当时风云际会，人人都各自为政，吕布在占据徐州一带，即今山东南部和江苏北部地区后，他自

常产生恶感，拒不受纳。吕布于是改投袁绍势力。吕布和他的亲信战将成廉、魏越等人善于作战。在攻打张燕的地方势力时，张燕有精兵万余，骑众数千，吕布手执利戟，脚跨赤兔良马，和部下一起冲锋陷阵，战胜了张燕军。当时流传这样的话："人中有吕布，马中有赤兔。"

话说中国

三国西晋

清代年画《虎牢关》

董卓把持朝政，凶狠专横。各路诸侯举袁绍为盟主，带各路兵马杀向洛阳，讨伐董贼。董卓派吕布领十五万兵马驻守洛阳城外的虎牢关。袁绍派八路大军前去攻打，虎牢关下吕布连斩数将。这时，张飞冲杀上去，连战五十回合。关羽见张飞胜不了吕布，便舞刀上前助战，又厮杀三十回合，仍胜不了吕布。刘备见状，骑黄鬃马斜刺过来，三个人把吕布围在当中，走马灯般的轮流厮杀，吕布毕竟难敌三人，渐渐觉得难以招架，只得拍马冲出了包围圈，逃回虎牢关。

称徐州刺史。东汉兴平元年 (194)，吕布和曹操大战于濮阳，双方相持百余日；第二年，双方又在巨野开战，吕布兵败。建安三年 (198) 吕布在下邳，即今江苏宿迁境内，被曹操军队围困了三个月。这时候，吕布部下将领侯成、宋宪等人，彼此产生矛盾，战事不利。最后，吕布不得已登上白门楼，受围困而投降。

陕西民间剪纸《连环计》

《三国演义》曾有"第一才子书"之誉，那就是说其中多才子、英雄，而绝少美女。其实有一位女性，十分关键，也堪称英雄，她就是让董卓、吕布反目，用连环计为国除奸的貂蝉。此图为陕西民间剪纸，人物分成两组，董卓在左，怒不可遏，吕布和他心上人在右，相互遮掩，画面极其生动，再加之色彩丰富，手法娴熟，真叫人眼花缭乱，又觉赏心悦目。

吕布降曹操时，曾经说道："你曾经担心我吕布与你为敌，现在我投降了，天下已不足为忧；今后我听你的，如果你统率步军，命我带领骑兵，那么天下就不难安定。"吕布表示愿为曹操效命，争夺天下。曹操听了，先是有所动摇，一时拿不定主意，正在旁边的刘备却向曹操进言："你难道没有看到吕布是怎样跟从丁原和董卓的吗！"这种提醒无异于背后放冷枪。于是，曹操命人将吕布缢死在白门楼。

如今在河南荥阳县虎牢关西北隅的九曲山颠，尚有城墙断垣三百余米，高的地方有七米，传为三国时候的吕布城。这里，山陵起伏，沟壑交错，当年吕布和刘关张三英大战虎牢关时，曾经屯兵于此。现在城南有跑马岭，西有刑岭，东有摩天岭、养马沟，北有练兵场和点将台等遗迹。

世界大事记

日本（第14代）仲哀天皇即位（192—200）。

《三国志·魏书·刘表传》　《后汉书·刘表传》

刘表　刘备
牌肉复生
平庸

人物　典故　关键词　故事来源

〇〇七

刘表守业不成

风云变幻，在机遇与挑战面前决不可故步自封，坐失良机。当年，郭嘉曾说荆州刘表是个坐谈客。

荆州是兵家必争之地

夺荆州，战襄阳，这在三国戏文中有着热闹的表现。古襄阳城在今湖北襄樊市市区汉水南岸，地处汉江中游。襄阳雄峙江右，樊城威镇江左，两者位居南北要冲。荆州牧刘表的治所就在襄阳城。三国时期，荆州一带成为兵家必争之地。

刘表，字景升，山阳郡高平（今山东鱼台县东北）人。他出名早，与陈翔、范滂、孔昱、苑康、檀敷、张俭、岑晊七人为友，人称"江夏八俊"。东汉末年，党争激烈，刘表曾遭到专权宦官的通缉，后来解禁，他才回到官场，成了大将军何进的属僚。朝廷委任地方最高长官时，由于刘氏皇室对异姓的人心存戒备，就最大限度地起用了刘氏宗亲。刘表因是东汉远支皇族，所以在东汉灵帝驾崩后，代替王叡做了荆州刺史。

刘表保境自守，目光短视

刘表刚上任时，困难重重，周边有豪强割据，境内有枭雄出没。手无一兵一卒的他，空手起家，靠了豪族蒯良、蒯越、蔡瑁等人的帮助，用计谋杀了境内一些强人，收服了他们的队伍。刘表当了荆州牧以后，北与冀州牧袁绍结好。在当地，他重视文化，兴办学校，是有益的

举措。但是处在风云际会、战乱纷争的年代，只知道一味地保境自守，缺少魄力，缺少开拓，后果当然不佳了。

建安五年(200)，袁绍与曹操相持于官渡，遣人求刘表援助，刘表表面上答应而实际上并不出兵。官渡之战，袁绍大败。刘表还在做他的保境梦，坐拥十万人

位于荆州的宾阳楼

荆州古城墙是古时的一项大型军事防御工事，积淀了丰厚的历史文化内涵，大禹治水，三国纷争，都在这里留有遗迹。荆州古城墙四周，原有城门6座，6座古城门上原都建有城楼，现只有东门和大北门两处有城楼。东门又称"寅宾门"，城楼为"宾阳楼"，始建于明代，现城楼为1988年重建。东门是迎接来使和宾客的城门，因此门楼壮观，瓮城也最大。

话说中国

马，以观天下之变。第二年，曹操亲自领军攻打汝南的刘备，刘备不敌，南走荆州，前往襄阳依附刘表。刘表闻知，出襄阳郊外迎接，以上宾之礼相待。他给刘备补充了兵员、物资，让刘备驻军新野(今属河南)以防御曹操南下。

有一天，刘备在刘表那里议事，上厕所归来，慨然流泪，刘表感到奇怪，问他为何流泪，刘备回答："我常年身体不离马鞍，大腿上的肉(髀肉)很少。现今来荆州已有多时，养尊处优，很少骑马，髀肉复生，日月如流，人将老了，而功业未建，所以悲伤。"这番话，表现了刘备的抱负与进取心。对比之下，刘表就显得目光短视，他坐观时局，缺乏远志。

刘表据荆州

公元190年，刺史王叡被长沙太守孙坚所杀，朝廷派北军侯刘表出任荆州刺史。当时荆州境内很不安宁，郡守作乱，寇贼相扰，强宗大族聚众自保。刘表依靠南郡人蒯越、襄阳人蔡瑁等，先后平定了境内的叛乱和江南三郡的反抗，逐渐统一了荆州八郡，成为当时一股重要的割据势力。刘表据荆州19年间，荆州也出现了

社会比较安宁、百姓比较富庶的局面。但刘表的胆识和才干毕竟有限，又不具备像曹操、刘备、孙权那样的雄才大略，骨子里头比较懦怯，并非称雄于世的一方英雄，被当时有些人看作"无霸王之才"的暗弱之主。他据有荆州之地而不会利用，虽有称王称霸之心而不会称雄。所以，他最终没能把荆州保住，把一个极有霸王实力与基础的荆州，让给了曹、刘、孙三家去争。此图出于清末石印本《三国演义》插图。

徒有其表的坐谈客

刘备在荆州多年，声名显著起来，荆州有识之士慕刘备之名而来投奔的，日益增多，这引起了刘表的猜疑。曹操在统一北方后，进一步出兵北征乌桓，将领们担忧刘表会派刘备袭击许昌，谋士郭嘉分析指出："刘表不过是个坐谈客，自知才不能驾驭刘备，重用恐怕出事，不重用则刘备不会为他所用，因此，可以不必担忧。"郭嘉对刘表的评说，真是入木三分，切中要害。

荆州牧刘表拥兵自重。他的主张无非是保境守土，但是，荆州乃天下枢纽，兵家必争之地。北方曹操的下一步战略是向南扩张，势必会攻伐荆州。东吴的孙权也想在此推进其势力范围，以确保江东。刘表单纯想保住家业，不思进取，结果当然处于被动挨打的局面。

果然在建安十三年(208)七月，曹操就率军征伐荆州。曹操的大军还没有来到，刘表就已经病死了，时年六十七岁。很快，刘表的儿子刘琮投降了曹操。

爱看史书的毛泽东在读《三国志》时，看到刘表的传文有所谓"(身)长八尺余，姿貌甚伟"的话，曾经加上批注："虚有其表。"他对刘表的这一评价是很有见地的。其实，早在范晔写《后汉书》时，他对刘表的评价就是："其犹木偶之于人也。"认为刘表不过是一个徒有其表的"木偶"罢了。

错金铭文铜弩机(上图)

弩机是古代的远射兵器。弩机上有"悬刀"，类似现代枪支所说的扳机，"望山"是瞄准器，"牙"用来钩住弓弦。要发射弩箭时，扳下"悬刀"，"牙"就缩小，"牙"所钩住的弦弹出，弹出的力量可把箭远远地射出。据记载，诸葛亮发明了连弩机。图为三国时期的铜弩机。

公元192年 公元192年

世界大事记 沃洛加西斯三世卒，子沃洛加西斯四世正式继任帕提亚王（192—208/209）。

〇〇八

《三国志·魏书·武帝纪》 曹腾传

曹操 曹腾 曹嵩 姜行

人物 关键词 故事来源

曹操的祖先是谁？

说曹操是西汉名臣曹参的后代，这是一种附会。曹操的父亲曹嵩，是宦官曹腾的养子，原本出自姓夏候的人家。

沛地曹姓的由来

曹操，字孟德，小字阿瞒，又名吉利。沛国谯县（今安徽亳州）人追溯起来先秦时代高阳帝的臣子陆终有个儿子陆安，改姓为曹。从那时候开始，曹姓算是由来已久了。到春秋战国时，作为曹姓封国的郐国被楚国灭掉，其子孙分离流散，有一支脉在沛这个地方安了家。

秦汉之际跟从刘邦起兵的曹参字敬伯就是沛县人，曾当过狱吏，后来战功显赫，封为平阳侯，继萧何之后，担任西汉初期丞相。爵位又有世袭，从而使得曹姓家族得以复兴。因为这个缘故，据称曹操祖先是曹参的后代。这可能属于史家为名人作传时所惯用的附会法。

曹操真正的祖先

实际上，曹操祖先有名可查的为曾祖曹节、祖父曹腾和父亲曹嵩。

曹节，字元伟，为人性格仁厚。有一次，邻居家跑掉了一只猪，模样和曹节家的猪很像，邻家误认后，上门将曹家一头猪牵走。曹节并不与之争辩。后来，邻家跑掉的那猪自己跑还老家，邻居羞惭地送还曹家的猪，认错道歉，曹节只是淡然一笑而已，并不多说什么。

襄阳古城门

古城襄阳，战略地位十分重要，历代为兵家必争之地，它以"铁打的襄阳"和"华夏第一池"的美誉著称。襄阳城始建于汉，初为土墙，宋时改为砖墙。城墙略成长方形，周长7.4公里，墙高8.5米，其完好程度为国内少见。图为襄阳北门的城楼。

公元192年

曹操生平简历

曹操字孟德，小字阿瞒，又名吉利。	
公元155年	出生。沛国谯县（今安徽亳州）人。
公元174年	二十岁，任郎官。后任洛阳北部尉、顿丘令，入为议郎。
公元184年	黄巾起义后，任骑都尉，因军功升为济南相。
公元188年	任为西园八校尉之一的典军校尉。
公元189年	董卓进京，曹操逃出洛阳，到陈留（今开封）募兵反董。
公元191年	任为东郡太守。
公元192年	代任兖州牧。收编青州的黄巾军三十多万，建立青州兵。
公元195年	击败吕布，控制兖州，任兖州牧。
公元196年	迎献帝，都于许县。开始屯田。
公元197年	率军攻打并击败袁术。
公元198年	擒杀吕布，攻占徐州。
公元204年	攻占邺城。任为冀州牧。
公元206年	全部收复冀、青、幽、并四州。
公元207年	率军出卢龙塞，击败乌桓，斩杀蹋顿。
公元208年	攻荆州。兵败赤壁。
公元213年	击败马超、韩遂，平定关中，统一北方。受封为魏公，领有冀州十郡。
公元216年	进号为魏王。
公元218年	赴长安指挥对蜀军作战。夏侯渊被蜀军斩杀。
公元219年	在斜谷一带与蜀军对峙，失利后撤回洛阳。
公元220年	曹操病逝，终年六十六岁。

曹腾是曹节的第四个儿子。三位哥哥的字分别是伯兴、仲兴、叔兴，他的字为季兴。长大后，他当了宦官。东汉安帝时，成为一名黄门从官。年轻而又忠厚老实的他，得到邓太后的赏识。永宁元年（120），他在太子身边做侍从，顺帝上台，曹腾由小黄门升迁为中常侍。因为参与决策迎立桓帝有功，封为费亭侯，升大长秋。他一生中在宫廷任事长达三十余年，先后侍奉过四位皇帝。他为人谨慎厚道，乐意助人，介绍推荐贤者能人当官。益州刺史种暠误解曹腾，说他擅自结交朝官，曹腾并不介意，反而说种暠为人忠节。种暠后来升迁为司徒，常对人称赞曹腾，说道："我

铁戟

戟为古兵器之一，创于弓箭之后，形与戈略同，皆横刃。戟为戈、矛合体之兵器，柄前安直刃以刺敌，旁有横刃，具有钩刺的双重作用。古代戟分马上戟、步战戟、双戟等不同用法。图为三国时期的铁戟。

今日能当上司徒，是靠了曹常侍的恩德。"

曹嵩，字巨高，原是夏侯氏之子，后作为养子，承袭曹腾为费亭侯。桓帝时担任司隶校尉，灵帝时升为大司农、大鸿胪，后来代替崔烈为太尉。献帝时，曹嵩辞职还乡。曹操起兵伐董卓时，曹嵩年迈，与小儿子曹疾带领全家远避到琅邪地区。后来，徐州刺史陶谦杀害曹嵩一家，所以曹操替父报仇，攻伐陶谦。

戎马一生的曹操在活着时没有称帝。儿子曹丕废汉献帝自立，史称魏文帝，追尊曹操为魏武帝。魏黄初元年（220），追尊曹操之父曹嵩为太皇帝。太和三年（229）追尊曹腾为高皇帝。

〉历史文化百科〈

〔曹腾墓和曹嵩墓〕

现今在安徽亳州市城东南郊的董园村，有曹腾墓和曹嵩墓。据近年考古发掘得知，曹腾墓为石质结构，长15.3米，宽10.2米，分为七室。墓壁彩绘壁画仍隐约可见。出土有一件铜缕玉衣。另据史志记载，墓前原有碑，碑文题刻："汉故中长侍、长乐太仆、特进费亭侯曹君之碑"。现已不存。曹嵩墓为砖石结构，长13米，宽10.4米，共有五室，宽敞壮观。原有碑、堂、石阙，现在都已不存。出土银缕玉衣、铜缕玉衣各一件，精美镏金铜器、象牙和玉石器数件。这些珍贵的出土文物，距离曹家建立魏国政权的辉煌年代，已经有一千七百年历史了。

三国西晋

○○九

曹操不忘知己

慧眼识曹操

以资格老、阅历深而著称的何颙、桥玄两人，很会看人，他们别具慧眼识曹操。

曹操小时候灵活机警，善于应变。不过，他放荡任性，又不会经营生计，所以当时一般人都看不出他有什么与众不同的奇特之处。

可是，就有人别具慧眼，在曹操未满二十岁时已对他颇为赏识。这里要说的是何颙与桥玄。

何颙，字伯求，南阳郡襄乡（今湖北枣阳东北）人。早年他游学洛阳，在高等学府太学中显露名声。后来在司空府任职。他和荀彧的叔父即司空荀爽，还有司徒王允一起，曾合谋诛除董卓。何颙资格很老，见过曹操后感叹说："汉室将亡，可惜我辈老了，今后，能够安定天下的必是这位年轻人。"曹操对何颙的话始终铭记在心。

不忘桥太尉知己之恩

桥玄，字公祖，梁国睢阳（今河南商丘南）人。七世祖桥仁在汉成帝时官为大鸿胪。祖父桥基做过广陵太守，父亲桥肃做过东莱太守。桥玄年轻时为县功曹，后举孝廉，为洛阳左部尉。他宦途多变，做过齐相、上谷太守、汉阳太守、司徒长史、将作大匠等，

雄韬大略曹阿瞒

史载曹操少年机警，任侠放荡。年二十起家为郎官。他在对黄巾起义的战争中崭露头角，分化诱降黄巾军三十余万。军阀混战之中，他又在官渡以少胜多击败当时最大的军阀袁术，统一了北方。他在政治上善于用人，主张"唯才是举"。为满足征战的后勤补给，推行屯田制，兴修水利，使中原"千里无鸡鸣"、"白骨露于野"的萧条有所改观。他并能诗善文，开启了建安苍凉刚健的文风。

古代书法文字的演变

三体石经刻于三国魏正始年间，刻石内容为中国古代儒家经典著作《尚书》和《春秋》的一部分，分别用三种字体书写，最上一排是大篆，为秦统一以前使用的战国文字，第二排是小篆，即秦统一以后使用的文字，第三排是隶书，是由篆书简化演变而成的一种字体，普遍使用于汉魏时期。三体文字清楚反映了中国古代文字的演变过程。

三国西晋

祢衡击鼓骂曹

尽管曹操是诗人，是军事家，是政治家，但多少年来，还是被人当奸臣骂，在京剧里就有一出《击鼓骂曹》。这是北京颐和园里的长廊画，画中的祢衡半裸着上身，手拿鼓槌，直指曹操：我们看到曹操已经愤怒并感到难为情了。倒是张辽顾及他的面子，拔出宝剑要结果这狂生的性命，这一刻也算是千钧一发呀！

还当过河南尹、少府、大鸿胪、司空、司徒等，七十岁时做到太尉。

当初，曹操还没出名，人家都不知道他。有一次，曹操和桥玄见了面，这位阅历广博、以鉴知人物出名的桥太尉竟然对曹操刮目相看，激动地说："我见过的天下名士算得多了，却没有像你这样出色的啦！你要善自

历史文化百科

〔"只能吃一口"的乳酪〕

乳酪由北方传入南方时，由于比较稀少显得十分珍贵，只有上层人士才能享用。《世说新语》记载有人向曹操进献了一块乳酪，曹操吃了一些之后题了一个"合"字，然后把乳酪传给其他人食用。大家都不知道什么意思。传到杨修后杨修说"合"字拆开即"人一口"，就是每人只能吃一口的意思。足见乳酪之珍贵。

珍爱，我年纪已老，愿以妻子儿女相托，请你照应。"曹操听了，当然非常感激他。

桥玄还把曹操介绍给另一位高人许劭（字子将）。桥玄对曹操说："你现在还没出名，可以让许子将帮助你。"曹操听了桥玄的话去拜访许劭，得到接纳与教诲，从此曹操有了名声。

曹操当年身份低微，别人对他慧眼有加，他当然引以为豪。终其一生，曹操都把桥玄感为知己。桥玄年迈，因病还家就医，灵帝光和六年(183)去世，享年七十五岁。到献帝建安七年(202)，曹操领兵进军官渡，途中经过桥玄的墓地时，他特地以最隆重的礼仪拜祭，还亲自撰写祭文，称桥玄人品"懿德高尚"，为人"泛爱博容"。曹操再次提到"（幼年）特以顽质，见纳君子，增荣益观，皆由奖助"，深深不忘当年桥玄对他的知遇之恩。

桥玄生前曾经对曹操说过："我死以后，你若是经过我墓地而不酹祭酒与鸡的话，那么老夫会有报应，你走不远三步之外必定会腹痛难熬。"这是一时说笑的话，但在曹操看来，这话确实是只有面对最亲近最知交的人才肯如此说的。

公元193年 公元193年

世界大事记

帕提亚王沃洛加西斯四世入侵亚美尼亚，包围尼西比斯城，并策动奥斯罗伊那、阿迪亚贝纳反叛宗主国罗马。

《三国志·魏书·武帝纪》《后汉书·许劭传》

曹操　许劭　狡诈

人物　关键词　故事来源

小顽童作弄叔父

曹操小时候喜欢放荡游猎。叔父认为他不务正业，经常在曹嵩面前说他坏话，曹嵩听了，总是为此责备儿子曹操。于是，曹操心中怨恨叔父，对他常在父亲面前告状，要实施报复。

有一次，叔父又来到曹操家，还在门外老远时，曹操见了，马上翻倒在地，面露怪相，像是中风一般。叔父立即去报告曹嵩，曹嵩赶紧来察看病情究竟如何，不料曹操这时早已站起身，完全恢复正常。曹嵩见状问道："你的病这么快就好了？"曹操回答："我根本没病。叔父是恨我才说我得了中风病的。"边说边装作惊疑的样子，真是小顽童将长辈作弄了一番。从此，叔父告状的话不再起作用，曹操也就松了紧箍的咒，更加放任自流了。

当然，也有人赏识年轻的曹操。何颙、桥玄两位名士就对曹操慧眼相看。桥玄还特地介绍曹操去拜访许劭。

许劭说曹操是乱世的英雄

许劭，字子将，汝南郡平舆（今河南平舆县北）人。他很早就以鉴评人物而出名。他讲究人物的伦理、道德、名节，很受一般人赏识。许劭的哥哥许靖名气也很大，

乱世出英雄

许劭说曹操是治世奸贼，乱世英雄，曹操听了感到兴奋。

当时汝南人称平舆县说"渊有二龙"，指的就是许家兄弟俩。

出身于四世三公家庭背景的袁绍，同许劭算是同郡老乡。袁绍从濮阳县令离任归还故乡时，临近郡界，他恐怕许劭批评他讲究排场，就将宾客随从人员遣开，独自单车还家。许劭享有名望，凡是乡里人物经他评说，往往成为定论。袁绍对他有所顾忌，正因为此许劭喜好褒贬人物，在每个月的月初评说一番，称作"月旦评"。

曹操听了桥玄的指点来见许劭。许劭当时任郡功曹，他见了曹操，召他进屋谈起世事。曹操的话说了不少，可是许劭只是随便应酬，吞吞吐吐不爽气。曹操心急地问道："既然桥玄说你善于衡鉴人物，那么请看看我人品如何？"

其实，许劭已经看透对方底细，却微笑不答话。许劭越是温吞水，曹操就越发心痒。曹操急于知道实情，说道："善就说善，恶就说恶，为何不明言，善恶不分呢？"这下，许劭没有退路，才说出口："你是清平治世的奸贼，当今乱世的英雄。"（后来这话被转为说曹操乃乱世奸雄。）当时，曹操听了，非但丝毫没有生气，反而感到很高兴。

虎牢关遗址

虎牢关位于河南荥阳的汜水镇，因周穆王在此牢虎而得名。这里秦置关、汉置县，以后的各代王朝，无不在此设防。虎牢关南连嵩山，北濒黄河，山岭交错，自成天险，有一夫当关，万夫莫开之势，为历代兵家必争之地，特别是三国时三英战吕布更是著名战例。

话说中国

中国大事记

陶谦表刘备为豫州刺史。曹操攻吕布，未获胜。刘焉死，子璋嗣益州牧。

奋武将军

从担任洛阳北部尉，到成为联军中的奋武将军，曹操踏上披荆斩棘的创业之路。

曹操喜习兵法

曹操二十岁时，郡里举孝廉，任为郎。不久后，他做了洛阳北部尉。此时，他少年时代的放荡任性已有改变，开始博览群书，尤其喜爱研究兵法。曹操将历代各家兵法典籍作了辑录汇集，取名《接要》，估计是摘要式的重新编纂。此外，曹操还对古代军事名著《孙子》十三篇作了注释。可见曹操在领兵征战之前已经具备军事理论和兵法研究的基础。这对他戎马一生的军事生涯来说，是很重要的。

当初，曹操刚被任为洛阳北部尉的时候，他特地造了执法用的五色棒，共有十多根，竖在衙门左右两旁。无论谁犯了禁，都用五色棒加以责罚。哪怕豪强人家也一视同仁，决不讲情面。对于罪大恶极的，一律罚棒杀不饶。灵帝宠臣蹇硕的叔父，有一次因为夜行犯禁，也同样被曹操责罚棒杀。于是，别人都不敢犯禁。

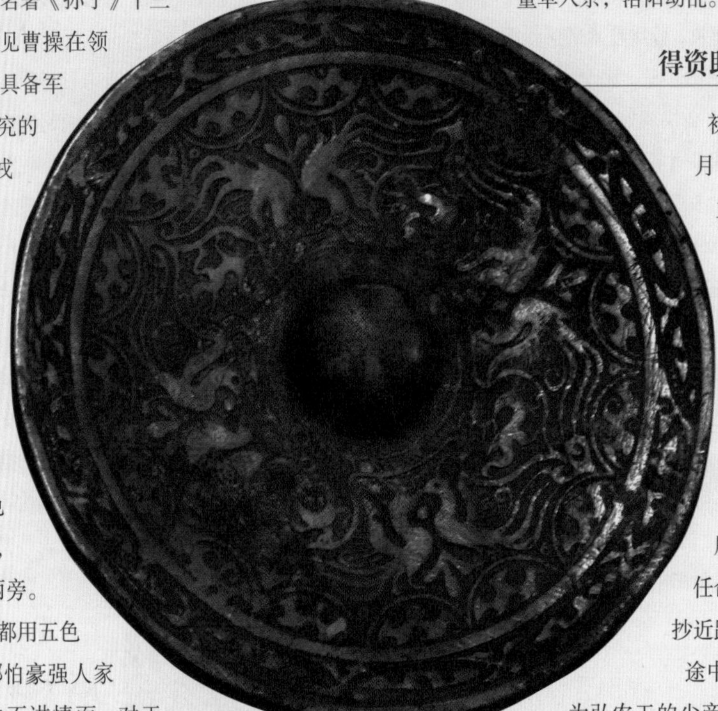

四叶八凤铜镜（上图）

这是三国时期的四叶八凤镜，属典型形制，钮外四叶作宝珠形式，叶间配置八凤，凤两两相对。凤纹外围有内向连弧纹，连弧内配置禽兽纹。

灵帝在位时，曹操还曾做过顿丘县令。后来朝廷征他为议郎。设立西园八校尉时，曹操是典军校尉。灵帝死，少帝即位，太后临朝，大将军何进和袁绍谋诛宦官，做事不果断，曹操认为何进会因此遭殃，后来何进果然被杀。起初何进、袁绍召集四方军队进京，曹操就有不同意见，但何进等人不听，终于造成董卓入京，洛阳动乱。

得资助，举义旗

初平元年(190)正月，董卓废少帝而立献帝，加上他的部下恣意抢掠，洛阳很乱，人心惶惶。董卓拉拢曹操，任命他为骁骑校尉。曹操认为董卓必败，所以未接受此项任命。他改名换姓，抄近路赶紧逃离洛阳。途中，曹操听说被废为弘农王的少帝刘辩，以及何太后都被董卓给毒死了。到了陈留郡（治所在今河南开封东南），当地有个名叫卫兹的孝廉，以家财资助曹操，曹操招募义兵得五千人，就公开举义旗讨伐董卓。

这时，后将军袁术、冀州牧韩馥、豫州刺史孔伷、兖州刺史刘岱、河内太守王匡、勃海太守袁绍、陈留太守张邈、东郡太守桥瑁、山阳太守袁遗、济北相鲍

公元194年

公元194年

世界大事记 高句丽立赈贷法。

《三国志·魏书·董卓传》
《后汉书·董卓传》
《三国志·魏书·武帝纪》

曹操 卫兹 董卓

博学 正直

魏武知兵

人物　典故　关键词　故事来源

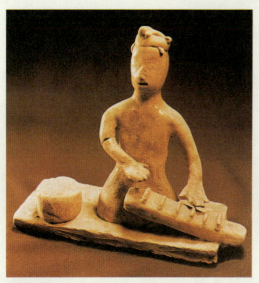

卧箕篌乐俑

卧箕篌乐俑，1980年出土于湖北鄂州市南七里界四号墓。鄂州即三国时武昌，公元221年，吴孙权自公安迁都于此。当时该地青瓷烧造业盛行一时，该墓所出青瓷乐俑及其他器物，均具这一时期的特点：外涂黄釉，捏塑而成。

信等，这些关东的牧守已在同年正月约盟起兵，他们各自拥有数万兵马，这样，组成了讨伐董卓的联军。联军将领一齐推举出身世家的袁绍为盟主。这时候，曹操在联军中的名义是奋武将军。

二月，董卓胁迫汉献帝迁都长安，自己则屯兵洛阳附近，抵御联军西进。这时联军诸将各自盘算，犹豫不进，曹操说："举义兵，诛暴乱，不应犹豫。董卓焚烧洛阳宫室，胁迫天子西迁，海内震动，这已使得天怒人怨，攻伐董卓，完全可以一战而定。"但诸将不同意进攻董卓。

三月，曹操率领所部人马西进，到荥阳（今河南荥阳东北），与董卓部将徐荣战于汴水。曹操兵少势弱，遭到失败后，退到酸枣（今河南延津西南）。这时联军诸将每日设宴饮酒，不图进取，曹操就说："我联军若同时分三路进攻董卓，讨逆必能成功。今诸君

持疑不进，真是大失天下人之望，我为诸君觉得耻辱。"后来，联军内部发生矛盾，逐渐趋于解体。关东众牧守无心讨伐董卓，只知道各自经营一块地盘，形成割据势力，互相兼并。乱世造英雄，从这时起，曹操开始踏上了一条披荆斩棘的新的创业之路。

三国吴黑釉楼阁佛像陶魂瓶

魂瓶又称堆塑罐谷仓罐，由汉代五联罐演变而来，是中国长江中下游地区三国两晋时期墓葬中特有的随葬明器。此件出土于江苏南京市的三国时吴国的黑釉楼阁佛像陶魂瓶，周围贴塑有佛像二十多尊，十分奇特罕见。

话说中国

〇一二

三国西晋

仗义任侠的陈留太守

张邈，字孟卓，东平郡寿张（今属山东）人，年轻时喜好任侠仗义，逢到别人有急难时，他可以倾其家产给人赈穷救急。为此，地方上很多人对他有好感，愿意跟从他。

早年时候，张邈和袁绍、曹操都是朋友。后来，张邈走上宦途，朝廷封他为骑都尉，升迁做陈留郡的太守。曹操因为逃避董卓的追捕，来到陈留。曹操为讨董卓，散家财起兵于己吾（今河南宁陵西南）。陈留有个孝廉，名叫卫兹的，是当地的富豪人家，他看好曹操，就用自己家财资助曹操，招募义兵有五千人。卫兹和张邈关系很好，后来成为张邈的部下。

初平元年（190），后将军袁术等为了讨伐董卓，同时起兵，各自都有几万兵马，大家合成联军，推举袁绍做盟主。这时曹操在联军中的名头是奋武将军。当曹操领兵西进，攻打成皋时，张邈派遣部将卫兹去帮助曹操。在汴水一战中，曹操失利，败得很惨，身被流箭射中，连乘骑也受了伤，靠堂弟曹洪的马才连夜逃遁。张邈率军坐镇酸枣，遏制了董卓部将徐荣的追杀。

袁绍虽作为盟主，但办事不果敢，而且性情骄矜，不将别人放在眼里。张邈代表联军众将正面批评了袁绍。袁绍发怒，让曹操去杀害张邈，曹操不听，说道："大家彼此都是亲友，应当宽容，不计是非。如今天下未定，不宜自相危害。"张邈知道后，对曹操更加友好了。曹操攻打陶谦时，曾经对家里人说："如果我遭不测，

反目成仇

张邈和曹操原是知交，想不到世事骤变，结果却不可逆料。

你们可以去投靠张邈。"曹操对张邈很信任很亲近。

世事骤变，反目成仇

不料后来事情起了变化。吕布离开袁绍时，和张邈临别握手共誓，袁绍为此大恨张邈。张邈恐怕曹操最终会听从袁绍而加害自己，心里老是不安。兴平元年（194），曹操再次征讨陶谦时，张邈弟张超，同陈宫等叛曹军将合谋。陈宫对张邈说："如今的时局，雄杰并起，天下分裂，你现在拥有千里之地，人口众多，占居着兵家必争之地，抚剑顾盼，也足以称得上是一位人中的豪杰，却反而屈服曹操，受制于人，这样不是很不光彩吗？"终于，陈宫说服张邈，趁曹操东征陶谦，后方空虚之际，和吕布合作，共同夺取兖州。这样，曹操就陷于极为不利的被动局面，除了鄄城、东阿、范县少数几处，因有荀彧等人固守以外，其余地方都响应吕布、张邈了。

第二年，曹操巧设伏兵，打败吕布、陈宫率领的万余之众。张邈跟吕布一起去下邳投奔刘备。途中，张邈让弟弟张超带领家属留在雍丘。曹操军队围攻雍丘，打了四个月，张超迫于城破而自杀，曹军进了雍丘，斩杀张邈全家老小。张邈本人要到袁术那里去请救兵，还没到达，就被自己部下给杀了。

曹操在打败陶谦，灭掉吕布、陈宫、张邈等人的势力之后，当上了兖州牧。

执巾女侍舞俑

三国陶俑，重庆忠县出土。舞俑半蹲于地，头挽高髻并以带束起，侧插珠花，身着右衽无领长衣，腰束宽带，衣前飘带垂于裙上。女俑右手向前方伸出并且拿着一条花纹宽巾，双足中间置有一罐。此陶俑雕刻细致，人物动作生动，是三国时期的艺术佳作。

城隍是我国古代神话中守护城池的神，最早祭祀城隍的是哪个城市？

《三国志·魏书·武帝纪》
《三国志·魏书·袁绍传》
《后汉书·献帝纪》

汉献帝　曹操
挟天子以令诸侯
权术　谋略

人物　典故　关键词　故事来源

话说中国

有道是三国之争，天时、地利、人和各占其一。曹魏得天时，孙吴得地利，刘蜀得人和。这里的所谓天时，也就是指曹操的挟天子以令诸侯。

挟天子以令诸侯

曹操手中的汉献帝，只是一个政治傀儡。借此操纵汉室权力，这对曹操非常有利。

帝成了争立的象征。

在曹操迎献帝之前，袁绍的谋士沮授曾劝袁绍迎献帝至邺，即今河北临漳县西南邺镇。沮授有大志，多权略，曾做过州别驾，举茂才，先后担任两个地方的县

迎汉献帝，迁都于许都

东汉灵帝死后，嫡子刘辩即位为少帝，庶子刘协为陈留王，何太后听政。董卓进京后，将九岁的刘协立为献帝，废十四岁的少帝为弘农王。初平二年(191)二月，董卓逼献帝同意迁都，由洛阳迁往长安。三月，献帝到长安。董卓毒死何太后和弘农王之后，自己也很快被诛杀。这时，各路牧守的武装力量纷起，已形成割据争立的局面。汉献

挟天子以令诸侯

初平三年，董卓为王允、吕布所杀。而二人又被卓部下李傕、郭汜所逐。献帝乘乱与一众大臣逃出长安，但被李、郭二人所追掠。而曹操接受荀彧、程昱所议，迎接献帝至许昌。从此曹操便开始挟天子以令诸侯。其后，曹操以献帝名义东征西讨。先后平定关东、关中一带。虽然曹操已成中原霸主，但就兵力而言始终与袁绍有一定距离。建安五年，袁绍大军南下，与曹兵会战于官渡。最后曹操用降将许攸之计亲率五千骑兵偷袭袁军粮仓。袁兵见军粮被烧而大乱，曹军乘势出击。袁绍败走。官渡之役奠定了曹操在北方的霸主地位。此图出于清末石印本《三国演义》插图。

三国鼎立形势图

▷历史文化百科◁

〔古代都城新格局的开创：邺城〕

邺城在今天的河南临漳。曹操攻占邺城后，为了适应都城的需要，在原有格局的基础上进行了改建。在设计上，邺城采取东西主干道的形式，将整个城区划分成统治者与百姓居住的两个不同部分，改变了汉代以来的旧有格局，具有开创意义。此后直至隋唐时期的都城格局都是在此基础上发展而来的。

公元195年

中国大事记 | 李傕、郭汜互攻，催劫献帝，烧宫殿，掠宫人。曹操破吕布，布投刘备。李傕、郭汜和，献帝出长安东归。李、郭追帝，大臣多死。献帝流亡至安邑。

三国西晋

令，还在韩馥手下任别驾，韩馥上表奏请朝廷任沮授为骑都尉。袁绍得了冀州，沮授成了袁绍的重要幕僚。沮授对袁绍说："将军你威震河朔，名重天下。如果纵横黄河之北，集合四州之地，广收英雄之才，拥有百万之众，迎圣驾于西京，复宗庙于洛邑，号令天下，讨伐异己，以此争锋，谁能匹敌。"可是，袁绍未能采纳沮授的意见，因此坐失良机。

曹操这时从东郡太守刚转为兖州刺史。在初平三年(192)镇压黄巾军后，曹操得了青州降卒三十余万人，他的部众已达到百余万人。接着，曹操先后击败陶谦、刘备、吕布等，军力不断得到扩充。兴平二年(195)二月，李傕、郭汜在关中混战，汉献帝被迫离开长安，第二年(196)七月经辗转回到洛阳。这时洛阳经过董卓之乱，掳掠焚烧，几乎成了废墟。曹操听从重要幕僚荀彧的主张，在八月迎献帝迁都许县（今河南许昌东）。

献帝身边的侍中太史令王立曾经多次对献帝说："天命有去就，五行不常盛，代火者土也，承汉者魏也，能安天下者，曹姓也，惟委任曹氏而已。"献帝经过考虑比较，迫于局势，只得同意迁到许都。

佛道相容的青釉褐彩壶

这件造型精美的青釉褐彩壶，1983年在江苏省南京市雨花台长岗村三国时期的墓中出土。这件将外来的佛教造像和本土的道教题材混杂一起的青釉褐彩壶，成为三国时期罕见的佛道相容的艺术载体。

不废掉献帝，是曹操的聪明

献帝任曹操为司隶校尉、大将军、录尚书事，封武平侯。这年为建安元年(196)。十月，曹操征伐杨奉，得胜。袁绍这时在北方还很有势力，曹操让朝廷任袁绍为大将军，曹操自己则由天子拜为司空，行车骑将军。从此，东汉朝廷逐渐为曹操所控制，汉献帝就成了曹操手中的傀儡。

曹操军事势力能在北方崛起，政治上挟天子以令诸侯，确实是重要关键。曹操不愧是有眼光有雄略有魄力的政治家。就在这同一年，他还采纳枣祗、韩浩等人的建议，开始在许下屯田，从而大大地增强了自己的经济实力，为今后征伐四方打下了重要基础。

献帝后来同曹操的矛盾激化，想除去曹操，但结果总是曹操得手，献帝始终被他牢牢地控制着。曹操终其一生没有废除献帝，这是他的聪明。他要用足这道符咒，借以镇住各路诸侯。至于汉室命运，他既然已经掌握手中，完全可以让它在最合适的时候归于消亡。

最后，曹操的儿子曹丕称帝，是为魏文帝。汉献帝被降封为山阳公，这才结束了原有的局面。献帝从迁许都到离开帝位，其间有二十五年的时间，这是他的一段傀儡生涯。

世界大事记 扶南王混盘况部将范蔓（又作范师蔓）篡位自立，约于2世纪末3世纪上半叶（一说205—225）在位。治下广拓疆土，国势东及今南越沿海，西达下缅甸，北抵今老挝，泰国中部，南至马来半岛南端。

《三国志·魏书·荀彧传》《后汉书·荀彧传》《后汉书·荀淑传》

荀彧 曹操 胸怀

人物 关键词 故事来源

曹操曾经将他的谋士荀彧（yù）比作西汉时的张良，可见荀彧的地位远在别的幕僚之上。

荀彧服毒自杀

他为曹操出谋划策，呕心沥血，并且举荐了许多贤才，但他心存汉室，有着自己的崇尚仁义的操守。

荀彧具有王佐之才

荀彧，字文若，颍川郡颍阴即今河南许昌人。追溯祖宗的话，他的祖父荀淑，据史载为荀卿的第十一世孙。荀淑有儿子八人都很有名，时称为"八龙"。其中，老二荀绲是荀彧父亲。荀彧的六叔荀爽，字慈明，十二岁时能通《春秋》《论语》，郡人称赞："荀氏八龙，慈明无双。"荀淑做过朗陵县令，荀绲为济南相，荀爽为平原相、官至司空。荀彧成长在这样的家庭环境中，自然对于匡扶汉室、维持豪族有着深深的眷恋。

虽然以知人善识出名的何颙早就说过，荀彧是"王佐之才"，但荀彧原先并没有合适的机遇。他举孝廉之后，担任亢父县令。董卓之乱，他弃官归乡。不久，他带领家族投奔冀州牧韩馥。韩馥被袁绍夺位代替后，袁绍待荀彧为上宾。但荀彧明白袁绍终不能定大业，就在二十九岁这年改投曹操麾下。曹操接纳后一交谈，就很高兴地说："真是我的张子房（指西汉名臣张良，张良字子房）呀！"

曹操东征陶谦为父报仇，吕布乘机夺取兖州，幸亏荀彧和程昱设法保全了鄄城、东阿、范城，使曹操得以有条件组织反攻吕布，收复兖州。

〉历史文化百科〈

〔蛇髻的由来〕

古代女子都爱把长发盘成一个髻，于是髻就产生了千种变化。传说蛇髻是由魏时的甄后创制的。据传甄后进宫后，宫中有一条绿蛇一直在甄后梳妆时于面前盘成一团，甄后就模仿蛇的形象梳成了蛇髻。

以匡扶汉室为己任

群雄逐鹿，荀彧力劝曹操迎献帝到许都，实现挟天子以令诸侯。破张绣、擒吕布、灭袁绍，平定北方，以及谋袭荆州，这一切都有荀彧的重要参与。荀彧的才能充分体现在形势转换关头的高瞻远瞩和战略决策。

同时，荀彧还先后向曹操推荐荀攸、钟繇、郭嘉、陈群、杜袭、司马懿、戏志才等人，他们都成为曹氏集团中的重要人物。曹操最称心的是郭嘉，召见论天下大事，曹操就说："使我成大业者，必此人也。"荀攸是荀彧的侄子，年纪比荀彧大，很有见识，曹操跟他一交谈，就高兴地说："他决非寻常人，我能和这样的人商议计略，天下还有什么可以令人担忧的呢。"

荀彧为曹操出谋划策，呕心沥血，是基于他认为曹操是匡扶汉室的强者，其实，说到底，荀彧和曹操并不是能善始善终走到一起的。荀彧先是在对待东汉王室问题上得罪了曹操，继而到了建安十七年(212)，董昭等人要给曹操加九锡，进爵魏公时，荀彧又说："曹公兴起义兵，本意是匡振汉朝。君子爱人以德，不宜如此劝进。"再次大大得罪了曹操。

这时，曹操南征孙权，就借慰军的名义将荀彧留在军中，同时还假惺惺上书献帝，表请朝廷封荀彧为侍中、光禄大夫，持节，参丞相军事。曹军至濡须，荀彧因病留在寿春。曹操派人给他送去一盒食物，他打开一看，除了空盒之外什么都没有。荀彧跟随曹操已有二十一年，彼此心思都明了，他知道曹操终究容不得他了，于是服毒自杀。时年五十岁。

第二年(213)曹操称魏公。对于荀彧之死，汉献帝认为具有不惜杀身以成仁义的重要蕴意，所以很表示哀惜，每逢祭日，朝中不准举办任何宴乐。谥荀彧为敬侯。

奇策之士荀攸

军师荀攸为曹操运筹帷幄，设奇谋，建良策，功绩显著。

曹操麾下人才济济，重要谋士有所谓"二荀一嘉"。"一嘉"指郭嘉，"二荀"指的是荀彧、荀攸。比较而言，荀攸显得更为老到。

不同寻常的谋士

荀攸，字公达，出身世族。祖父荀昙颇具才气，叔祖荀昱是八俊之一，位至沛相。父荀彝任为州从事。荀攸在辈分上是荀彧的侄子，年纪比荀彧大六岁。

幼时父母早丧的荀攸跟随祖父一起生活。叔父荀衢一次吃醉后不慎误伤荀攸的耳朵，荀攸当时只有七八岁，为了不让叔父担心，跟别人见面时故意将耳朵遮住。在荀攸十三岁那年，祖父死去。当时，有个从前的属下名叫张权的人要求守墓，荀攸人小却有眼力，他对叔父说："这

玉佩

三国魏时玉佩，共四件，山东东阿曹植墓出土。呈梯形的玉佩上下边皆为弧形，上边中间凸起三连弧饰，中间凿有一孔，应以为佩。椭圆形的玉佩扁平作云头状，底边凸起各一圆孔，上边为三连弧，中间凿一孔，三孔的连线呈等腰三角形，应是玉中的珩。四件玉佩造型简朴，表面磨光不见刀痕，体现了别样的风格。

人神色不对头，像是做过什么坏事而隐瞒着。"经追问后得知，张权果然是杀人亡命的在逃犯。

荀攸长大后，在洛阳做过黄门侍郎，后来做任城相，都不得志。曹操迎献帝到许都后，先请荀攸做汝南太守，后来入朝为尚书。曹操曾对荀彧、钟繇说："荀公达不同寻常，我有他在一起商量事情，天下还有什么可以担忧呢！"当时曹操就以荀攸为军师。

屡建奇策，为人师表

曹军在下邳攻打吕布，连战不胜，兵疲欲退，荀攸、郭嘉建议曹操绝不能放松，必须趁吕布、陈宫锐气没有恢复、计谋尚未定局之际，再加紧进攻，后来果然终于破城，生擒吕布。

建安八年(203)八月袁尚攻打袁谭，袁绍的这两个儿子不和睦，彼此兵戎相见。袁谭大败，求救于曹操。当时，曹操屯军于许都南边的西平(今河南西平西)，准备攻打刘表，部下多数认为，二袁不足担心，先平定刘表要紧，荀攸不同意多数意见，

三国西晋

公元195年 <公元 1 9 5 年

世界大事记

罗马皇帝塞维鲁首次进征帕提亚。越幼发拉底河，恢复对奥斯罗伊那之控制。帕提亚王沃洛加西斯四世被迫解尼西比斯之围，退入山区。

三国志
三国志·魏书·荀攸传
魏书·武帝纪

荀攸 谋略
曹操 尊贤

人物 关键词 故事来源

对曹操说："刘表坐保江汉，无称霸四方之志。袁氏据河北四州之地，甲士数十万，倘若二袁和睦，共守袁绍基业，则天下难以平定。如今二袁相争，机不可失，趁其乱而取之，天下可定。"曹操从计，就在不到两年时间里，占领冀州、幽州，基本统一了北方。

曹操为荀攸论功封赏时说："军师荀攸，辅佐有功，无征不从，前后克敌，皆攸之谋也。"荀攸被封为陵树亭侯。曹操对曹丕说道："荀攸为人师表，你应当尽礼敬崇他。"

荀攸后来在建安十九年(214)跟曹军征伐孙权时，因病死于征途，享年五十八岁。曹操一想起他，总会流泪痛惜。曹芳后来做了魏齐王时，追谥荀攸为敬侯。

荀攸身为军师，运筹帷幄，参与机要，但他说话谨慎，从不胡吹乱夸。有个亲戚曾经问他曹军攻伐冀州的事，他说："王师自往讨平冀州，我知道什么呢？"从此别人也就不再向他打听军国大事。荀攸一生中曾经策划过许许多多奇谋良计，最为突出与成功的有所谓十二奇策。荀攸自己不愿意在事后再多说什么，为此，他的好友钟繇曾经一度对它们做过整理，想要出

曹操所筑的铜雀台

铜雀台位于河北省的临漳县三台村，是曹操当年所筑三台之一。东汉建安十五年（210）建成，曹操命其子曹丕登台作赋，中有"飞阁崛其特起，层楼俨以承天"句，当然，这景象已不复存在，只能凭着我们的想象来描绘了。据闻，曹操发动赤壁之战前就是在此誓师，而且扬言要夺大乔、小乔两位美人回来。结果是折戟沉沙，大败而回。

个集子。可惜，还没来得及编成，年事已高的钟繇就告别了人世。所以，军师荀攸的许多奇谋良策，后来的人就不悉其详了。

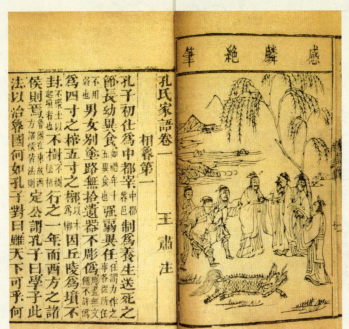

三国魏王肃撰《孔子家语》（清刻本）

《孔子家语》原书二十七卷，今本十卷，三国魏王肃撰。王肃为了攻击汉代郑玄的经学，从《论语》、《左传》、《国语》、《荀子》、《大戴礼》、《礼记》等书中杂取有关古代婚姻、丧祭、郊祀等制度与郑学不同的文字，伪造成《孔子家语》。但是，该书保留了一些古书的原文，对后世的校勘很有价值。

〇一六

金戈铁马战官渡

官渡之战

袁绍与曹操为争夺北方地区，一决雌雄，双方进行了一场非同寻常的战役。

东汉末年，袁绍势力以冀州为依托，在攻灭幽州公孙瓒之后，占地比以前更大，拥有甲兵十万，粮食充裕，够用十年，成为中国北方最大的军事力量。当时，曹操势力在兖、豫、徐三州，兵员只有三万，北有袁绍势力的压制，南边还有张绣、刘表两股强敌在逼视着。

袁绍想要攻打曹操，取下许都。他的谋士沮授说："连年频繁用兵，老百姓都已疲敝，眼下应该重视务农息民，养兵蓄锐，然后再进兵黎阳（今河南浚县东南，古黄河渡口），扰乱曹操，使他不得安宁，这样，我军则以逸待劳，很容易就能平定中原。"谋士田丰也持同样的主张。但是，持相反意见的谋士郭图、审配却认为，在形势有利的情况下，如果不去夺取兖、豫等地，说不定就会反受其害，应当乘势攻灭曹操才对。刚愎自用的袁绍当然赞成主战派的意见。

于是，就在建安五年(200)二月，袁绍大举攻讨曹操，进军黎阳，同时派遣大将颜良领兵围攻白马（今河南滑县旧城东）。四月，曹操解救白马之围，他听从荀攸的计谋，采取声东击西的办法，使袁军兵力分散。当时身在曹营的关羽将颜良斩于阵前，解了白马之围。接着，曹军又伏击袁军，杀了大将文丑，使得袁军上下士气受挫。

正如曹操谋士郭嘉所分析的，袁绍"缺少智谋，意气用事，表面上逞强，骨子里虚弱，兵力虽多但部署不当，将官骄横而政令不一"，这些弱点在双方对峙的战场上更加暴露。八月，袁、曹双方相拒于官渡，一时难以见出分晓。

袭乌巢，烧屯粮，大败袁军

很快到了十月，袁绍的谋士许攸（字子远）建议派轻骑攻袭许都，迎

图例

- ▶ 官渡之战前曹操军占有的战略据点
- ⌐ 曹操军进军路线
- → 袁绍军进军路线
- ✕ 重要战场

◎ 魏郡

袁绍派颜良进攻白马，曹操采纳了荀攸声东击西的作战方案，佯攻延津，然后亲率轻骑直趋白马，曹操部将关羽杀了颜良，袁军惨败。

黎阳 ✕○白马津
　　　✕○白马
延津

鄄城

曹操解了白马之围后，即向南撤，袁绍又派大将文丑率兵渡河追击，曹操在白马山伏击，战败了袁军，并杀了文丑，顺利地回到官渡。

河 ✕▲白马山

河内

济 水
阳武○ ✕○乌巢

曹操采纳许攸出奇制胜的作战方案，亲自率兵袭击乌巢，杀了袁绍部将淳于琼，大败袁军，并烧毁了袁绍在乌巢的全部屯粮。

官渡 ✕○

曹操在乌巢烧毁了袁军的全部屯粮后，乘袁军军心动摇，发起总攻击，歼灭了袁绍军七万余人，取得了官渡决战的胜利。

○ 许昌

官渡之战示意图

天子以讨曹操，曹操首尾难顾，必败无疑。但袁绍并不采纳这个建议，许攸很生气，就索性改换门庭，投奔曹操。曹操得知许攸来到，连鞋也顾不上穿，光着脚出来迎接，高兴地说："子远来了就好，我的事有办法了。"果然，许攸因为了解袁军内情，进而献计："袁绍在乌巢（今河南延津东南）屯粮，倘以奇兵袭烧粮食，不出三天，袁军必败。"曹操听后，立即率军五千，打着袁军旗号，连夜从小路奔袭乌巢，烧营焚粮。

官渡之战

占有冀、青、并州的北方最大势力袁绍，急欲灭曹称帝。曹操挟天子以令诸侯，屯田积粮，准备抗击袁绍。建安五年（200）八月，两军对峙于官渡。袁绍在营中堆土山、筑高楼，用强弩射曹营。曹军造霹雳车发石摧毁高楼，袁军又挖地道攻曹营，曹军则挖壕相拒，战斗异常激烈。曹操令曹洪军守官渡，自率五千精骑，打着袁军旗号，乘夜抄小路奔袭乌巢，围困淳于琼军，放火焚烧袁绍的屯粮。袁绍在官渡得知乌巢被袭，不听大将张郃派重兵往救的建议，仅派轻骑救援。乌巢大败消息传至官渡前线，袁绍军心动摇，内讧又起。张郃、高览见大势已去，投归曹操。曹操乘势发起进攻，大获全胜，歼袁军七万余人，缴获大批军资，袁绍仅率八千余骑北逃，从此一蹶不振。此战，为曹操统一北方奠定了基础。此二图出于清刊本《三国演义》插图。

官渡之战遗址

官渡之战遗址位于河南省中牟县城东北的官渡村，距郑州约35公里。公元200年，曹操在此大败袁绍，创造了历史上以少胜多的著名战例。

另方面，袁绍正在派大将张郃、高览率军攻曹操大营。当张、高二将闻知乌巢失利，攻营不成，反过来投降了曹操。袁军大溃。

袁绍在战役指挥才能方面远不是曹操的对手。最后，袁绍只得与儿子袁谭率八百骑渡黄河逃跑，七万多名袁军士兵投降，后来遭到坑杀。袁绍军中的大量物资器械以及珍宝都被曹操所获。

官渡之战，曹操决策有方，指挥得当，以少胜多，确实打得很漂亮。袁绍发病呕血，不到两年时间，忧愤死去。从此，北方地区除了关中一带有马腾、韩遂割据势力以外，都归由曹操控制。官渡之战后七年（207），曹操最终消灭了袁绍儿子袁谭、袁尚、袁熙的势力，扫平了北方。官渡之战关系到曹操的战略命运，奠定了三国时期曹魏政权的基础。这确实是一次非同寻常的战役。

> 历史文化百科

〔官渡战场今安在？〕

官渡在河南中牟县城东北25公里，今名官渡桥村，因傍官渡水而得名。该村周围现有官渡城、官渡台等遗址。中牟县东的水溃村，相传为曹操当年引河水淹灌袁绍军营之处。距官渡3.5公里处的草场村，则因当年曹军在这里存放粮草而得名。

话说中国

中国大事记　献帝还洛阳，曹操出兵奉帝东迁于许（今河南许昌），操封为武平侯，自是曹氏挟天子以令诸侯。

〇一七

郭嘉英年早逝

曹操说："助我成大业者，必是此人。"爱开玩笑的历史却偏让这个人进了另一扇门。

三国时候，汝、颍一带即今河南南部地区，曾出现过许多以奇谋妙算著称的高人。郭嘉就是其中一名杰出的谋士。

有远见，助曹操成大业

曹操起兵时，颍川地方上有个名叫戏志才的筹划人士，曾帮助过曹操运筹帷幄，出谋划策。可惜，戏志才死得早，曹操缺了帮手，军中一时竟找不到有谁可以商议计谋的。于是，曹操写信给荀彧，问他有谁可以在戏志才之后继续参与重大事宜的谋略。这样，荀彧就推荐了郭嘉。郭嘉，字奉孝，颍川郡阳翟（今河南禹州）人，当初曾经和袁绍打过交道，郭嘉早有预见，认为袁绍做事，谋而无断，不得要领，很难跟他共济天下大事，定霸王之业。这时，郭嘉和曹操见面，谈论天下事。曹操说道："能助我成大业者，必定就是此人。"郭嘉也深感高兴，总算找到知音，遇上了真正可以效力的主人。

当时，曹操和袁绍相比，袁绍势力极大，拥有冀州之众不算，还有青州、并州，可谓地广兵强，而曹操势单力薄，看来不是袁绍的对手。然而，郭嘉详细地分析双方形势，指出曹军有十大优势，无论从道义上说，还是从用兵的策略与战术上说，都是胜过袁绍的。远期目标已定，再加上郭嘉谋划，曹操知人善断，近期内将吕布势力消灭，很快就挺兵中原，取得了决定性胜利。曹操上表，封郭嘉为洧阳亭侯。

曹操征伐单于和辽东时，郭嘉提出建议：兵贵神速，远途打仗不必多带辎重，若以轻兵兼道出击，掩其不备，方可大胜。曹操依计而行，终于夺取关键性战役的胜利。

英年早逝的的奇佐

郭嘉，字奉孝，东汉末颍川郡阳翟（今河南禹州市）人。他是曹操众多谋士中最为年轻，且谋略奇特的一位，被曹操誉为"奇佐"。他用独特的谋略和智慧，为曹操势力的发展和统一北方，做出了重要贡献。曹操求贤若渴，广招天下英才，荀彧就向曹操推荐了郭嘉，于是曹操召见郭嘉，畅谈古今天下大事，十分投机，真是相见恨晚。曹操高兴地说："能使我成就大业的，一定是此人了！"郭嘉也庆幸自己遇到了贤明之君，兴奋地说："曹将军真是我想投奔的明主啊！"自此，郭嘉就跟随曹操东征西战，谋划军机。郭嘉纵论十胜，频出奇策，200年，曹操在官渡以少胜多，击败了袁绍，取得了官渡之战的胜利。接着运筹帷幄，巧破二袁，远征乌桓，决胜千里，曹军大获全胜，返回中原。不久，这位才华横溢、风华正茂的谋士就与世长辞了，年仅38岁。曹操极为悲痛，亲自临丧。此图出于清末石印本《三国演义》插图。

郭嘉遗计定辽东

三国西晋

公元196年 <公元 1 9 6 年>

世界大事记　塞维鲁率军返罗马。

《三国志・魏书・郭嘉传》

郭嘉　谋略

人物　关键词　故事来源

话说中国

箭借船草　曹操
张辽　南大顺
孔明　鲁肃

英年早逝，曹操深感痛惜

擒吕布，战袁绍，定中原，斩单于，平辽东，曹操事业有成，郭嘉谋略有功。郭嘉在跟随曹操东征西战的十一年过程中，临敌制变，帮助曹操作出重大的关键性决策。他可以说是运筹帷幄之内，决胜千里之外，立下了卓著功勋。曹操对待郭嘉非同一般，常说道："只有奉孝是善知吾意的。"

郭嘉在曹操众谋士中是年纪最轻的一位，曹操原曾打算用郭嘉作为曹氏后代的股肱重臣，但是，郭嘉身体不好，从柳城回兵时，病得很重。曹操接二连三派人前往问候病情，心急如焚。终于，郭嘉因病而逝，年仅

赤壁之战主要人物的年纪各是多少岁？	
曹操	54 岁
孙权	27 岁
周瑜	34 岁
鲁肃	37 岁
刘备	48 岁
诸葛亮	28 岁

清末年画《草船借箭》

东吴与刘备联合抗曹，东吴大都督周瑜命诸葛亮十日内制作十万支箭。诸葛亮说："只需三日。"并立下军令状。周瑜却吩咐士兵不给诸葛亮准备制作箭的材料。诸葛亮向鲁肃偷偷借了二十条船，每船三十个军士，两边扎上稻草人，听候调用。至第三天四更时分，诸葛亮密请鲁肃到船上。同时，把二十条船用绳索连好，向曹营进发。五更时分，船只接近曹营。诸葛亮让军士们在船上播鼓呐喊，佯作吴军偷袭。此时江上大雾，曹操只好调三千弓箭手向船上射箭。待草人身上密密地插满了箭，天已放亮，诸葛亮下令收船，满载而归。

三十八岁。曹操失去了这样一个知己，难怪他会呼天抢地，号啕不已："哀哉奉孝！痛哉奉孝！惜哉奉孝！"

后来，赤壁兵败，曹操引军北撤时，又伤心地想起郭嘉，叹道："如果郭奉孝还在的话，我就不至于会败成这个模样。"

郭嘉英年早逝，令人感到可惜。后人有诗为证："天生郭奉孝，豪气冠群英。腹内藏经史，胸中隐甲兵。运谋如范蠡，决策似陈平。可惜身先丧，中原梁栋倾。"

中国大事记

韩遂、马腾降曹操。袁术于寿春称帝。汉以袁绍为大将军，兼督冀、青、幽、并4州。

赤壁大战

烽烟浓，火烧火燎；天地惊，以少胜多。这场战役奠定了三国鼎立的局势。

烽烟浓，孙、刘联合抗曹

荆州牧刘表一死，江陵成为曹操、孙权、刘备各方势力关注的焦点。曹操接受刘表之子刘琮的投降，不战而得荆州。刘备想去江陵，避开曹军锋芒。孙权同意鲁肃的分析，要抢在曹操之先，将刘备及刘表部下安抚，商定共同对付曹操。经过鲁肃、诸葛亮的彼此往返穿梭外交，双方决定联盟抗曹。

建安十三年(208)十月，曹操夺取江陵后，大军沿江顺流而下。他给孙权去信说："我奉命讨伐罪臣，挥师南下，刘琮已束手就擒。如今我正统领水军八十万众，要与孙将军会猎。"所谓会猎，实际上是以军事演习的名义，对孙权下战书。

孙权得了信以后，就和手下人商议对付的办法。长史张昭等人认为，双方强弱对比悬殊，还是以迎降曹操为好。这时，只见鲁肃一人独自站在一旁不说话。孙权去上厕所时，鲁肃也就跟随前去，择机向孙权指出，众人之议不可取，不足以共图大事，孙权听了后，感叹道："是啊，那些议降的话很使我失望，你的意见正合我意。"

原先，周瑜受使要去番阳的，这时鲁肃劝孙权将周瑜召回。周瑜对孙权说道："曹操托名汉相，实为汉贼。像将军你这样的神武雄才，承受父兄之业，割据江东，兵精粮足，应当扫平天下，为汉室除去贼人。"接着，周瑜又分析战局，指出曹操在北方尚有马超、韩遂势力的后患；曹军不得已改换鞍马为倚仗舟楫，舍其长而就其短；如今正值冬季，接继粮草有困难；再加上北方士兵不习水土，必

赤壁大战

东汉建安十三年(208)，曹操率军十五六万以泰山压顶之势，荡平中原，席卷荆州，顺江而下，虎视江东。为了抗衡曹操，孙权、刘备结同盟，委都督周瑜统军五万，溯江西上，雄踞江南赤壁，迫曹军屯兵守乌林，隔江相峙。联军虽弱，但众志成城，且占地利，兼有周瑜、程普、孔明、鲁肃、黄盖、庞统等一批文武良才运筹帷幄。"反间"制乱，"苦肉"诈降，计设"连环"，巧"借"东风，一把大火化曹军战舰为灰烬。赤壁，由此而闻名遐迩，千古传颂。赤壁战后，出现曹、刘、孙，即魏、蜀、吴鼎峙局面，即历史上的三国。

蒲圻赤壁

位于湖北赤壁市北。赤壁西溯洞庭巴蜀，东下吴越苏杭，北望汉沔千里，南倚古城蒲圻，汇江川之灵秀，尽江南之地利，素为兵家用武之地。赤壁是中国古代十大著名战役中唯一保存完好的古战场遗址。赤壁摩崖石刻，传是周瑜破曹军后用剑所刻。

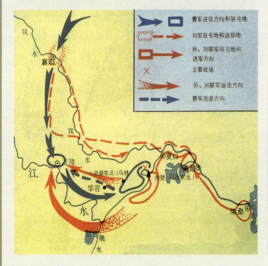

三国西晋

公元197年

公元197年

世界大事记

高句丽故国川王卒。王后于氏立次弟延优，是为山上王（197—227）。

曹操　孙权　周瑜　火烧赤壁　盟誓

《三国志·吴书·孙权传》《三国志·吴书·周瑜传》《汉献帝建安十三年》《资治通鉴·》

人物　典故　关键词　故事来源

话说中国

清末年画《新绘三国志前本曹兵百万下江南》

这幅大型年画描绘了蒋幹盗书、草船借箭、打黄盖、连环计、火烧赤壁、华容道等情节，展现了整个赤壁大战的过程。定会生疾病。这些都是曹操冒险进兵而面对的难题。当天夜里，周瑜再进一步对孙权分析曹军兵力，其号称八十万，实际上不过十五六万的疲病之卒，自己率领五万精兵就足以对付了。于是，孙权以周瑜为左都督，程普为右都督，鲁肃为赞军校尉，统领吴军联合刘备力量，共同抗击曹军。

天地惊，南北大比拼

南北大比拼的战局面临着重大契机。孙刘联军和曹军相拒于赤壁（今湖北赤壁市长江南岸），隔江对峙。

赤壁之战中的"功臣"（左图）

三国时的赤壁之战之所以能够成功，离不开"蒙冲"，蒙冲是一种船，赤壁之战中，周瑜命令黄盖用蒙冲、斗舰装满载薪草，外灌膏油，用帷幕伪装，扬帆树旗，乘风北渡，燃薪草直冲曹军营寨，取得了火攻的胜利。

中国大事记

曹操击杀吕布于下邳。曹操表孙策为讨逆将军，封吴侯。

三国西晋

庚申中闲八月有五，客水雾精舍满观董思尚赤壁图展。
统之馀古上人书张素画年为此计工作。
月秋，庚申闲八月每日题 许旭

老松怪壁就烟故白徐空江天倒承只爱国中笔月好不须志壁
游。甲于抄歉南昌寿于
重是東坡我半遊不知赤壁方黄
为高君俗江山胜仍当年七

周瑜采用了黄盖的火攻计，用十艘船舰装载干柴芦苇，灌上油脂，外遮掩帐幕，上竖以旗帜，并由黄盖诈降，约定日子驾船前往曹营。这时，恰巧东南风刮得紧，黄盖驾十船驶去，其他船舰尾随在后。船到江心，扯起满帆，离曹

赤壁之战中的另一功臣——斗舰

斗舰在赤壁之战中与蒙冲一样，被用来载草火攻曹营。斗舰有两张帆，利于乘风出行。

明·杨晋绘《赤壁图》

在经历了三国时期著名的赤壁大战后，赤壁成为后代文人画家笔下的常见题材，著名的如苏轼的前后《赤壁赋》、杜牧的《赤壁》诗等。这幅《赤壁图》就是取苏轼《赤壁赋》文意而作。

营二里远处时，十艘船上同时举火，风大火猛，火船像箭一样飞快地向北岸驶去，火势在曹军水营迅速蔓延，并吞及旱营，曹军人马被火烧死或落水而死者无数。

狼狈不堪的曹操兵败赤壁，带领残部从华容（今湖北潜江西南）小道向江陵逃跑。道路泥泞，病疲交加，曹军残兵败将择荒而逃，彼此践踏，死了很多人。

刘备与周瑜见曹操败逃，就从水陆两路进军，追击曹军，直到江陵。这时，曹军已有一大半死于战场、疾病和饥饿。曹操自知难以与孙刘联军继续作战，就命征南将军曹仁、横野将军徐晃率部留守江陵，又命折冲将军乐进驻守襄阳，自己引军北还许都。

赤壁之战是中国历史上一场惊天动地的大战。经过这次大战，曹军元气大大地受挫，原来为刘表所割据的荆州大部分地盘，就由孙权、刘备两股势力所瓜分。这样，三国鼎立的局势就基本上形成了。

《三国志·魏书·程昱传》

谋略　谨慎

知足不辱

程昱

人物　典故　关键词　故事来源

〇一九

知足长寿的程昱

常言道："知足不辱。"聪明人懂得处事谨慎，急流勇退。

因梦改名，与曹操合作

在曹操麾下的众多谋士中间，程昱算是长寿的。郭嘉死于三十八岁，而程昱活到八十岁。

程昱原本名叫"立"，字仲德，祖籍东郡东阿，即今山东阳谷县东北阿城镇。黄巾起义时，程立保乡里有功，显出他多谋善断的本领。东汉献帝初平年间（190—194），兖州刺史刘岱得知程立相当有能耐，表荐他为骑都尉，可是他不干，托辞有病，加以婉谢。后来，刘岱被黄巾军所杀，曹操接管兖州，征聘程立为官，他就应允了。乡里人不明白，说道："你为什么前后不一致呢？"他笑而不答。程立本人心里有数，他早年曾经做过这样一个梦，梦中登上泰山，两手捧日。曹操的姓，有个"日"字，和梦境是应验的。其实，他分析天下形势，认为曹操能成大业，所以就乐意接受曹操的聘用。

曹操征战徐州时，兖州一带发生张邈叛迎吕布的事件，对曹操军队的后方基地造成很大的威胁。就在这危急关头，负责留守重任的程立、荀彧出色地完成使命，保住了曹军的后方。特别是程立，他向范县县令勒允进言，劝他慎重考虑时局大势，别去追随吕布、陈宫之流没出息的人物。这样终于在兖州反叛曹操的形势下，保住了鄄城、范县和东阿三城。

曹操兵回兖州时，激动地握住程立的手，说道："如果这次没有你的努力，我就会无家可归了。"荀彧在旁一起祝贺，还将原先听程立说起早年做梦捧日的故事，对曹操说了一番。曹操更是对程立引为知己，说："你真不愧是我的心腹谋士。"曹操还根据程立梦境所述，将他的名字"立"上加个"日"，这样就改名为程昱。

动荡岁月中的长寿翁

程昱善于掌握时局大势，明白果断。在曹操遭兖州之败，处于不利的情况下，袁绍想要吞并掉曹操，提出"连和"主张。程昱力劝曹操不可答应，并用齐国壮士田横不屈辱于刘邦的故事加以激励。后来，曹操统一了北方，在庆功时，曹操拊着程昱的背，说道："当年我遭兖州之败，如果没有你的谋断，哪里会有今天的成功。"

后来，曹操征伐马超，曹丕守邺城时，程昱担任留守的军事参谋。他不但协助曹丕完成使命，而且还善于处理好曹氏父子间的关系。曹操和曹丕都对程昱很满意，日后程昱官运只会越来越好。不料，就在同一宗族的亲人们为程昱举行大规模庆贺酒会时，程昱却这样表示："常言道：'知足不辱'，现在我可以退出政局了。"于是，程昱主动交出兵权，从此闭门不出，颐养天年。

其实，程昱真可以说是知世识人，也对自己有充分的了解。他深知自己性格刚戾，脾气暴躁，跟人家不容易相处好。有人曾经在曹操面前说程昱欲谋反，曹操并不相信，反而待程昱更好了。尽管如此，聪明的程昱考虑还是急流勇退为好。

程昱安安稳稳地做了多年的太平文官。曹丕登基当魏文帝时，封程昱为安乡侯，在原有八百户封邑的基础上，再增加三百户。程昱的儿子程延和孙子程晓，也都受封为列侯。后来，就在曹丕想要加封程昱为"公"的时候，程昱逝世。曹丕为之流泪，追赠车骑将军，谥曰肃侯。

程昱活到八十岁寿终正寝。他身为谋士，经常是殚精竭虑，又生逢战乱动荡之际，能够长寿是不容易的。这大概和他的达观知足不无关系。

○二○

贾诩同荀彧、荀攸一样是曹操的高级谋士，相比之下，他作为高参，职业特点尤其明显。

贾诩富有智术

审时度势是一门很有讲究的学问。为此，那些谈论智谋的人都敬佩贾诩。

审时度势，连献妙策

贾诩，字文和，武威郡姑臧（今甘肃武威）人。年轻时被善于观察的人比作汉初张良、陈平一类的奇人。他因举孝廉为郎，生病离职，途中被西陲叛军捕拿，一起被捕的有几十人，别人全都被杀，唯独他佯称自己是西陲名将段颎太尉的外孙，施以智巧，保全了性命。

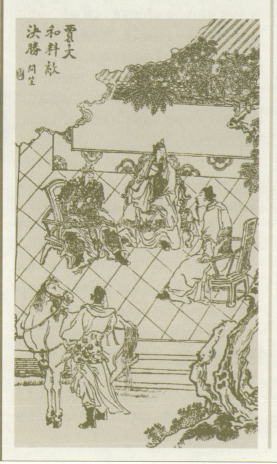

董卓入京那时候，贾诩在董卓女婿、中郎将牛辅的部下当差。李傕、郭汜、张绣等听了贾诩的谋划，改变各自为战的主意，才脱离困境，重获生机。不久，贾诩虽在李傕大将军麾下当了尚书，但李傕名声差，他就改投到段煨的门下，后又转而投靠了张绣。

官渡之战，曹操与袁绍对峙。袁绍派使者来请张绣帮助，还给贾诩一封求援信，张绣想要答应，贾诩抢先答复使者说："袁绍同袁术算是兄弟呢，也还不能相容，难道会容纳天下能人？"使者走后，贾诩对张绣说了三条意见：一是曹操奉天子以号令天下，比别人更合名义；二是鉴于袁绍强、曹操弱的目前状况，袁得我军并不会看重，曹得我军一定会高兴；三是曹操果真有霸王之志的话，就必然不计较原先的私怨，而会着力宣扬他的德信的。张绣听从后，率部归降曹操。

曹操见了贾诩，高兴地握着他的手说道："是你让我的德信远扬于天下。"从此，贾诩成了曹操身边不可缺少的一名谋士。灭袁绍，破马超，他连献妙计。经过多年征战的实践证明，用了他的智谋，就稳操胜

三国第一谋士贾诩

贾诩，字文和，凉州武威郡姑臧（今甘肃武威）人，少时并不出名，唯有一代名士汉阳阎忠异之，谓贾诩有张良、陈平之奇。贾诩性机智、多谋略，尤其擅长于两军对阵之策略规划。本为张绣的参谋，张绣和曹操联盟后，成为曹操参谋本部的要员。南下荆襄时，他反对发动"赤壁之战"，曹操未听谏言，大败后，悔不当初，此后更为信任。曹丕称帝后，官封太尉、寿亭侯，死时七十七岁，卒谥肃侯。陈寿评曰：贾诩，庶乎算无遗策，经达权变，其良、平之亚欤！贾诩设计让李、郭进军洛阳，挟持汉献帝，而关东豪杰乘动乱之机自此开始了大规模的攻城掠地行为，以壮大自己的势力。至此，汉中央政府的威信丧失殆尽。故贾诩本人也有言："某昔从李傕，得罪天下。"此图出于清末石印本《三国演义》插图。

三国西晋

平时深居简出，不结交朋友，连儿女的嫁娶也都不攀高门，所以他的地位始终很稳定。

后来曹丕做了魏文帝，贾诩被拜为太尉，还进爵魏寿乡侯。贾诩的大儿子贾穆，被任为驸马都尉，小儿子贾访为列侯。贾诩活到七十七岁，这在当时算是长寿的。他死后，谥肃侯。

说起来，对时局对周围人对自己，究竟应该怎么看待怎么处理，确实是一门学问。贾诩分析形势，处理问题都头脑清醒，真是不简单。史书上说："天下论智计者都尊敬他，佩服他。"这话并不过分。

长方形灰陶案

三国魏时文物，山东东阿曹植墓出土。陶案两端各有两只弧形腿，右侧的桌腿弧度更大，向外突出案面，腿下各与一长方形底座相连，腿上下有方形锁，分别插在案面和底座内，底座下有三个曲形镂孔，且两边各有一条凹槽。此案为死者随葬的供桌。

美观大方的青瓷唾壶

这件器物上部和下部饰有弦纹和圆形花纹，中间饰以菱形网格纹，两边装有提环，敞口粗颈，底座敦实，是美观大方的日常用具。

券，忽视他的智谋时，军事上就难免会失利。因此，贾诩越来越多地得到了曹操的信任和重用。

老谋深算，智者所归

曹操依靠贾诩为他征战四方，出谋划策，还想让贾诩替他在培养与任用儿子接班的问题上提出主意。因为涉及接班人的问题，至关机密，有一次曹操郑重其事地屏退左右别人，单独留下贾诩，问道："曹丕与曹植各有长处，究竟应该立谁为好呢？"贾诩这时一反常态，默然不回答曹操。曹操再加追问，贾诩才说："我刚才正巧在思考一个问题，就是关于袁绍、刘表的儿子继承问题。"曹操听了如此智巧的回答，开怀大笑，就确定长子曹丕为继承人。袁绍、刘表都因为废长立幼，在儿子继承问题上犯了错，误了大事。贾诩如此巧对，足见他的老谋深算。

贾诩深知自己不是曹操的老部下，作为知情的善谋之士，更怕遭到主子的猜疑，因此，他总是小心审慎，

> 历史文化百科 ‹

〔节日〕

魏晋南北朝时期的节日非常多，据《荆楚岁时记》记载，当时的节日有正月一日（元旦）、正月七日（人日）、立春、正月十五日（上元节）、正月晦日、二月八日、社日、寒食、三月三日（上巳）、四月八日（浴佛节）、四月十五日、五月五日（端午）、夏至、七月七日（七夕）、七月十五日（中元节，给盂兰盆节）、八月一日、秋分、九月九日（重阳）、冬至、十二月八日（腊八）等。

话说中国

曹丕 曹叡 曹芳 徐邈 曹操 正直

人物 关键词 故事来源

《三国志·魏书·徐邈传》

公元199年

公元199年

中国大事记

曹操退守官渡（今河南中牟东北）。孙策取庐陵、豫章。刘备据徐州。

〇二一

志行高洁的徐邈

他以嗜酒出名，同时又办事认真而利索，是一位很有个性的干练之才。

办事利索的尚书郎

曹魏在北方的政局能有几十年的相对稳定与发展，离不开政治、经济、军事等方面一系列的举措。物色人才、使用有才干的人，当然是重要因素。徐邈就是其中的一例。

徐邈，字景山，燕国蓟（今北京市西南）人。曹操平定了河朔一带之后，开始物色和征召人才。这时候，徐邈被任为丞相军谋掾，成为曹操手下的一名幕僚。他比曹操年轻十五岁，办事十分利索。因为能干，曹操让他担任兖州泰山郡奉高县的县令。徐邈治理地方有办法，有成绩，就晋升为丞相东曹议令史。在建立魏国时，他担任尚书郎。

虽有饮酒嗜好，却办事认真

当时，魏国科律规定有禁酒的条令。可是，徐邈有一次在私饮时喝醉酒，还说了错话，这下子闹出事来，引起曹丞相的大怒。后来，经由别人劝解，徐邈方才得以免除刑罚。直到后来，魏文帝曹丕又问起这件醉酒的事情，徐邈还诙谐地说："我有饮酒的嗜好是出名的，我能出名也正是因为喝醉酒的缘故。"曹丕听了大笑，对左右人说："真是名不虚传。"

徐邈虽然嗜酒，办事却很认真，讲究效率。建安末年，曹操做魏王时，徐邈曾担任陇西太守，后转为南安太守。曹操死后，曹丕在黄初元年（220）为魏文帝。这时，徐邈被安排在曹氏老家的谯县（今安徽亳州市），担任相，负责管理当地的行政与经济事务。后来，调任平阳郡、安平郡太守，颍川典农中郎将，每到一地，他都由于治绩显著，受到称赞。他受封爵为关内侯。

后升迁为抚军大将军司马懿的军师。

从凉州刺史到位列三公

曹丕病逝后，曹叡做魏明帝。这期间，因为凉州远离京城，南接蜀国，需要干练之才前往治理，徐邈就出任凉州刺史，还持节领护羌校尉。徐邈到任后，一方面守土保境，一方面广开水田，发展生产，以致家家丰足，仓库盈溢。他还设置学校，明训示教，禁止厚葬，废除淫祀，总之是扬善抑恶，改进教化。徐邈为推进西北地区发展，加强当地与西域的流通，做出了贡献。这在兵荒马乱的年代，尤其显得突出。

因为有功，徐邈被魏明帝封为都亭侯，加建威将军。凡是朝廷给他的赏赐，他都分给部下将士，自己不拿，家中妻儿衣食勉强过得去就行。

曹叡逝世，曹芳继位，这位年幼的齐王就请年近七十的徐邈到京担任大司农。徐邈几十年治绩明显，威信颇高，当他迁任司隶校尉，负责监督京城百官时，众官僚对他是又敬重又畏惮。后来，他做了几年光禄大夫之后，就拜为司空，位列三公。但他以年老加以婉辞。

嘉平元年（249），徐邈逝世，享年七十八岁。谥穆侯。他志行高洁，死后六年，朝廷还诏令褒奖，说他是："历事四世，出统戎马，入赞庶政，忠清在公，忧国忘私，不营产业，身没之后，家无余财。"

佛道相容的青釉褐彩壶（局部）（上图）

魏文帝曹丕（右页图）
三国时期魏国的建立者，文学家，曹操次子。曹操死后不久，他代汉建魏，建都洛阳。曹丕文学修养很高，与父操、弟植并称三曹，并在周围团结了大批作家，形成建安文人集团。他的《燕歌行》是现存最早的文人七言诗，《典论·论文》则是现存最早的文学批评专著。

三国西晋

魏文帝曹丕

○二二

三国西晋

威震逍遥津

曹丕称赞张辽英勇善战而且有韬略，还把他比作西周时期的著名勇士召虎。

曹操手下人才济济，在武将中，名头最响的五位是张辽、乐进、于禁、张郃、徐晃。他们都是英勇善战、富有韬略的将才。要说到独当一面的能力，还是首先应当推崇张辽。

英勇善战，且有韬略

张辽，字文远，雁门郡马邑（今山西朔州）人。年轻时曾担任郡吏，后来归属并州刺史丁原、大将军何进，继而又归属董卓、吕布。到了建安三年（198），白门楼吕布失败时，张辽宁死不屈，后归顺曹操。

年纪三十，能征惯战的张辽，跟曹操攻袁谭、袁尚及乌桓，屡建战功。而张辽威名远扬的一仗，是在逍遥津。

赤壁之战结束，曹操大军北撤，留张辽、乐进、李典领兵共守东线重镇合肥。建安十九年（214）五月，连日阴雨，江水暴涨，孙权乘曹军不备，攻占皖城即今安徽潜山县。这时，张辽自合肥奔援，半途听说皖城已破，就退回了。

不料第二年（215），孙权亲率十万大军攻合肥。曹军在合肥屯田的总共七千余人，张辽面对孙权大军，毫无惧色，提出主张：只有挫败敌方盛势，以安我方军心，然后可守合肥。张辽懂得成败之举在此井

这是三国时期的水井，上有檐可以遮蔽井水使井水保持清凉，中间的横梁用来拴住井绳，造型大体上比较朴拙。

一战，他连夜挑选出八百壮士，饱餐一顿后，趁着天刚亮，就士气高昂地出发，准备去拼搏苦战。只见张辽披甲持戟，率先冲上敌方营垒，杀死了数十名吴兵，斩了两名吴将，大呼"张辽在此！"径直冲到孙权的大帐下。孙权大惊失色，吴军顿时手足无措，被迫退到一处高冢那里，用长戟自卫。张辽吼叫着让孙权来战，孙权听了，吓得不敢动弹。后来看到张辽带的兵少，孙权指挥吴军将曹军团团围住。张辽左冲右突，勇往直前，带领身边几十人破围。这时，陷在吴军中的剩余壮士号呼："张将军会丢下我们吗？"

张辽听了，又重新杀入敌阵，带出余众。

孙权的人马被张辽他们杀得晕头转向，竟然没有人敢上前抵挡。孙权兵马在合肥城下停留十余天，城不可拔，只得撤退。张辽又率精锐部队将孙权围困在逍遥津即今合肥市区，几乎生擒孙权。这就是张辽威震逍遥津的著名战役。

威猛神武，谥为刚侯

张辽浴血奋战，为曹操保住东线重镇合肥立下大功。曹操赏其功，拜为征东将军。后来，曹丕称帝的时候，封张辽为晋阳侯。

黄初二年（221）张辽去洛阳宫朝见文帝曹丕，曹丕问起当年张辽破吴军的情状，深有感叹地对左右众人说道："张辽真不亚于西周时的勇士召虎。"第二年，张辽生病，仍带兵征吴。孙权叮嘱诸将，说：

三国时期的机械制造

指南车是三国曹魏著名机械制造家马均于公元233–237年创制的，它的机械原理是利用齿轮的传动作用，在车子改变方向时，前辕随之转动，后辕绳索提落，变换齿轮系的组合，使车上木人保持既定方向。车轮的旋转要有一定规律，必须是以一个车轮为中心，另一个车轮为半径的就地旋转，才使木人所指不误，车前驾二马并行。这辆指南车模型是根据史书燕肃所传造法复制的。

"张辽虽病，还是勇不可当的，要小心行事！"果然，吴将吕范敌不过张辽，在跟曹军作战时吃了败仗。

不久，张辽病情严重，死在江都。他生于169年，死于222年，享年53岁。魏文帝曹丕谥他为刚侯。后来，合肥士民为纪念张辽，特地在安徽合肥市区东北隅的逍遥津公园的湖心小岛上，建起张辽衣冠冢。如今，

四叶八凤铜镜（局部）

张遼威震逍遥碑

张辽威震逍遥津

三国时期，曹操雄霸北方中原，孙权割据江东，江淮之间长期成为魏吴对峙的战场。公元215年，曹操调集全国军队，亲自出马西征汉中，只留下张辽、乐进与李典等将领率七千人守卫合肥城。吴主孙权探得这个消息后，亲自统领马步水兵十万余众，一下子把合肥城围得水泄不通。守城主将张辽从七千将士中选了八百名慓悍善战的壮士，组成敢死队。等到围城的吴军斗志松懈的时候，魏军大开城门，张辽自己一马当先，率八百敢死队冲进吴营，叫杀连天。吴军一时措手不及，被杀得大乱，兵败如山，孙权知道情况不妙，只得上马逃跑，张辽发现了逃跑的孙权，就死命追赶。孙权把张辽等人甩在了后面，来到了逍遥津，渡桥已被魏兵折毁，只得催马前奔，连人带马跃过了3丈多宽的河面。张辽等人追到时，无法渡河，只好眼睁睁地看着孙权逃去，但是吴军的围攻却也土崩瓦解了。此图出于清末石印本《三国演义》插图。

土冢高耸，松柏遍布。逍遥津现被辟为合肥市最大的公园，园内有威猛神武的张辽塑像，引人注目。

戎马一生的乐进

乐进有勇有谋，披甲执锐，为曹魏征伐攻坚几十年，战功卓著。

在曹操手下的五大名将中，乐进和张辽、于禁、张郃、徐晃并不完全一样，别人是归降过来的，只有乐进一直是曹操的老部下。他一生戎马，战功累累。

披甲执锐，胆烈过人

乐进，字文谦，阳平郡卫国（今河南沁县）人。虽然身材矮小，但胆烈过人，他从曹操举兵时起就跟随在帐下为吏。开始时，曹操兵马不足，就派遣乐进回他老家一带去招兵，当他招到千余名兵丁再回曹营时，曹操让他做一名军假司马、陷阵都尉，也就是前锋线上的军官。

卧箜篌乐俑（局部）

兴平元年（194）曹操征伐陶谦，替父报仇，不料吕布、陈宫、张邈等在兖州许多郡县举旗反曹操。当时，形势紧张，只有荀彧、程昱保守住鄄城、范县、东阿少数几处地方，直到曹军大队人马回转，才开始好转。曹军与吕布在濮阳激战，打得非常凶，乐进冒死拼搏，率先登上敌方城楼，力战有功。接着，乐进又随曹操在雍丘地方跟张超打了一次硬仗。

建安二年（197）九月，袁术带领大军攻陈郡（今河南淮阳），曹操率军迎战。袁术的部将桥蕤、李丰等担任前锋，与曹军在苦县即今河南鹿邑东，发生遭遇战。乐进率部抢先攻城，击破桥蕤等袁术的军队。

破城后，桥蕤等都被斩首。乐进因功封爵为广昌亭侯。

攻坚征伐，战功卓著

此后，乐进随曹操大军在安众（今河南镇平县东南）征战张绣，在下邳（今江苏睢宁县西北）攻击吕布，在射犬战眭固，在沛地攻刘备，都能杀败对方部将。乐进因功进为讨寇校尉。

官渡之战，曹操与袁绍决战时，兵力虽少，却依靠计谋战胜对方。乐进在这次重大战役中力战前敌，斩杀袁绍大将淳于琼。接着，随曹军进略冀州时，乐进又在黎阳即今河南浚县东北，攻打袁谭袁尚的部队，斩杀袁军大将严敬。这时，乐进升为行游击将军。

战事不断，乐进总是鞍马不离，攻伐不止。分兵在乐安郡击破黄巾军余部，围攻并打下邺城，在南皮、雍奴等处击破袁谭余部。在曹操平定北方的各次战役中，乐进都建有功勋。

建安十一年（206）曹操上表汉献帝，称赞并要求加赏乐进、于禁、张辽等战将。曹操称道："乐进等将领不仅勇武有胆略，忠心守节义，而且督率攻坚，无坚不摧，派遣率征时能统御军队，安抚地方时能奉令无犯，当敌制决，没有失误。应予记功

清初年画《二老弈棋》（右页图）

三国时，神卜管辂散步时看见在田中耕田的少年赵颜，告诉他眉间有一股死气，赵颜父子哭着跪拜求救。管辂说："你可以准备净酒一瓶、鹿脯一块，到南山中寻找两位身穿白袍与红袍的下棋老人，趁他们棋性正浓时，将酒、鹿脯跪着送给他们，等他们吃完，你就哭着跪求他们赐给你寿命。"赵颜依令准备好酒和鹿脯前往南山，果然找到了二位下棋的老人，穿白袍的是北斗星君，穿红袍的是南斗星君，二仙掌管着人的寿命长短。赵颜跪进酒脯，二老不觉而食之。于是赵颜哭求二老，二老遂于《寿籍》中赵颜名下的"十九岁"上增一"九"字，原来只能活十九岁的赵颜，因此活到了九十九岁。

三国西晋

公元201年 公元 2 0 1 年

世界大事记　日本传说中的神功皇后摄政（约201—约269）。

《三国志·魏书·武帝纪》
《三国志·魏书·乐进传》

乐进　勇敢

人物　关键词　故事来源

话说中国

褒奖。"于是，乐进为折冲将军，于禁为虎威将军，张辽为荡寇将军。

后来，准备攻荆州时，乐进先在阳翟地方军屯。平了荆州后，乐进留守襄阳，打败关羽、苏非等军。在南郡征战中，乐进大破刘备部下的临沮县杜普和旌

阳县梁大。在合肥，乐进和张辽、李典一起抗击东吴孙权大军。因为屡立功勋，乐进升迁为右将军。

乐进死于建安二十三年（218），比曹操早死两年，曹操活了六十六岁，估计乐进年寿也相差不多。乐进戎马一生，数十年间攻坚征战，功勋卓著。谥为威侯。

〇二四

于禁观画丧命

于禁跟从曹操驰骋三十年，可是晚节不保，最后让曹操大失所望。

于禁也算得上是一名了不起的将领。他并没有在战场上丧命，却因为观画而死。那幅画对他说来，就像是一道催命符。

曾经是善于治军的将领

于禁，字文则，泰山郡巨平县（今山东泰安南）人。原先，他是十八路诸侯之一鲍信的部下，在曹操攻兖州时，他投到曹操麾下。接着，战吕布，破高雅，攻克寿张、定陶、雍丘等城池，于禁显出大将风度，立下汗马功劳。

清代年画《借赵云》
曹操围攻徐州时，徐州牧陶谦求救于刘备。刘备向公孙瓒借赵云相助。张飞轻视赵云，出马大战典韦，大败，赵云救张飞，打败典韦。此杨柳青年画表现的就是借赵云的场面。

他带兵很有一套办法，每逢行军途中要驻扎时，他总是先立下营垒，各方面安置妥当，然后再去回禀曹操。有人说他这么做不合礼数，他则显得豁达自信，还说："谁还管那么多的礼数，打仗就是打仗，敌人说来就来，我军不预先做好充分准备，临阵何以对敌？曹公是聪明人，不会听信妄言。"当然，曹操是善于用人的。打仗的实践是考察部下的最重要手段。在征讨张绣时，曹操军败，一片混乱。这时，只有于禁带领几百人的队伍，边战边撤，虽然也有伤亡，但是部队的阵形还不乱，彼此之间并没有离散。这就和将领于禁的沉毅稳重的治军能力与风格有关。所以，曹操赞扬于禁，认为古之名将也不过如此。曹操封于禁为益寿亭侯，这是很高的褒奖。

东海郡（今山东郯城北）昌豨反叛，曹操派遣于禁领兵征讨。急攻之下，昌豨哪里能顶得住？他和于禁有老交情，就到于禁军前投降。昌豨原以为于禁会放他一码，幸免于死，但不料于禁严格依法行事，一边落泪一边亲临刑场斩决昌豨。为此，曹操对于禁更加看重。于禁和张辽、乐进、张郃、徐晃都是曹操麾下的名将。

红陶飞鸟人物罐

三国吴时器物，江苏南京中华门外赵士岗出土，此墓纪年为吴凤凰二年（273）。罐上部为双层楼阁建筑，顶部有红色盖顶，两侧屋檐上雕有栖鸟，檐下坐着六个神情严肃的僧人，头戴高帽，双手交叉在胸前，有为死者超度亡魂的模样。

珍贵的彩绘木楬（局部）

临危变节，让曹操大失所望

可是，后来曹操对于禁终于大失所望。这就和关羽水淹七军的故事有关。建安二十四年（219），关羽在樊城围困曹仁，曹操派于禁率七军援助救围。关羽水淹七军，曹兵惨败。曹军中的庞德不屈而死，于禁却大失名将的刚毅风节，投降了关羽。曹操得知后，哀叹说："我和于禁有三十年之交，怎么也没想到，临危处难，于禁反而连庞德都不如！"

曹操死后，曹丕登基。这时孙权称藩，就将原先擒获关羽所部的于禁，遣返曹魏。于禁满头白发，脸容憔悴，见了魏文帝曹丕，忙不迭痛哭顿首。文帝抚慰一番后，给了他"安远将军"的头衔，还说将派他出使吴地，并安排先让他去邺城拜谒高陵，祭奠曹操。

于禁来到高陵，心中愧怍早已无以复加，只觉得双腿铅重，无脸面对曹公。突然，抬头看见屋内墙上有一幅文帝令人画着的水淹七军图。图中，关羽得胜、庞德愤怒、于禁降服等种种景状，赫然在目。一见之下，于禁顿时觉得无地自容，终于羞惭而死。

〇二五

张郃可比作韩信

张郃能征惯战，善于用兵。他从袁绍手下改投曹操，曹操称赞为"韩信归汉"。

三国名将张郃在袁绍手下时未被重视，投到曹操麾下，就被比喻为韩信归汉，由此可见他的实力。

能征惯战，富有实战经验

张郃，字儁乂，河间郡鄚县（今河北任丘县东北）人。讨伐黄巾军时，张郃在韩馥帐下为军司马。韩馥失败后，张郃归降袁绍为校尉，战胜公孙瓒时，张郃功多，升迁宁国中郎将。张郃有许多实战经验，却未被袁绍所用。最明显的是在官渡决战前夕，袁绍派大将淳于琼等督运屯粮于乌巢，曹操兵虽少，但善于选择攻击要害目标，去攻乌巢。张郃建议袁绍急速引兵缓救乌巢，郭图却建议去攻打曹操大营，想来个不救自解。袁绍没听张郃意见，结果，淳于琼被乐进斩杀，袁军大败，反过来要责怪张郃，张郃因此归降曹操。

曹操将张郃比作韩信

曹操得了张郃很开心，把他比作韩信归汉，当即拜他为偏将军，封为都亭侯。曹操与张郃，一个识才重才，一个尽心尽力，从此，张郃结束了先前的茫然岁月，开始成为曹军中的名将之一。

攻邺城，围雍奴，破马超，征张鲁，进宕渠，斗张飞，战事连连，张郃都是勇谋兼备，不负使命。他因功升迁平狄将军、荡寇将军，成为曹魏大军在西线的重要战将。定军山一仗，曹军主帅夏侯渊被刘备的大将黄忠所斩杀，全军差点失控，司马郭淮

韩剑阁张郃中計　芋莊莊人　圖繪

曹魏名将张郃

张郃，三国时期曹魏名将，字儁乂，河间鄚县（今河北任丘北）人。东汉末，应募参加镇压黄巾起义，初平二年（191），袁绍取冀州，张郃率兵投归，任校尉，后升宁国中郎将。建安五年（200），官渡之战后，张郃遭诬陷，愤而投奔曹操，任偏将军。此后，随曹操攻乌桓，破马超，降张鲁，屡建战功。继与都护将军夏侯渊留守汉中。二十年，率军进攻巴西宕渠（今四川渠县东北），被蜀将张飞击败。二十四年正月，从夏侯渊迎战刘备军于定军山（今陕西勉县南），当夏侯渊战死，全军面临覆没之际，张郃代帅，率部安全撤退。曹丕称帝后，升左将军，封鄚侯，奉命从曹真击平安定胡羌，与夏侯尚围攻江陵。魏太和二年（228）春，随曹真西拒诸葛亮，张郃领兵5万，与蜀军前锋马谡战于街亭，大败蜀军，迫其退回汉中。因功升征西车骑将军。五年六月，领兵追击蜀军，至木门（今天水南）遇诸葛亮伏兵，中箭身亡。张郃戎马一生40余载，被称为曹魏五大良将之一。此图出于清末石印本《三国演义》插图。

三国西晋

《三国志·魏书·张郃传》
《三国志·魏书·武帝纪》

张郃 司马懿

勇敢 谋略

人物 关键词 故事来源

很快说服众将推举张郃为代理主帅，这才安定了全军。远在长安的曹操知道情况后，马上派使者送去符节加以认定。

曹丕做魏文帝时，原先五大名将中，于禁、乐进、张辽三人已先后去世，就以张郃为左将军，徐晃为右将军。张、徐成了主要战将。张郃进爵都乡侯、鄚侯。魏明帝曹叡即位，张郃屯军在荆州重地，与司马懿一起抗击孙权军。蜀国诸葛亮北伐魏国时，张郃督率诸军在街亭大败蜀将马谡。接着，张郃又连破南安、天水、安定三郡。他很能巧识机变，善于用兵，甚至连诸葛亮对他也有所顾忌。

张郃与别的武将不同，他还喜爱跟儒士交朋友。卑湛是他的同乡，学问很好，由于他的推荐，魏明帝将卑湛提升为博士，并为此嘉奖了张郃这位征西车骑将军。

受逼于司马懿，张郃中伏阵亡

太和五年（231），就在诸葛亮第二次兵出祁山时，张郃受命统领魏军到略阳抵御。蜀军粮尽而退，负责节度的司马懿大将军命令张郃追进，张郃建议："按照兵法，围城得要让开一条出路，对于退归有序的部队，不必去追。"可是，司马懿不听，还是硬逼他去追。张郃追到了"木门"

坞壁图（局部）

地方，果然就中了诸葛亮的伏兵之计。蜀军号角齐鸣，只见飞箭如雨而至，魏军躲闪不及，伤亡颇多。张郃右膝被箭射中，终于因伤而死。以张郃的机巧善变，本应不死的，却在司马懿利令智昏的错误决策下送了命。戎马一生的张郃死后，曹操原先的五位名将也就凋落人世了。张郃被谥为壮侯。因为他前后征战，建功一生，所以他的四个儿子就都被魏明帝封为列侯。

青瓷狮形烛台

三国器物，江苏南京出土。狮子平卧于地上，昂首挺胸，双耳直立，狮腹饰有花纹。狮头微微仰起呈微笑状，少了几分威武之气多了许多可爱之态。狮背中央有一圆孔可插蜡烛。

话说中国

○二六

徐晃的良将风范

长驱敌阵，锐不可当。曹操把他比作春秋名将孙武和汉初良将周勃。

魏将徐晃曾经得到曹操的高度赞扬，曹操称他具有西汉良将周勃的风范。

带兵有方，愿为明君效力

徐晃，字公明，河东郡杨县（今山西洪洞县东南）人。东汉末年，身为郡吏的他随从车骑将军杨奉，在征讨黄巾军的过程中，因功而拜为骑都尉。看到董卓死后，其部下李傕、郭汜作乱长安都城，徐晃就建议杨奉接献帝去洛阳。献帝渡过黄河到达安邑时，封徐晃为都亭侯。后因韩暹、董承双方争斗，徐晃就投归曹操麾下。

徐晃带兵有他自己的一套方法，同时在建功立业上也很有志向。他曾深有感触地说道："古人常担忧自己遇不着明君，可我如今碰上了，所以应当建功效力才对。"他起初为裨将军，征吕布时，收降了吕布部将赵庶、李邹等，还和史涣一起斩杀眭固。他攻白马，破颜良，逼延津，破文丑，功拜偏将军。

战吕布，讨袁绍，徐晃立功最多，封为都亭侯。征伐袁绍、袁术时，易阳县令韩范伪降后又变卦，这本该在破城后格杀勿论的，但当时任攻城主将的徐晃，建议曹操改变对待伪降的处置，不杀韩范，从而收到瓦解袁绍与袁术势力的效果。到了破袁谭之后，曹操开始全面掌握北方局面。这时徐晃已是横野将军了。

长驱敌阵，为曹操建奇功

建安十三年（208），徐晃随曹操征荆州，分兵屯樊城，攻打中庐、临沮、宜城，还同满宠一起在汉津战关羽，同曹仁一起在江陵战周瑜。在接着的一系列硬仗中，徐晃征战有功。在包围樊城、襄阳的战役中，徐晃勇猛过人，冲破了困难重重的鹿角拦堑，杀入敌阵，斩将颇多。曹操表扬说："我用兵三十余年，对

徐将军可谓有周亚夫之风也

徐晃，字公明，魏国五虎将之一。早年为董卓手下的一员小卒，董卓被诛杀后归于杨奉、韩暹二人。后来曹操救献帝时，徐晃受杨奉、韩暹二人的指挥攻打曹军。后因韩暹、董承双方争斗，徐晃就投归曹操麾下。因其作战勇敢，兼有谋略，深得曹操喜爱。官渡、赤壁大战中，徐晃都有突出表现。攻打关羽时，徐晃作为第二路援军救援樊城，此时于禁、庞德已被关羽击败。徐晃早年与关羽有私交，但他毫无私念大战关羽，终于击败了关羽，救出了曹仁。孟达于新城谋反时，司马懿调徐晃急行军赶往新城，诛杀孟达，反被孟达一箭射中额头，回营后死去，享年五十九岁。徐晃治军甚严，他训练出的士兵一般都很出色，连曹操也称赞他道："徐将军可谓有周亚夫之风也！"此图出于清末石印本《三国演义》插图。

古代善于用兵者也很熟悉，从来没有见过像徐晃这样长驱直入冲入敌围的。徐将军的奇功，真要超过孙武、司马穰苴这些古时名将了。"

曹操得了荆州，全军上下举行庆功酒会。曹操来到各个军营巡视，众士卒都离阵前去围观，唯独徐晃的军营看上去整整齐齐，将士们都坚守自己岗位一动也不动。曹操带兵算得上老练持重，在看到这一切之后，还是感叹说道："徐将军真是具有周亚夫之风范啊！"西汉名将周勃（字亚夫）当年在刘邦视察军营时的严整军容，成为后世治军有方的典范。在曹操心目中，徐晃堪与周勃相提并论。

后来，曹丕做魏文帝时，原先跟随曹操的大将多已不在人世，几位突出的名将中，只留下张郃与徐晃了。曹丕以张郃为左将军；以徐晃为右将军，进封逯乡侯。后又将徐晃进封杨侯。徐晃和夏侯尚一起在上庸打败蜀军后，徐晃镇守阳平，徙封阳平侯。

清代年画《曹操大宴铜雀台》

赤壁战败后，曹操常思报仇，只因孙刘联盟，未敢轻进。建安十五年（210）春，铜雀台建成。曹操召文武设宴庆贺。曹操要看武官比试弓箭，命人拿出西川红锦战袍一件，挂在垂杨枝上，下设箭靶，以百步为界，并传令："有能飞马射中箭靶红心者，即以锦袍赐之。"曹休、文聘、曹洪等相继中的。不料大将徐晃大叫道："射中红星不足为奇，看我射掉锦袍。"说罢，一箭射去，恰好射断柳条，锦袍坠地。徐晃飞马取来锦袍，披于身上，向曹操致谢。突然猛将许褚飞马来夺袍，与徐晃厮打起来。曹操急使人劝解，但锦袍已被扯碎。曹操笑曰："我特来看诸将的武艺，一件锦袍算得了什么呢？"便教诸将都上台，各赐蜀锦一匹。

经过多年的征战，徐晃积劳成疾。可尽管如此，他仍有余勇可贾。到了曹叡为魏明帝时，徐晃还在重要战场襄阳拒战东吴的诸葛瑾。最后，徐晃因病死去。时间是在魏太和元年（227），比曹操晚死七年。明帝谥为壮侯。

至于《三国演义》中的徐晃，最后被东吴方面用箭射死，那就是文学作品的创作安排了。这同历史事实并不是一回事。

〇二七

壮烈的白马将军

素称骁勇的庞德

在樊城之战这一仗中，和于禁形成最强烈反差的就是庞德。于禁是曹操的上将，相知有三十年，却在水淹七军、临危处难时投降了关羽，曹操想不到于禁反而不如庞德，常常对此发出声声哀叹。

庞德，字令明，南安郡狟道（甘肃陇西县东南）人。他年轻时做过郡吏、州从事。投到马腾的部下，立功为校尉。建安八年（203），曹操进攻屯兵在黎阳（今河南浚县东）的袁谭、袁尚。袁谭派遣部将郭援、高幹等去取河东，曹操派钟繇率领关中诸将前往征伐。这时，庞德随马腾的儿子马超领兵在平阳拒战郭援、高幹，庞德作先锋，冲入敌阵，手起刀落，连斩敌军。他一连斩杀几个敌将，其中包括郭援的首级也被他纳入随身的皮制军包——鞬袋之中，但他自己并不知道那就是郭援的头。打完仗后，都说是郭援已死但找不到首级。当晚，庞德倒出鞬袋中的首级，钟繇见了，认出就是郭援。庞德因此被拜为中郎将，封为都亭侯。马腾马超父子的军队中，庞德以勇猛称冠。后来，曹操破马超于渭南，庞德随马超逃入汉阳，然后又跟马超奔汉中。

曹操在建安二十年（215）底，攻取汉中郡（治南郑，今陕西汉中）。这时，庞德随从张鲁等投降曹操。

曹操素闻庞德骁勇，就拜为立义将军，封关门亭侯。庞德所部人马配合曹仁驻守荆襄一带。宛城的侯音、卫开二将叛曹，庞德领兵与曹仁一起攻拔宛城，斩杀侯音、卫开。接着，就是建安二十四年（219）的樊城之战发生。庞德屯兵樊城，和关羽对阵。

庞德善于射箭，曾经让关羽吃过苦头。庞德说："良将不怯死以苟免，烈士不毁节以求生。"

人物瑞兽章纹镜（上图）

三国时期文物，陕西西安丈八沟付村村出土。镜面饰有人物、瑞兽以及十二个半圆和方形印章，外围又刻有一圈铭文，印章字体与铭文均为篆书"幽澜三春"、"吾作明竟"。纹路精致细巧，是古镜中的上品。

白马将军箭伤关羽

庞德有个堂兄名叫庞柔，当时在刘备手下做事。樊城的曹军将领中有人怀疑庞德，认为他归降曹操才

三国西晋

三国志·蜀书·关羽传 三国志·魏书·于禁传 三国志·魏书·庞德传 关于庞德

庞德 关羽 坚强

人物 关键词 故事来源

白马将军庞德

庞德字令明，南安人，"白马将军"这个称号不是凭空来的，《三国志·魏书·庞德传》记载："时德常乘白马，羽军谓之白马将军，皆惮之。"连关羽的军队都很忌惮这位"白马英雄"，可见庞德的勇猛。《三国演义》中描写：庞德抬着棺材，表示自己要与关羽决一死战。其实正史中的庞德比起演义中的来，更是有过之而无不及，初曹操讨袁谭于黎阳，庞德当时就随马超从郭援、高幹于平阳，庞德作为先锋大破敌军，还亲自斩了郭援，此后，常常跟随马腾作战，临阵却敌，勇冠三军。建安二十四年（219）秋，关羽率大军进攻樊城，庞德当时就在樊城之中和曹仁一起对抗关羽，还一箭射伤了关羽的额头。后来曹仁命庞德屯驻在襄阳城以北十里，恰巧赶上连日暴雨，汉水暴涨，泛滥溢出，庞德军突然面临灭顶之灾，关羽趁机大举进攻，庞德在这场战争中，身处绝境，而力战到底，最后被擒，被擒后依然视死如归，临死前颂扬曹操，贬低刘备，还有"宁为国家鬼，不为贼将也"的豪言壮语，死得非常壮烈。此图出于清末石印本《三国演义》插图。

四年不到，如今同关羽对阵，究竟是否可靠。庞德有所觉察之后，严正表态，说道："我深受国恩，理应效命。我要亲自跟关羽对阵。反正今年不是我杀关羽，就是关羽杀我。"

接着，在一次双方交战中，庞德用箭射中关羽的额角，使关羽吃了苦头。当时，庞德常骑白马，关羽营中就称他为"白马将军"，说起他就有点怕。庞德屯兵于樊城以北十里，秋雨连下十多天，汉水暴溢，樊城附近水深达五六丈，庞德与曹仁部将退避到高堤。关羽乘坐大船，指挥水军进攻，将曹兵四面包围。在船上与堤上的对峙中，庞德披甲执弓，箭无虚发。于禁在另一处堤上已被关羽擒住，后来投降了。庞德这一处有将军董衡、部曲将董超等也想向关羽投降，庞德闻知，就将他们都处死。战斗自一早开始，直到中午过后，关羽军越攻越猛，庞德的箭都射完了，就短兵相接。庞德对督将成何说道："良将是不会怯死以苟免的，烈士不应当毁节以求生。今天是我的死日到了。"说完，跟对方拼杀得更凶更狠。随着水势越来越大，曹军降者也越来越多。庞德乘小船欲还曹仁营地，不料水势转盛，船翻被擒。在对方的主帅营帐前，庞德昂首挺立不肯跪下，宁死不屈，最后被关羽所杀。

曹操闻知此事，悲痛地为之流泪，封庞德两个儿子为列侯。文帝曹丕即位，追谥庞德为壮侯。算是对他壮烈死节行为的一种表彰。

> 历史文化百科 <

〔魏晋时期流行单名〕

魏晋时期非常流行取单名，这是承袭了汉代的风俗。比如袁绍、曹操、曹丕、曹植、刘备、关羽、赵云、诸葛亮、孙权、周瑜、司马昭、嵇康、阮籍等等都是单名。

话说中国

公元208年

公元 2 0 8 年

中国大事记

曹操罢三公官，自为丞相。杀太中大夫孔融。曹操南征。

〇二八

有勇有略的曹仁

意气风发，独当一面，名副其实的曹营大将。

曹操的同辈兄弟中，最有本事、勇略过人的是曹仁。

骁勇善战，为曹操所器重

曹仁，字子孝，出身东汉世族，祖父曹褒是颍川太守，父亲曹炽是侍中；长水校尉。曹仁是曹操的堂弟，自小爱好弓马弋猎。各地群雄纷纷起兵时，他结交少年，有千余人，周旋于淮、泗之间。到了曹操举兵的时候，他随从曹军，担任别部司马。攻打袁术时，他骁勇善战，斩获颇多。接着，伐陶谦，灭吕布，他都有战功。

平定黄巾军，迎献帝到许都，曹仁以功拜广阳太守。由于曹操很器重他的勇略，所以没让他去广阳郡上任，仍把他留在身边领兵督阵。官渡之战时，曹军后方有受

袁绍派遣的刘备在扰乱，曹操很耽心，曹仁正确分析形势后并且领兵平定了后方，曹军得以全力对付袁绍。

曹营大将曹仁

曹仁是三国时期曹魏名将，字子孝，沛国谯（今安徽亳州）人，曹操堂弟。豪强纷纷起兵割据之时，曹仁率众归曹操，先后在破袁术、攻陶谦、征吕布中，屡建战功，升任广阳太守，但未赴郡，仍留军中督骑，随曹操征战。建安五年（200），曹操与袁绍于官渡相持，曹仁奉命领骑至汝南，击败迂回深入曹军后方的刘备等，又西向鸡洛山大破袁绍部将韩荀，保护了曹军西道补给线，继与史涣等袭烧袁军粮秣，为官渡之战的胜利立下功勋。十六年，以安西将军督诸将抵潼关，继随曹操于渭南之战中击败马超。二十四年，抗御关羽来攻，值汉水暴涨，七军被淹，仍领将士死守待援，终溃围而出，反败为胜。曹丕即位后，任车骑将军，都督荆、扬、益州诸军事，击退了孙吴军的进攻，升大将军。移屯临颍（今河南临颍西北）后改任大司马，后督诸军进抵乌江（今安徽和县东北），还屯合肥。黄初四年病逝。曹仁治军严整，依法行事。作战勇谋兼备，尤善用骑兵。此二图出于清末石印本《三国演义》插图。

三国西晋

英英琚曹子孝南
襄诒奇周甄勋
续彰挑战勋杜翀
慈征宏

驰骋

打胜官渡之战后，曹军围攻壶关。曹操因战事受阻而生气，下令克敌后必将屠城，连月攻打不下。曹仁说："围城要放条活路，对方才不会死守。否则，城固粮多，对方抱拼死到底的态度，反而攻不下来。这并不是良策。"曹操听了这话，才改变主意，终于使壶关不战而降。事后，因曹仁屡建功劳，封为都亭侯。从此，曹仁成为独当一面的大将。

独当一面，意气风发

赤壁之战后，曹操留曹仁镇守江陵，阻挡南军进入中原。周瑜乘势领兵数千攻打江陵，曹仁派部将牛金带三百勇士去挑战。牛金等陷入重围，危在旦夕，曹仁意气风发，只带几十个壮士，冲入重围救出牛金。看到有剩下的余众还在敌方包围中，曹仁就再杀入敌阵去救人。曹仁奋勇作战，逼退了敌方前锋数千人。回到江陵城，曹军上下都对他表示叹服："将军真天人也！"三军服其勇，转封安平亭侯。

后来，曹仁讨伐马超，为安西将军；镇守荆州，拜征南将军；固守樊城，与蜀名将关羽对峙。曹仁在年轻时对自己行为往往不够检点，到了后来做了大将，严格自律，奉行法令，常用科律条规提醒自己，按规定办事，所以他是曹军中名副其实的高级将才。

侍从男俑
三国陶俑，重庆忠县出土。泥质红陶，烧造火候比较低。人物直立，头束发带，右手持棒状物，制工比较粗糙。

三国曹冲称象
曹冲是曹操的儿子，小的时候聪明敏慧，智力超人。当时孙权送给曹操一头大象，曹操想知道大象的重量，问遍群臣，无人能答，曹冲回答：把大象放在船上，刻下船的吃水线，再把其他物品放到船上，直到同样吃水线，再称这些物品，就可以知道它的重量了。曹操听了，十分欢喜，命令手下依此照办，称得大象重量。

曹丕即位，拜曹仁为车骑将军，都督荆、扬、益州等地的军事，进封陈侯。后来，拜为大将军，升迁大司马。黄初四年（223）曹仁逝世，时年五十六岁。魏文帝曹丕赐谥他为忠侯。

话说中国

《三国志·魏书·曹真传》

曹真　能干
曹爽　平庸

人物　关键词　故事来源

公元208年 公元208年

〇二九

中国大事记　刘表卒，子琮以荆州降操。

父子大将军

曹真、曹爽父子先后为大将军，经历相同，结局却大相径庭。

曹真是个了不起的干将

曹操的族子曹真，字子丹，在曹丕称帝之后，担任镇西将军，都督关中。魏明帝曹叡即位，曹真、陈群、司马懿三人同时担任辅政的重臣。

魏太和四年（230）七月，曹军两路进兵汉中，一路由曹真率军从子午谷（今陕西西安东南）进发，一路由司马懿率军从西城（今陕西安康）沿汉水上溯而进攻汉中。子午谷是关中与汉中盆地间的重要通道，魏与蜀双方的必争之地。

诸葛亮闻讯后，率军进驻成固（今陕西城固）以待魏军。蜀主刘禅遣李严率兵二万到汉中去支援诸葛亮。这时正逢天下大雨，连续下了三十多天还不停，造成汉水泛滥，栈道断绝。曹魏方面就发生不同意见，散骑常侍王肃上疏说："千里运粮，士兵尚且容易受饥，如今深入险地，凿险而进，雨后路滑，运粮难以为继，这是行军的大忌。"曹叡原先就听过陈群的劝告，说是道路险阻，运粮困难，考虑眼下实际状况，因此就在该年九月，命曹真、司马懿撤回了攻蜀的部队。

曹真领兵打仗自有特点，出征时他能够和手下的将士们同甘共苦，遇到行功论赏而又钱物不足时，他甚至用自己的家财作抵充。因此，手下将士们都乐意为他效命。曹真先后为曹操、曹丕、曹叡三代人做事，奔波多年，终于积劳成疾。这时曹军由子午谷回师，曹真在途中就生病了。他回到洛阳后，曹叡曾到他的府第看望过他。后来，曹真病逝。谥为元侯。

儿子曹爽违背法度，留下坏名声

魏太和五年（231）三月，曹真死，儿子曹爽（字昭伯）继承大将军职位。景初三年（238）正月，曹叡去世，曹爽与司马懿共同辅佐幼主曹芳。曹爽想通过军事行动来树立威望，就在正始五年（244）三月，去长安与征西将军夏侯玄率十万大军攻蜀，自骆谷（今陕西周至西南）进军汉中。当时汉中的蜀兵不满三万，在蜀将王平的指挥下，扼守兴势（今陕西城固北的兴势坂）要塞，以阻挡魏军。蜀主刘禅遣大将军费祎督领诸军去救援汉中。

曹军前方受阻，后方的粮食运输又跟不上。那些运粮的牛马骡驴大多因乏累而死去，从事运输的民众号泣于路，蜀军据山固守，曹军的处境变得很困难。曹爽手下的参军杨伟是一个有见识的人，他为曹爽分析形势，细论战局，提议曹爽急速退兵，否则就必定会失败。曹爽无奈之下，接受了杨伟的退军建议。五月还军。蜀国费祎据险截断曹军归路，曹爽苦战脱险，损失巨大，关中人力物力为此而虚耗。

后来，曹爽独断独行，经常违背法度，还听不进别人的劝告。直到司马懿乘机发动高平陵之变，曹爽最后结束自己一生。曹爽心腹大臣桓范后来遭到株连时，哭着说："曹子丹（曹真）是个能人，生了你这样的畜生，我想不到跟着一起灭族了。"

三国魏五铢铜钱（上图）

东汉末，由于连年战乱，物价飞涨，货币已失去实际意义，人们都采用实物交换。魏国统一中原后，曹丕于221年下令恢复五铢钱的使用，但因谷物价格仍然昂贵，不得不于半年后停止使用直到227年才再次恢复。图为魏国的五铢铜钱。

三国西晋

○三○

在敦煌的治绩

一方大员，管治有方

敦煌太守仓慈等人，管治有方，业绩显著，令人缅怀不已。

三国曹魏期间，敦煌郡（治所在敦煌县，今甘肃敦煌西）出了几位有名的太守，对当地经济发展起到了重要的组织作用。

淮南人仓慈，字孝仁，起初担任郡吏，建安年间，曹操在淮南一带开始实行屯田，派仓慈担任绥集都尉。后来，魏文帝曹丕在黄初末年，调仓慈为长安县令。因为他为官清正廉洁，受到百姓的敬畏和爱戴，魏明帝曹叡在太和年间（228—232），升迁他为敦煌太守。在这以前，由于中原与西陲相隔遥远，当地已有二十年没有朝廷任命的太守来负责管理行政事务。因此，那里的豪族大姓形成地方势力，产生痼疾弊端。在仓慈来到之前，这个问题很严重。

仓慈到任之后，首先是抑制和打击当地大姓权势人家，抚恤贫困百姓。他的思路清晰，治理办法是针对原先大族拥有大批土地，小户人家甚至没有立锥之地的状况，作了赋收调整，使田赋租税逐渐趋于合理。其次，仓慈对当地司法上的弊端作了革除，原先狱讼泛滥，权力过于分散，他到任后，亲自查阅有关案卷，作出合理的判决。除了特殊个案非杀不可的以外，一般的刑犯都用鞭刑或杖刑就给解决了，这样，既提高了司法效率，又强化了地方治安，一年之内犯法决刑的不到十人。再次，

仓慈还大大地改善了当地汉民族和西域少数族之间的经济贸易往来和文化交流的状况，赢得了各族居民的交口称誉。

业绩显著，令人缅怀

仓慈在敦煌郡任期数年，为地方上做了不少好事。他死的时候，当地吏民十分悲恸，就像失去了自己家里的亲人。当地老百姓都在家里挂着仓慈的画像，以示纪念。少数族居民也都聚会表示哀悼，有的还用刀文刺脸面，按他们特有的方式表示诚挚的思念。

仓慈的榜样作用也是明显的。在这之后，继任的官员如王迁、赵基、皇甫隆等人，也都大致沿用了仓慈所设定的办法。王迁是天水郡（治冀县，今甘肃甘谷县东）人，赵基是金城郡（治榆中，今甘肃榆中县西北）人，两人能力虽不如仓慈，但基本遵循成法。安定人皇甫隆做敦煌太守时，进一步教民耧犁耕作，加强农田水利建设，这样到了收成的季节，工效提高，产量增加。仓慈、王迁、赵基、皇甫隆是四位有成绩的敦煌太守。

三国持簸箕女陶俑

此三国时蜀国陶俑于1981年出土于四川忠县（今属重庆），为一妇女手持簸箕劳作，头簪花饰，形象十分可爱生动。

《三国志·魏书·任峻传》

枣祗 革新

人物 关键词 故事来源

公元208年 公元 208 年

中国大事记 孙权、刘备合兵大破曹操于赤壁。刘备取武陵、长沙、桂阳、零陵4郡。

〇三一

枣祗实行屯田制

枣祗是曹魏方面重要的经济人才，他的才干主要表现在屯田制的推行。其实，枣祗的祖上原来姓棘，由于避难，改为姓枣。早在曹操起兵时，枣祗就开始追随左右，攻略征讨，不辞辛劳。

袁绍在冀州得势时，对枣祗的才干也很赏识，想招引到自己门下，枣祗不为所动，仍忠于曹操。曹操让枣祗担任东阿令，当吕布反叛曹操时，兖州地区很多县城都改听吕布的摆布，只有范县和东阿仍保存曹兵实力，这跟枣祗忠于职守、据兵守城有关。后来，曹操大军缺粮，也是依靠东阿的不断支援才得以渡过难关。

建安元年（196），曹操迎汉献帝定都许，即今河南许昌东。讨论屯田问题时，枣祗力陈旧弊，提出新见，改变屯田办法，却一时未被接纳。曹操让荀彧出面组织商讨，侯声等人提出不同意枣祗的屯田建议。枣祗却十分自信，反复对曹操进言，周密计划，落实措施，终于使曹操同意了。

曹操任命枣祗为屯田都尉，任峻为典农中郎将，招募流民，首先在许都周围屯田。当年得谷百万斛，紧接着推广到其他州郡。曹操知道要强兵富国先要足食，屯田是足食济世的良方。

富国强兵，事业不朽

曹魏屯田有民屯和军屯两种。民屯以流民为屯田者，名为招募，实际带有强制性。每五十人左右为

不朽的治农官

曹操为何称赞屯田都尉枣祗完成了"不朽之事"？

一屯，屯设屯司马，县设典农都尉，郡设典农中郎将，负责管理。屯田农民不能随便迁移，凡用官牛耕种的，将收获物的六成上缴，不用官牛的上缴五成。其他的赋税和劳役就不再负担。这对招抚流亡农民，利用荒芜土地，增加粮食收成，推进社会经济，是十分有利的。部队兵员及其家属参加屯田的，称为军屯。军屯以营为单位，每营六十人。军屯的租税大体和民屯相同。亦军亦农对发展农业和增强部队实力都有利。

屯田对曹魏政权的巩固与发展，功效非常明显。枣祗的倡议和始兴之功，非比寻常。虽然枣祗不幸早逝，但是曹操充分肯定了他的功绩。先是追赠枣祗为陈留郡的太守，后来曹操又认为枣祗宜受封国，就对其遗子枣处中加以封爵，用以纪念枣祗的"不朽之事"（曹操语）。

枣祗是曹魏屯田开始实施时期的重要人物，史称曹魏军国之饶，"起于枣祗而成于任峻"。枣祗的儿子枣处中封爵为官，其孙枣据，字道彦，在西晋时担任冀州刺史。枣据有两个出名的儿子，一个叫枣腆，字玄方，官为襄阳太守；一个叫枣嵩，字台产，官为散骑常侍。枣祗的这个孙子和这两个曾孙，都是有文采有才名的。当然，这些都是后话了。

陶屋模型

三国蜀时器物，重庆忠县蜀汉崖墓出土。陶屋正面的栏板内站立着男女数人，有的吹箫，有的静观。这件作品极写实风格，是对三国蜀时建筑的真实反映。

罗马皇帝塞维鲁亲征不列颠，5万士兵死于瘟疫。

曹植富有才气

东晋诗人谢灵运曾说过："天下才共一石，子建独得八斗，我得一斗，自古及今别人共得一斗。"

才高八斗

谢灵运评说天才的话，虽然自负，却对曹植佩服至极。

且不管这话口气如何，后人对于曹植的才气富溢，乃是非常钦佩的。

曹植，字子建，是曹操二十五个儿子中最具才思与文采的一个。卞夫人生了四个儿子，曹丕是老大，曹植是老三。曹植在十多岁的时候，已经能诵读诗论及辞赋，多达十多万字。他写文章很漂亮。曹操开始时怀疑文章是别人帮他写的，曹植听了，就

曹子建七步成诗

曹丕和曹植都是曹操的妻子卞后生的。曹操不但是个政治家、军事家，又是个文学家，兄弟俩也擅长诗文，文学史上把他们父子合称为"三曹"。公元220年，曹操病逝，曹丕当了魏王，当年就将汉献帝废了，自己做了魏文帝，依然将曹植看作敌手，总想寻找机会将他除掉。一天，有人告发曹植喝醉了酒，傲慢地侮辱威胁朝廷的使者。曹丕就将曹植抓来，预备治他死罪。曹丕的母亲大惊，立刻召见曹丕求情，曹丕不敢违抗母亲，只得打消杀曹植的念头。曹母走后，曹丕将曹植叫来，说限你在七步之内吟诗一首，若是作出，就免你一死；曹植就随口吟道："煮豆持作羹，漉菽以为汁，其在釜下燃，豆在釜中泣。本是同根生，相煎何太急！"诗吟完了，还没有跨出七步。曹丕听了曹植的诗，也受到触动，禁不住流下眼泪。于是将曹植从临淄王贬为安乡侯。此图出于清刊本《三国演义》插图。

取材于曹植《洛神赋》的元卫九鼎《洛神图》

卫九鼎，元天台人，工界画山水，人物画俊朗超拔，因而博得倪云林的赋诗称赞。图中洛神以白描绘成，梳灵蛇髻，上衣下裳，衣带轻灵飘逸，持麈尾，意态娴静，服饰清奇，线条缠绵悠长仿佛春蚕吐丝，装束近顾恺之本，一派魏晋风度。足踏水波如鳞网，远山用浑润墨色挥染一过，境界清旷幽远。神人置身其间，真所谓"翩若惊鸿"。

跪下对父亲说道："我出口成论，下笔成文，不信可以面试，何必请人帮忙？"当时，邺城内刚建成铜爵台，曹操带领他的儿子们登台，要他们各自作赋。曹植挥笔而就，曹操见文章可观，感到非常惊奇。平时，曹操问一些难题，曹植也都能应声而对答，所以曹操很宠爱曹植。

建安十六年（211），曹植封平原侯，三年后，改封临菑侯。曹操征伐孙权时，留曹植守邺城，告诫说："我当年二十三岁时任顿丘令，回想当时作为，至今无悔。你现在也二十三岁了，能不努力吗？"曹操对曹植宠爱，并寄以厚望，几次打算立他为太子。

七步诗流传至今

但曹丕是长子，加上曹丕比曹植会使计谋，曹植本人也有不拘小节、饮酒放纵的弱点，曹操最后立曹丕为太子。曹丕接位为魏王，有一次，为了加害曹植，就令他七步之内成诗一首。曹植略微思考，随即成诗："煮豆持作羹，漉菽以为汁，其在釜下燃，豆在釜中泣。本是同根生，相煎何太急！"曹丕看在母亲面上，没有杀害曹植，但多次改换封地，只配给他平庸无能的属僚和一百多个没有战斗力的老兵。

处在这样的环境中，曹植的不得意，是可以想见的。但是，他在逆境中写出了不少佳作。他的《洛神

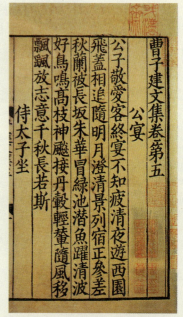

曹子建文集卷第五

公宴

公子敬爱客　终宴不知疲　清夜游西园　飞盖相追随　明月澄清景　列宿正参差　秋兰被长坂　朱华冒绿池　潜鱼跃清波　好鸟鸣高枝　神飚接丹毂　轻辇随风移　飘飖放志意　千秋长若斯

侍太子坐

赋》将洛神写成一位旷世美人，表述自己对洛神的深深爱慕，他的《赠白马王彪》，作为著名的五言叙事长诗，对后代叙事诗很有影响。他在《杂诗》中说："闲居非吾志，甘心赴国忧。"但他有才得不到施展的机会，所以难免悲愤与忧虑。在《高台多悲风》这首诗中，他写道："南国有佳人，容华若桃李。朝游江北岸，夕宿潇湘沚。时俗薄朱颜，谁为发皓齿。俯仰岁将暮，荣曜难久持。"他将自己比作为南国佳人，命运多舛。岁月流逝，景况始终不佳。这样，到了青龙元年（233），曹植终于因病而死。享年四十一岁。

在曹植生前，曾以陈县等地受封为陈王。死后谥"思"为号，所以世人称曹植为陈思王。当时，曾将他所著赋颂诗铭杂论共有百余篇集录成书，但后来散佚。宋代文人辑有《曹子建集》。他的诗赋词语华丽，立意高妙，骨气奇特，自成一格。

> **历史文化百科**
>
> **〔曹植墓和七步村〕**
>
> 曹植的七步诗很有名，今河南通许县境内有前七步村、后七步村，就和纪念曹植此诗有关。村南有周长90米左右的曹植墓，墓高3米多，墓前有明代万历时立的石碑，碑上题有《通许县创建陈思王陵祠记》。

观风望气、心领神会的《曹子建文集》（上图）

建安时代的文学家曹植，是中国文学史上享有很高地位的人物，他创作的诗赋，从形式到内容，都蕴蓄着先秦、两汉文学的精华，对六朝乃至隋唐文学的演进，具有直接影响作用。现藏上海图书馆的这部刻于南宋的十卷本《曹子建文集》，是今天我们所能见到的曹集最早传本。

三国西晋

公元209年 公元 2 0 9 年

世界大事记 高句丽迁都丸都城（209—427）。

《三国志·魏书·文聘传》

文聘 空城计 谋略
人物 典故 关键词 故事来源

〇三三

是谁巧施空城计？

用空城计的人，果真是诸葛孔明吗？历史记载说不。

空城计的故事妇孺皆知，主角安排为孔明，那是小说及戏曲的故事创作，历史上的孔明没有摆过空城计。真的巧施空城计的人，乃是魏文帝曹丕手下的将领文聘。

忠诚的战将

文聘，字仲业，南阳郡宛县（今河南南阳）人。早年投在荆州牧刘表麾下，建安五年（200）刘表乘曹操与袁绍相拒在官渡无暇南顾的机会，先后兼并了长沙郡、零陵郡、桂阳郡（治今湖南郴州），拥有全部荆州之地，带甲兵十余万，控制着南北枢纽的兵家要地。刘表手下有将才，如黄祖做过江夏太守，曾击败东吴孙策的进攻。而文聘也是刘表的大将，他的职责主要是在荆州北边负责军事防御。文聘作为大将，不仅能征善战，而且做事忠诚，对刘表负责。

可惜刘表只会消极保境守成，对儿子刘琦和刘琮的继承问题也未能妥善解决，终于留下祸患。建安

清末年画《空城计》
马谡因不听诸葛亮之计而失掉战略要地——街亭，魏将司马懿乘势引大军逼近西城。此时，诸葛亮身边无兵无将，但并不惊慌，下令偃旗息鼓，士兵原地不动，大开四面城门，每个城门之上派士兵扮成百姓模样，洒水扫街。诸葛亮自己披鹤氅，戴纶巾，领着两个小书童，带上一张琴，到城上望敌楼前凭栏坐下，燃起香，然后慢慢弹起琴来。司马懿率大军赶到后，疑惑不已，随即下令撤退。司马昭不解，司马懿说："诸葛亮一生谨慎，不曾冒险。现在城门大开，里面必有埋伏，我军如果进去，正好中了他们的计。还是快快撤退吧！"于是各路兵马都退了回去。

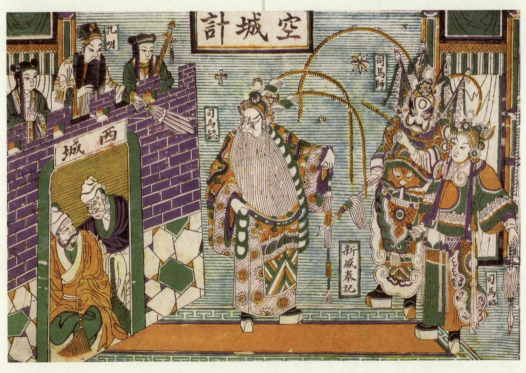

十三年（208）曹操征荆州，刘表病死，刘琮投降时曾叫文聘一起去，但文聘不干，说是没有尽职保全荆州，只有待罪而已。曹操后来和文聘见面，问他为何不早早归降，他回答慷慨，不卑不亢，曹操以厚礼待他，夸说他真是忠臣。

守江夏，威震一方

曹操定荆州后，重要的江夏太守一职就由文聘担任，并赐爵关内侯。文聘因和乐进一起在寻口攻关羽有功，进封延寿亭侯，加讨逆将军。

曹丕为魏文帝，文聘进爵长安乡侯。后因军功升为后将军，封新野侯。文聘镇守江夏一带，深感责任重大，不容怠慢。

有一次，孙权亲自领了精兵五万突然进攻文聘防线。正值当时已有几天连续下大雨，城栅都已经被雨水冲坏了，石阳（今湖北孝感西南）的守军不知孙权已经兵临城下，还在田间劳作来不及赶回。这样，出战肯定不行，坚守也一时无法做到，怎么

新颖的鸟形青瓷杯

由于漆器成本高，大多数的日用器皿还是用陶瓷器来充当。这件出土于浙江上虞的青瓷杯就是日常用具的代表，并且是一件酒具。杯身塑有小巧可爱的燕雀，在相应一侧也塑成尾羽，产生空间上的呼应感，新颖别致。

办？文聘不愧为忠勇智略的大将之才，他急中生智，当即命令城里所有人都隐蔽起来，不让东吴兵看见，他自己则在房内索性卧睡不起。果然，这一切引起孙权的怀疑，孙权对部众说："北方都说文聘此人是忠臣，所以才把重要之地交给他，如今我军来到，他却毫无动静，这样看来，要不是有深谋密计，也一定会有外援袭我。"孙权不攻自退，文聘再组织兵马追击。

文聘守江夏几十年，威震敌国。他死后，谥为壮侯。

三国时期的机械制造（局部）

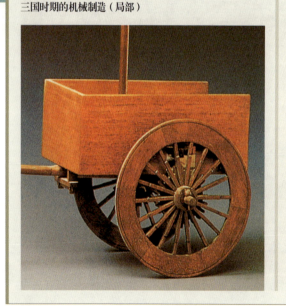

> **历史文化百科**

〔交通工具——车〕

魏晋南北朝的车较于前代有不少变化和发展。主要有：

金根车，皇帝专用的豪华车辆，是皇帝外出时乘坐的车。

辂车，汉魏时以驾马为主，南朝时以驾牛为主，汉代为中下级官员使用，魏晋后高级官员也开始使用。

犊车，驾牛的大车，汉代为地位低微者所乘，魏晋后成为上层人士的主要出行工具。

追锋车，以二马拉动的速度奇快的军车。

露车，无盖无棚的车，主要用于民间运输。

鹿车，即独轮车，诸葛亮的"木牛流马"就是在此基础上改装的。

三国西晋

公元209年 公元209年

世界大事记 加罗国遭入侵，新罗起兵救之。

《三国志·魏书·曹爽传》注引《魏末传》

司马懿 曹爽 李胜 猜疑 谋略

人物 关键词 故事来源

〇三四

太尉司马懿与大将军曹爽一起受魏明帝曹叡的遗诏，辅佐幼主曹芳。曹爽一伙弄权，名义上让司马懿升为太傅，实际上是削弱他的权力。司马懿于是就在家装起病来。

司马懿装病

姜是老的辣。比起司马懿来，曹爽可算是嫩着呢。

装病功夫远不一般

魏正始九年（248）冬，曹爽心腹之一的李胜，由河南尹改任荆州刺史，准备去向司马懿告辞。曹爽就要李胜乘机摸清对方，究竟是否真的有病。那一天，李胜来到司马懿家中，只见两个婢女扶侍着年已七十的司马懿，老人抖抖索索的样子，身上的衣服披不住，直往下落。老人用手指指嘴，意思是渴了，想要吃粥，婢女送上粥，老人持盅饮粥时，手抖得厉害，粥从嘴边流下，沾了胸前一大摊。

李胜见了，流着眼泪，一副难过的样子，对司马懿说："如今主上尚幼，天下就恃赖明公你了，想不到你病得这么厉害。"司马懿听了，慢慢地调匀呼吸，才开口说道："年老病重的人，生死危在旦夕。你屈就并州，并州近北边胡地，请好自为之。我病重，恐怕不再能相见了。"李胜听后，纠正老人说："我去的是荆州，

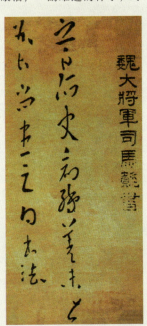

魏大将军司马懿书

不是并州。"司马懿仍是将荆州说成并州，言词错乱。当李胜再三告明是荆州时，司马懿才像是有点明白地说："我年老了，心意恍惚，搞不清楚你说的话。你现任荆州刺史，正可奋发有为，建立功勋。我恐怕不再久于人世，今天就跟你作生死之别了。"说完，老人流泪哽咽，唏叹不已。

李胜回去后，就对曹爽说："司马懿讲话错乱，行动迟钝，指南为北，几次将荆州说成并州，我告诉他是去荆州就职，慢慢跟他解释，只有在头脑稍清楚时，才知道我要去的是荆州。"最后，李胜说："看来，司马懿的病真是好不了啦！"

曹爽上当，自食苦果

这样，年轻骄横、不可一世的曹爽，就更加不把司马懿放在眼里。谋士桓范曾经提醒过曹爽，不能总是随同幼主曹芳一

司马懿装病

太尉司马懿与大将军曹爽一起受魏明帝曹叡的遗诏，辅佐幼主曹芳。曹爽一伙弄权，名义上让司马懿升为太傅，实际上是削弱他的权力。司马懿于是就在家装起病来。此图出于清末石印本《三国演义》插图。

话说中国

起，全都去城外远处打猎，万一有人关闭城门，在京都洛阳闹起事来，就麻烦了。曹爽听了，非但不以为然，还直嚷道："谁敢如此！"目空一切的曹爽，到头来尝到了自己酿成的苦果。就在李胜去司马懿家探视后不出两个月，司马懿终于掌握了曹爽一伙又结伴同行外出的机会，立即命令手下人占领

武库，关闭城门，同时上表朝廷，指责曹爽罪行。一切就绪，司马懿磨刀霍霍，当然不再是那副病恹恹的模样了。

姜还是老的辣。在司马氏集团和曹氏集团的争斗中，关键人物司马懿的装病，是麻痹对方，出其不意，克敌制胜的关键一招。

司马懿档案

司马懿字仲达，三国时期司马氏集团的实力派人物，也是三国后期政治、军事舞台上的超一流的重要角色。

出生年份	公元179年，比曹操小二十五岁。
出生地点	河内温县（今河南温县西）。
家庭背景	当地的豪强望族。
父亲	司马防，字建公。曾任尚书右丞，早年曾推荐曹操任洛阳京都的北部尉。
早期经历	十六七岁时就出名，曾任郡吏，后经荀彧推荐给曹操，被任为相府文学掾。不久，提升为黄门侍郎、议郎、相府东曹掾属、主簿等。
重要契机	起初，曹操并不怎么重视司马懿。公元219年，关羽从荆州攻魏，包围樊城，水淹七军，降于禁，杀庞德，威震四方。曹操曾考虑迁都。司马懿提议联络孙权，以解救樊城之围，由此得到曹操的重视。
重要关系	与曹丕的关系非同一般。曹丕为太子时，司马懿跟他多有接触。曹丕即位后，任为丞相长史，督军御史中丞，带头起草奏书，逼迫献帝禅位给曹丕。曹丕小于司马懿八岁，称帝后即任司马懿为尚书仆射，不久升为抚军大将军。
重要战绩	公元226年　曹丕病危，以曹真、陈群、曹休、司马懿为顾命大臣，受遗诏辅佐曹叡（魏明帝）。明帝即位两个月后，东吴诸葛瑾、张霸攻襄阳，司马懿大破吴军，斩张霸。都督荆州和豫州军事。这年，司马懿四十八岁。
	公元227年　新城太守孟达反叛，司马懿当机立断，不经请示就快速出兵，攻占上庸城，平定叛乱。这年，他四十九岁。
	公元228年　魏明帝发兵分两路攻打东吴。曹休率师的一路被陆逊大败，曹休不久病死。司马懿率师的一路顺利班师。这年他五十岁。
	公元238年　司马懿率军攻讨辽东公孙渊，结束公孙氏势力在辽东的长期割据的历史。这年，他六十岁。
重要使命	公元239年，年仅三十六岁的曹叡（明帝）病危，要司马懿与曹爽一道辅佐八岁的齐王曹芳。司马懿六十一岁，再度接受魏国王室的重托，担任顾命大臣。
重大危机	曹爽控制朝廷要害部门，建议齐王曹芳发诏，任太尉司马懿为太傅，名义上提升，实质上剥夺其兵权。因受排挤，司马懿在家装病。
重大政变	司马懿命儿子司马师暗中招纳三千名亡命徒，散在洛阳城内各处。公元249年，曹爽率随曹芳去郊外的高平陵谒明帝墓，司马懿发动政变，以太后的名义罢免曹爽等官职，后又杀曹爽等数千人。司马懿出任丞相。这年他七十岁。
重大作用	高平陵之变后，司马氏势力对曹氏势力的争夺已稳操胜券。公元251年，七十二岁的司马懿病死。其子司马师、司马炎继续控制魏国政权。十四年以后，公元265年，司马炎建立晋朝。
重大讽刺	仔细研究司马懿，不难发现他那超一流的角色身份及其耐人寻味的"演技"。他极善忍耐，处辱不变，装病卖傻，伺机出击。一旦实权在握，杀人心狠，毫不顾忌。而在公元234年，诸葛亮病死五丈原时，"死诸葛吓走生仲达（司马懿）"却成为他一生中的重大讽刺。他不无解嘲地说道："我能料生，岂能料死。"也算是一种实话实说。

三国西晋

公元211年

公元211年

世界大事记

罗马皇帝塞维鲁于不列颠埃波拉孔（今约克）卒（146—211），子马可·安东尼（卡拉卡拉）继位（211—217），统治暴虐。

《三国志·魏书·董遇传》

好学　勤奋

董遇

人物　关键词　故事来源

〇三五

争分夺秒的读书人

学者董遇善于利用"三余"的时间观，反映了一种积极的人生态度。

在务农、做小买卖同时，刻苦自学

董遇，字季直，东汉时候弘农（今河南灵宝东北）人。献帝兴平年间（194—195），关中地区战事连连，社会扰乱不安定。董遇和哥哥二人就在农闲时做些小买卖，以维持生计。在经营小买卖的过程中，老实本分而又好学的董遇，只要稍微有空闲的时间，就会将随身带着的经书拿出来，认真地阅读与思索。他有个哥哥名叫季中，经常对他看不惯，还因此而取笑他，可是他依然这么争分夺秒，始终有着一股好学不倦的劲头。

建安（196—219）初年，局势稍安，好学的董遇在弘农郡被举为孝廉。不久，董遇担任宫中的黄门侍郎，是在皇帝身边有知识、备咨询的文官。其间，因为曹操掌握实际政权，东汉献帝无法具体过问，显得十分空闲。董遇就在献帝身边，早晚侍讲，得到天子的宠爱和信任。

到了建安二十二年（217），在曹操的操纵下，许都宫廷进行改制。董遇虽然并不参与百官建置的筹划，但还是被列名转到邺都。这时，董遇成为一名冗散的闲官。这对他进一步研究《春秋左传》、《老子》、《墨子》等经典著作是有益的。

帮助曹操解决难题

当时，曹操在征战的过程中，常让董遇随众官一起跟着。一次，西征时经过孟津，正巧来到弘农王刘辩的墓地。曹操作为汉臣身份，这时该不该进谒刘辩的墓，成了一道难题。曹操聪明，自己先不拿主意，问左右众官，众官一时间不知如何应对才好。众人心想，让曹操谒墓吧，怕曹操心中不悦，不让谒墓吧，

又怕碍于名分，难以交待。正在左右为难之际，董遇不顾官职低微，越级上前对曹操进言："根据《春秋》本义，国君即位不到一年而卒的，没有成为真正意义上的国君。弘农王登位时间太短，又为暴臣所制，不久即降为藩国。根据这种情况，曹公是不应该谒墓的。"于是，解决了曹操的难题。

成为大学问家的诀窍

曹操的儿子曹丕称魏文帝之后，董遇担任外官，到地方上做郡太守。魏明帝曹叡掌权时，董遇又转为内官，入朝为侍中，后升为大司农。过了几年，董遇因病而逝。

董遇是当时一位著名学问家。他研究《老子》，为这书作训注，还研究《春秋左传》很有成果，对《墨经》也有特别见解。因此，董遇和当时的贾洪、邯郸淳、薛夏、隗禧、苏林、乐详等七人，一起被尊崇为"儒宗"。

带盖灰陶罐

三国魏时器物，山东东阿曹植墓出土。壶肩两侧置有半环形纽，肩前后有方形戳印阳文"药廿"二字，壶肩壶腹间有弦纹一道。

话说中国

那时，跟从董遇求学请教的人很多。别人问起如何做学问，董遇总会强调："必当先读百遍"，"读

彩绘童子对棍图漆盘
三国吴时文物。盘中心绘两个童子在山前空地上相对舞棒，周围以鱼、莲蓬、水波纹和云龙纹衬托。背面中央用朱漆写有"蜀郡作牢"四字。整件器物从构图到上漆，精心细致，充满生活意味，是上乘之作。

书百遍其义自见"。意思是反复多读反复细想，书中的本义就不难发现。跟他学的人又问："这样做学问，苦于没有时间，如何是好？"董遇的回答更精彩："冬者，岁之余；夜者，日之余；阴雨者，时之余也。"就是说，要善于利用一般人不太重视的"三余"时间，勤学苦练，就总是能成功的。

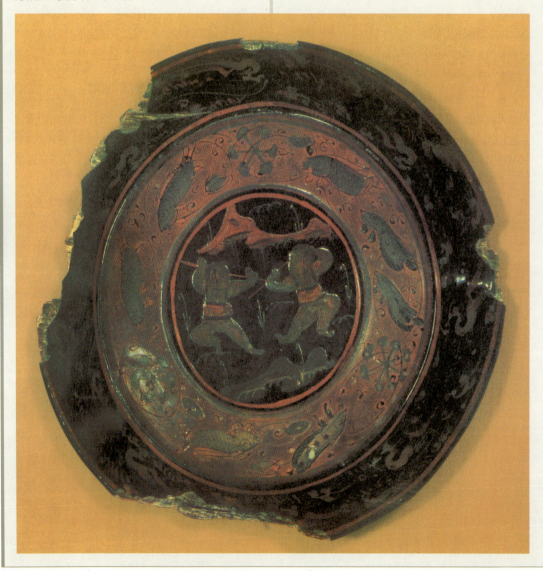

三国西晋

世界大事记

新罗挫败骨浦等3国来侵之兵。伽倻遣质子于新罗以和。

人物：胡敏 胡质
关键词：正直
故事来源：《三国志·魏书·胡质传》

〇三六

清廉的家风

胡质一生清正廉明，为家人树立了良好的典范。

和徐邈一样，胡质也是魏国的一位治绩显著的官员。他一生清正廉明，为世人所称道。

办事明察，为人清正

胡质，字文德，是南方的寿春即今安徽寿县人。他年轻时，同蒋济、朱绩一起在江淮一带已有名声，担任州郡的幕僚。他的父亲胡敏，字通达，为人正派，又很豁达大度。曹操很欣赏胡敏的作风。有一次，曹操问蒋济："胡通达这位长者，他有没有子孙？"蒋济回答："他有个儿子胡质，虽不如其父豁达大度，但办事明察，为人清正，是胜过他的父亲的。"曹操听了很高兴，就召请胡质担任顿丘县（今河南浚县北）的县令。

刚一到任，胡质就遇到一件颇为棘手的事。有个名叫冯谅的郡吏涉及一起通奸谋杀案，被害人叫程他，其妻子和她的表兄郭政有私通谋害嫌疑，但这表兄妹俩就是一味抵赖，死不认账。冯谅经受不起刑讯拷掠，只得自诬有罪。胡质经过缜密查询，仔细检验，确认罪犯就是一对表兄妹。

后来，胡质在曹操手下担任丞相东曹议令史。魏将张辽跟他的护军武周之间闹矛盾，张辽请上司考虑换掉武周，让胡质调任护军，胡质知道了，认为不妥，他对张辽说："古人之交，注重品质，崇尚信誉，人家拿多了，要明白他并不贪心，人家失败了，要明白他并不畏怯，不听信流言蜚语，所以可以始终友好。"他还进一步居间作了劝解，使张辽和武周两人消除了矛盾。

品行廉洁，树立良好家风

魏文帝曹丕黄初年间，胡质做过吏部郎，常山太守。后来，还在东莞郡做过九年的太守。这期间每逢论军功赏赐，他都分散给别人，自己不取。因此，地方上那些将士吏民都能够协力同心。

曹芳继位后，胡质升迁为荆州刺史，加振威将军，赐爵关内侯。东吴大将朱然率军围攻樊城，胡质不为对方盛势所迫，率精兵解救。此后，他升迁征东将军，假节都督青州徐州诸军事。在这期间，胡质设置东征台，组织部属军屯，一边种田一边守卫，这样，既保卫地方安定又发展农业生产，结果除了供养军队外，还有大量粮食存储，可供几年的吃用。此外，他又兴修水利，各郡之间开通渠道，便利舟楫。这么一来，沿海地区的防务得到了加强。

嘉平二年（250），胡质去世。他比徐邈晚一年死，同样也是家无余财，只有朝廷原先所赐的衣服和书箧而已。为了褒奖胡质的品行，朝廷追封他为阳陵亭侯。谥贞侯。

胡质的儿子胡威、胡罴，后来在西晋时，官至刺史、将军，孙子胡奕也是将军，他们几个也都以洁行出名，算得上是继承家风了。晋武帝司马炎有一次跟胡威谈起其父胡质，问道："你同令尊相比，谁更清正？"胡威回答："我不如父亲。"司马炎又问："怎么说是不如呢？"胡威答道："臣父清，怕被人家知道；臣清，却怕人家不知道，这是臣远不如臣父的地方。"

历史文化百科

〔取经第一人：朱士行〕

朱士行是三国魏时的僧人。出家后研习经典，在洛阳讲解《道行般若经》，感到译本晦涩难解，于是决定西行寻找原本。他从长安出发，到达当时大乘经经典集中地于阗（今新疆和田），抄得《放光般若经》梵书40章，遣弟子送回洛阳，自己在八十岁上死于于阗。

《三国志·魏书·王昶传》注引《任嘏别传》

聪敏 谦虚

任嘏

人物 关键词 故事来源

公元212年

公元212年

中国大事记

曹操击孙权，进向濡须。刘备斩刘璋部将杨怀等，据涪城。

〇三七

神童的人格魅力

处在兵荒马乱的年代，任嘏所具有的个人魅力照样活力四射。

"蒋氏翁，任氏童。"三国时代的这句顺口溜的流传地区是在博昌（今山东寿光）一带。蒋氏，是指文思敏捷的蒋少游。而任氏指的就是三国魏时的任嘏。

幼年遍读五经的神童

任嘏，字昭先，乐安郡博昌人，祖辈都是山东这一地区的著姓大族。父亲任旐的行为端正，人品高雅，在当地可是出了名的。东汉末年黄巾起义时，各地因饥荒严重而掠夺不止，博昌这一带却比较安定，就和任旐所起的影响与作用有关。任旐后来举孝廉，官历酸枣、祝阿县令。任嘏八岁丧母，像大人一样哀痛不已。他十多

"你这么做，任嘏知道了会怎样！"

谦虚谨慎，为人称道

后来，曹操平定了北方，魏国处在创业阶段，要聘请有德行有名望的人，于是，任嘏就应举，做了临菑侯曹植的庶子，即身边的理事官，后来改为曹丕手下的相国东曹掾，尚书郎。在曹丕当了魏文帝之后，任嘏担任黄门侍郎。他办事谨慎稳重，因而得到曹丕的嘉奖。由于任嘏为人恭谨，很谦虚，修养深，不显山露水，所以当时人对他的优点了解得并不多。

任嘏后来在魏文帝、魏齐王时期，还做过东郡、赵郡、河东郡的太守，对于所任地方上的管理与教化颇有功绩。他的遗风余教，为人所称道。

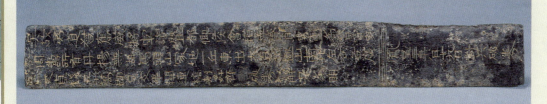

岁时遍阅五经，通读深究，对五经含义及各家之言，都能综览博识，当时学者称他为神童。

在那兵荒马乱的年代，任嘏不可能关起门一味读书，他得学会生活。家里虽然贫困，但他做生意公道。卖鱼时，别人随市况涨价，他还是规规矩矩照原价卖。和同伴一起贩卖牲口，各自花钱雇了八匹，后来涨到相当于六十匹的价钱，别人以高价赚钱，他却仍按照平价折算，赚钱本分。有家邻居擅自占耕了他家里数十亩地，别人来告诉他，他却说："这是我自己愿意借给人家的。"邻家听了，惭愧地退还了耕地。任嘏在乡里有威信，凡是有人争讼，找他就能解决问题。由于他的言行身教，当地人都崇尚礼义，年轻人行为稍有不当，其父兄就要说：

三国吴地券

1985年出土于安徽当涂县，长36.2厘米。这地券有三行文字，为隶书，已从汉隶的规范和严谨中，开始向飘逸和潇洒转化，说明书体在演变之中，有"凤凰三年"字样，对于研究当时的社会概况和文化艺术都有着不可取代的价值，现藏于安徽马鞍山市博物馆。

任嘏还著书立说，写了三十八篇文章，共四万多字。任嘏逝世后，他的一些老部下，如东郡的程威、赵郡的刘固、河东郡的上官崇等人，搜集整理他的言行及所著文章，并上奏朝廷，这样他的事迹才得以公布于众。后来，任嘏的家乡博昌又出了个大名人，就是文思敏捷、官为前将军的蒋少游，这才开始流传起"蒋氏翁，任氏童"的顺口溜。

汉魏时就流行在青庐举行婚礼，青庐是什么？

公元212年

公元 2 1 2 年

世界大事记 罗马皇帝卡拉卡拉发布敕令，授予帝国境内所有自由人以公民权。

陈群 曹操 曹丕 远见

《三国志·魏书·陈群传》

人物 关键词 故事来源

〇三八

政治家的眼光

陈群的九品中正制不仅对曹魏，而且对后世影响都很大。

陈群是曹魏政权的一位著名官员，也是颇具政治意识和政治才干的人物。历史上有名的九品官人法，即九品中正制，就是陈群首先提出来的。

曹操身边的得力助手

陈群，字长文，颍川许昌（今河南许昌东）人。他出身官宦世家，具有名士流风。祖父陈寔曾任太丘县长，人称陈太丘，乃一代名儒。他死后，各地前来参加葬礼的多达三万余人。父亲陈纪也是名士，著书数十篇，官至侍中、大鸿胪。陈群自幼聪明刻苦，胸怀大志，读书用功，知识面广，熟悉典章制度，掌握兵法精要，还会推算阴阳五行、八卦命相等。陈寔很是喜爱这个孙子，经常在家族人员面前夸道："这孩子长大后，一定会使我们家族得到振兴的。"

建安三年（198），曹操取下徐州时，陈群正在当地避难。荀彧向曹操推荐陈群，曹操就任他为酂县令。不久，曹操起用该县的王模、周逵二人，让陈群经办，陈群却退回公文，并说他们品德不好，最终会坏事，后来这两人果然犯法被诛。而由陈群向曹操推荐的陈矫、戴乾，都表现出色，一位后来为尽忠义而赴难，另一位也成为当时名臣。陈群为人公正，善于识人。曹操当了魏公后，让陈群担任御史中丞，负责监察。后来，又升他为侍中、兼丞相东西曹掾，成了得力助手。

陈群的言行举止十分端正。他不搞小团体，不做小动作，不打小报告。曹丕早在东宫为太子的时候，就很器重陈群，曹丕曾经多次说起："自从在我的宾客中有了陈群，就使得我的部下、属吏的关系都得到了改善！"

在制度建设上具有政治家的眼光

建安二十五年（220）正月，曹丕嗣位为魏王，封陈群为昌武亭侯，又提升为尚书，负责任免官员。这时，陈群首次推出了九品官人法，又称九品中正制。延康元年（220）十月，曹丕称帝，陈群升为尚书仆射，加侍中，不久又升为尚书令，封爵为颍乡侯。后来，曹丕率军攻东吴，让陈群兼任中领军，大军回朝后，让陈群留在前线，假节都督水军。陈群后被文帝调回，任镇军大将军，兼中护军，录尚书事。

黄初七年（226），文帝病危，陈群与曹真、司马懿一起受遗诏辅政。明帝即位后，陈群担任司空、录尚书事，位列三公。他死于青龙四年（236）十二月，享年约七十二岁，谥靖侯。

陈群官居高位，说话不多，但对于许多问题，大到国家大事，小到个人评价，他都有独自的思考，分析事物有独特的眼光。对大事能坚持己见，毫不含糊，表现了政治家的素养和能耐。他首先推出的九品官人法，后由曹丕确认并施行，给予世家大族以特殊的政治地位，得到了普遍的响应，无论在当时，还是对后世，影响都非常大。此外，陈群还很熟悉古代的典章制度，对于曹魏政权的制度建设起了重要作用。曹魏的许多典章制度被两晋南北朝所继承，说明有时代的合理性。

三国吴地券（局部）

〇三九

孔融的悲哀

剧变年代，为人处世原则要不要强调传统规范？

三国是非常时期，需要非常的才干。孔融为人，讲究传统价值观念，显然就不合时宜。

自小就伶牙俐齿，巧言善辩

孔融，字文举，说是孔子的二十世孙。高祖孔尚是东汉巨鹿太守，父亲孔宙做过泰山都尉。孔融小时候很聪明。有一次，他上河南尹李膺的家，看门人不让他进去，说主人关照过，若不是当世英贤，或者通家子弟，则一概不见。这时，年仅十多岁的孔融就说："我和你家主人原是通家。"进门后，

孔融让梨

孔融，生平事迹不详，最流芳的一件事是在小时候让梨。孔融有五个哥哥，一个小弟弟。有一天，家里吃梨。一盘梨子放在大家面前，哥哥让弟弟先拿。孔融只拿了一个最小的。父亲看见了就问孔融："这么多的梨，又让你先拿，你为什么不拿大的，只拿一个最小的呢？"孔融回答说："我年纪小，应该拿个最小的；大的留给哥哥吃。"父亲又问他："你还有个弟弟哩，弟弟不是比你还要小吗？"孔融说："我比弟弟大，我是哥哥，我应该把大的留给弟弟吃。"孔融四岁，知道让梨。上让哥哥，下让弟弟。大家都很称赞他。

李膺特地问孔融："你祖上同我家究竟有何关系？"想不到孔融小小年纪，竟能从容地回答："孔老夫子姓孔，老子姓李名聃，他们俩德义并称，且又以师友相待，所以说，我们乃是累世通家了。"在场的别人听了，纷纷称赞孔融是神童。这时，偏巧有个太中大夫名叫陈炜的，却在一旁冷冷地说了句："有的人别看他小时候了不起，长大之后未必真会有出息。"这话显然是对孔融的一种漠视。反应灵敏的孔融，听了陈炜的话之后，立马答道："这么看来，你小时候一定了不起！"话锋锐利而且富于机智。小孔融真是伶牙俐齿，巧言善辩。

务实方面显得不足

到了孔融十六岁时，因他哥哥孔褒涉嫌窝藏罪，孔融硬是抢着由自己承担罪责，反而从此名声远播。孔融三十八岁时，担任北军中侯、虎贲中郎将、北海郡相。他在郡任职，前后共有八年，其间修复城邑，兴学育才，礼贤儒士，取得一些成绩。但他毕竟只是一介书生，高谈阔论是他的能事，在务实应变方面总有些不足，难免显得志大才疏，浮光掠影。

因为孔融曾任职于北海郡，所以人称孔北海。他选任的人，往往出于好奇求异，只会口说大话，实际办事能力差。这样，当地经济难免出现管理紊乱，租赋考核不实，为这缘故，有次竟一下子处死五个督邮。贪污奸诈成风，地方上很不安宁。

黄巾起义军来攻打郡府，孔融还是大饮醇酒，匆忙应战，遭到失败。孔融转至南县，内部有人叛变，终于未能保住辖境，只得舍弃北海郡而离去。后来，又到徐州，改领青州刺史。孔融还是任用巧言善辩的小人为心腹，真正有头脑、能决断的人反倒得不到重

三国西晋

《三国志·魏书·崔琰传》附《孔融传》

孔融　善辩
曹操　敏捷

人物　关键词　故事来源

话说中国

用。部下左丞祖劝说孔融改弦易辙，可孔融非但听不进去，居然还将左丞祖杀掉。

袁谭的军队攻打青州，战鼓频频，箭矢如雨，情急万分，孔融却安坐房中，照样读书议论。很快，城门被攻破，守将逃跑，孔融家眷成了袁谭的俘虏，只有孔融独自逃出，后来到了许都（今河南许昌东）。

悲剧性的结局

曹操挟天子以令诸侯，行事擅权。孔融以为应当依照旧制，确定京畿之地的封域。他还上书朝廷提出意见，而意见显然不合时务。这势必和曹操发生矛盾，加上孔融生性爽达，因此往往得罪曹操。曹操规定禁酒，孔融偏不买账，还上书调侃说："天上有星座以酒旗命名，地上有郡域以酒泉为名，正因为人间以崇尚饮酒为德，所以，尧如果不饮千钟，就无法成为圣

清末年画《击鼓骂曹》

曹操为了扩大自己的实力，想请人去刘表那里游说，孔融就推荐了他的好朋友祢衡。祢衡被请来后，曹操对他不以礼相待，惹得祢衡当面骂遍了曹操手下的谋士和大将。第二天，曹操大宴宾客，让祢衡击鼓取乐，想当面羞辱他。祢衡身穿破衣上堂，有人责问祢衡为何不更衣，祢衡当场脱衣，光着身子站立，吓的宾客以手掩眼，气得曹操大骂祢衡无耻。祢衡反唇相讥说："什么叫无耻，欺君才叫无耻。我光着身子，是让大家看看我的清白。"随后一面击鼓，一面大骂曹操，毫无惧色。

君。"孔融还说，夏桀、商纣都是以色亡国，并非以酒亡国。饮酒和婚姻一样不应该禁止。

对于孔融，曹操表面上装出一副宽容的样子，内心其实恼火。孔融在政治上不得意，是可想而知的。他在家闲居，天天宾客盈门，饮酒尽欢。他乐酒好客，常叹道："座上客恒满，樽中酒不空，我无忧矣。"最后，到了建安十三年（208），孔融在接待东吴派来的使者时，说了诽谤曹操的话，终于被论罪处死。

中国大事记

汉献帝封操为魏公，加九锡。刘璋遣将拒刘备，败绩。备进围雒城。这年，马超投奔张鲁。

〇四〇

曹魏大权旁落

处心积虑的司马懿通过高平陵之变，开始逐渐夺权。

曹爽叫板司马懿

曹魏政权内部，司马氏集团与曹氏集团的矛盾日益加深。魏明帝曹叡临终时，遗诏令曹爽大将军和司马懿二人辅佐幼主曹芳。

曹爽是大将军曹真之子，年轻嗣位，并无功业，司马懿则是年高位重，经验老到。

曹爽身边有一批人得到提拔，何晏、邓飏、丁谧为尚书，毕轨为司隶校尉，李胜为河南尹。桓范有计谋，有经验，虽然被任为大司农，却未得到曹爽的完全信任。丁谧为曹爽策划，以魏主曹芳名义，尊司马懿为太傅，表面上提高爵位，实际是削弱权力。

司马懿在家装病，暗地里加紧策划。他以长子司马师为中护军。次子司马昭为散骑常侍。司马师还在民间暗地里养着三千名士卒。他们密切关注时局，等待机会。

曹魏大权旁落

魏明帝死后，太子曹芳即了位，就是魏少帝。曹爽当了大将军，司马懿当了太尉。曹爽用魏少帝的名义提升司马懿为太傅，实际上是夺去他的兵权。司马懿称病蛰居，静待时机，佯装病势垂危，麻痹曹爽等。公元249年新年，魏少帝曹芳赴高平陵谒拜祖陵，曹爽和他的兄弟全跟了去。等曹爽一出皇城，司马懿的病全好了，他披戴起盔甲，抖擞精神，带着他两个儿子司马师、司马昭，率领兵马占领了城门和兵库，并且乘机奏准太后，把曹爽的大将军职务撤了。不久诛杀曹爽兄弟三人及何晏等三族。这样一来，魏国的政权名义上还是曹氏的，实际上已经转到司马氏手里。此二图出于清末石印本《三国演义》插图。

三国西晋

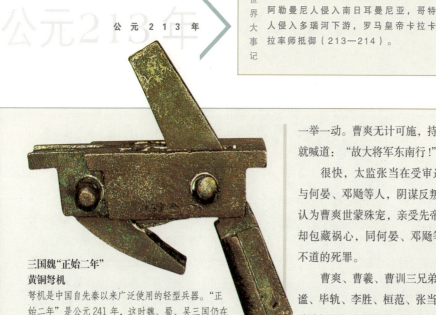

三国魏"正始二年"黄铜弩机

弩机是中国自先秦以来广泛使用的轻型兵器。"正始二年"是公元241年，这时魏、蜀、吴三国仍在进行战争，出土其时的兵器可说明当时战争的频繁。

中圈套曹爽丧命

曹爽身为大将军，却经常和几个兄弟随同曹芳一起外出打猎。桓范还算有头脑，对他们加以规劝，可他们不听，事情终于发生了。

魏正始十年（249）正月，魏主曹芳谒祭高平陵，就是在洛阳南面九十里的曹叡陵墓。曹爽及其弟弟都一同前往。司马懿见机会已到，就马上派遣自己的军队去占据武库，还关闭了所有的城门，命令部下高柔、王观等人去占领曹爽方面的军营。等这一切都安排定当，接着就奏告曹爽的罪行，并且以郭太后的名义，免掉了曹氏兄弟的兵权与要职。

同时，司马懿派尹大目等人对曹爽说，如肯认错，只免去官职，不问罪别的。为了让对方相信，司马懿还指洛水为誓，提出保证。太尉蒋济也写信劝曹爽答应。曹爽一伙从初更议论到天明，最后，曹爽将刀投掷于地，说道："免去官职，我还可做一个富家翁。"于是认了罪，这就等于中了司马懿的圈套。

曹爽回到洛阳后，就被拘留在家中。司马懿派兵加以围守。他们在四角造了高楼，监视曹爽在家中的

一举一动。曹爽无计可施，持弹来到后园，高楼上人就喊道："故大将军东南行！"弄得曹爽毫无办法。

很快，太监张当在受审过程中做出交代：曹爽与何晏、邓飏等人，阴谋反叛。公卿朝臣经过廷议，认为曹爽世蒙殊宠，亲受先帝握手遗诏，托以天下，却包藏祸心，同何晏、邓飏等图谋不轨，犯了大逆不道的死罪。

曹爽、曹羲、曹训三兄弟被杀，何晏、邓飏、丁谧、毕轨、李胜、桓范、张当等人都被诛灭三族。曹魏政权的权力渐渐落到司马氏集团手中。

类似现代名片的木谒

出土3件，长方形，形制大小相同，行文相似，正面顶端中央墨书"谒"，右起直行墨书"节右军师左大司马当阳侯丹阳朱然再拜"，字体隶中带楷。木谒和木刺一样，用途类似于现代的名片，但其规格可能比木刺高，用于和王公大臣及王族之间的交往。

话说中国

○四一

义士的哀叹

明白事理的大司农桓范却不料连同曹氏一同遭殃。

三国西晋

面对司马氏集团的权力之争，曹氏集团显得既软弱又被动，不少人糊里糊涂，唯独桓范一人，对于事态的发展已到了何等地步，洞察明白。但糊涂人不理睬明白人，毫无办法，最后连同明白人一起遭殃，这就是桓范所面临的更深的悲哀。

明白事理的大司农

桓范，字元则，沛国（治所在今江苏沛县）人，祖先是有名望的士族。东汉献帝末年，桓范进丞相府任事，后为羽林左监。他擅长于文学，曾经同王象等学者一起编纂过《皇览》。

魏明帝曹叡当政时，桓范为中领军尚书，升迁征虏将军、东中郎将，持节都督青州、徐州军事，后任兖州刺史。曹芳当政时，他官拜大司农。他为官清廉，以明白通晓而著称。

曹叡临终时，曾有遗诏，要曹爽、司马懿二人辅助幼主曹芳。曹爽虽任首辅，却恣肆骄奢，做事糊涂。曹爽对桓范，虽然看作同父亲曹真一起有过经历的老前辈，在高官九卿中对他尤为敬重，但实际上并不把他作为亲信看待。曹爽掌管禁军，他身为大将军，却经常同几个弟弟一起随从魏主曹芳出游。桓范曾劝阻说：总摄朝政的人和掌管禁军的人，不宜同时出游，一旦有别人关闭城门，就进不了城。曹爽骄横不顾，才被司马懿乘机起兵，掌握政变主动权。

连同一起遭殃的义士

高平陵之变发生时，桓范又对曹爽、曹羲兄弟说：赶快请奉魏主离开洛阳去许昌，然后召集四方军队讨伐司马懿。桓范的这个主意无疑是对的。如果真是这样去做，司马懿的政变就难以成功，说不定连

三国归晋的历史也会为之改变模样。但是，正如司马懿所判断的："桓范的出谋划策，一定不会被曹爽所采用。"司马懿不愧为政坛老手，对时局对人事都能做到了然于胸。果然，曹爽兄弟一再迟疑，最后成为政变的刀下鬼。桓范也遭诛三族，难怪他在临刑前哭道："曹子丹（曹真）是个能人，却生了你们（曹爽、曹羲）这两头畜生，想不到今天跟着你们一起遭到灭族了。"

曹氏集团失败，连同一起被诛灭三族的，还有尚书何晏、邓飏、丁谧，司隶校尉毕轨，河南尹李胜等人。桓范在司马懿举兵闭城门时，曾经有过司马懿召请他管领中领军的事，桓范犹豫后还是拒绝了这一召请。当他骑马奔突到平昌城门时，门吏司蕃已将城门关掉。桓范假装举起手板，伪称有诏，司蕃想要验明诏令，

灰陶耳杯

三国魏时文物，山东东阿曹植墓出土。耳杯又称"羽觞"，为饮酒用具，杯子椭圆形，杯口沿向下敛，底为椭圆形平底，杯口两侧有耳，双耳呈月牙形。此器为明器。

▷历史文化百科◁

〔太极殿的由来〕

曹丕称帝后，迁都洛阳，对洛阳城进行了重建。到魏明帝曹叡时，洛阳已经经过了多次改建。新洛阳城采用城中套城的格局，分外城和被外城包围的宫城。宫城内宫中的正殿在东汉南宫崇德殿的基础上修建，称为太极殿，成为历史上皇宫中殿称为太极殿的开始。

《三国志·魏书·曹爽传》

桓范　曹爽　屈辱

人物　关键词　故事来源

话说中国

却被桓范称他为故吏，迫令他打开城门。桓范来到洛水浮桥北，正巧遇上司马懿，赶紧下马叩头赔礼，嘴上却什么也不说。司马懿起初还真是弄不明白，桓范这样做究竟为啥？待后来城门官司蕃自首，说出实情，

三国铜镜

司马懿就将桓范处以假诏及诬陷罪，缚送廷尉衙门治罪。当廷尉手下官吏狠劲地推缚他时，他还说道："慢慢来，我是一名义士。"

〇四二

王凌回天乏术

王凌谋立曹彪未果，成了魏政权的一种回光返照。

司马懿在高平陵政变之后，实行专政，大肆杀害曹氏集团成员，进一步加剧了曹魏政权内部的矛盾。曹操旧臣王凌谋立曹彪，就是其中惊心动魄的一幕。

谋立新帝，却遭到儿子泼冷水

王凌，字彦云，是司徒王允的侄儿，早年任职于曹操麾下。曹丕称帝后，王凌出任兖州刺史，后转任青州刺史。青州沿海地带秩序很混乱，王凌布政施教，赏善罚恶，得到百姓的好评。后来，他担任扬州、豫州刺史，也都有善治的政绩。魏正始初，他任都督扬州诸军事，成为淮南前线的最高军事负责人。

王凌有个外甥叫令狐愚，在做兖州刺史。王凌同他暗中来往，秘密商量，认为曹操的儿子曹彪要比司马懿所立的幼主曹芳年纪大，又有才能，若迎立曹彪为帝，就可以重振曹氏势

力。于是，令狐愚在嘉平元年（249）九月，派遣将军张式至白马（今河南滑县东），与楚王曹彪取得联系，准备迎至许昌立为帝。

王凌还跟儿子王广商量这件事，想不到在洛阳任职的这个儿子反倒泼了他一盆冷水。王广对父亲说："举大事要依据人心向背。曹爽骄奢失政，司马懿虽然居心叵测，但他执政后选用贤能，整肃政令，纠正了弊端。同时，司马氏握有兵权和机要，恐怕很难对

侍从男俑

三国陶俑，重庆忠县出土，泥质红陶。人物直立，头戴冠，身着圆领长袖衣，腰部右方挂一香囊，左手持弯头便扇，笑容可掬，令人倍感亲切。

青瓷狮形烛台（局部）

三国西晋

付。"王凌主意已定，还是坚持谋立曹彪。由于令狐愚在这年年底病死，迎立换帝的事情就延迟了。

"宁可负卿，不可负国家。"

魏嘉平三年（251）四月，孙吴派兵堰塞涂水（今安徽涂河），以阻防魏军。王凌借讨伐孙吴之名，意欲举兵，被司马懿否决。王凌又遣将军杨弘去联络兖州刺史黄华，却不料杨弘和黄华联名向司马懿作了告发。司马懿闻知后，一方面下赦书赦免王凌的罪行，以作缓兵计，另方面亲率大军从水道进兵，不久就到达百尺（今河南淮阳境内）。这下子王凌可就没辙了。

王凌只得自缚后从寿春（今安徽寿县）乘单船前往百尺，想凭旧谊取得司马懿宽宥。司马懿命主簿为王凌解缚。王凌坐小船去见司马懿，不料遭到拒绝。王凌隔着船对司马懿说："你欺骗我！"司马懿回答说：

陶院落模型

三国吴时器物，湖北鄂城出土，东吴墓随葬品。四周高筑围墙，四角建有碉楼，院落前后各有一门，前门上设有瞭望楼，楼顶内侧刻有"孙将军门楼也"六字。庭院内以四合院形式布局，中间为宽敞的天井。整个院落戒备森严，反映了三国时期世家大族的生活情况。

"我宁可负卿，不可负国家。"这就是司马懿明确的政权意识。

接着，司马懿派六百名士兵送王凌去洛阳。临行时，王凌还想试探一下，以明白自己的吉凶。他向司马懿讨棺材钉子，司马懿果然派人送来了棺材钉，于是，行至项县（今河南沈丘南），他就服毒自杀了。

司马懿到了寿春，严厉追究这起政治谋立事件。凡有牵连的，全部诛夷三族。还发掘王凌家人及令狐愚墓，暴尸三日。曹彪被赐死。曹氏宗室成员被集中弄到邺城居住，由专人监督，不让他们彼此联系，也不准与外地官员联络。

〇四三

聪明的选择

身处乱世识时务，钟繇很会发挥自己的文武才干。

曹魏臣僚中有一位文武双全的人物，他不但学问是第一流的，而且领兵攻略自成方圆，很有一套。所以，他官职高，文帝曹丕时任为太尉，明帝时任为太傅。他的书法更有名，后来的人把王羲之和他并列，称为"钟王"。他就是当时人称"钟太傅"的钟繇。

书法家钟繇（右图及下图）

钟繇（151—230），字元常，颍川长社人。明帝时受太傅衔，故世称"钟太傅"。其书学曹喜、蔡邕、刘德升等人，能书隶、草、真、行诸体，尤以真书绝世。唐张怀瓘《书断》称他："真书绝妙，乃过于师，刚柔备焉。点画之间，多有异趣，可谓幽深无际，古雅有余，秦汉以来，一人而已。"存世墨迹，最著名的有以王羲之临本翻刻的《宣示表》、《荐季直表》等。《荐季直表》"纸墨奇古，笔法深沉"，《三希堂法帖》以此冠首。

文武兼备的识事务者

钟繇，字元常，颍川长社（今河南长葛东）人。他自小聪明好学，文能攻读史学，精于《左传》，后来著有《易记》，武能研习兵法，熟悉攻防战例。年轻时做过尚书郎、阳陵县令。后来在董卓乱京城，李傕、郭汜控制朝政时，钟繇担任廷尉正、黄门侍郎，曾经以他的学问和官场经验的影响，帮助曹操被朝廷正式授任为兖州牧。凭借自身的文武才干，钟繇在当时乱世中不愧为一位识时务的重要人物。他作为汉室旧臣，偏倚于曹操势力，也不失为一种聪明的选择。

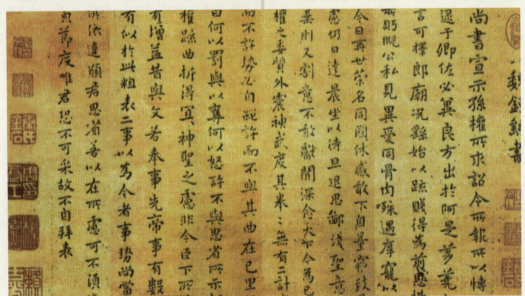

建安元年（196），李傕、郭汜在长安作乱，钟繇与尚书郎韩斌等设法使献帝能离开长安。曹操迎帝于许都，钟繇配合适当。因护驾有功，钟繇被任命为御史中丞，后升侍中尚书仆射，封爵东武亭侯。

曹操执政后，担忧关中局势复杂多变，若派自己原有部将前去的话，深怕关中诸将不服，于是就上表请献帝任命钟繇为侍中兼代理司隶校尉，持节督关中诸军。钟繇率三千兵马进军关中，一方面给吴中的韩遂、马腾写信劝和，一方面召集人口，恢复农业，发展生产，为安定关中作出了富有成效的努力。

功绩显著，处世聪明的钟太傅

官渡之战时，钟繇从关中派人送两千匹马到曹军前线，曹操当时正感到兵力困乏，一旦得到如此及时的给养，当然喜出望外。曹操在激动之余，还写信给钟繇表示夸奖，称赞钟繇的功劳可比作西汉镇守关中的萧何。

钟繇多年在关中经营，为曹操后来平定关中作了积极有效的准备。平定关中以后，钟繇被任为前军师。曹操任魏公时，受封冀州十郡，就以钟繇为魏国大理，主管刑法。后来钟繇升为魏相国，负责十郡的行政工作。

识时务，辨趋势。钟繇很早就注意和曹丕的关系。曹操死后，曹丕嗣任，让钟繇任大理，主管刑法。曹丕称帝，命钟繇为廷尉，并称赞钟繇、王朗、华歆三公为"一代伟人"。

钟繇很长寿，明帝时他已有七十多岁了，被任为太傅，时人称为"钟太傅"。他死于太和四年（230），享年七十九岁，谥成侯。终其一生，将史学和易学知识贯穿于政治、军事大事和自身的日常生活，对于自己的为人处世，做了聪明的选择。

方整峻丽的上尊号碑（三国）

《上尊号碑》又名《劝进碑》，与《受禅表》所刻时间、地点均相同。此碑文字是汉末官制文字的隶书代表作，是东汉晚期成熟的隶书，属隶书发展末期，有向楷书转变的痕迹。或称《上尊号奏》、《公卿劝进表》，篆额题《公卿将军上尊号奏》。三国魏隶书碑刻，传为钟繇或梁鹄书。黄初元年（220）立于许昌。书法以"方整峻丽"著称于世。

他还精于书法，师承蔡邕，博采众长，兼善各体，尤擅长隶楷。东晋王羲之和他并称"钟王"。可惜其真迹不传，法帖中所见作品均出于后人临摹。今河南长葛县老城南门有一钟繇台，相传是他学习书法之处。台下还有洗砚池。后人在池中建有亭榭曲桥，今仅存遗址。

《三国志·魏书·崔琰传》注引娄圭传记

娄圭　曹操　习授　骄傲

人物　关键词　故事来源

祸从口出　娄圭遭殃

人最怕的就是得意忘形，说话无遮拦。娄圭是曹操早年的朋友，就因为口误而招致杀身之祸。

娄圭和曹操在年轻时候就已经成为朋友，两人关系不同于一般。可到后来，也就是因为旧交的缘故，娄圭说话口无遮拦，得罪曹操，终于被杀。

越狱犯成为曹操身边的红人

娄圭，字子伯，少年时候便有丈夫气概，志怀高远。娄圭常说："男儿在世一辈子，应当提兵数万，乘骑千匹，驰骋一番，这样才称得上风光！"为此，他总是叹息不已，使得周围的同辈人都拿他当笑话。

后来，娄圭因为窝藏亡命逃犯而获罪，被捕入狱，判了死刑。他不愿等死，就越狱逃跑，追捕的人随后紧逼而来，他灵机一动，变换了自己身上的穿戴，混到追捕的人中间，巧妙地得以脱身。

黄巾起义以后，各地郡守纷纷举兵。娄圭这时候在荆州北部边境一带也聚众而起。因为力量单薄，成不了气候，娄圭就依附于荆州牧刘表。建安十三年（208），曹操攻打荆州，娄圭改变主意，离开了刘表，投归曹操麾下。

曹操得了娄圭，老朋友相见，当然很开心。接着，曹操任命娄圭为大将，但并不握有实际兵权，而是经常安排在自己身边共同谋划，所以，娄圭曾经好几次参与曹操有关军国大计的讨论。荆州牧刘表死后，他的儿子刘琮向曹操表示投降，带了符印欲迎曹军。曹营许多将领认为刘琮不战而降，可能有诈，曹操就这事去问娄圭意见如何，娄圭答道："当今天下，扰扰攘攘，各地势力都贪得王命以自重，而今刘琮带了符印前来归降，据我看来，乃是至诚之举。"因为娄圭曾经在刘表手下做过事，对荆州原有势力情况熟悉，所以曹操听了他的话，深表赞同。

作为曹操的旧交，又跟随曹操南征北战，出谋划策，娄圭日益成为曹营中的红人。每逢攻城掠地，战绩连连，娄圭总能因功得益，宠秩有加。时间一长，娄圭获利渐多，以致家累千金。曹操曾说过这样的话："娄子伯比我还要来得富，只是权势不如我而已。"

得意忘形，实在是取祸之道

在建安十八年（213）曹操攻破马超时，娄圭随军谋略，建功甚多。曹操常常深有感慨地说："筹谋算计，我比不上子伯。"娄圭听了，就难免有点儿飘飘然起来。日子一久，连娄圭自己也觉得确是比别人胜出一筹，于是就得意忘形，说话做事往往很不检点。

谦受益，满招损。娄圭因为口无遮拦，言行失检，终于祸从口出，自食其果。有一次，他同南郡的习授一起乘车出行，刚好曹操和他的儿子也乘车驰过，威仪不凡，令人称羡。习授当时说道："像这样的父子，该有多快活啊！"边上的娄圭听了这话，就批评习授说："人活在世上，理当自己有所作为，岂可只是羡慕别人而已！"习授后来将这番话报告了曹操，由于娄圭话中有取而代之的意思，得罪了曹操，曹操就将娄圭给杀掉了。

三国青釉鸡石壶（左页图）

壶高19厘米，1989年出土于安徽省马鞍山市宋山东吴大墓。此器腹大收口，底部亦相对收缩，使得大腹便便者，一下子就苗条许多，这样使用起来就方便得多，造型上也显示出几分灵气来，此器最夺目处就在那鸡首上，使得质朴的器物，一下子鲜活起来，那鸡冠、鸡目何等的生动，就差那一声高唱了，现藏安徽马鞍山市博物馆。

话说中国

〇四五

放牛娃成了一代名将

胸怀远见，有志者事竟成。邓艾就是一例。

邓艾小时候当过放牛娃，后来成为魏国名将。平蜀大捷，接受蜀后主刘禅的归降；邓艾官居太尉，却又被诬谋反，遭杀害。他的一生说得上是大起大落。

说话口吃的放牛娃，却胸有大志

邓艾是义阳棘阳（今河南新野）人，自幼丧父，家里贫困。建安十三年（208），他十二岁时，随母亲迁居汝南（今河南上蔡）。他在颍川地方见到陈寔的碑文有话说"文为世范，行为士则"，意思是无论文章还是做人的行为，都成为世人的范例，符合士人的标准。邓艾很欣赏这话，就将自己改名为邓范（他原名未见记载），字士则。后因同一宗族中已有人名范，他又改为邓艾。他有说话口吃的弱点，又因家贫，小时候替人家放牛，但他胸有大志，决心自我奋斗以成功名。

放牛娃邓艾利用一切机会拼命读书，知识很有长进。成年后，他被推荐为都尉学士。由于口吃，未受重用，做了一名稻田守丛草吏，但他并不气馁。平日里经过高山大泽时，他总喜爱停下来谋划指比，安排拟战方略，指点军营住所等，也不理会周围旁人的嘲笑。

屡任要职，最后因被告发谋反而遭杀害

后来，邓艾口吃毛病好了，当一名屯田审计的小官员。司马懿发现他有能耐，提拔他为太尉府的掾吏，不久又任命他为尚书郎。邓艾熟悉屯田和军训，提出好的建议，司马懿采纳后，又让他担任征西军事参谋，随即又任为南安郡守。后因对蜀姜维、廖化作战有功，受爵为关内侯，加号讨虏将军。不久调任为汝南太守。因吸纳流民垦荒有成绩，司马师提拔邓艾为兖州刺史，加号振威将军。

一代名将邓艾

邓艾，字士载，魏国后期名将之一。早年能力被司马懿发现，后来司马昭命邓艾和钟会一起伐蜀。邓艾趁钟会和姜维在剑阁对峙之时，果断决定偷渡阴平，一路上部队死伤大半。偷渡成功后，邓艾又在绵竹击败了诸葛亮之子诸葛瞻，然后经油江攻至成都城下，使得蜀汉后主刘禅出城投降。然而在收降刘禅之后，邓艾犯了功高盖主的错误。他不经司马昭同意就封赏了刘禅，使得司马昭大怒，命令钟会收捕邓艾。由于钟会之兵远多于邓艾，不时就将邓艾捕获。在解往洛阳途中，邓艾和其子邓忠一起被刺杀。司马炎代魏后追封了邓艾。此图出于清末石印本《三国演义》插图。

（图左侧）奥 维 门 陈 破 邓 艾 董 奉 达 辰 馆 主

（左侧竖排）三国西晋

三国名将邓艾

邓艾是三国时期著名的政治家、军事家与战略家。提倡屯田、水利，深得曹魏与司马氏父子的赏识。能够与战士同甘共苦，又能身先士卒，所以深得战士的爱戴，建立了杰出的功勋。取得了灭蜀的巨功。但是，他善于作战，不善于自保，以居功自傲被人陷害致死。

正元二年（255），毌丘俭等起兵反司马氏，派人联络邓艾，邓艾斩杀来使，并布置对阵抗击。司马师大军赶到平叛，邓艾又战胜叛将文钦。邓艾被司马师授为长水校尉，封爵方城乡侯，号安西将军。

司马昭上台，授邓艾为安西将军，假节，兼护东羌校尉，主持西线对蜀战事。在对姜维的多次战事中，邓艾屡屡获胜。司马昭决定全面征伐蜀国，六十六岁的邓艾老将和三十九岁的魏将钟会分别受遣为主将，从两路攻蜀国。

景元四年（263）十月，邓艾选从阴平道，率军走小路七百余里，沿途开山修路，砍树架桥，出奇兵

战败蜀军，斩其主将诸葛瞻。邓艾大军进至雒县（今四川广汉），刘禅派使者持皇帝印绶到邓艾部请降。十一月，邓艾率军抵成都受降，并安抚蜀吏与民众，恢复生产。接着，司马昭提升邓艾为太尉。

邓艾功高震主，引起司马昭不满。钟会等人趁机上表告邓艾谋反。邓艾被捕，用囚车押回朝去，其统率的部队则移交钟会。不久，钟会在成都叛变被杀，邓艾部下去夺囚车解救邓艾未成，邓艾被监军卫瓘斩杀。邓艾在洛阳的几个儿子也一并被杀，妻子及孙都发配西域充军。

东吴晚期买地券

东吴凤凰三年孟赞买地券，质地为锡质，长35.8厘米，宽4.3厘米，券文用隶书书写，共91字，内容是孟赞的后人为其购买墓地以及墓地的四至、地形、制定契约的时间等语，并说明了墓主人的身份和祖籍，反映了古人"事死如事生"的思想。这件地券为研究东吴的社会史以及东吴民间的书法提供了资料。

〇四六

征西将军钟会伐蜀

聪明而有才智的钟会最后因为功高震主而遭杀害。

钟会是三国时期司马昭执政后派遣伐蜀的主帅，也是姜维投降后拥兵自重而叛异的变故人物。早在他五岁时，善于品评人物的蒋济就说过他将会是一个"非常之人"。

聪明而有才智

钟会是钟繇的小儿子，出生于黄初六年（225），任太傅的老钟繇已是七十四岁高龄。钟会字士季，颍川长社人。自幼聪明早懂事，长大后，博学有才艺。

先为秘书郎，后升迁尚书中书侍郎。司马昭为大将军、辅政时，钟会迁黄门侍郎，封东武亭侯。景元三年（262）冬，钟会受任为镇西将军、假节都督关中诸军事。次年秋天，司马昭命邓艾、诸葛绪各领兵三万分道进攻，另命钟会统率十余万大军从斜谷、骆谷入蜀。

手握重兵的钟会很快越过秦岭，进入汉中盆地，九月破阳安关（今陕西宁强西北的阳平关），魏军入蜀，与姜维军对峙于剑阁（即剑门关，今四川剑阁县东北）。

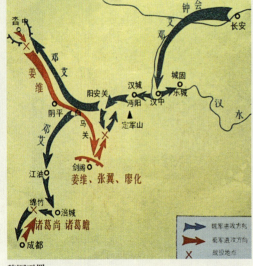

魏军平蜀

钟会兵分汉中（右图）

钟会，字士季，颍川郡长社（今河南长葛）人，生于黄初六年（225），曹魏大臣钟繇之子。钟会少机敏，博学识，善论辩，精通数般技艺。正始年间，历任秘书郎、尚书、中书侍郎等职，封关内侯。魏高贵乡公甘露二年（257）随司马昭平定诸葛诞叛乱，朝廷欲授予太仆，钟会坚辞不受而领司隶校尉，成为司马昭心腹，是司马昭的重要谋士、儒将。景元三年（262）任镇西将军，263年与邓艾等人攻打蜀国并占领成都，与姜维结为兄弟，谋做西川王时，事发败漏被卫瓘领兵所杀，时年四十岁。此图出于清末石印本《三国演义》插图。

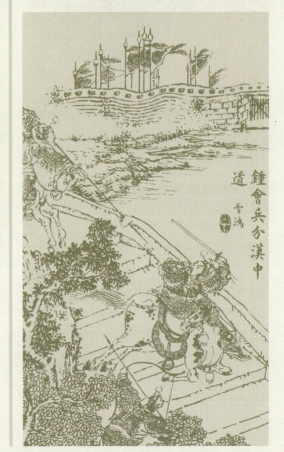

钟會兵分漢中　道　雪鴻

功高震主而遭杀害

再说钟会和邓艾素有矛盾，邓艾先取成都，受刘禅降魏，功封太尉，落在后面的钟会不甘心，就与监军卫瓘秘密向司马昭诬告邓艾要谋反。景元五年（264）正月，司马昭下令逮捕邓艾，用囚车送洛阳。司马昭命钟会率大军进驻成都，又命贾充领兵入斜谷，自己亲率十万大军西进长安以控制蜀中局势。

钟会意识到司马昭防他会生变故，怀疑他拥兵闹独立，他就对亲信说："还是赶快举事，事成可得天下，不成也可做第二个刘备。"于是，钟会召集手下将领及蜀汉官员，宣布为魏故太后举哀，说太后生前有密诏废司马昭。钟会把魏将军胡烈等人加以管制，但由于手下人丘建的出卖，胡烈及其子胡渊等领乱兵群起攻杀钟会、姜维等，成都城内死者狼藉。

这时候，司马氏集团的权力进一步集中。所谓司马昭之心路人皆知，当时参与其中的智囊人物钟会，由于熟悉司马氏的一切，包括如何拉帮结派，如何排挤异己，如何阴谋篡权等等，加上本人权势增重，功高震主，引起司马昭的不满与猜疑。司马昭还利用钟会和邓艾之间原有的矛盾，进一步搞阴谋扩大矛盾，从而将钟会、邓艾二人都作了了结。因此，钟会、邓艾伐蜀后由于"生乱"而分别被司马昭杀掉，成了司马昭执政时期的重大案例。

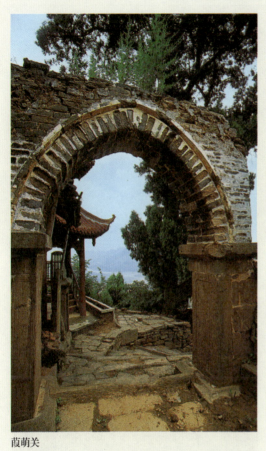

葭萌关

葭萌关在四川广元昭化镇，古名葭萌，地处要冲，历来为兵家争夺之地。《三国演义》中曾多次提到昭化古城，张飞夜战马超，老将黄忠、严颜勇退曹兵；姜维兵败牛头山等等都发生在此地。

十一月，邓艾大军进成都，刘禅降魏，并命姜维部向钟会投降。

姜维向钟会进言说："将军平蜀，威德显著。司马氏势力昌盛，乃是依靠将军的努力。怕只是将军功高震主，究竟能否平安班师回朝。何不学古时越国范蠡，功成身退，以图保全。"当钟会表示不必非得学范蠡一种办法时，姜维接着又说："将军才高智强，其他办法就不用老夫我多说了。"

> 〉历史文化百科

〔菜系形成的基础〕

魏晋南北朝时期的政治形势复杂多变，全国长期处在分裂的局面下，魏晋以后又形成南北对峙的局面，这给我国各大菜系的形成奠定了基础。由于地理政治环境，魏晋南北朝的饮食文化形成了差异明显的南方风格与北方风格。北方主要以麦子肉类为食物，南方主要以稻谷鱼类为食物。当今四大菜系中的川、苏、粤来自南方风格，而鲁菜脱胎自北方风格。

话说中国

○四七

独特的隐士

阮籍说的"小隐在山，大隐在朝"，是什么意思？

说起名士高人，常常为人所称道的无非就是归隐山林，远离仕途。但是，也有人持不同的观点，取另外的途径，例如，提出所谓小隐在山，大隐在朝。这个人就是阮籍。

崇尚自然性情独特

阮籍，字嗣宗，陈留尉氏（今属河南）人。父阮瑀是"建安七子"之一，作为文学大师，曾担任司空军谋祭酒、仓曹掾属。阮籍自小丧父，母亲将他扶养教育成人。他博览群书，尤好老庄，还爱饮酒、下棋，有时候可以很长时间不跟人说话，有时则甚至长啸不已。由此可见，他是一个崇尚自然、性情独特的文人。

兖州刺史王昶听说阮籍居母丧期间孝行很突出，就去拜访他。两人整天对面坐着，阮籍始终不与王昶说话。王昶离开时不得不认为他深不可测。太尉蒋济听说后，征辟阮籍入仕，后为尚书郎、曹爽参军。

贪吝的王戎

王戎（234—305），字濬冲，西晋琅邪临沂（今属山东）人。善清谈，为"竹林七贤"之一。惠帝时，累官司徒、尚书令。性贪吝，广收八方园田，积钱无数，每自执牙筹，昼夜计算，为时人所讥。

纵酒放诞的刘伶

刘伶字伯伦，西晋沛国（今安徽宿州）人。"竹林七贤"之一。晋武帝泰始初，对朝廷策问，强调无为而治，以无能罢免。平生嗜酒，曾作《酒德颂》，宣扬老庄思想和纵酒放诞之情趣，对传统"礼法"表示蔑视。

公元218年

公元２１８年

世界大事记

罗马叙利亚军团倒戈，支持卡拉卡拉表弟。皇帝马克里努斯败逃，被杀于安条克。

《三国志·魏书·阮籍传》

阮籍　质朴

人物　关键词　故事来源

蔑视礼教的阮籍

阮籍（210-263），字嗣宗，陈留尉氏（今属河南）人，三国魏文学家、思想家。他曾任步兵校尉，世称阮步兵。与嵇康齐名，为"竹林七贤"之一。性孤傲，蔑视礼教，尝以"白眼"看待"礼俗之士"。后因与当权的司马氏集团不合，日醉于酒，变为"口不臧否人物"，以便在复杂的政治斗争中保全自己。原有集，已散佚，后人辑有《阮步兵集》。

阮籍与曹爽集团意见不合，托病归田里。他曾游于山阳（今河南修武），与嵇康、山涛、向秀、王戎、刘伶、阮咸等人为友，常在竹林中饮酒下棋，抚琴长啸，赋诗作文，人称"竹林七贤"。

好一位纵酒超脱的阮步兵

过了一年多时间，曹爽被司马懿所杀。司马懿父子征辟阮籍为从事中郎，但在高平陵事变中大批名士被杀，阮籍感到不是滋味。朝廷议论普遍看好阮籍，但他不愿真正与司马氏合作，所以采用"小隐在山，大隐在朝"的办法，听说步兵校尉空缺，且其属下善酿酒，厨中多

美酒，就主动要求担任此职。人们因此而称他为"阮步兵"。于是，他纵酒酣醉，不问世事。

表面上纵酒超脱，骨子里自有深虑。阮籍主张回归自然，公开倡导无君无臣、无富无贵的思想。他说过："君立而虐兴，臣设而贼生"，"无君而庶物定，无臣而万事理"。他平时不遵守束缚人的礼法，对那些犹如钻进裤裆咬人的虱子般的礼法之士表示深恶痛绝。

礼法之士何曾、钟会等人想要害阮籍，由于司马昭对阮籍采取保护手段而未能得逞。当时，司马昭想要儿子司马炎娶阮籍之女作妻子，阮籍不愿答应，就连续醉酒六十天，不给对方开口提亲的机会。阮籍在景元四年（263）病逝，享年四十三岁。

> 历史文化百科

〔"正始诗人"阮籍〕

阮籍是曹魏晚期"正始诗人"主要代表人物，有《咏怀诗》八十二首流传。他的代表作品还有《大人先生传》《达庄论》等文。原有文集，已散佚，后人辑有《阮步兵集》。

阮籍故里在今河南尉氏县东南15公里的阮庄，村中阮姓都是阮氏后裔。县城东北隅有阮公啸台遗址，高5米，长阔各3米。阮庄有阮籍墓，原建有祠宇，后被黄河水淹没，现存有清代阮新所立的碑，碑题"晋关内侯散骑常侍嗣宗阮公之墓"。

：因为阮籍曾任步兵校尉。

话说中国

中国大事记

正月，曹操卒。子丕于邺嗣魏王位。尚书陈群立九品官人法，州郡置中正。刘备将孟达降魏。秋，曹丕废汉献帝自立，建魏（220—265），是为魏文帝（220—226）。东汉亡，三国始（220—280）。丕尊父操为魏武帝，以汉帝为山阳公。是年，魏改秘书为中书，置监、令。

〇四八

任侠的嵇康

表面上旷达洒脱，骨子里性格刚直。

嵇康一生，尚奇任侠。他性格刚直，有才学，崇尚老、庄，与阮籍齐名，为"竹林七贤"之一。

才学显著性情刚烈

嵇康，字叔夜，谯郡铚（今安徽宿州西南）人。他出身于儒学世家，自少年时起，知识广泛，才学显著。成年后，他娶曹操的曾孙女为妻，成为曹氏姻亲。

杨柳青年画《竹林七贤图》
竹林七贤是指三国魏时七位名士嵇康、阮籍、山涛、向秀、刘伶、阮咸、王戎，他们常集于山阳（今河南修武）竹林之下，肆意酣畅，故世谓竹林七贤。

他在曹魏时官至中散大夫，所以世称"嵇中散"。表面上他旷达洒脱，实际上性格刚直。他曾经采药于汲郡共北山中，见到有名的隐士孙登，两人对坐有一个时辰，孙登始终不说话，嵇康准备离走时问孙登："先生真的无话可说吗？"这时孙登方才开口道："你才学显著，性情直烈，恐怕难以免祸的。"

嵇康既是曹魏宗室姻亲，自然维护曹魏利益。在司马氏集团与曹氏政权的争斗中，他反对司马氏篡权，为司马氏所忌恨。有一天，他与向秀在自己家门口的大柳树下打铁。钟繇的儿子、司马氏集团的干将钟会前来看望嵇康，嵇康只顾自己低头打铁，并不理睬钟会。钟会当然觉得很没趣，准备离开。

三国西晋

賢七林竹

打铁谋生的嵇康

嵇康家道清贫，常与向秀在树阴下打铁谋生，贵公子钟会有才善辩，但嵇康瞧不起他的为人。一日，钟会前来拜访，嵇康没理睬他，只是低头干活，钟会待了良久，甚是无趣，怏怏欲离，这时嵇康发话了："何所闻而来？何所见而去？"钟会没好气地答道："闻所闻而来，见所见而去。"说完就拂袖而去，并以此嫉恨嵇康。此图出于《於越先贤传》。

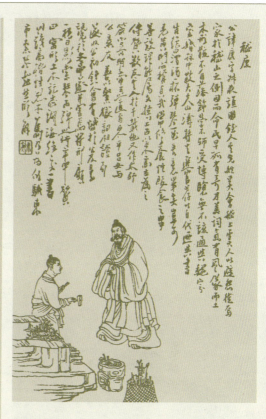

在他将离去时，嵇康问道："何所闻而来？何所见而去？"钟会很生气地回答："闻所闻而来，见所见而去！"后来，司马氏大将军府曾经打算征嵇康为官，钟会从中作梗。

嵇康在河内郡山阳县隐居时，与阮籍、山涛、向秀等人游于竹林中，下棋弹琴，讨论学问，时人称"竹林七贤"。七人意气相投，但品格有高下之分。其中，任侠的嵇康最具有代表性，也最为人所称道。

不恨身死，只恨《广陵散》从此失传

嵇康和吕昭的两个儿子吕巽、吕安是朋友，吕安遭哥哥吕巽诬陷被关押，嵇康仗义任侠，到官府证明吕安无罪。因为吕安为人刚毅，也得罪过钟会等有权势者，所以，早就结怨的钟会就在司马昭面前大说嵇康、吕安坏话，劝他乘机将两人杀了。魏景元四年（263），嵇康遭杀害。临刑前，他泰然自若，索琴弹奏《广陵散》一曲，弹罢，深有感叹地说："不恨身死，只恨《广陵散》从此失传了！"

就在嵇康即将离别人世的时候，他特地给儿子写了一篇《家诫》作为遗嘱。在遗嘱中，他要求儿子注意人情世故，对官吏要敬而远之，不能太亲密；当别人需要帮助时，只能接济一点，多了反而不好；当别人争论时，要慎重不随便加入；当别人悄悄说话时，要快点离开；不了解的事情，切勿妄言；不要强劝别人喝酒，别人劝你喝酒，要少喝。诸如此类，也反映了嵇康的性格特征和处世理念。

> 历史文化百科

〔嵇康墓至今尚存〕

在今安徽涡阳县城北的嵇山，有嵇康故里和嵇康墓。相传嵇康喜爱打铁，常在门前柳树下锻铁，所以故居又称为"锻宅"。年久日深，故居早已不存。其墓则在嵇山南麓，历代修葺，清嘉庆时重修，刻碑记云"中散大夫嵇叔夜墓"，至今尚存。

> 历史文化百科

〔魏晋盛行饮酒〕

魏晋时期的人们酷爱饮酒，往往在酒中寄托对人生的感慨和悲叹。曹操有句"何以解忧，唯有杜康"，刘伶写有《酒德颂》称赞酒的品德，嵇康有《酒会诗》，阮籍更是大醉六十日把司马昭的联姻愿望打消。

中国大事记

春，刘备于成都称帝，建蜀（221—263），是为蜀汉昭烈帝（221—223）。以诸葛亮为丞相。孙权由公安迁武昌。

〇四九

神医华佗

不 事 权 贵 ， 淡 泊 功 名 的 杏 坛 传 奇 人 物 。

华佗精于医学，擅长内科、外科、妇产科、小儿科、针灸及外科手术，被许多人视为神医。他在中国乃至世界医学史上占有显著地位。

妙手回春医术高明

华佗，字元化，别名旉，沛国谯（今安徽亳州）人。他从小受到良好的家庭教育，知识很渊博，还非常刻苦努力地学医，医术很高明。

神医华佗

华佗是东汉末年人，精通医术，擅长内、外、妇、儿、针灸各科，尤以外科精绝。他发明了世界上最早的麻醉剂"麻沸散"。又创编一套气功体操"五禽之戏"，坚持演练能够舒筋活血，强身健体。曹操闻其盛名，召之为侍医。他不愿只为一个人服务，托故归家，逾期未回，被曹操杀害。

有一次，两个症状相同的病人来找华佗看病。华佗一搭脉便知一人属外实，应泻，另一人属内实，应发汗，于是用不同的治疗方法，服不同的药。第二天，两人的病都好了。

给人看病时，华佗用药不多，只要几味即可，随手抓药，不称分量，当即煎妥便饮，病人往往隔天就好。

华佗之死

华佗，汉末医学家，又名旉，字元化，沛国谯（今安徽亳州）人。精内、外、妇、儿、针灸各科，尤擅长施针用药，简而有效。他还创"五禽戏"气功术。五禽戏属导引范畴，后世依据刘宋·范晔《后汉书·华佗传》所载而作。该传引华佗的话说："吾有一术，名五禽之戏。一曰虎，二曰鹿，三曰熊，四曰猿，五曰鸟。亦以除疾，兼利蹄足。"明代正德末年（1565）武状元罗洪先所撰《仙传四十九方》中，对五禽图有最早的绘画。华佗后被曹操所杀。此图出于清末石印本《三国演义》插图。

> 历史文化百科 <

〔华佗墓和纪念景点〕

相传华佗被害后，他的弟子樊阿将他的首级运回彭城（今江苏徐州）安葬。明永乐年间，徐州知州杨节仲修山川坛时掘地得一头颅骨，疑为华佗之首，就在墓地加土题碣。现有墓址石碑高近2米，上题："后汉神医华佗之墓，雍正三年岁立"。

在今江苏徐州，安徽亳州、涡阳等地，都有纪念华佗的庙、庵、祠等建筑。河南许昌市北15公里苏桥乡石寨村西，有高3米多的华公墓冢，四周筑围墙，遍植松柏。墓前有清乾隆时刻的石碑，题刻"汉神医华公之墓"。

近年经考古调查，亳州城南清水河南岸发现"华庄户"村落遗址，上有大量汉代遗物，是华姓的年代悠久的居住地。今安徽亳州城南城北均有华庄村落，华佗后裔分布众多。

他还发明一种麻醉剂，名叫"麻沸散"，外科开刀时病人服后不觉疼痛。他会开刀断肠湔洗，然后缝腹涂膏药，个把月痊愈。

名医之死遗恨千古

曹操和华佗是老乡，听说他医技高明，召他为侍医。曹操常患头痛，怕风，发作时心乱目眩。华佗替他针灸，很有疗效。但华佗对曹操心存反感，便借口妻子有病，回家后不愿再去许都。曹操派人催请，还亲自写信去催，华佗都不肯前往。曹操发怒，收捕华佗，关押在许都监狱。荀彧出面替华佗求情，没能成功。曹操认为自己的头痛病可以治好，是华佗有意不为自己除去病根，所以恨他并且要杀他。临死前，华佗拿出自己写的医书给狱吏，说可以救人。狱吏怕事，不敢留书，华佗只得将书烧掉。华佗死时大约五十三岁。

华佗立志行医，淡于功名，不事权贵，不愿做官。他为人清正，还擅长修身养性之术。他自编"五禽戏"作健身运动，摹仿虎、鹿、熊、猿、鸟类动作姿势及表情，练身保健。并以此传授给一些病人，帮人健身养身。要不是遭到加害，华佗会是长寿的。

曹操杀了华佗之后，不但自己的病得不到医治，而且后来他的小儿子病重，别的御医看了都不起作用，这时他才叹息道，"真后悔杀了华佗，这儿子是我给害了！"

可惜一代神医华佗，最后连医书都未能传下。现存署名华佗的《中藏经》，乃是后人伪作。不过，有关神医华佗的传说和纪念景点很多。

魏晋施胶纸

公元4世纪，纸的施胶技术已经产生。最早的施胶纸为表面施胶，即在纸的表面先涂布一种淀粉糊剂，后用细石研光，以增强纸的强度和抗水性能，利于书写、绘画。这就是迄今发现的世界上最早的表面施胶纸，出土于新疆吐鲁番。

> 历史文化百科 <

〔服食五石散〕

魏晋人喜好服食养生，一般以服五石散为主。五石散出自汉代，但当时很少有人用，直到三国曹魏尚书何晏服用了之后，获得神效，然后才开始流行起来。服用后全身发热，必须寒衣、寒饮、寒食、寒卧，所以五石散又称"寒食散"。长期服用会有副作用，内心烦躁，当药力发作时，常常要出外散步以求散去药力，称为"行散"。魏晋的何晏、王弼、嵇康、王羲之等都曾服用五石散。

中国大事记 魏攻吴不利，退。春，刘备卒于白帝城（161—223）。子禅即位，是为蜀汉后主（223—263）。以武乡侯、丞相诸葛亮辅政。■吴始行《乾象历》（刘洪撰）。

○五○

涿郡起兵

刘备喜怒不形于色，是一个胸有城府的人物。

论出身，刘备是中山靖王之后

在涿郡的涿县，即今河北涿州，有一户人家，母子俩以卖鞋织席为业，过着清苦的日子。别看这户人家不起眼，其实却大有来历。追溯前几代，西汉景帝刘启的一个儿子刘胜被封为中山靖王，就成了这户刘姓人家的直系祖宗。刘胜的儿子刘贞，元狩六年（前117）封涿县陆城亭侯，就在此居家，繁衍后代。到了刘雄时，已是东汉后期，他举孝廉，官至东郡范县的县令。刘雄就是刘备的祖父。刘备的父亲刘弘，虽然在州郡做过小吏，但死得较早，留下孤儿寡母，清贫度日。

刘备个头高，身长汉制七尺五寸，耳朵大，垂手能够过膝，长得仪表不凡。他对读书不大喜欢，爱好养狗弄马，还对音乐、服饰感兴趣。在他十五岁那年，母亲让他上学，在一起的同学有同族的刘德然，还有辽西的公孙瓒，老师就是曾经做过九江太守的同郡的卢植。

刘备说话不多，善于谦让，喜怒不形于色，是个胸有城府的人。同学刘德然的父亲刘元起关心刘备，把他看作同族儿辈中有出息的人。刘备对公孙瓒就像

蜀开国君主刘备

刘备以汉代皇室后裔的身份，在乱世中站稳脚跟，成为一国之君，其成功之处在于两点：一曰不失民心，二曰礼贤下士。

清末年画《刘关张》

东汉末年，天下大乱。朝廷发布文告，下令招兵买马。榜文到涿县，刘备、张飞因看榜而相识。二人来到酒店边喝边谈，门外突然来了一个红脸大汉，威风凛凛，相貌堂堂。刘备、张飞请他一同饮酒。此人便是关羽，因仗义除霸有家不能归，已流落江湖多年。三人谈得十分投机。隔日，三人来到一个桃园，点燃香烛，拜告天地，结为兄弟。按年龄刘备为大哥，关羽为二哥，张飞为三弟，并发誓"同心协力，报效国家"。此后，三人果然做出一番惊天动地的事业来。

三国西晋

刘备生平简历

刘备字玄德，涿郡涿县（今河北涿州）人。

公元161年	出生。西汉景帝时中山靖王刘胜的后裔。少年时以贩履织席为谋生手段。
公元184年	趁黄巾军起义时，在家乡招兵买马。
公元185年	因军功被授予安喜（今河北定县东）县尉。
公元185—194年	任下密（今山东昌邑）县丞、高唐（今山东禹城）县尉、县令、代理平原县令、平原相等。
公元194年	任豫州刺史，代理徐州牧。
公元196年	任镇东将军，封宜城亭侯。
公元198年	任左将军。
公元199年	曹操与刘备煮酒论英雄。
公元200年	董承受密诏事发，被夷灭三族。曹操攻克小沛，俘获关羽及刘备的妻子，刘备投靠袁绍。
公元201年	曹操击败袁绍，刘备南撤，投靠刘表。屯兵新野（今属河南）。
公元207年	三顾茅庐，请出诸葛亮辅佐。
公元208年	在当阳长坂被曹操追迫，逃到夏口（今汉口）。
公元209年	在赤壁，和孙权联合大破曹军。已占武陵、零陵、长沙、桂阳四郡，任为荆州牧。
公元214年	占领益州，自任益州牧。
公元219年	占有汉中，自立为汉中王。
公元221年	即帝位，史称昭烈帝。
公元222年	在夷陵遭陆逊火攻，大败，患病。
公元223年	病逝，终年六十三岁。

对待兄长一样，友情很深。正因为刘备爱好交结一班豪爽的朋友，乡里年轻人跟他都很合得来。

得资助，刘关张结合

东汉中平元年（184）黄巾起义爆发，各州郡刺史郡守、豪强地主和各种地方势力，纷纷起兵镇压义军。刘备这时二十四岁，他也纠合了一批人准备起兵。正巧有中山（今属河北）大商人张世平、苏双等带着很多资金在涿郡一带做贩马的生意，这几个大商人见到刘备后很有好感，给了他许多资助。这样，刘备也就拉起了一支小小的武装。

正好这时候，有个亡命之徒关羽为避罪而逃到涿郡，关羽字云长，本字长生，原是河东解县（今山西临猗西南）人，到涿郡后，先是认识了当地人张飞（字翼德），接着，关羽、张飞一起参加了刘备的队伍，从此，成为刘备的得力助手。

刘关张桃园结义的故事是后代末元人编出来的。三国的史书只是说：刘备与关张"寝则同床，恩若兄弟"。关羽比张飞大，张飞"以兄事之"，刘备当时二十四岁，关张年纪在史书中没有明确记载。但不管怎么说，三人情同手足是符合史实的。现代电视剧表现《三国演义》中的桃园结义，基本套路其实早在元代戏剧《桃园结义》中就已经有了。

河北涿州三义庙

涿州是刘备的故乡，刘备在这里招募士兵，并在光和六年（183），与张飞、关羽"桃园三结义"。图为位于河北涿州的三义庙中的刘备、关羽、张飞塑像。

〇五一

关羽的出身

关羽的出身，原本是一件简单的事情，后来却弄得越来越复杂，成了历史上一大悬案。

文武二圣（孔子、关羽）有灵光，武圣公本是亡命徒。

关羽的出身，原本是一件简单的事情，后来却弄得越来越复杂，成了历史上一大悬案，这里面很有一种典型的文化衍变的意味。

原本是个亡命徒

历史上有关关羽的最早记载，就是陈寿的《三国志》。书中关羽传记的开头就说："关羽字云长，本字长生，河东解人也。亡命奔涿郡。"

当时的河东郡解县，旧城在山西省临猗县西南，即今运城市解州镇。涿郡是今河北涿州市。关羽为什么离开家乡解县，千里迢迢来到刘备的家乡呢？"亡命"

二字作何解释呢？一般理解是杀了人的逃犯，究竟杀了谁，为什么杀人，史书都没有交待。裴松之注《三国志》时，尽量补注当时能够见到的各种材料，这方面却还是一片空白。当然，这原本是一件简单的事，即使不明白也不值得大惊小怪。然而，事情发生在别人头上倒不要紧，就因为是关羽的缘故，连台好戏也就随之而来了。

杀赃官，尽忠义，武圣人名誉盖天下

关羽的梗亮忠义和勇冠三军，后世流传得越来越多，越来越神，宋元以后，更是广泛奉为楷模，

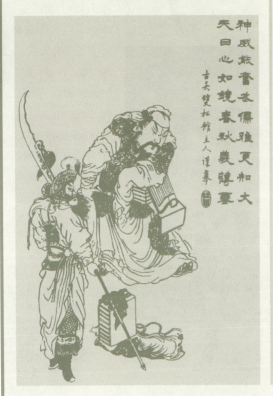

蜀汉的货币政策

刘备攻取成都，作为蜀国政治中心。但官库空虚，于是发行一枚等于过去百枚五铢钱的"直百五铢"，重量为过去流行的五铢钱标准重量的两倍多，同时抑制物价，开办政府管理的交易市场。几个月后，刘备集团府库充实。

出身微贱的一代名将（左图）

关羽，字云长，本字长生，生活于东汉三国时代，祖籍河东解县宝池里下冯村，也就是今天山西省运城市常平乡。据民间传说，关羽最早并不姓关，因他杀了人才更名改姓。那年关羽刚十九岁，他从下冯村来到解州城，想求见郡守，陈述自己的报国之志。可是，郡守因他是无名之辈，拒不接见。关羽年轻时就急公好义、扶危济困、替民行道，因杀了吕熊和他一家，解救了姓韩的姑娘和其他良家妇女，连夜逃往他乡，途中路过潼关时遭到守关军官盘问，情急之中他手指关口说自己姓"关"，以后就再未改变。这位出身微贱的一代名将又是幸运的。在他去世百年之后，被活人一代一代推到了空前崇高的地位，成为千百年来世人尊崇的偶像。此图出于清末石印本《三国演义》插图。

世界大事记　百济为新罗所败。

清宋牢著《筠廊随笔》
武圣关羽
关羽　正直
武圣关羽
人物　典故　关键词　故事来源

视若神明。于是，史书记载越是简略，就越有说书人、戏剧家或小说家创作时发挥天才想象的虚构的余地。

史书记载关羽曾读《春秋左传》，小说《三国志平话》就写他是读书人家出身，并进一步写道："关羽观乱臣贼子传，便生怒恶。因本县官员贪财好贿，酷害黎民，将县令杀了，亡命逃遁，前往涿郡。"

元代人写的杂剧《刘关张桃园三结义》再发展故事，赃官姓臧，名一贵（实际是用赃官谐音），

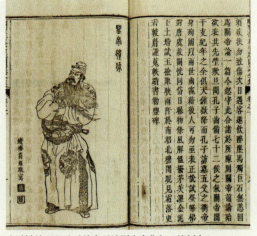

武财神关羽以及《关帝圣迹图志全集》（清刻本）

明清以来由于帝王的推崇，关羽的地位无比显赫，不但成为民间供奉的神明，而且进入了国家祭典。关羽以"武王"、"武圣人"之尊，与中华文化的宗师"文王"、"文圣人"孔子平起平坐，具有司命禄、佑科举、治病除灾、驱邪辟恶、诛罚叛逆、巡察冥司乃至招财进宝、庇护商贾等"全能法力"，被武师、军人、命相、典当、银钱等22个行业奉为祖师爷、行业神，超过任何一位儒、道、释的神仙圣人。图为民间年画武财神关羽和清于成龙编辑的《关帝圣迹图志全集》（清刻本）。

原是州官，阴谋反叛朝廷，听说关羽武艺过人，就请关羽共商大事。关羽到州衙后，闻知赃官意欲反叛，就将他杀了。

罗贯中《三国演义》不说被杀的是朝廷的官，说成是"因本处豪霸倚势欺人，关某杀之，逃难江湖五六年矣"。

到了清代，关羽名气越来越大，谥号越封越高，被敬奉为武圣、关帝，而且各地都有关帝庙。在这种情况下，就有好事之徒编造说，关羽故乡解州的塔庙附近发现关氏祖先墓砖，题刻关羽祖父名审，字问之；父亲关毅，字道远。还说关羽生于延熹三年（260），妻子姓胡。这当然只是空穴来风而已。

《三国志·蜀书·先主传》

刘备 张飞 报复

人物 关键词 故事来源

公元224年

公元224年

中国大事记

鲜卑轲比能部强，屡扰魏边。

〇五二

怒鞭督邮

血与火的年代，何事促使刘备弃官离职？

小说、戏剧将怒鞭督邮这件事说成是张飞的事，搞得很生动，那是艺术创作。历史上并非如此，怒鞭督邮的人不是张飞，而是刘备。

刘备登场的第一步：安喜县尉

东汉中平元年（184）黄巾起义，波及范围很大，东汉王朝费了九牛二虎之力才勉强将黄巾起义镇压下去。刘备当初也举义兵参与其间。他拉起一支小股武装，从属于校尉邹靖，征讨黄巾军。刘备带兵在平原（今山东平原西南）时，作为刘子平的部属攻打张纯。在同张纯的激战中，刘备受了伤，幸亏他机警灵活，假装死去而脱险。后来，刘备因有军功被任为中山郡安喜县（今河北定州）的县尉。

当时的行政区划，县在全国算是基层的行政区，县以上有郡，郡以上有州，担任大县行政官员的人，称令，小县称长，所谓县尉，是辅助县令或县长负责县里治安司法的小官。由于郡太守对下面好多个县管不过来，就有属吏数人帮他分管。督邮就是代表郡太守督察下属县里政教司法事务的属吏。当时文官制度规定，督邮安排的权在太守，所以，多数是太守亲信的人担任。督邮到各县，县令或县长，以及县尉等都得像对待太守一样来对待他。

解恨鞭督邮 弃官奔前程

刘备当安喜县尉不久，朝廷诏令各州郡，要淘汰县级以军功为长吏的人，刘备担心自己也在淘汰之列。这时，督邮来到安喜县，刘备已有预感要被淘汰了。听说督邮已到了传舍，刘备就前往求见，可是督邮推托有病在身，不肯见刘备，这下就惹恼了求见的刘备，他气冲冲回到治地，带了手下一批吏卒再次赶到传舍。这次可就来者不善，善者不来了，刘备等人公然破门而入，口称："我等受太守府君的密言，命我收缚督邮。"当即就将那督邮在床上绑缚起来，推出传舍。来到界县地方，刘备取下自己的绶带官印，将它们挂在督邮的颈下，再将督邮绑在树上，抽了他两百鞭，真想杀了他才解恨。那督邮苦苦哀求，要刘备饶命，刘备这才放了他，自己弃官而离开安喜县。

从此，刘备带领他那支小小的武装力量，投入到当时充满血与火的军阀混战中，开始了他创建蜀汉艰难曲折的新的征程。

求贤若渴的刘备（唐·阎立本绘）

刘备是三国时期蜀汉的建立者。他知人善任，求贤若渴，曾经三顾茅庐，请出当时的隐士诸葛亮辅助自己，白手起家，在乱世之中站稳了脚跟，最终与强大的曹魏和偏安的孙吴三分天下。他与诸葛亮的君臣关系也成为一段历史佳话。

三国西晋

公元225年 公元 2 2 5 年 〉

世界大事记 南印度萨塔瓦哈纳王朝约于此时始陷分裂。

《三国志·蜀书·先主传》

刘备 陶谦 仁爱

人物 关键词 故事来源

〇五三

"刘豫州" 成为徐州牧

在夹缝中求生存，刘备多年积聚，以冀重整旗鼓。

在夹缝中求生存

刘备离了中山郡安喜县，来到丹杨郡。不久，大将军何进派遣手下的一名都尉毌丘毅来丹杨郡募兵，刘备的这支队伍也就与毌丘毅合在了一起。当他们到下邳（今江苏睢宁西北）时，遇到黄巾义军，刘备力战有功，任为下密（治今山东潍坊）丞。后任为高唐（今属山东）县尉，升县令。灵帝死后，董卓进京，天下大乱，刘备也起兵讨伐董卓。后来，刘备在与黄巾军对仗中被打败，放弃高唐，投奔割据幽州的中郎将公孙瓒，经

陶院落模型（局部）

这位老同学的表荐，刘备被任为别部司马，其任务是与青州刺史田楷一起抵制冀州牧袁绍的军事扩张。刘备因屡有战功，被任为平原（今山东平原西南）令，后升为平原郡相。

那时，战乱不已，百姓颠沛，地方上动荡不安。刘备外御寇贼，内结民心，对待部下很有一套办法。他同部下同席而坐，同桌而食，得到部下的爱戴。曾

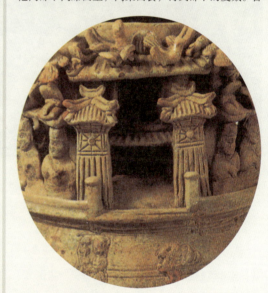

红陶飞鸟人物罐（局部）

经有个死对头刘平，特地雇了一名刺客，派他去刺杀刘备，不料那刺客在受到刘备厚待后反而倒向刘备，说明原由，一走了之。

多年积聚重振旗鼓

初平四年（193）曹操进攻割据徐州（治所郯，今山东郯城）的陶谦，陶谦向青州刺史田楷求救，田楷与

话说中国

魏大破鲜卑轲比能。诸葛亮南征，斩雍闿、高定，七擒七纵，降服孟获。曹丕攻吴至广陵，为江所隔而还。鄱阳宗帅彭绮反吴。

漢潭躍馬

清代杨柳青年画《马跃檀溪》

刘备在荆州依附刘表，遭刘表妻蔡氏及其弟蔡瑁嫉恨，欲害刘备。一日，蔡瑁借刘表请刘备到襄阳赴宴之机，暗伏甲兵五百，准备加害于他。刘备得知，于是托辞逃出，骑的卢马至檀溪时，后面追兵已到，刘备情急之下，口念："的卢的卢，今日妨吾。"的卢马闻听犹如神助，一跃而过檀溪。

刘备各率军支援。后来，刘备就依附陶谦，经陶谦推荐，朝廷任刘备为豫州刺史，治所谯即今安徽亳州。人称刘备为刘豫州。第二年，陶谦病死，刘备就成了徐州牧。

新颖的鸟形青瓷杯（局部）

建安元年（196）六月，袁术欲夺徐州，发兵攻打刘备，双方战于盱眙、淮阴一线。吕布从后面袭取下邳，俘刘备妻室。刘备引兵还救下邳失败，想东取广陵（今江苏扬州）又败给袁术，只得向吕布投降。不久，刘备与吕布又起争端，刘备就离小沛投靠了曹操。小沛即今江苏沛县，刘备一度以此为根据地发展军力，他原有千余名兵卒，后来加上幽州乌桓的骑兵以及掠得流民数千人，总共领兵万余人。

建安三年（198），曹操东征吕布，将吕布在下邳生擒。刘备这才救还妻室，重整旗鼓，从原来受到袁术、吕布等挤压攻击的夹缝状况中走了出来。

自起兵以来，刘备因军力不足，在军阀混战中常常失败，只得依附于别的军阀，在夹缝中求生存求发展。十年左右下来，刘备确有长进，不仅发展了军力，而且名声日益提高。

○五四

依附曹操

巧借震雷饰惊恐

长于韬晦的刘备，有超乎寻常的应变能力。

刘备在建安三年（198）依附曹操的时候，曹操的谋士程昱对曹操说："刘备有雄才，又得人心，不如早点除掉他。"郭嘉却说："刘备已有英名，因穷迫而来投奔，加害于他的话，天下有才能的人就不会再来。"曹操听从了郭嘉的话。

曹操接纳了刘备，并给以兵员和粮食的补充，联手打败吕布。刘备接着跟随曹操到了许都。曹操上表朝廷推荐刘备为左将军，出则同车，坐则同席，以厚礼相待。但实际上，曹操并不放心刘备，几次派亲信伺察刘备居处，探视有否和外界可疑的宾客联系。

行韬晦之计以求生存

刘备为了不使曹操生疑，就闭门谢客，在居处的园子里种菜打发时光，目的是让曹操觉得他胸无大志。曹操的亲信走后，刘备就对关羽、张飞说："我岂是一个种菜的人！曹操肯定对我心存疑虑，为此不可不多加留意。"一天，曹操邀刘备饮酒。席间，两人议论起天下英雄人物。曹操说："如今天下英雄，只有使君你和我曹操了。像袁本初（绍）这种人是挨不上号的。"当时，袁绍在北方的势力很强，又是四世三公的名门之后，门生故吏遍天下。曹操的话一出口，刘备着实吃惊不小，正想进食，却连筷子都从手中抖落掉地。幸亏天上响起一声惊雷，这时刘备随机应变，对曹操说道："圣人云：'迅雷风烈必变'，说得真对啊。一震之威，使我筷子都掉地上了。"刘备借此掩饰自己的惊恐。

这段时间，刘备的日子并不好过。面对多疑的曹操，刘备处处存有戒心，采用韬晦之计，以求得暂时的生存。这样毕竟不是长久之计，刘备深恐曹操会加害于他，时时打算离去。建安四年（199）十二月，袁术打算经徐州北上，去和袁绍军合作，曹操闻知，就派刘备统领朱灵、路招二将去攻打袁术。双方的军队还没有遭遇，袁术就病死了。再说刘备刚率部离开曹操时，曹操听了手下谋士的话，说不能放刘备走，就后悔了，马上派人去追刘备，但已来不及了。刘备到了徐州，就杀了曹操委任的徐州刺史车胄，重新占据徐州。

韬晦的刘备

刘备为吕布所迫，失徐州、丢小沛，暂时投靠了曹操，并行韬晦之计保全自己。一日，曹操请刘备饮酒，席间，以龙喻人中英雄，历数当时豪杰，只称自己和刘备。刘备大惊，筷子落地，时逢天有雷声，刘备佯装为雷所惊，把内心的惊慌掩饰了过去。以刘备当时窘境，曹操仍称其为英雄，虽有试探的味道，但从中可知，古人也不以成败论英雄。此图出于清刊本《三国演义》插图。

曹操煮酒论英雄

话说中国

三顾茅庐

求贤若渴，是成就大事业者的必要手段。

求贤若渴网罗人才

刘备起兵后的十多年间，兵力不足，谋略不够，在当时军阀割据混战的局面中，始终只能求生于夹缝，处在南北流亡或者寄人篱下的状况。直到刘备三顾茅庐，请诸葛亮出山，这才开始如鱼得水，进入了新的驰骋空间。

建安十一年（206）左右，刘备屯兵于新野（今属河南）时，徐庶前来投奔。徐庶此人年轻时任侠放荡，后转为潜心学问。他和诸葛亮、孟公威等人关系很好，

清代年画《徐庶走马荐诸葛》
徐庶辅佐刘备后，帮助刘备几次打败曹兵，被封为军师。曹操用谋士程昱计派人把徐母接到许昌，再仿徐母的笔体写信诱徐来许昌。徐庶接信，果然大哭一场，拿信找刘备辞行。刘备无奈，城外排宴替他饯行。徐庶飞马驰去数里，又拍马返回，向刘备推荐天下第一才人诸葛亮，然后才策马离去。之后引出刘备三顾茅庐的故事。

同庞德公、司马徽这些避世派名人也有来往。刘备器重徐庶的才干，但徐庶告诉刘备："诸葛孔明者，卧龙也，你愿意见他吗？"刘备说："那就请你约同他一起来吧。"徐庶回答："此人不会随便就自己上门来的，你要见他，还得屈驾亲自前往。"

刘备听从徐庶的意见，过了年不久，就去隆中（今湖北襄樊襄阳西）拜访诸葛亮。由于事先无法约定，第一次去，没有碰到；第二次再去，还是未能晤面。这样，前后共去了三次，总算才见到了诸葛亮。

如鱼得水喜出望外

诸葛亮，字孔明，琅邪阳都（今山东沂南县南）人，原是汉司隶校尉诸葛丰的后代，父亲死后，随叔父来

公元226年

刘备 诸葛亮 徐庶
三顾茅庐

《三国志·蜀书·诸葛亮传》
谦虚

人物 典故 关键词 故事来源

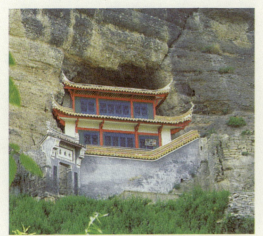

名士司马徽隐居地水镜庄

水镜庄位于湖北襄樊城南边，是东汉末年名士司马徽隐居地，因号水镜而得名。当年刘备马跃檀溪，来到水镜庄。司马徽向他推荐"伏龙凤雏，二人得一人可安天下"，由此便引出了"三顾茅庐"、"隆中对"等故事。

到荆州。他一边躬耕陇亩，一边研究学问。建安初年，与颖川石韬（广元）、徐庶（元直）、汝南孟建（公威）等一起游学，其中，诸葛亮目光远大，胸襟不凡。

他身长八尺，隐居隆中，好为《梁父吟》。平常，他将自己比作管仲、乐毅，自许颇高，周围别的人也有不以为然的，但徐庶是诸葛亮的好朋友，对他的才干是完全认同的。

刘备不光是听徐庶的介绍，在几次赴隆中的过程中，还听别人谈起诸葛亮的情况。一次，刘备碰见司马徽（字德操），说起世事和当今时务，司马徽对刘备说："我只是一名普通的俗儒，哪里谈得上识时务？

三顾茅庐

东汉末年，诸葛亮居住在隆中的茅庐里。谋士徐庶向刘备推荐说："诸葛亮是个奇才。"刘备为了请诸葛亮帮助自己打天下，就同关羽、张飞一起去请他出山。可是诸葛亮不在家，刘备只好留下姓名，快快不乐地回去。隔了几天，刘备打听到诸葛亮回来了，又带着关羽、张飞冒着风雪前去。哪知诸葛亮又出门去了，刘备他们又空走一趟。刘备第三次去隆中，终于见到了诸葛亮。在交谈中，诸葛亮对天下形势作了非常精辟的分析，刘备十分叹服。刘备"三顾茅庐"，使诸葛亮非常感动，答应出山相助。刘备尊诸葛亮为军师，对关羽、张飞说："我之有孔明，犹鱼之有水也！"成语"三顾茅庐"由此而来，比喻访求贤才，真心诚意地邀请别人。此为清末年画。

话说中国

中国大事记

春，魏文帝曹丕卒，子叡嗣，是为明帝（226—239）。曹真、曹休、陈群、司马懿辅政。

识时务者在俊杰。此间自有伏龙、凤雏。"刘备忙问指的是谁，回答道："诸葛孔明、庞士元也。"称诸葛亮为卧龙，庞统为凤雏，就是这么来的。从以后的事实看，诸葛亮才干非凡，在做人方面用儒，在为政方面用法，在身心修养方面用道，集儒、法、道三者之长，三家合流，运用娴熟。再经过后世种种渲染，诸葛亮简直成了中华民族智慧的象征。三顾茅庐这件事在史书上记载得很简略，到了《三国演义》就成了极有铺垫、极有烘托的奇妙故事。

当时，刘备高兴地见到了诸葛亮，并听取了他的隆中对策，真是喜出望外，用刘备自己的话说就是"如鱼得水"。

取意于三顾茅庐的《武侯高卧图》（明·朱瞻基绘）

《三国演义》第三十八回，写刘关张三人三顾茅庐，在屋外等诸葛亮睡醒。"又立了一个时辰，孔明才醒，口吟诗曰：'大梦谁先觉？平生我自知。草堂春睡足，窗外日迟迟。'"这幅《武侯高卧图》就是取其意而作。

名士庞德公（上图）

庞德公（生卒年不详），襄阳人，东汉末三国初名士。荆州刺史刘表数次请他进府，皆不就。刘表问他不肯当官受禄，后世何以留子孙，他回答说：世人留给子孙的是贪图享乐、好逸恶劳的坏习惯，我留给子孙的是耕读传家、过安居乐业的生活，所留不同罢了。庞德公与当时隐居襄阳的徐庶、司马徽、诸葛亮过从甚密，称诸葛亮为"卧龙"，司马徽为"水镜"，庞统为"凤雏"，被誉为知人。诸葛亮以师礼待庞德公，每次造访，均拜于床下。后隐居于鹿门山，采药以终。

《三国志·蜀书·
诸葛亮传》
《资治通鉴·
汉献帝建安十二年》

诸葛亮　刘备

隆中对

谋略

人物　典故　关键词　故事来源

○五六

隆中对策

杜甫为什么说诸葛丞相"功盖三分国"？

诸葛亮自比为管仲、乐毅

建安十二年（207），刘备在襄阳城西二十里的隆中这个地方终于访见了诸葛亮。当时，宾主间施过礼之后，刘备就屏退左右跟随的人，向诸葛亮问道："如今汉室皇权倾危，奸臣窃命，国君蒙尘，形势极为严重。我刘备不度德量力，想要伸张正义于天下，但我自知智术短浅，请教先生你有什么良计赐教？"

诸葛亮真不愧是识时务的俊杰，他能以春秋战国时著名谋臣良将管仲、乐毅自况，确实也反映出他不同凡响的政治抱负和社会责任感。在听了刘备的问题之后，他不紧不慢，胸有成竹地说出自己思索已久的分析意见，献给刘备作为应付眼下时局和今后长远目标的基本对策。这就是历史上著名的隆中对。

隆中对策分析精湛

诸葛亮首先从分析大局出发，指出东汉末年自董卓作乱以来，各地豪杰并起，割据州郡，形成了群雄纷争的局面。

接着，诸葛亮向刘备指出了曹操、孙权与刘备三方的总体上的战略态势。他分析后说道："曹操

《三配一遇图》（清·孙亿绘）

刘备听从徐庶的推荐，亲自带关羽、张飞来到隆中卧龙冈，想请诸葛亮出山。不料诸葛亮不在家中，三人只得空手而回。过了数日，刘备听得诸葛亮已回家，便同关、张二次来访。不料见面后得知不是诸葛亮，而是其弟诸葛钧。于是留下一封信，表达敬慕之情。兄弟三人再次空手而归。回到新野不久，刘备想再次去请诸葛亮。关羽道："可能诸葛亮没本事，怕见我们。"张飞则说："你们不用去了，我用绳子将诸葛亮捆来见大哥。"刘备用当年文王访姜子牙的故事劝动二人，于是兄弟三人又第三次来到卧龙冈。正值诸葛亮午睡，刘备一直等到诸葛亮睡醒后更衣相见。刘备不辞劳苦，三顾茅庐，终于请出诸葛亮出山辅佐，共图大业。

三国西晋

比起四世三公的袁绍来，名头低微，部众短缺，但他能够以弱胜强，战败袁绍大军，就不光是天时对他有利，还有着善于谋划的人为因素在起作用。"

诸葛亮紧接着又说道："现今曹操已经拥有百万之众，挟天子以令诸侯，确已很难一时跟他去争高下。"这也就是指出曹操已得天时。

他再进而分析孙权方面的基本态势，着重指出："孙权据有江东，自孙坚、孙策创业建业以来已历三世，地理位置因有长江阻隔而显得险要，当地百姓附和孙权，江东的贤者能人也乐为所用，因此，对于孙权占据地利优势的这股力量，应该引为援手，不可跟他敌对相斗。"

《孔明出山图》
（明·无名氏绘）
此图所绘的是刘备三顾茅庐后，诸葛亮终于答应出山辅佐刘备共建大业。孔明出山途中，关羽、张飞前头引路，刘备与他并舆而行。诸葛亮的这一出山，从此拉开了三国鼎立的序幕。

常言道，知己知彼百战不殆。诸葛亮当然深谙其中奥妙。他接着就向刘备指出自己这方面应该坚守的战略方针，这就是：荆州地位特别重要，但刘表作为荆州牧无法加以控扼；益州既险塞又富沃，作为天府之土，汉高祖刘邦当年靠了它而建成帝业，现下刘璋、张鲁势力也不能掌握益州。对此，刘备应该总揽贤才，跨有荆州、益州，实现外联孙权，北拒曹操，内修政治，待变而动，最后可望得以成霸业，兴汉室。

这段著名的隆中对策，短短几百字，却气势酣畅，饱含激情，其实就是诸葛亮对于时局的高度概括和精湛分析。从诸葛亮二十七岁时出山助刘备攻伐，直到五十四岁病死于五丈原，其间二十七年之久的所作所为来看，隆中对策既是诸葛亮努力实现的总体战略目标，也是他指导实际行动并贯穿始终的根本纲领。

草庐原是卧龙栖处

隆中风景名胜区位于襄樊市城西，因为有山"隆然中起"而得名。草庐碑位于隆中半山腰，明朝嘉靖十九年（1540）立。上面的盘龙（碑帽）错落有致，疏密得当，正面有"草庐"二字，背面有"龙卧处"字样。这两处字样，让我们遥想起卧龙先生当年草堂高卧的情态。

古隆中三顾堂

东汉末，诸葛亮隐居隆中，躬耕陇亩，后刘备三顾茅庐邀请出山，从此天下得以三分。图为湖北襄樊的古隆中三顾堂，堂前的三株柏树传说是刘备、关羽、张飞三顾茅庐时的拴马处。

> **历史文化百科**

〔铿锵有力，气势浩荡，令人百读不厌的"隆中对"〕

自董卓已来，豪杰并起，跨州连郡者不可胜数。曹操比于袁绍，则名微而众寡，然操遂能克绍，以弱为强者，非唯天时，抑亦人谋也。今操已拥百万之众，挟天子而令诸侯，此诚不可与争锋。孙权据有江东，已历三世，国险而民附，贤能为之用，此可以为援而不可图也。

荆州北据汉、沔，利尽南海，东连吴会，西通巴蜀，此用武之国，而其主（刘表）不能守，此殆天所以资将军，将军岂有意乎？益州险塞，沃野千里，天府之土，高祖因之以成帝业。刘璋暗弱，张鲁在北，民殷国富而不知存恤，智能之士思得明君。

将军既帝室之胄，信义著于四海，总揽英雄，思贤如渴，若跨有荆、益，保其岩阻，西和诸戎，南抚夷越，外结好孙权，内修政理，天下有变，则命一上将将荆州之军以向宛、洛，将军身率益州之众出于秦川，百姓孰敢不箪食壶浆以迎将军者乎？诚如是，则霸业可成，汉室可兴矣。

见《三国志·蜀书·诸葛亮传》。

○五七

孔明娶丑女
透彻天下事的人，对于自己婚事怎么想？

古代谚语说："莫作孔明择妇，正得阿承丑女。"这话是什么意思呢？

丑女虽丑却有来头

事情要从阿承丑女的来历说起。阿承指的是黄承彦，此人有点来头，性格豪爽，不拘小节，是为人称道的沔南名士，即当时襄阳地区的名流。黄承彦的妻子姓蔡，蔡姓家族在东汉末年非常昌盛兴旺。据《三国志集解》引《襄阳耆旧传》记载，襄阳地区的蔡家，大女儿嫁给当地名士黄承彦，小女儿嫁给荆州牧刘表（字景升）作为后妻，她就是蔡瑁的姐姐。这样，黄承彦娶蔡家长女为妻，既和有势力有影响的蔡家结了亲，又和地方上最高行政长官刘表结成连襟关系。黄承彦真是好不得意，然而，他难免有一件憾事挂在心上：他和蔡氏生养的一位女儿长得黑皮肤、黄头发，虽有才气，但相貌毕竟是难看，人称阿承丑女。

到了女儿长大成人，理当婚嫁的时候，黄承彦早就替她考虑要找一位称心的丈夫。沔南名士众多，彼此交谈议论，包括品评人物，是经常的事。对于诸葛亮，黄承彦早就有所耳闻，此人以管仲、乐毅自比，虽在隐居，却胸怀天下。后来两人有了交往，黄承彦对这位后生的聪明才智更增添许多爱羡。当得知诸葛亮正在考虑择妇娶为妻室

时，黄承彦主动提出自己的想法，他对诸葛亮说："闻君择妇；身有丑女，黄头黑色，而才堪相配。"强调女儿的才气相当。

诸葛亮的聪明选择

诸葛亮考虑后，表示愿意娶黄氏为妻，黄承彦立即将女儿载在车上，并带了陪嫁物品给诸葛亮送去。当时，知道这件事的周围人引以为可笑可乐的喜事，于是，乡里就有了谚语："莫作孔明择妇，正得阿承丑女。"

从当时情况看，这件婚事的办成自有一定道理。诸葛亮客居隆中，人地生疏，能与黄承彦等名士交往，并进而同襄阳蔡家、荆州刘表等有所联系，自然是可能考虑的事。总之，由于这件事在三国正史记载中缺略，是后人在注释正史时加进去的地方志材料，所以，再后来的人就难免会有所猜测了。

南宋大儒朱熹提到这事的时候，就赞美诸葛亮的寡欲养心。朱熹甚至还说，诸葛亮娶丑女为妻，是使他"智虑之所以日益精明，威望之所以日益隆重"的因素之一。

再从后来结果看，诸葛亮亲生儿子诸葛瞻八岁时就显得聪明懂事，孙子诸葛尚也是早年有志，是非分明，祖孙三代为蜀汉献身，浩气长存。诸葛亮儿子孙子的培养，当然离不开黄氏的教导。所以，诸葛亮的选择是值得的。

诸葛亮年谱		
公元181年		农历四月十四日，诸葛亮诞生于琅邪郡阳都县。
公元183年	三岁	太平道的大贤良师张角借治病传教，徒众达数十万人，遍布各地。 母亲章氏病故。
公元184年	四岁	张角、张梁、张宝兄弟率农民军起义，提出"苍天已死，黄天当立"口号，头缠黄巾，天下响应，声势浩大。 父亲续娶妻室。兄诸葛瑾十一岁，比诸葛亮大七岁。弟诸葛均。
公元186年	六岁	随叔父诸葛玄读书识字。
公元188年	八岁	父亲诸葛珪去世。
公元189年	九岁	东汉灵帝死。少帝刘辩即位。董卓进京，废少帝，另立九岁的陈留王刘协为帝，史称献帝。 诸葛亮与献帝同年龄。已能吟诵《梁父吟》，并且习读《春秋》、《周礼》、《孙子兵法》等。

世界大事记

乌尔比安（?—228），法学家。著有《萨宾派民法》评注、《民法和告示》等。

诸葛亮 黄承彦 壮志

《三国志·蜀书·诸葛亮传》注引《襄阳记》《三国志·诸葛亮传》注引《襄阳旧志集解》

人物　关键词　故事来源

公元 190 年	十岁	袁绍等组成反董卓联盟。刘备在五年前因军功获授安喜县尉，此时改领平原相，关羽、张飞任为别部司马。
公元 192 年	十二岁	袁术遣孙坚攻打襄阳的刘表，孙坚被黄祖的部曲射杀。王允联络吕布杀董卓。李傕、郭汜在长安作乱，杀王允。曹操收编黄巾余部，得"青州兵"三十余万。军阀混战，天下大乱，诸葛亮对时局及发展态势有所认识。
公元 194 年	十四岁	曹操在上年攻打徐州刺史陶谦，坑杀数十万人。陶谦呕血而死。刘备任豫州刺史，代领徐州牧。
公元 195 年	十五岁	叔父诸葛玄由袁术荐任为豫章太守。诸葛亮随赴任所。后随叔父离豫章（今江西南昌），投附荆州牧刘表。在学业堂就读。
公元 196 年	十六岁	袁术攻刘备争夺徐州，吕布袭下邳。刘备败归曹操。刘备任镇东将军。
公元 197 年	十七岁	叔父诸葛玄去世。诸葛亮带弟诸葛均到襄阳城西 10 公里的隆中山村，隐居躬耕，博览群书，精研兵法。与庞德公、司马徽、黄承彦等前辈和崔州平、徐元直、孟公威、石广元等好友交往深厚。
公元 200 年	二十岁	曹操攻打刘备，夺下邳，擒关羽。刘备投奔袁绍。官渡之战，袁绍大败。孙策死，十九岁的孙权继掌江东。孙权比诸葛亮小一岁。兄诸葛瑾与继母避难江东。孙权厚待诸葛瑾。
公元 201 年	二十一岁	刘备屯兵新野（今属河南）。诸葛亮在荆州一带名声渐大，庞德公称之为"卧龙"，称庞统为"凤雏"。
公元 202 年	二十二岁	娶黄承彦之女阿丑为妻。
公元 205 年	二十五岁	在隆中常以管仲、乐毅自比，胸怀大局。
公元 206 年	二十六岁	精研典籍，写成《论诸子》一书。
公元 207 年	二十七岁	汉献帝迁都许县，曹操挟天子以令诸侯。刘备屡遭挫折，三顾茅庐，请诸葛亮辅佐。诸葛亮提出著名的《隆中对》。与后来的《出师表》《后出师表》，简称"一对"、"两表"。武侯祠有对联写道："两表酬三顾，一对足千秋"。
公元 208 年	二十八岁	刘备听从诸葛亮"连吴抗曹"的主张，与东吴联合在赤壁大败曹军。诸葛亮任为军师中郎将，督零陵、桂阳、长沙三郡。
公元 211 年	三十一岁	刘备率数万军入蜀。诸葛亮、关羽守荆州。
公元 214 年	三十四岁	刘备攻雒城，诸葛亮领军数万，由荆州奔益州与刘备会师。攻克成都，刘璋投降。
公元 219 年	三十九岁	蜀将黄忠在定军山袭杀魏将夏侯渊。刘备取定汉中。关羽围攻樊城，水淹七军，威震华夏，后遭袭被擒杀。诸葛亮坐镇成都，为刘备取汉中提供后方援助。
公元 221 年	四十一岁	汉中王刘备称帝。诸葛亮为丞相。刘备比诸葛亮大二十岁，这年六十一岁。
公元 222 年	四十二岁	刘备率大军攻吴，在夷陵被陆逊火烧连营七百里。刘备败逃白帝城，病情严重，召诸葛亮嘱托后事。诸葛亮以丞相兼领司隶校尉。
公元 223 年	四十三岁	刘备逝世，年六十三岁。诸葛亮奉丧还成都。太子刘禅即帝位，年十七岁，史称后主。改元建兴。诸葛亮派邓芝出使吴国，重修联盟；实行屯田，发展生产；选贤任能，励精图治。
公元 224 年	四十四岁	蜀国政治实际上由诸葛亮执决，整顿吏治，兴修水利，训练军队，为北伐曹魏作准备。
公元 225 年	四十五岁	率军伐灭雍闿，七擒七纵孟获，平定南中，为北伐解除后顾之忧。
公元 226 年	四十六岁	曹丕死，年四十岁。曹叡即位，史称魏明帝。诸葛亮加紧整军习武，准备大举北伐。
公元 227 年	四十七岁	向蜀后主刘禅上《出师表》，率军北伐，进驻汉中。儿子诸葛瞻出生。
公元 228 年	四十八岁	率蜀军主力经武都直取祁山，首次北伐。后因街亭失利，斩马谡，上表后主自贬三级，降为右将军，行丞相事。再上《出师表》，二次北伐，后因粮草接济不上而退军。
公元 229 年	四十九岁	率军攻取武都、阴平二郡。恢复丞相职务。孙权称帝，诸葛亮派卫尉陈震前往东吴祝贺。孙权这年四十八岁。
公元 230 年	五十岁	魏司马懿、曹真、张郃率军分三路进攻汉中。诸葛亮在城固赤坂（今陕西洋县龙亭）防御。魏军退兵。
公元 231 年	五十一岁	从汉中以木牛运送粮草往北伐前线。大败魏军，张郃被射杀于木门道（今甘肃天水市南梓村）。蜀李严假传圣旨，被削职为平民，流放梓潼郡（今四川梓潼县）。
公元 232 年	五十二岁	在黄沙（今陕西勉县黄沙镇）实行军民合耕，屯集粮草。设计制造山区运粮机械工具木牛流马。在定军山教兵习武，推演八阵图。
公元 233 年	五十三岁	集粮草于斜谷口，准备再次北伐。派遣将军马忠平定南夷刘胄的叛乱。
公元 234 年	五十四岁	率十万大军出斜谷，屯兵渭水南岸五丈原，与司马懿对峙。积劳成疾，病死于五丈原。临终前，对撤退计划和朝中后事都作了详细安排。遗命葬于汉中的定军山。

话说中国

中国大事记

司马懿击杀孟达。诸葛亮兵出祁山，攻魏，天水等三郡叛魏应亮。魏将张郃破蜀先锋马谡于街亭。蜀军退还，亮杀马谡，上疏自贬。魏天水参将姜维降蜀。魏曹真平定天水等三郡。吴陆逊败曹休于石亭。诸葛亮第二次伐魏，出散关，围陈仓，粮尽而返。

关云长偶像

为什么称关羽为汉寿亭侯？

关羽的封号

关羽后来成为崇拜偶像，谥封日益增多，实际上，关羽可信可靠的谥封有两个，一个是刘蜀在关羽死后追谥的"壮缪侯"，另一个是在关羽活着时候所封的"汉寿亭侯"。这汉寿亭侯的封爵并不是刘备给的，倒是曹操上表奏请献帝所封。

东汉建安五年（200），曹操领兵东征，下邳（今江苏睢宁）之战，刘备失败，投奔袁绍。关羽被曹操所擒，拜为偏将军，极受优礼。袁绍遣大将军颜良领大军围白马城，攻打东郡太守刘延，曹操就派张辽以及关羽为先锋去迎击颜良。关羽在袁绍大军中望见指挥者颜良的麾盖，立即策马冲上去，

关帝庙门

端门为解州关帝庙正庙第一道门，建于清代，通体砖构，檐下施仿木砖雕斗拱。门圙"关帝庙"与"精忠贯日"、"大义参天"、"扶汉人物"圙额相互辉映，加上四周优美精致的浮雕图案，表现了后人对于武圣关羽的崇敬爱戴。

关羽崇拜

关羽是我国历史上最为特殊的人物。他由生前一位将领、侯爵，死后逐步晋封为公、王、帝君、大帝，直到登峰造极作为"武庙"主神与孔子"文庙"并祀。唐代关羽作为名将，已进入"武庙"（当时主神为姜太公）陪祀。北宋时始追封关羽为忠惠公，又进封为武安王，再加"义勇"二字，称义勇武安王。南宋改封为壮缪义勇武安王，更封为英济王。元代加封显灵武安济王。明代对关羽的晋封由王提高到帝，称"协天护国忠义大帝"，又改封为"三界伏魔大帝神威远镇天尊关圣帝君"。至明末又尊崇关帝为"武庙"主神，与孔子"文庙"并祀。清代加封关羽为"忠义神武灵佑关圣大帝"。到光绪五年（1879），清政府对关羽的封号已加至24个字，合称："忠义神武灵佑神勇威显保民精诚绥靖翊赞宣德关圣大帝"。关羽在众多武将中，其忠义至醇、神勇超人、武艺绝伦、光明磊落等具有突出优势，因而被人们选中了作为一种超人间力量的神灵，而加以顶礼崇拜。此图出于清末石印本《三国演义》插图。

三国西晋

清代年画《挂印封金》

关羽探得刘备消息后，决意去找大哥，便去相府拜辞曹操。曹操知其来意，数次避而不见。关羽只得修书一封，辞谢曹操，派人去相府投递。随即将曹操累次所赠之金银，一一封存库中；将曹操奏请朝廷所授之汉寿亭侯印悬挂于堂上。然后，上赤兔马，提青龙刀，率旧日跟随人役，护送刘备的二位夫人，径出北门而去。

在万军之中杀了颜良，斩其首级而还，袁绍军中诸将无法阻挡。白马之围得解，曹操即表封关羽为汉寿亭侯。

曹操称赞关羽为"天下义士"

原先，曹操对关羽为人感到敬佩，但仔细观察下来，发现他没有久留之意。于是，曹操派张辽去探询关羽的想法，关羽叹道："我极其明白曹公对我优礼，但我受刘将军厚恩，誓以共死，不可背之。虽然我最终不会留下，但我会报效曹公之后再离去。"张辽担心将关羽的话告诉曹操之后，曹操会杀关羽，可曹操说："事君不忘其本，天下义士也。你估计他何时会离去？"张辽说："关羽受曹公之恩，必会先报效再离去。"

因此，等到关羽斩杀颜良之后，曹操料知关羽要离去，就对关羽重加赏赐。关羽未带走任何赏赐的东西，留下告辞信后，就离别曹营找刘备去了。曹操身边的部下要去追关羽，曹操却说："各为其主，你们不必去追了。"

历史文化百科

〔关羽的封号：汉寿亭侯〕

关羽在曹操营中逗留时间不长，却得了第一个封号，也是他死后最让人记得住的封号，汉寿亭侯确实是很响亮很有意思的封号。不过，还得注意，以前小说家错将这封号叫成"汉·寿亭侯"，清初的毛宗岗发现了这种错讹。其实，汉寿二字连读，是地名，有人考证，今湖南汉寿县北，原是武陵郡的汉寿县，正是关羽所封之地。至于各地的亭侯、乡侯之类，那在三国时代是很多的。

〇五九

水淹七军

关羽威震华夏，英名千古流传的突出战绩之一。

三国时期，战事连连不断。火烧赤壁之后，不久就有魏、蜀之间的樊城之战，水淹七军就是其中的一场重大冲突。

关羽准备攻樊城

刘备在建安二十年（215）为荆州的事再次和孙权联盟，分荆州的江夏、长沙、桂阳三郡属东吴，南郡、零陵、武陵三郡属西蜀。刘备引军还江州，后来还成都。封拜元勋，以关羽为襄阳太守、荡寇将军，

清末年画《水淹七军》
关羽大败曹仁后，曹操命大将于禁、庞德率军，星夜去救樊城。交战中关羽被庞德飞箭射中，回营养伤。十日后，关羽箭伤愈合出营登高观望，看到北山谷内人马很多，又见襄江水势汹猛，遂急命部下准备船筏，收拾雨具，又派人堵住各处水口。是夜风雨大作，关羽下令决开江口，水淹七军，于禁投降，庞德被周仓生擒。

驻于长江北。刘备西定益州时，让关羽负责荆州。到建安二十四年（219）秋，刘备为汉中王，任关羽为前将军。

这年七月，关羽以南郡太守糜芳守江陵（今属湖北，是当时南郡治所），将军傅士仁守公安（今属湖北），关羽自己率大军北攻樊城（今湖北襄樊）。

樊城在汉水北岸，当时为曹操所控制。与樊城隔汉水相望的襄阳，则是曹操所据的荆州的治所。因为襄阳、樊城距离许都很近，所以是曹操防御的重点。当时，镇守襄、樊的曹军将领是曹仁、庞德等。曹仁是曹操的堂弟，弓马娴熟，武艺高强，屡立战功，这时任征南将军，是镇守荆州的主将。庞德是曹操麾下以骁勇出名的猛将，这时头衔是立义将军，关门亭侯。曹操在长安闻知关羽攻樊城，觉

三国西晋

荆州古城

荆州古城位于今湖北省江陵县，自古为兵家必争之地。三国时关羽曾奉命镇守荆州城。

得情况危急，就派遣素以威重闻名的大将于禁率军前去支援。主将曹仁安排于禁、庞德率领七军守卫樊北，自己留下守卫樊城。

水淹七军，关羽威震华夏

八月里，天下大雨，汉水暴涨，平地水深五六丈，在樊北的曹营七军驻地全都为洪水所淹，于禁、庞德等诸将避在高处，无法展开有效防卫。这时，关羽领兵乘坐大船，对无法设防的樊北曹营发起猛烈进攻。于禁七军尽遭水淹，自己则被逼投降。庞德披甲持弓，箭无虚发，箭矢射完，短兵相接，最后被擒，为关羽所杀。

曹仁的数千人马守在樊城，也被洪水所困，城墙几乎为洪水所没。关羽水军乘船临城，重重围住，关羽又遣军队围攻襄阳，使对方相互不能救援。曹仁在城困粮尽的情况下，激励将士死守。襄阳的曹军将领吕常虽然离得近，但无法援助。曹操急派徐晃领兵驰援襄、樊，待徐晃军赶到时，洪水已稍退，徐晃和曹仁就从内外两面夹击关羽，关羽这才退兵。

> 历史文化百科

〔关羽的墓冢：关林〕

今河南洛阳市南八公里的关林镇，有关林。相传关林即埋葬关羽首级之地。墓冢高二十余米，平面呈八角形，前立清人所书石碑，题书是"汉寿亭侯关云长之墓"。

水淹七军，樊城之战，曹军损失重大，庞德被杀，于禁被擒投降，使得曹操痛心不已。关羽水军乘洪水大发，围歼曹营。甚至连曹仁、吕常的襄阳、樊城也差一点失守。经过这一仗，关羽威震华夏，许都以南的地方势力，如梁、郏、陆浑等地都遥受关羽的号令，成为关羽的外围力量。这样，就迫使曹操打算迁都，离开许都，以避关羽的锋芒。

世界奇观翠云廊驿道

位于四川梓潼县北的国家级森林公园翠云廊堪称世界奇观。这道长廊"自剑阁南至阆中，西至梓潼，三百余里，明正德时知州李璧以石砌路，两旁植古柏数十万株"（清同治《剑州志》）。据1977年的普查，翠云廊共有古树9233株。这些古柏栽植在由石板铺成的古驿道两旁，树高绝大多数在20米以上，最高者达27米，胸径都在60厘米以上，最大胸径近200厘米，单株最大积木近30立方米。这么大规模的古柏群，据说全世界唯此独有。民间称这些柏树为"张飞柏"，说是三国时巴西太守张飞所植。其实众多的柏树非一朝一代之物，乃是上起秦代下至明清历代所植。

> 因为官渡之战后河北成了曹操的根据地，他在邺城设"霸府"，邺城是魏郡太守的治所。

败走麦城

神勇人物关羽无可奈何的结局。

关羽以神勇著称，斩颜良，擒于禁，杀庞德，水淹七军，威震华夏。建安二十四年（219）的秋天，关羽战绩达到最巅峰，名扬天下。

但是，很快地，这年冬天，关羽就因荆州失利，成为东吴的手下败将，麦城（今湖北当阳东南）也就成了关羽戎马生涯的终点。

关羽走麦城

刘备入川，庞统自大，引致杀身之祸，一纸急函，孔明携张飞、赵云杀入川蜀，让关羽守荆州，但关羽为人自大，做事冲动，不听诸葛亮忠告，没有与孙权维持联盟，造成双方冲突。当曹操又进驻摩陂（今河南襄城县东南），命大将徐晃率兵反击时，关羽失荆州，被迫退居麦城（今湖北当阳县东南）。孙权到了江陵，又派人赶到麦城劝关羽投降，关羽拒绝投降，手下将士却悄悄散去，关羽无奈，只得逃出麦城。孙权派大将潘璋阻截关羽退路，在麦城以北的临沮（今湖北远安北），将关羽及其子关平一并截获，送交吕蒙，吕蒙奉孙权之命，将关氏父子就地斩首，并将关羽首级封于匣内，送呈孙权。此图出于清末石印本《三国演义》插图。

东吴谋袭荆州

当时，三国的关系十分微妙。鲁肃做东吴都督时，吴、蜀联合对付曹魏。鲁肃在世时，荆州问题虽然也引起麻烦，蜀与吴屡有矛盾，但不致发生根本冲突。鲁肃死后，吕蒙代掌兵权，就提出以军事力量取荆州的主张，孙权表示同意。因此，就在关羽用兵襄阳、樊城时，孙权、吕蒙正密谋袭取荆州。

曹仁被关羽围困在樊城，司马懿、蒋济对曹操建议用孙权来解围，曹操同意。于是，一面派大将徐晃救援曹仁，一面与孙权共同图谋关羽。孙权有信给曹操，说要袭击关羽，并提到不要泄露意图。董昭对曹操说，可以利用这信来行计。曹操就命徐晃将孙权的意图写在信上，用弓箭射进樊城，以固守军斗志；同时将信射入关羽营中，让关羽得知孙权的图谋。关羽为人要强，自以为江陵、公安二城防御巩固，没有马上退兵。正是这种自负酿成了他的人生悲剧。

关公兵败走麦城，吕蒙乘危夺荆州。

关羽　吕蒙　潘璋　走麦城　骄傲

三国志·蜀书·关羽传
三国志·吴书·吕蒙传
三国志·吴书·潘璋传

人物　典故　关键词　故事来源

关羽告别戎马生涯

　　果然，吕蒙白衣偷袭，江陵、公安的守将麋芳、傅士仁投降东吴。吕蒙进入江陵城后，对关羽将士的家属加以抚慰，对城中父老，有病的给药，饥寒的给以衣食。严格管束部队，明令规定不得进入百姓家索取东西。吕蒙的一个同郡人取了百姓家一顶笠帽来遮盖公家的盔甲，也被吕蒙含泪斩首。吕蒙军令严肃，江陵局面安定，道不拾遗。

　　关羽知江陵已破，急忙撤樊城之围，在赶回江陵的路上，多次派人交涉，吕蒙对这些使者厚加优礼，并让周游城中，家家致问，还有托带家信的，这样，

解州关帝庙石坊

解州关帝庙在山西运城市解州镇西关。解州东南10公里的常平村是三国蜀将关羽的原籍，故解州关帝庙为武庙之祖，创建于隋开皇九年（589）。现庙坐北向南，总面积1.8万多平方米，平面布局分南北两部分。图为关帝庙内的石牌坊，人物图案雕刻精细，上书"正气常存"四字，以及封号"三界伏魔大帝、神威远镇天尊关圣帝君"。

关羽军中将士斗志皆无，纷纷离去。这年（219）十一月，关羽自知势穷力薄，无法夺还江陵，就走麦城，西至漳乡。这时，关羽身边只留下十余骑将士。

孙权预先派将领朱然、潘璋伏兵截断关羽的归路。十二月，关羽与其子关平一起被潘璋的部下马忠擒获，不久被杀。荆州就落到孙权的手中。

中国大事记

魏曹真、司马懿攻蜀，诸葛亮屯军防敌，魏旋退。是为蜀、魏第四次战争。吴攻魏合肥，无功。

○六一

雄壮威猛张翼德

张飞，人称三国名将中的第一条好汉。

猛张飞，万人敌

蜀汉大将张飞以雄壮威猛著称于世。他和蜀将关羽同样被称为"万人之敌"的超勇人物，并以刘关张桃园结义的故事被后人广泛流传。

张飞，字翼德，涿郡（今河北涿州）人。东汉末年，他随刘备起兵，从曹操大破吕布，拜为中郎将。建安十三年（208），曹操夺荆州，刘备军力单薄，败逃时经过长坂坡（今湖北当阳东北），刘备先率数十骑逃离，命张飞领二十骑断后。张飞据水断桥，瞋目横矛，大喝道："身是张翼德，可来共决死！"曹军虽多，却没有人敢上前去决战。就这样，张飞救了刘备的命。

赤壁大战之后，刘备夺得荆州，以张飞为宜都太守、征虏将军，封爵新亭侯。后转任为离刘备治所公安最近的南郡太守。

建安十六年（211）刘备入蜀，次年攻打刘璋，张飞和诸葛亮分头率军溯江而上攻伐郡县。张飞很

清末年画《张飞大闹长坂坡》

赵云怀揣阿斗杀出曹营后，在当阳桥与张飞会合。张飞让赵云先走，再让士兵砍下树枝，拴在马尾上，在树林中往来奔驰，冲起尘土，作为疑兵；自己则横矛立马于桥上。此时，曹军大将文聘先到桥边，见张飞一人立马桥上，又见桥东树林之后，尘土飞扬，疑有伏兵，不敢向前。不久，曹仁、曹典、张辽、许褚等陆续追到，也都不敢近前，使人飞报曹操。曹操闻报，急忙飞马赶来。张飞见曹操来到，便大喝道："我乃燕人张翼德，谁敢与我决一死战？"声如响雷，曹军听了，不由得个个两腿发抖。曹操忙令去掉伞盖，回顾左右道："我以前曾听关云长说：'张飞在百万军中取上将之首，有如探囊取物。'今天相逢，切不可轻敌！"话未说完，张飞又大喝道："燕人张翼德在此，谁敢来决一死战？"曹操见张飞气概如此雄壮，遂有退兵之心。张飞见曹操后军阵脚移动，挺矛大喝道："战又不战，退又不退，却是何故？"喊声尚未断绝，曹操身边的将领夏侯杰竟然吓得肝胆碎裂，倒撞马下。曹操见状，拨马便走。于是，曹军众将一齐往西而逃。

《三国志·蜀书·张飞传》

张飞　刘备　严颜

勇敢

人物　关键词　故事来源

"巴蜀第一胜境"张飞庙

张飞庙位于四川省云阳县城，长江南岸的飞凤山麓，此庙已有1700多年历史，号称"巴蜀第一胜境"。主要建筑有结义楼、望云轩、大殿、助风阁、杜鹃亭、得月亭等。结义楼是为了纪念"桃园三结义"而造，内有《幽兰赋》木刻。

四川阆中张飞墓

勇猛武将张飞死后，人们曾于各地修建了不少张飞祠庙，其中最有名的是四川阆中的张飞庙。阆中的张飞庙，其正式名称为"张桓侯祠"。全祠占地十余亩，由古建筑群、张飞墓及后花园组成。该祠位于阆中古城内，当年张飞率兵镇守阆中，也被害于阆中，所以阆中张飞庙应该是所有张飞庙中最有价值的一座。

快攻到巴郡治所江州（今重庆市），生擒巴郡太守严颜。张飞呵斥道："大军来到，为何不降而敢拒战？"严颜回答说："你们无理侵夺我州，我州只有宁死不屈的断头将军，却没有降将军。"张飞怒命左右推出去斩首，严颜脸不变色地说道："砍头就砍头，何必发怒！"张飞有感于严颜的壮士气概，就替他松绑，引为宾客。

张飞在攻蜀战事中所过皆捷，与刘备会师于成都。张飞被任为巴西太守。建安二十年（215）曹操破张鲁，夺得汉中，留夏侯渊、张郃镇守。张郃率军攻下巴西后，想迁徙当地百姓去汉中，张飞领兵拦击，相拒五十多天。然后，张飞率精兵绕道攻击张郃部，迫使张郃只带了十余人仓皇逃回汉中，巴土得以守住。

张飞被害

刘备当汉中王时，张飞为右将军，假节，兼任巴西太守，驻于阆中。章武元年（221）四月，刘备称帝，张飞升为车骑将军，兼司隶校尉，封爵西乡侯。五月，刘备准备伐吴，令张飞率军一万人，自阆中进发去江州（今重庆市）跟刘备会合。六月，就在准备出发时，张飞帐下部将张达、范强将张飞杀害，取其首级投奔东吴。

张飞被害，某种角度看也是他自身缺陷所致。当时有人曾分析关羽与张飞的区别，关羽善待部下兵卒而骄于士大夫，张飞敬重士大夫但不体恤部下。为此，刘备曾多次告诫张飞："你掌握刑杀有失允当，又鞭挞部下健儿过于频繁，却又安排在自己身边，这是取祸之道。"张飞习性所致，并不改正。刘备了解张飞习性，所以，当张飞营中都督上表报告军情时，刘备已有预感说道："唉！张飞死了。"

张飞死后，被谥为桓侯。他的墓地在今四川阆中县城西张桓侯庙之后，墓冢为椭圆形，高8米，南北长32米，东西宽22米，墓前有"汉张桓侯神道碑"。

悲剧人物马超

活着八面风，临终辛酸语。

马超，字孟起，扶风茂陵（今陕西兴平县）人。少年时就很了得，后来成为蜀国名将。

名将后代自有勇悍的家风

他的父亲马腾的家族在当时西部地区颇有势力。东汉灵帝末年，马腾、韩遂等举兵起事，初平三年（192）率兵马进长安（今西安），马腾受封为征西将军。后因与韩遂不和，马腾被改任为卫尉。马腾年老，由儿子马超统领兵马。

马氏家族本是汉代名将马援的后代。马超继承家风，颇为勇悍。征伐李傕、郭汜时，马超因功而升为偏将军，封都亭侯，当时年仅十七岁。他统领兵马留在长安，其弟马休为奉车都尉，马铁为骑都尉，带领全家二百多人徙往邺城（今河北临漳县）。

曹操和马超结怨日深。有一次，兵临潼关，马超和曹操彼此骑单马在阵前对话，马超凭着身高力大的优势，本想突然上前捉住曹操的，要不是许褚的护卫，曹操准会倒霉。不久，马超率兵十万占据凉州一带，自称征西将军，领并州牧，督凉州军事。曹操痛恨马超，曾经说过："'马儿'不死，我就会没有葬身之地。"马儿，就是指马超。终于，曹操趁马超率军远离家族居地的时候，将在邺城的马家二百多人全部杀害。

寄人篱下难免会有伤感

后来，马超在军事上失利，进退狼狈，就投奔汉中，打算依托张鲁的军事实力，再作从长计议。张鲁并不能和马超合作，马超很不得志。他曾几次向张鲁借兵，想要夺取凉州，都无济于事。后因张鲁的部将杨白等人想要害马超，马超就在建安十九年（214）归附到刘备的麾下。

刘备这时正带兵围攻成都的刘璋，得知马超来降，当即拨出兵马让马超率领攻到成都城下。刘璋闻知，吓得

解州关帝庙石坊（局部）

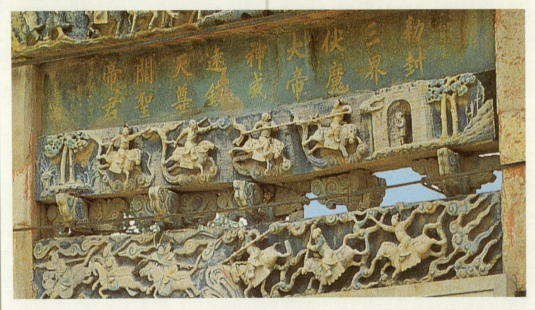

三国西晋

清末年画《倒反西凉》

曹操见刘备势力日渐强大，多次想兴兵攻打刘备，又怕西凉马腾来攻，腹背受敌，于是传诏骗马腾进都，准备暗中除掉他。马腾引军到许昌城外驻扎，也欲伺机杀掉曹操。曹操派黄奎骗马腾入许都见皇帝，以便下手。黄奎恨曹操，将曹操的阴谋告诉了马腾，让马腾在曹操出城点军时杀掉曹操，不料事泄，曹操假装点军，暗伏兵马，将马腾抓住斩首。马腾之子马超闻讯，起兵为父报仇，连破长安、潼关，大败曹军，曹操割须弃袍，方得逃脱。

失魂落魄，只好投降。马超以出身与门第，更以勇悍与战功，被刘备封为平西将军。马超督辖的地域虽在临沮（今湖北襄樊市南），实际上，他却长期住在蜀国成都。

章武元年（221）刘备称帝，马超升迁为骠骑将军，领凉州牧，进封斄乡侯。可他号称凉州地方最高长官，是挂空衔的，没有实际兵权。这恐怕和他并非刘备嫡系的背景有关。

马超的家族是当时西凉一带的名门大族，因为战乱频繁，他的全家被杀害殆尽；在投降刘备之后，虽说是临阵勇猛，威名不减，但马超总是难免产生寄人篱下的伤感。为此，他的心情是十分孤独和凄苦的。刘备称帝的第二年（222），马超在阳平关病逝，年仅四十七岁。

马超在临终时，曾经向刘备上疏说："我全家当年有二百余口，几乎全遭曹操杀害，只有堂弟马岱，继承祖宗血脉，现在我把他托付陛下，深表心意。别的就没有更多的话要说了。"这最后的一番辛酸语，结束了马超具有悲剧性的一生。

马超死后，刘备追谥他为威侯。后来，威侯的爵位由马超的儿子马承接替。马超的堂弟马岱升迁为平北将军，进爵陈仓侯。

话说中国

〇六三

老将黄忠

"胆气惊河北，威名镇蜀中。"定军山战役建首功。

宝刀不老，人老心不老，民间往往以一位老将作比喻，他就是三国蜀汉的黄忠。

刚毅勇敢的老将

黄忠，字汉升，南阳（今属河南）人。南阳归属荆州，黄忠早年投到荆州牧刘表手下，官拜中郎将，与刘表的侄子刘磐一起镇守长沙郡的攸县。刘表死后，其子刘琮投降曹操，黄忠被调到长沙太守韩玄的手下担任一名裨将军。赤壁之战以后，刘备南征武陵、长沙、桂阳、零陵四郡，韩玄开城投降，黄忠由此归到刘备的麾下。

清末年画《定军山》

曹将张郃在连吃败仗的情况下，曹洪又给他五千人马叫他攻打葭萌关。诸葛亮使出激将法，激出老将黄忠带另一老将严颜出战，杀退张郃。黄忠、严颜到了葭萌关，先用计打败张郃，又用智夺取了曹操的屯粮重地天荡山，而后又攻下定军山，果然大获全胜而归。

葭萌关位于魏、蜀双方军事边境要地，曹操进攻益州时，葭萌关告急，刘备派黄忠带兵前往救援。黄忠攻击曹军屯粮重地，使葭萌关危急得以解除。由此，黄忠开始得到刘备的信任。

后来，在攻打刘璋，平定西川时，黄忠率部冲锋陷阵，敢打敢拼，并且身先士卒，登城夺池，不避兵锋。老将黄忠，非常勇敢果毅，因而在刘备的三军中一度称冠。刘备攻取益州之后，拜黄忠为讨虏将军。

定军山一战威名大振

建安二十四年（219），刘备率军北上，与曹操争夺汉中平原（今陕西汉中地区）。魏蜀双方在今陕西勉县南十里的定军山会战，曹军精兵由夏侯渊率领，气势汹汹，直扑山地。定军山东西共有十二峰，绵亘十余里，主峰海拔为八百余米。峰顶有周长约3里的开阔洼地，据称可以

三国西晋

屯兵万人。黄忠听从刘备的调遣，挺锋锐进，劝勉士卒，金鼓振天，欢声动谷，刚一交战，就将敌方主帅夏侯渊斩于马下，曹军大败。黄忠在定军山一战，名声大振。

定军山战役是十分关键的一仗。可以说，这是刘备夺取汉中，建立蜀汉政权的西进序曲。黄忠因获首功，升迁为征西将军。近世有京剧《定军山》很出名，就是说的黄忠勇毅过人的故事。后人有诗为证："老将说黄忠，收川立大功。身披金铠甲，手挽铁胎弓。胆气惊河北，威名镇蜀中。"顺便一提，诸葛亮北伐时，后来也曾驻兵定军山下，还在山下推演兵法，作八阵图。诸葛亮临死时，留下遗嘱要葬在定军山。所以，定军山成为著名的三国胜迹。

紧接着，刘备做了汉中王。这时，刘备封黄忠为后将军，同关羽、张飞、马超、赵云并列武将中最高一级。为这封号，诸葛亮曾对刘备反映"黄忠的名望平日里一直比不过关羽、马超他们，现今要将他同列高位，马超、张飞近在你身边，亲眼见到黄忠勇毅有功，还容易理解；而关羽在荆州，遥闻此事，恐怕会不高兴吧？"刘备回答道："我自有从中调解的办法。"接着，刘备让费诗去对关羽作了劝言，关羽也就接受了。这事也说明刘备对黄忠的相信与重用。

关羽为前将军，黄忠为后将军。黄忠不仅获得了刘备军中的最高军衔，还得到了关内侯的爵位。可惜，毕竟岁月不饶人，黄忠在第二年就告别人世。还令人可惜的是，黄忠的儿子黄叙，在这以前早些年就已死了，黄忠的家传就此断了血脉。

黄忠死后，刘备追谥他为刚侯。黄忠墓在今成都金牛区营门口乡。据传清代道光年间有个县令刘源在该乡购置田地，曾发现墓砖和墓碑，碑文为"黄刚侯讳汉升之墓"。于是，刘源出面重建黄忠墓，修黄忠祠，供人祭拜。

青瓷马圈

1996年在安徽省马鞍山市雨山区朱然家族墓出土，通长24.4厘米，高15厘米，宽18厘米，长方形，灰白胎，是东吴时期陪葬用的明器。顶有瓦楞，正面一门二窗，侧面各有三扇窗，后有四扇窗，内置二马，青黄色釉剥落，釉不及底，造型活泼生动，憨态可掬。

〇六四

劝服关羽

黄忠为蜀军上将，有人不服，费诗让矛盾得以化解。

立功受封引来的问题

老将黄忠归到刘备麾下才不久，在定军山大破曹兵，立功后位列上将。诸葛亮担心关羽会不服气，刘备却说自有办法说服关羽。

其实，诸葛亮的担心并不是多余的。他深知关羽向来自负，由于同刘备关系特殊，自视甚高。原先，刘备攻取益州，让关羽负责荆州军事重任。关羽听说马超归降刘备，曾经写信给诸葛亮，问起马超人才可与谁相比。诸葛亮回信答道："孟起（马超字）兼资文武，雄烈过人，可称一世豪杰，类似西汉的名将黥布、彭越，而跟当今人物相比，则可以同张飞并驾齐驱，却还不及你美髯公的绝伦逸群。"关羽得信后，当然很高兴。他将此信遍示宾客，十分自得。

定军山一役后，刘备封黄忠为后将军，封关羽为前将军。诸葛亮恐怕关羽不服气，刘备却胸有成竹，认为可以劝解关羽。刘备派谁去荆州劝说关羽呢？此人就是费诗。

三国吴青瓷蛙形盉

高59厘米，腹径23厘米，1955年于江苏省南京市赵土冈吴墓出土。此盉上下收缩，中间放开，一只青蛙只现头与四肢，身子与盉合为一体。就像卧在水中一样，造型大胆，艺术性很高，但手法洗练，并不在精工上下功夫，当出自高人之手。

不卑不亢说服关羽

费诗，字公举，犍为郡南安人。南安即今四川乐山。刘备攻打绵竹时，费诗率先举城归降。攻取成都后，刘备担任益州最高军事长官，费诗就做督军从事。后来，他还当过牂牁太守，又回成都，在刘备帐前担任前部司马。费诗这次作为专使前往荆州，心中十分明白关羽的脾气可不是容易对付的。

果然如此，费诗一到荆州城中，关羽就怒气冲冲地嚷道："大丈夫怎么能跟老兵（指黄忠）并列呢！"关羽不肯接受前将军封号，认为黄忠不配封为后将军。费诗并不为关羽的傲气所挫，他可是深思熟虑，早就想好了应对关羽的话。只见费诗从容不迫地劝慰关羽，说道："要成大器、立王业的人，使用的人不可能只是一种类型。远说西汉当年，高祖刘邦同萧何、曹参是从小亲密无间的关系，后来，韩信投奔刘邦麾下，封位列班，名头最高，萧何、曹参却并不以此为怨。如今，我主称汉中王，以一时之功，加黄忠封号，我认为在我主心中，实际上占居的地位，谁重谁轻，那是不言而喻的。我主与君侯你同休戚，共祸福，就好比是人同一体，不会有丝毫改变。"听到这里，关羽已经开始被费诗的话有点说动了。

三国西晋

费诗趁热打铁，紧接着说道："以我的愚见，君侯你不宜介意于官号的高低和爵禄的多少。我只是听命奉使而已，你如果不接受的话，那我回去就是了。只不过未免替你感到可惜，事过之后，恐怕你会后悔的！"费诗这一番不卑不亢的话语，说得关

明·倪端"聘庞图轴"

倪端，明代人，擅长山水人物，师承宋代院体画法。此图内容取自后汉荆州刺史刘表聘请庞德公（庞统）的故事，此局部为刘表侍从院外恭候的情景，人物神态生动，人马顾盼，画面起伏有章法。

羽大为感悟，当即受封拜谢。费诗终于很好地完成了这次使命。

中国大事记

蜀、魏第六次战争起。诸葛亮屯兵五丈原，魏司马懿等拒之。夏，亮卒于军中。蜀以蒋琬为尚书令，总统国事。

〇六五

白帝城托孤

君臣以肝胆相照，刘备有临终遗嘱。

章武元年 (221) 七月，刘备率大军伐吴。陆逊作为东吴大都督，领兵抗击。第二年六月，陆逊火攻蜀军，树栅连营七百里的蜀军全面崩溃。刘备惨败，逃回鱼复（当年改名永安，即今重庆奉节东白帝）。不久，刘备患痢疾，临终时，别的病也一起复发。

白帝城托孤

刘备伐吴失败，忧愤交加，病倒于奉节永安宫。他自知不久于人世，遂遣使接诸葛亮前来听受遗命。临终之际，刘备招亮至永安宫，托咐身后大事，要亮辅佐嗣子，如其不才，亮可自为成都之主；又吩咐三子皆以父事丞相，不可怠慢，并命刘永、刘理二子同拜亮。随即召集群臣，宣布托孤之事，留下遗诏，要嗣子刘禅事诸葛亮如父。亮涕泣受命，备乃瞑目。从此，亮辅佐后主，全面治理蜀汉。此图出于清末石印本《三国演义》插图。

托孤的话说得明白透彻

章武三年 (223) 二月，蜀相诸葛亮从成都急忙赶到永安。三月，刘备病势转危，召丞相诸葛亮、尚书令李严托孤，要他们辅佐刘禅。刘备对诸葛亮说道："君才十倍于曹丕，必能安国，终定大事。嗣子如可辅助，就辅助他；如其不才，君可自取。"刘备出身低微，起事后，面对艰难时局，屡经挫折，不屈不挠，请出诸葛亮后，才如鱼得水，局面为之改观。刘备这时临近生命终点，所说的话确是明白透彻的。

汉昭烈皇帝之陵

三国西晋

《三国志·蜀书·先主传》
《三国志·蜀书·后主传》
《三国志·蜀书·诸葛亮传》
《资治通鉴·魏文帝黄初四年》

刘备　诸葛亮　刘禅

德政

人物　关键词　故事来源

诸葛亮听了这话，忙哭泣说道："臣必当尽心竭力相辅，忠贞效节，死而后已！"于是，刘备又立遗嘱告诉儿子刘禅："朕初患痢疾，后转杂他病，殆不自济。人五十不称夭，朕年已六十有余，何所复恨！不复自伤，但以汝兄弟为念。听说丞相夸汝智量大有进步，过于所望，果真如此，吾复何忧！"他还要求儿子"勿以恶小而为之，勿以善小而不为"，"唯贤唯德，能服于人"。并关照可读《汉书》《礼记》，闲暇时阅览诸子及《六韬》《商君书》等书以求长进。

刘备病逝在永乐宫

刘备临终时，仍一再强调，要刘禅与丞相共事，"事之如父"。刘备六十三岁去世，谥曰昭烈。史称先主。

这年五月，刘禅即位，时年十七岁。改元建兴。诸葛亮受封武乡侯，建立丞相府处理日常事务，又兼益州牧。当时蜀国上下的军政财方面，事无大小，都由诸葛亮决定。与诸葛亮同时受刘备托孤辅佐刘禅的李严（字正方），此时为中都护，统内外军事，留镇永安。李严封都乡侯，假节，加光禄勋。后来，李严与诸葛亮发生矛盾，被废为庶人，这是后话且不提。

白帝托孤的定格

白帝城位于长江北岸，距奉节城东约15华里，由于位置重要，地势险峻，古往今来，是兵家必争之地。明良殿为明嘉靖十二年(1533)所建，是庙的主要建筑，里面有刘备、关羽、张飞塑像，以纪念刘备托孤之事。白帝城内另建武侯祠纪念诸葛亮。

刘备在四月病逝于永乐宫，五月尸体运还成都。八月葬于南郊的惠陵。永乐宫遗址在今重庆奉节县城师范学校内，唐代杜甫有诗："翠华想象空山里，玉殿虚无野寺中。"可见唐代时候永乐宫已毁。今永乐宫殿台基依稀可辨，尚存有残碑仅见"宫遗址"三字。还曾经在此出土虎头麟身石兽，风格古朴，是蜀汉时期永乐宫的遗物。

〔历史文化百科〕

〔**丧葬的礼俗**〕

由于民族大融合，魏晋南北朝时期的葬法有多种，除了传统的土葬外还有：

树葬，又称"风葬"、"挂葬"，把尸体悬置在树上，流行于林木茂盛的少数族地区。

水葬，把尸体投入水中的葬法。

悬棺葬，把棺材悬在峭壁或岩壁洞穴的葬法，流行于古代越人居住的南方地区。

潜埋虚葬，主要流行于十六国北朝时期的上层统治者中，将尸体潜埋别处的同时大张旗鼓地虚葬于明处，使人无从查知真墓的所在。

招魂葬，在墓中不放尸体的葬法。

〔历史文化百科〕

〔**现存唯一的三国帝陵——惠陵**〕

刘备的墓葬之处称为惠陵，是三国时期唯一保存着的帝陵。甘夫人、吴夫人先后合葬于此。墓冢高12米，周长180米，有环形围墙。墓前有照壁，嵌有石碑，碑刻为"汉昭烈皇帝之陵"。

〇六六

七擒孟获

攻心为上，诸葛亮平定南中。

马谡建议攻心为上

七擒孟获，攻心为上。这是诸葛亮平定南中（今云南、贵州和四川南部）地区的重大事件和重要业绩。攻心为上的意见，建议者并非别人，乃是后来因为失街亭而被斩杀的马谡。

益州郡原属刘备管辖范围，当地豪族首领雍闿在孙权的交州刺史士燮的劝诱下，叛蜀降吴。刘备死后，雍闿杀益州太守正昂，孙权任命雍闿为永昌郡太守。雍闿煽动夷人部帅孟获率诸部落叛蜀。

诸葛亮出于当时实际考虑，蜀国遭大丧，先要内部安定，所以对南中采取安抚办法，同时闭关安民，兴农增粮。经过两年准备，到了蜀建兴三年（225）三月，诸葛亮率军进兵南中。参军马谡送行数十里，临别时，诸葛亮问马谡："有何主意助我南征？"马谡原本有所考虑，这下便从容答道："南中各部恃山险路远，不服已久。丞相意欲倾国伐魏，南中部帅知我内部空虚，其叛更速。对之尽行剿灭，并非仁者所为，且一时亦难如愿。因此，用兵之道以攻心为上，愿丞相服其心。"诸葛亮对这意见深表赞同。这也成了后来南中战略中的指导思想。

七擒七纵，抚定南中各部

诸葛亮大军在五月渡泸水（指长江支流雅砻江的下游和金沙江与雅砻江汇合后的一段），七月到南中。这时，雍闿已被当地部族首领高定所杀。诸葛亮命李恢自益州郡进军，马忠自牂牁郡进军，自己率军自越巂郡进军，擒斩高定。

清代年画《七擒孟获》
刘备死后，诸葛亮辅佐后主刘禅治理国家。当时，南方部落的首领孟获作乱，诸葛亮便亲自率兵南下，设计将孟获七擒七纵，终于将其收服，平定了南方的部落。

世界大事记

迪奥·卡西乌斯（约150—235），历史学家。著有《罗马纪》。

诸葛亮 孟获 马谡

谋略 宽容 和亲

七擒七纵

《三国志·蜀书·诸葛亮传》注引《汉晋春秋》

人物 典故 关键词 故事来源

俨然如生的诸葛塑像

南阳武侯祠，是三国时期著名的政治家、军事家诸葛亮当年曾经居住、躬耕的地方。全国目前保存有九处武侯祠，南阳武侯祠仅次于成都的武侯祠，位居第二，位于南阳市区的卧龙岗上。殿内塑的诸葛孔明像，纶巾羽扇，神态飘逸，俨然如生。

孟获率雍闿余部抗拒蜀军，首战失败。诸葛亮擒获孟获后，让他观看自己军营，问道："我军如何？"孟获答道："因不知虚实，所以会失败。如今看过各营，定能战而获胜。"诸葛亮就释放孟获，让他率兵再战。如此再战再擒，再捉再放，前后共有七次。第七次释放孟获时，

> 历史文化百科

〔诸葛亮以馒头替人头〕

建兴三年（225）诸葛亮率军分三路征讨南中地区，俘虏其首领孟获。之后，诸葛亮改革当地人用人头进行祭祀的陋俗，改用包着猪肉、牛肉的面团来祭祀。这种食物就被后人称作"馒头"。

孟获口服心服地说："诸葛公真乃天威，南人不再叛反啦！"平定南中后，诸葛亮都任用当地部帅担当郡府长吏，这样可以不留兵，不运粮，同时也有利于地方安定。

攻心为上，取得了成功。直到诸葛亮去世，南中地区没有发生过叛乱。这样，蜀军北伐曹魏时，不但免除了后顾之忧，还从南中地区得到了人力和物力的支援。

《三国志》残卷

虽然东汉至魏晋，人们认为以纸写书为不敬；但纸张价廉物美，自然到处传播。所以魏晋以后，纸的使用便逐渐取代了竹简，新疆鄯善县就曾出土一份晋人写本《三国志》残卷，后被英国人盗往国外。在吐鲁番一座佛塔遗址中，又发现一份晋人写本《三国志》残卷，内容是《孙权传》，存40行，五百多字。这两份抄本正是在西晋陈寿《三国志》成书不久抄写的，时间在3至4世纪。

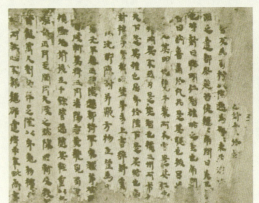

> 历史文化百科

〔七擒孟获处〕

今在云南大理市下关西，有一个天然石梁，连接西洱河北岸的巷山与南岸的哀牢山，人称天生桥。相传是诸葛亮当年七擒孟获处。桥旁立石碑额有："汉诸葛武侯七擒孟获处"。另外，今云南嵩明县城南有个古盟台，据记载是诸葛亮南征到此时，与当地少数民族歃盟而筑。明代嘉靖时建有诸葛武侯祠，万历时又立"古盟台"石碑。清初重修过，但后来祠、碑又废。现存古盟台范围约150平方米，高2.5米。1979年重新树立石碑，碑额刻双凤，两侧刻石狮一对。碑正中题"古盟台"三字，碑侧题"诸葛武侯七擒七纵孟获与诸蛮会盟于此"。

〇六七

殒命五丈原

杜甫感叹诸葛亮"出师未捷身先死，长使英雄泪满襟"。

诸葛亮最后一次领兵伐魏

蜀建兴九年 (231)，诸葛亮率领大军再次出祁山，以自己创制的木制人力运输车，也就是所谓木牛流马，解决军粮运输问题。后因粮尽而退军，司马懿命令张郃去追杀，张郃说："兵法上讲，围城必须留开出路，归军勿追。"对此，司马懿却不加理会，张郃只得领兵去追，终于被蜀军伏兵射杀。过了三年，诸葛亮最后一次伐魏，一改以往由祁山出

魏国重臣司马懿

司马懿 (179-251)，字仲达。魏国大臣，为曹氏四代效力。出身士族，自少聪明通达，博学多才。曹操闻懿之才，征召之为主簿。文帝即位后，为帝所信重，文帝死，司马懿与曹真等受命辅助明帝曹叡。与张郃等在街亭大破蜀军，破坏了诸葛亮第一次北伐的成果，随后诸葛亮多次北伐，司马懿针对蜀军粮草不继的情况，采取坚守的策略，使诸葛亮无功而病死五丈原。

兵的路线，率军出褒斜栈道，仍以木牛流马运输军粮，直入秦川，在武功五丈原，与司马懿对阵于渭南。

五丈原在今陕西省岐山县城南四十里处，是一狭长高地，东西宽约二里，南北长约有十里，北据渭水，三面悬崖，一面靠山，地势险要。蜀军自建兴十二年 (234) 开春以来，与魏军对峙于渭水南北，几个月后，诸葛亮为了解决军粮不足的问题，抽调士卒实行军屯。军屯的地方就在五丈原下的石头河西岸。如今这块地方称为"诸葛田"。

司马懿在渭水以北驻军，却坚守不战。魏明帝曹叡为了不让司马懿轻易出战，还派辛毗作为大将军军师，持节以制约魏军。诸葛亮几次亲自挑战，魏军都不应战。姜维对诸葛亮说："辛毗仗节而到前线，看来敌兵是不会出战了。"诸葛亮说："将在外，君命有所不受。司马懿真要是愿意战的话，早就应战了。他原先上表请战，只是向部属做做样子罢了。"不出所料，司马懿确实是在等待时机。

五丈原巨星陨落

蜀军远离本土，粮食运输困难，八个月下来已经难以为继了。再说诸葛亮本人连年领兵征战，积

＞历史文化百科＜

〔五丈原的诸葛庙〕

现在五丈原上建有诸葛庙。庙有大门、献殿、正殿三重建筑，另有钟鼓楼、八卦亭等。大门悬匾额，题书"汉室孤忠"。献殿有三国故事壁画。正殿供奉身穿八卦衣的诸葛亮泥塑彩绘像，部将杨仪、姜维侍立两侧。此庙始建于元代，明清时屡加修葺。庙后有禳星台，相传为诸葛亮禳星祈命之处。

三国西晋

劳成疾，身体状况越来越差。当蜀军使者来到魏营时，司马懿就有意不问军戎方面的事，而只问诸葛亮饮食起居及处事烦简情况，使者回答说："诸葛丞相早起晚睡，管得很仔细，处罚二十人以上的事，他都必须加以亲阅检点。因此，每天的饭量不到数升。"司马懿闻知后说："看来诸葛亮将要不久于人世了。"建兴十二年（234）八月，蜀军粮尽势穷，诸葛亮忧郁万分，病情愈加严重，最后因劳瘁，吐血而亡。时年五十四岁。

清末年画《葫芦峪》

诸葛亮六出祁山，与司马懿对营渭河。司马懿守营不出，诸葛亮乃于葫芦峪预设干柴，令高翔驾驶木牛流马佯运军粮，在山路上往来行走，以诱司马懿出战。司马懿父子果然中计，亲自率兵欲劫粮草。诸葛亮又派魏延且战且退，将魏军引入葫芦峪中。随后魏延火攻，魏军受困难逃。此时忽降大雨，浇灭大火，司马懿方得逃生。

史书记载，诸葛亮临死前，五丈原上空自东北向西南，有赤色的带芒角的流星飞过，投向诸葛亮营帐，三次投去，二次回出，投去时流星体大，回出时变小，诸葛亮旋即逝世。显然，这记载是为了应验巨星陨落而写的。相传五丈原还有落星湾、落星镇，也是因此得名。

中国大事记 吴铸大钱，一当五百。

〇六八

诸葛家的荣耀

诸葛亮兄弟几个，分别在魏蜀吴三国担任显职。

三国纷争，诸葛瑾、诸葛亮、诸葛诞、诸葛均等兄弟几人，分别在魏蜀吴各方任职为官，当时就有这样的话："一门三方为冠盖，天下荣之。"

诸葛亮和兄长诸葛瑾

最有名的当然是诸葛亮。亮字孔明，琅邪阳都即今山东沂南县人，父母早丧，随叔父诸葛玄到豫章太守任，后同往依荆州牧刘表。叔父玄死后，孔明隐居隆中（今湖北襄樊襄阳西），常自比管仲、乐毅，时人称为"卧龙"。建安十二年(207)应刘备之请，出山后施展雄才大略，刘备视为辅政奇才，官至丞相录尚书事。后受托辅佐后主刘禅，封武乡侯，主持军国

大事。他一生立志收复中原，并为此鞠躬尽瘁，死而后已。他生于公元181年，死于234年，享年五十四岁。

诸葛亮的哥哥诸葛瑾比他大七岁。瑾字子瑜，年轻时到京师洛阳去游学，对《毛诗》《尚书》《春秋左传》有研究。母亲死后，他居丧至孝，对继母恭谨有礼，为人称道。他避乱江东，孙权姐夫弘咨将他推荐给孙权。他德行纯笃，妻死不改娶，有所爱之妾，生了儿子，也不举为正室。有一次，刘备和诸葛亮到吴国，孙权曾问诸葛瑾："孔明是你的同胞兄弟，弟应随兄，为何不劝他留在吴国为我所用呢？"瑾坦然回答道："亮弟已失身于人，委质定分，义无二心。弟之不留，犹瑾之不往也。"

曹魏大将军诸葛诞

诸葛诞，字公休，魏国征东大将军。诸葛诞是蜀汉丞相诸葛亮的族弟。司马师逼宫废除了曹芳后，又在扬州击败了毌丘俭、文钦，然后就留诸葛诞镇守扬州。然后司马师病逝，司马昭继位成为大将军。256年，诸葛诞在扬州起兵，反对司马昭，司马昭立即挟天子同行，杀向了扬州。与此同时，东吴丞相孙綝响应了诸葛诞，派降将文钦、文鸯父子带兵至扬州帮助诸葛诞。但诸葛诞却和文钦发生了军事冲突，最终文钦被杀，而文鸯、文虎兄弟则投降了司马昭。钟会围城数月，终于攻破了城池。最终诸葛诞被司马昭诛灭三族。此图出于清末石印本《三国演义》插图。

> **〉历史文化百科〈**
>
> **〔头上饰物〕**
>
> 魏晋南北朝时期，妇女的头上饰物有多种样式。主要有：
>
> 步摇：一种缀有垂珠的金玉首饰，插在发髻上，走路时随步态而摇晃。
>
> 花钿：用金、银、珠玉制成的花朵形首饰。
>
> 珥、珰：珥是从头发一直垂到耳际的链形首饰，珰就是耳环。
>
> 簪、钗：是用来固定头发的首饰。

三国西晋

成都武侯祠（上图及右图）

坐落于四川成都老南门外的武侯大街，建于西晋末年十六国时期，皇帝李雄为纪念诸葛亮而建于少城。唐朝以前迁往成都南郊，与祭祀刘备的汉昭烈庙为邻。明朝初年重建时将武侯祠搬进汉昭烈庙内，以前后两大殿分祀刘备与诸葛亮，形成了君臣合庙的特有格局。祠中供奉诸葛亮及其子孙诸葛瞻、诸葛尚的彩色塑像，殿内的碑刻、雕塑，都具有很高的艺术价值。

　　孙权对诸葛瑾始终信而不疑。别人曾有流言中伤诸葛瑾，孙权就说："我与子瑜有生死不易之誓，子瑜不会负我，就像我不会负他一样。"孙权派诸葛瑾出使蜀汉，他公事公办，除了和亮弟在官方场合相见，不再在另外场合私谈。当然，双方书信常来常往，瑾还同意将儿子乔过房给亮弟当儿子。东吴攻荆州战关羽时，诸葛瑾同样参战，后封宣城侯，领南郡太守。黄武元年（222）升迁左将军，督公安，封宛陵侯。孙权称帝（229）时，拜诸葛瑾为大将军、左都护，领豫州牧。赤乌四年（241）他逝世，享年六十八岁。他比诸葛亮早生七年，晚死七年。

诸葛亮的族弟诸葛诞，亲弟诸葛均

　　说了蜀、吴，再说魏。诸葛诞是诸葛亮的族弟，是诸葛丰的后代。诸葛诞，字公休，很早就仕于魏国，以尚书郎任为荥阳县令，再调入为吏部郎。正始初年（240）升为御史中丞、尚书，不久，担任扬州刺史，封山阳亭侯。后又进封高平侯，转为主持扬州对吴军事的征东大将军。

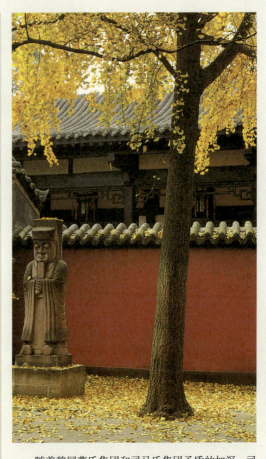

　　随着魏国曹氏集团和司马氏集团矛盾的加深，司马氏家族篡曹自代的野心日益暴露，诸葛诞身为封疆大吏，自然容易产生割据称雄的念头。司马昭对他有了怀疑，就在甘露二年（257）五月，下令调任他为司空，名为升职，实际是剥夺他的兵权。在这种情况下，诸葛诞杀了扬州刺史乐綝，集合所部四五万人马，宣布造反。后来在司马昭二十六万大军的讨伐下，甘露三年（258）二月，诸葛诞终于兵败被杀。诸葛诞在魏国是个重要角色。

　　在魏国做官的诸葛均，是诸葛亮的亲弟。此人曾任长水校尉。别的情况，由于史料缺乏，就不得而知了。

指魏晋间嵇康、阮籍、山涛、向秀、阮咸、王戎、刘伶等七位文学家。　153

话说中国

中国大事记　魏陈群卒。

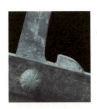

〇六九

魂壮绵竹

诸葛瞻、诸葛尚为国赴难，名垂千古。

诸葛亮的儿子是怎样的人？

诸葛亮的儿子诸葛瞻为蜀国临难赴义，在以鞠躬尽瘁、忠孝节义闻名的诸葛家族中，成为又一个亮点。

诸葛瞻，字思远，琅邪郡阳都（今山东沂南县南）人。他生于蜀汉后主建兴五年(227)，小时候就聪明，擅长书画。建兴十二年(234)，诸葛亮领兵北伐，出武功（今陕西扶风东南）时，曾经致信其兄诸葛瑾说："瞻儿现已八岁，聪慧可爱，嫌其早成，恐怕难以成为大器。"从中不难看出父亲对儿子的期望。

诸葛瞻十七岁时，娶蜀国公主即刘禅的女儿为妻，担任骑都尉。第二年，延熙七年(244)为羽林中郎将，屡有升迁，做过射声校尉、侍中、尚书仆射，加军师将军。

由于诸葛瞻聪明有才，加上蜀国上下都尊敬追思诸葛丞相，所以在朝廷中每逢有善政佳事，虽然并不是诸葛瞻所倡议的，但老百姓都会传言说成是他的作为。这对于诸葛瞻来说，真是赞美溢誉，言过其实的。

景耀四年(261)，诸葛瞻任行都护卫将军，与辅国大将军南乡侯董厥并列为平尚书事。景耀六年(263)冬，魏国征西将军邓艾领兵大举攻蜀。邓艾自阴平经由景谷道从侧面攻蜀，诸葛瞻督率蜀汉诸军抗拒邓艾大军。当蜀军来到涪县（今四川绵阳东）时，诸葛瞻盘桓未进。这时，随军的蜀国尚书郎黄崇，即儒将黄权的儿子，向卫将军诸葛瞻几次提出劝告，要他考虑迅速进军，占住险要，不能让魏国邓艾大军进入平阔之地。可是，诸葛瞻犹豫不决，没有采纳黄崇的建议。黄崇为这事伤心流泪，后来也一起战死在疆场。再说诸葛瞻在涪县停住，未能掌握主动。后来，前锋部队被邓艾攻破，败退到绵竹即今四川德阳市。

临难赴义为国殉职

这时候，魏、蜀双方在绵竹列阵，摆开架势要进行最后决战。邓艾先是派人送信劝诸葛瞻投降，

孔明观星亭

白帝城纪念诸葛亮的武侯祠内有一座孔明观星亭，传说是诸葛亮夜观天象之处。

历史文化百科

〔诸葛瞻父子墓〕

诸葛瞻父子当年战死的地方在绵竹即今四川德阳市北郊黄许镇，但是他们的墓地在今四川绵竹县城关西门外双忠祠内，那是后人所建纪念性的衣冠墓。经历代修葺，现存的墓地建于清康熙六十年(1721)。墓的封土高3米，周长28米，四周围以石栏，上刻琴剑书画等图案，墓顶有石幢，墓前石碑高5米，碑文书"汉行都护卫将军平尚书事诸葛瞻子尚之墓"。双忠祠原建筑规模宏大，有山门、过厅、正厅、启贤殿等。前殿祀刘关张，后殿供奉诸葛亮祖孙三代。现祠已毁，近年恢复清道光七年(1827)重修的拜殿，歇山顶，高8米，宽9米，殿内有新塑的"魂壮绵竹"雕塑群像。

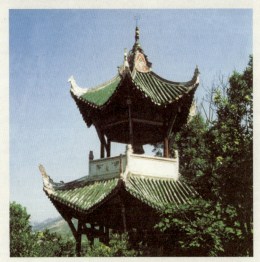

《三国志·蜀书·诸葛瞻传》
《三国志·蜀书·诸葛瞻传》
《三国志·魏书·邓艾传》
《三国志·蜀书·邓芝传》

诸葛瞻　诸葛尚　壮志

人物　关键词　故事来源

诸葛瞻魂断绵竹

诸葛瞻(227-263)，字思远，诸葛亮的儿子，史传工于绘画。十七岁时，被后主刘禅招为驸马，历任骑都尉、侍中、尚书仆射加军师将军等职。公元261年后，与董厥共同执掌蜀汉军政。公元263年，魏将邓艾入蜀，诸葛瞻率军至涪县迎战，邓艾在阵前写信诱他投降，诸葛瞻怒斩来使。在绵竹与魏军决战时，由于寡不敌众，壮烈战死。此图出于清末石印本《三国演义》插图。

对他说："将军若肯降魏，我一定向魏主表荐你当琅邪王。"诸葛瞻阅信大怒，下令斩杀来使，决心抗敌到底。

经过一番严密的布置，蜀军防线有所加强。魏军邓艾派出两路兵马，一路由其儿子惠唐亭侯邓忠率领，另一路由司马师纂率领，分别从右路和左路进攻蜀军，夹击诸葛瞻所部。但是，邓忠、师纂的部队都战而不

利，只得退回。邓艾闻知后大怒，说："存亡之分，在此一举，决没有攻不破的道理！"主帅盛怒至极，要把邓忠、师纂等将领斩首问罪，邓忠、师纂等人戴罪再战，于是，上下拼命，终将蜀军战败。诸葛瞻和儿子诸葛尚面对败局，决心临难赴义，当时人认为诸葛瞻虽有不足，智不足以扶危，勇不足以拒敌，但他不听劝降，不改变父亲诸葛亮的志向，忠孝节义是做得不错的。年轻的诸葛尚壮烈阵亡，死前曾经叹道："父子荷蒙国家重恩，但朝廷宦官坏事，恨不早斩黄皓，以致今日倾败，我活着又有何用！"相传他们父子决心战死在战场上，曾将双足埋于土中，表示决不后退半步。诸葛瞻阵亡时，年仅三十七岁，儿子当然更年轻。此后，邓艾大军长驱直入，兵临成都，蜀国以投降告终。

武侯宫拜风台

拜风台位于湖北南屏山上，又名"武侯宫"。内殿供有诸葛亮、刘备、关羽、张飞的全身塑像。文物馆内陈列赤壁之战出土文物及在赤壁出土的其他文物二千余件，有刀、枪、剑、戟、镞、戈、带钩及三国东吴铜币"大泉当千"、"大泉五百"、"大泉当百"，并有东汉铜镜和剪轮"五铢钱"，大量东汉至六朝陶器。

〇七〇

孔明的后代

诸葛亮的后裔，信史可靠记载是传到第三代。

天下奇才诸葛亮，病死在武功五丈原，时年五十四岁。他的叱咤风云、鞠躬尽瘁使人扼腕感叹，他的后代情况如何呢？这个问题也是人们很想要了解的。

德才兼备的诸葛乔

先说诸葛乔，原是诸葛亮兄长诸葛瑾的二儿子，字仲慎。诸葛亮早先并没有儿子，因而曾经把这位侄儿作为儿子，改字为伯松。诸葛亮的两位侄儿，大的诸葛元逊，小的诸葛乔，都是德才兼备，有名于时。大的才气足，小的德性高。诸葛乔过继给诸葛亮后，官拜驸马都尉。诸葛亮北伐时，诸葛乔随军到汉中。当时，诸葛亮曾有信给诸葛瑾，说："乔儿本当回成都，今诸将的子弟都得加入传运的行列，我想他也应该跟大家一样，荣辱与共。现在正派他督兵五六百人参加做传运的事。"建兴六年(228)诸葛乔逝世，年仅二十五岁。

诸葛乔的儿子诸葛攀长大后，因为诸葛亮已有儿孙，而在东吴的诸葛瑾子诸葛恪被杀后，子孙绝代，诸葛亮就让诸葛攀还复为诸葛瑾的后代，可以继续兄长一家的香火血脉。

点将台

点将台是诸葛亮当年南征时点将阅兵的地方，在今四川夹江县城西的千佛岩，为一块突兀而起的方石，高约二十米，状如高台。

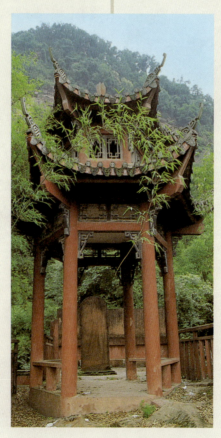

诸葛瞻临难赴义

再说诸葛瞻，字思远，生于建兴五年(227)，也就是诸葛乔逝世的前一年。自幼聪明，擅于书画。十七岁娶蜀国公主为妻，任骑都尉，后升迁为行都护卫将军，平尚书事。景耀六年(263)，魏将邓艾率大军攻蜀，诸葛瞻及其子诸葛尚临难赴义，最后决死在战场。诸葛瞻死时年仅三十七岁。他的智谋勇毅虽然及不上父亲诸葛亮，但他为国赴难，在忠孝节义方面表现得很好。

诸葛亮的孙子

诸葛尚是诸葛亮的孙子，其父诸葛瞻卒年三十七岁，他与父一起阵亡，年纪不过二十左右。这位少年英雄因为死得早，史书上记载简略，连他的字号及职务都没有提到。但后人敬仰蜀国诸葛亮祖孙三代为国尽忠，称颂不已。西晋初年，国人都说："诸葛亮在蜀，尽其心力；其子诸葛瞻及孙诸葛尚，临难赴义，天下之善同样是应当赞美的。"如今在四川成都武侯祠，有诸葛亮祖孙三代这三位英雄人物的塑像。

其实，诸葛亮还有一个小孙儿，名叫诸葛京。他是诸葛瞻的第二个儿子，即诸葛尚的弟弟。诸葛京，字行宗，当他的父兄赴难死义时，他大约不

三国西晋

诸葛乔 诸葛京 正直

《三国志·蜀书·诸葛乔传》《三国志·蜀书·诸葛瞻传》《三国志·蜀书·诸葛亮传》

人物 关键词 故事来源

到二十岁。在魏元帝曹奂的咸熙元年(264)，即他的父兄死后的第二年，因为蜀汉灭亡，诸葛京被从成都转移到河东郡。诸葛攀虽然名分上还复为亲祖父诸葛瑾的后代，但人还在蜀汉，他的儿子诸葛显，就是诸葛乔的孙子，同诸葛京是堂叔侄关系。在这年，诸葛亮后代家族由成都内徙到河东郡时，这对堂叔侄带了家族众人一起内移。

后来，诸葛京因为有才干，担任过署吏，还当过

忠相良臣，相得益彰
三国时著名的政治家和军事家诸葛亮于公元234年秋，因积劳成疾病死于岐山县城南的五丈原，后人为纪念他，便在五丈原北端修建了武侯祠。殿内墙壁上，嵌有宋代名将岳飞书写的前、后《出师表》石碣四十方，忠相与良臣相得益彰。

诸葛亮造木牛流马
"木牛"为古代攻城战中的重要工具，用于掩蔽攻城人员在掘城墙、挖地道的过程中，避免遭到敌人矢石、檑木、火药等伤害。木牛下面装有四个轮子，车上竖立两片木板，上面覆盖一个平顶，车内可容纳十个人。即将攻城时，便将木牛推到城下与墙贴近，使人员在其掩蔽下进行作业。"流马"为一人独立操作的人力车。由于木牛流马流行于后汉巴郡，并多用于战场运输，而诸葛亮对其记载甚详，因此后人怀疑为其所创。此图出于《三国演义版刻图录》。

郿县（今陕西眉县）县令。西晋时，尚书仆射山涛曾在上奏中说："郿令诸葛京，祖父亮，遇汉乱分隔，父子在蜀，虽不达天命，要为尽心所事。诸葛京治郿有绩，臣以为宜以补东宫舍人，从而跟梁州、益州人士对他的评价舆论相一致。"诸葛京后来官至江州刺史。至于其他情况，史料就缺乏记载了。

浑身是胆赵子龙

响 当 当 的 蜀 国 虎 威 将 军 ， 长 坂 坡 单 骑 救 主 ， 名 彪 青 史 。

常山赵子龙在人们心目中历来是名将的典范。刘备同他的关系非常密切，而且很赏识他，称赞他忠诚勇敢，"一身是胆"。

跟随刘备忠心耿耿

赵云，字子龙，常山真定（今河北正定）人。他身高八尺，姿颜雄伟，郡里人公推他率众投奔公孙瓒。不久，刘备也到了公孙瓒那里。刘备对赵云很亲热，赵云有心结交刘备。趁着为兄长奔丧的机会，赵云离开了胸无大志的公孙瓒，到邺城找到了投在袁绍部下的刘备。刘备与赵云同床而卧，密派其外出招募得数百人，称为刘左将军部曲，不让袁绍知道。从此，赵云跟随刘备转战南北，忠诚不渝。

建安十三年(208)曹操取荆州，刘备败于当阳长坂坡，弃妻子南奔时，作为刘备主骑（侍从长官）的赵云单骑奋战，救出刘禅，保护甘夫人逃出重围。因此，赵云升迁为牙门将军。刘备入蜀，赵云留守荆州，为偏将军，代替赵范为桂

赵子龙一身是胆

赵云（?-229）三国时蜀国将领，字子龙，常山真定（今河北正定）人，以勇敢善战著称。初从公孙瓒，后来归顺刘备，为主骑。公元208年，曹操取荆州，刘备败于当阳长坂，弃妻子南逃。赵云身抱刘备幼子刘禅，奋力救出甘夫人，当他负重伤，冲出重围，见到刘备时，刘备把婴儿扔在地上，说："为一孺子，险折我一员大将！"刘备念其功，封为牙门将军。不久，又随刘备夺取成都，平定益州，历任翊军将军、中护军、征南将军，封为博昌亭侯。建兴五年（227），随诸葛亮驻汉中。第二年，随军取关中，分兵拒曹真主力，寡不敌众，退回汉中，一年后病死。他曾以数十骑拒曹操大军，被誉为"一身是胆"。

当阳长坂坡

公元240年

公元 240 年

世界大事记

魏带方太守弓遵遣使梯儁回访邪马台国。是为中国使者赴日之最早记载。

《三国志·蜀书·赵云传》

长坂坡单骑救主

赵云　善良

人物　典故　关键词　故事来源

赵云庙

赵云庙又称将军庙，位于四川大邑县城东银屏山麓，距成都56公里，赵云死后葬于此，后人建祠祭祀。正殿有赵云塑像，附近有当年赵云在此训练士卒的演兵场。

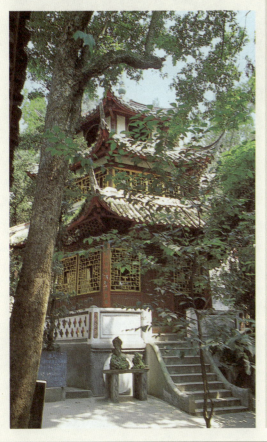

三国青釉鸡石壶（局部）

阳郡太守。赵范有个寡嫂樊氏，又年轻又漂亮，赵范提出将樊氏嫁给赵云，赵云推说跟赵范同姓，樊氏好比就是兄嫂，不宜嫁娶。当时别人劝赵云娶纳樊氏，赵云说道："赵范被迫投降，心不可测；天下女子并不少。"后来，赵范果然逃走，赵云丝毫没受牵连。

刘备娶孙权之妹，她的随从侍卫骄横任纵，十分难管，刘备认为赵云威严庄重，就命他掌管内事。刘备去益州，孙权派遣大批船只来接回妹妹，并想带走刘禅去吴地作人质，赵云发现后，及时地与张飞一起领兵在江上将他们截住，夺回了刘禅。

虎威将军，一身是胆

建安十七年(212)刘备自葭萌关还攻刘璋，召诸葛亮、张飞、赵云等溯江西上，入蜀相助。赵云率军从江州（今重庆）至江阳（今四川泸州），再与诸葛亮会师于成都。打下成都后，赵云被任为翊军将军。赵云对敌作战时奋不顾身，冲锋陷阵，攻敌在前，退守在后，还善于以少胜多，突围取捷，刘备因此对赵云十分赞赏，称道："子龙一身都是胆也。"军中号称赵云为虎威将军。

孙权偷袭荆州，刘备怒欲讨伐东吴，赵云劝谏道："国贼是曹操，不是孙权，而且先灭了魏，则吴自服。

话说中国

> ：三国蜀将赵云。 159

三国西晋

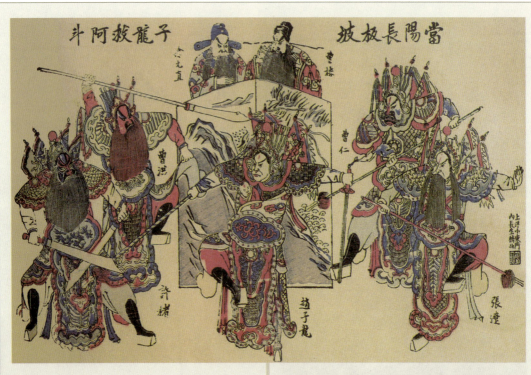

斗阿救龍子　坡板長陽當

清末年画《长坂坡》

诸葛亮火烧新野，大败曹操，曹操引五十万大军前来报仇。刘备的三千人马走到当阳县，突然被曹兵截住，战到天明才摆脱曹兵的追赶，护卫刘备家小的赵云发现不见了刘备，走散了糜夫人母子，急集合三十骑，又杀回乱军中寻找，终于找到糜夫人母子。糜夫人托子阿斗于赵云后，投井身亡。赵云怀揣阿斗，在曹营中力战众将，威武勇猛。正在山上观战的曹操见赵云势不可挡，传令一定要活捉。赵云乘机杀出重围，在当阳桥与张飞会合。

曹丕篡汉，民心动摇，应当早图关中，居河渭上流以讨凶逆，关东义士必会裹粮策马以迎王师。不应置魏于不顾，先与吴交战。兵势一交，就不得解脱了。"赵云的见解是对的，但刘备不听。刘备东征时，将赵云留任为江州都督。刘备败于秭归，赵云领增援部队去永安时，吴军已退。

刘禅嗣位为后主，以赵云为中护军、征南将军，封永昌亭侯，迁镇东将军。建兴五年(227)随诸葛亮

驻汉中。赵云军中有多余的绢，诸葛亮同意分赐将士，赵云却说："今无战功，为何有赐？请纳入府库，到冬天给大家做衣服。"诸葛亮对赵云这么做很满意。

建兴七年(229)，赵云因病逝世，享年约六十一岁。后来蜀汉朝廷追谥他为顺平侯。

三国吴青瓷蛙形盂（局部）